21 世纪高职高专财经类能力本位型规划教材

市场调查与预测情景教程

主　编　王生云
副主编　龚园喜
主　审　闫　彦

北京大学出版社
PEKING UNIVERSITY PRESS

内容简介

本书以提升市场调查与预测实践操作技能为宗旨，针对市场调查的基本方法，以完整的项目来阐述市场调查的整个流程，即调查方式选择、调查方案与问卷设计、调查数据收集、数据录入与处理、数据分析和调查报告撰写。此外，本书还介绍了三种较为常用的市场预测方法。本书凝聚了编者多年的教学经验，采取了全新的设计理念，以项目驱动，既注重学生的实训，又强调师生的互动效应。

本书适合作为高职高专院校财经类、管理类各专业的教材，也可作为企业管理人员、市场调研人员的培训教材，还可作为相关行业从业人员的参考用书。

图书在版编目(CIP)数据

市场调查与预测情景教程/王生云主编.—北京：北京大学出版社，2013.1

(21世纪高职高专财经类能力本位型规划教材)

ISBN 978-7-301-21510-4

Ⅰ.①市… Ⅱ.①王… Ⅲ.①市场调查—高等职业教育—教材②市场预测—高等职业教育—教材 Ⅳ.①F713.5

中国版本图书馆CIP数据核字(2012)第258936号

书　　　名：市场调查与预测情景教程
著作责任者：王生云　主编
策 划 编 辑：蔡华兵
责 任 编 辑：陈颖颖
标 准 书 号：ISBN 978-7-301-21510-4/F·3386
出 版 发 行：北京大学出版社
地　　　址：北京市海淀区成府路205号　100871
网　　　址：http://www.pup.cn　新浪官方微博:@北京大学出版社
电 子 信 箱：pup_6@163.com
电　　　话：邮购部62752015　发行部62750672　编辑部62750667　出版部62754962
印　刷　者：北京鑫海金澳胶印有限公司
经　销　者：新华书店
787毫米×1092毫米　16开本　18印张　400千字
2013年1月第1版　2013年1月第1次印刷
定　　　价：36.00元

前　言

随着经济全球化深入发展和市场竞争的加剧，正确把握客户需求，及时、准确、全面地获取市场信息，进行战略性和战术性的预测，把握市场发展趋势，实现产品创新，引领客户需求，已成为企业提高竞争力的关键因素。企业也越来越重视各种市场信息和各类数据的收集与分析。为此，我们在参阅国内外大量资料和最新科研成果的基础上，结合自身多年积累的教学经验编写了本书。

本书阐述了市场调查的整个流程，并介绍了三种较为常用的市场预测方法。在数据录入和数据分析方面，本书着重讲述了在SPSS中如何进行问卷的数据录入和数据分析。通过本书的学习，读者既能做问卷，又能做数据分析，进而撰写调研报告，彻底改变以往学过市场调查，只能做问卷，不能做数据分析的弊端。在市场预测部分，本书按截面数据、年度时序数据、季(月)度时序数据这三种数据类型来分类讲解预测技术，使得读者能依据数据类型来选择相应的预测方法，更符合实际情况。各章后均附有针对性的技能测试题，以便提高读者分析和解决实际问题的能力。

本书由浙江水利水电专科学校的王生云担任主编，龚园喜担任副主编，闫彦担任主审。本书在编写过程中得到了浙江水利水电专科学校其他同仁的大力帮助，他们对本书的编写提出了很多好的意见和建议，另外还参考了国内外同行的许多文献，在此一并表示感谢！

由于编写时间仓促和编者水平所限，书中难免存在疏漏或不妥之处，欢迎广大读者提出宝贵意见，以便我们进一步修改和完善。

编　者

2012年8月

目　录

第 1 章　市场调查导论

世界会向那些有目标和远见的人让路。——冯两努

能力目标

- 了解常见的市场调查机构
- 熟悉市场调查流程

知识目标

- 市场的含义
- 市场调查的含义
- 市场调查机构的种类
- 市场调查流程

任务目标

现实中经常会碰到各种调查，相信你也填写过各种问卷，那么，你自己会单独实施一个完整的市场调查吗？“台上一分钟，台下十年功”，一份高质量调查报告后面的艰辛你能体会吗？本次任务目标是，假如你要实施某个调查，那你是否知道从哪处着手？如何组织和利用各种人手资源？市场调查的整体流程应该是怎样的？为了提交一个高水平的调查报告，你还需要掌握哪些技能？

1.1　市场与市场调查

【任务情景】企业的生产和经营必须重视市场需求，市场是企业最值得尊敬的“一位先生”。市场调查是企业获取信息的重要手段。随着经济的不断发展，市场调查对企业发展和整个经济的作用也越来越大。因此，了解、掌握市场调查的基本知识，对于搞好市场调查工作是十分重要的。

1.1.1　市场的含义及类型

1. 市场的一般含义

从本质上讲，市场是以商品交换为内容的经济联系形式，它是社会分工和商品生产的产物。市场反映着在社会分工基础上，不同商品生产者之间、商品生产者与商品消费者之间进行商品交换的经济关系。可见，市场是与商品生产和社会分工密不可分的，只要社会分工和

商品生产存在，市场就必然会存在；只要社会分工在不断趋于精细，商品生产在不断发展，市场也必然会不断扩大和发展。社会产品存在着不同的所有者，社会生产的不同分工使社会产品成为商品，形成了商品供应与需求。市场的基本活动是商品交换，市场的基本关系是商品供求关系，它反映着不同社会分工的商品所有者之间的经济联系。这种对市场本质的认识，对于分析研究市场的性质，对于分析市场的产生、存在和发展，对于正确认识市场的作用，对于市场调研和预测具体工作的开展，都是十分必要的。

2. 市场的具体含义

经常使用的市场含义有以下几种。

(1) 市场是商品交换的场所。将市场作为商品交换的场所，实际上是从空间范围来理解市场。商品交换活动必须在一定场所进行，商品的买卖双方在那里发生作用。在市场预测和市场调查中，分析研究者必须明确自己所研究的商品交换活动是在什么空间范围发生的，因此对市场的这种理解也就很自然地存在。不要单纯地把市场理解为商品交易的场所。

(2) 市场是某种商品或某类商品的需求量。将市场作为商品需求量，实际上是从商品买卖双方中买方一面来理解市场，认为市场就是某种商品或某类商品现实的或潜在的购买量。如果说“北京的蔬菜市场很大”，这显然不是说蔬菜交易场所很大，而是指北京对蔬菜的需求量很大，现实的或潜在发展中的购买量很大。将市场作为某种或某类商品的需求量，虽然是从商品买卖双方的买方一面来看问题，但它却是商品的卖方(或说销售者)极为重视的。作为生产企业或营销企业，都特别要明确自己的市场有多大，即消费需求量有多大。在市场调查和市场预测中，将对市场的这种理解应用在具体工作中是非常多的，它是市场调查和预测内容的一个重点或核心。

(3) 市场是卖方与买方的结合，是商品供求双方相互作用的总和。对市场的这种理解，是从市场的商品供求关系角度提出的。商品供求双方的力量在不同的条件下表现有所不同。人们在分析市场供求状况时经常使用的“买方市场”和“卖方市场”的说法，就是反映商品供求双方交易力量的不同状况。所谓买方市场，是商品供应量大于需求量，商品的需求方占有利地位，在商品购销活动中，买方的交易力量强，支配着市场的供求关系；所谓卖方市场，是商品的需求量大于供应量，商品的供给方占有利地位，在商品购销活动中，卖方的交易力量强，支配着市场的供求关系。在市场调查和市场预测中，研究者必须要对市场的供求关系进行分析研究，对市场中买方和卖方交易能力的强弱作出判断。生产企业和营销企业都必须要根据市场中供求关系状况及其发展变化趋势，作出相应的决策。

(4) 市场是商品流通领域反映商品交换关系的总和。这种对市场的理解，是从商品流通的全局出发，将市场作为一个社会整体市场来观察。商品流通是以货币为媒介的商品交换过程，是商品交换活动连续进行的整体。在商品流通中，商品形态的变化表现为：商品—货币的形态变化；货币—商品的形态变化。前种商品形态变化即商品卖出的过程，后种商品形态变化即商品买入的过程。在市场上，一切商品都经历由两种相对形态变化而形成的循环，即经历商品—货币—商品的循环。市场上每一种商品的形态变化都是与其他商品的形态变化交织在一起，而不是孤立的；一种商品由商品转化为货币，也是另一种商品由货币转化为商品的过程。市场上商品的形态变化的循环即表现为互相联系的不可分割的商品买卖活动，许多种商品同时发生的紧密联系的商品买卖过程就形成了社会整体市场。市场调查与市场预测需要对社会整体市场进行分析研究。商品生产和商品营销企业或部门，也必须将本企业或本部门置于整体市场中，从本企业或部门与其他企业或部门的相互联系出发，进行生产或营销活动。

市场的各种不同含义既可以满足微观市场调查预测的需要，也可以满足宏观市场调查预测的需要。在市场调查和预测中，从不同角度理解市场的涵义，能够促使对市场问题的研究更具体、深入、细致。

3. 市场的类型

人们往往按以下方式来划分市场。

(1) 按流通环节划分，分为批发市场、零售市场。

(2) 按消费者年龄划分，分为婴儿市场、儿童市场、青少年市场及中老年市场等。

(3) 按地域划分，分为国际市场、国内市场、城市市场、农村市场、沿海市场和内地市场等。

(4) 按产品的种类划分，分为钢材市场、木材市场、蔬菜市场、服装市场及书报市场等。

(5) 按经济用途来划分，分为商品市场、房地产市场、金融市场、技术市场和劳动力市场等。

1.1.2　市场调查

1. 市场调查的含义

所谓市场调查，是以系统的科学方法(如抽样设计)搜集市场资料，并运用统计方法分析这些市场资料，以得到所需有用信息的过程。

2. 市场调查的分类

1) 按市场调查的目的不同划分

(1) 探测性调查。非正式的定性的初步调查目的在于发现想法、洞察问题、明确性质，为正式调查开路。探索性调查是在情况不明时，为了找出问题的症结和明确进一步深入调查的具体内容和重点，而进行的非正式的初步调查。例如，在营销过程中，发现某种商品的销售突然发生变化，要弄清原因，关键在哪里？是商品质量问题、价格问题，还是销售渠道问题、广告宣传问题或其他问题？这就需要用探索性的调查方法来寻找答案，初步发现问题的症结所在，为进一步调查做好准备。

探索性调查一般不必制订严密的调查方案，往往采取简便的方法，要求调查人员有敏锐的洞察力、高度的想象力和创造力，及时掌握一些初步信息资料，以便较快地得出调查的初步结论。

这类调查搜集资料的途径主要有：①搜集第二手资料，如政府统计公报、学术刊物的研究文章等；②访问熟悉调查主题的专家、业务人员、用户等，或约请他们座谈；③参考以往类似的实例。

(2) 描述性调查。描述性调查是指对需要调查研究的客观事实的有关资料进行搜集、记录、分析的正式调查。这类调查比探测性调查更深入精细，需要事先拟订调查方案，进行实地调查，搜集第一手资料。其目的是要摸清问题的过去和现状，并在此基础上寻求解决问题的办法与措施。描述性调查需要回答“谁”、“是什么”、“怎么样”等问题，其结果说明所研究问题的表面特征，不涉及问题的本质及内在影响因素。例如，市场潜在需求调查、商品普及率调查、市场占有率调查、消费行为调查、竞争调查、新产品开发调查等，均属于描述性调查。

(3) 因果性调查。因果性调查是指为了弄清有关市场变量之间的因果关系而进行的专题调查。在市场经营中，常常是多种因素影响商品的销售，某些因素之间存在着因果关系，如价格与销售量、广告与销售量的关系等。在众多影响销售的因素中，哪一个因素起主导作用？这就需要对它们之间的因果关系或变化规律进行调查分析。因果关系调查以搜集有关市场变量的数据资料为主，并运用统计分析(如一元回归、多元回归、Logit 回归等)或采用实验设计的方式，找出它们之间的相互关系，判明何者是原因(自变量)，何者是结果(因变量)。可见，因果关系调查是在描述性调查的基础上，对某些问题调查的进一步深化，是为了找出问题关键、探讨解决办法的一个重要步骤。

(4) 预测性调查。预测性调查是指通过搜集、整理和分析历史资料与现在的各种市场情报资料，运用数学方法，对未来可能出现的市场商情变动趋势进行的调查。这类调查属于市场预测的范围，是在描述性调查和因果性调查的基础上对市场的潜在需求进行的估算、预测和推断。在市场竞争激烈的情况下，为了避免企业盲目生产和进货，以致造成产销脱节或购销脱节，就必须进行市场调研和预测市场潜在需求，才能把握市场机会。

上述 4 种类型的调查并不是绝对互相独立的。有些调查项目需要涉及一种以上调查类型的方案设计。一般地说，探测性调查可为正式调查开路，亦可用于解释正式调查的结果。描述性和因果性调查常结合进行，预测性研究常以描述性和因果性研究为基础。

2) 按市场调查的对象不同划分

(1) 竞争对手调查。“知己知彼，百战不殆”，在当今经济全球化的市场经济条件下，竞争越演越烈，企业欲生存发展，采取有效的竞争战略，了解企业所在行业和市场以及参与竞争的对手，是企业经营者们必须考虑的重要课题，以提高每一步决策成功的把握。因此，竞争对手分析成为企业制定竞争战略中必不可少的一个组成部分。

竞争对手调查可通过①二手资料的搜集；②利用员工制度化搜集而形成的内部资料；③委托专业市场调查公司或专业人士进行。此类调查针对性强、意义重大，调查得到的信息往往称为竞争情报。大的跨国公司都很重视竞争情报的搜集，一些著名的美国公司如通用汽车公司、福特汽车公司、宝洁公司、摩托罗拉公司等都设有规模巨大、功能完善的竞争情报工作系统。

(2) 产品测试。产品测试是应用最广泛的市场调查之一，特别是对于一种新产品，在投放市场之前，通常要进行产品测试。产品测试就是将制造好的产品或者产品模型交给用户使用，以了解消费者对该产品的看法或意见。产品测试主要包括产品口味测试、包装和价格测试等，它的最终目的是挑选出好的产品。

产品测试主要有以下 3 种方式，针对不同的商品需要不同的测试方式：①适合于在街头(或闹市中心)执行的项目一般多为食品、饮料的口味测试；②家庭日用品中的洗涤用品、清洁用品、个人护肤用品等，每次用量少，也需要多次试用才能全面评价，一般会到被访者家中进行反复测试；③有些产品用上述两种方法都不适合，如手机产品测试、互联网/软件测试、GPS 产品测试等，要在公司的单面镜房间进行。

(3) 市场细分研究。市场细分与产品(品牌)定位是营销活动中不可分割的一对“孪生兄弟”。市场细分的目的是区别对待有着不同需求的消费者，把需求相同的消费者分为一组，以便为他们提供合适的产品；而产品(品牌)定位恰好就是通过研究这些不同组的消费者对某品牌的感知、认知、态度、需求等特性，并根据他们的需求充分优化产品中他们更为喜欢的方面，从而达到更加突出自己产品(品牌)这些方面的特征，更主要的目的是使得自己的产品(品牌)与竞争对手的不一样，有不同的卖点。

(4) 消费者行为研究。消费者行为研究的目的就是洞悉隐藏在消费者行为中的影响消费者购物的要素。这些要素隐藏如此之深，以致消费者自己都无法察觉，但却会在消费者购买行为中表露无遗。如果对消费者的行为进行回放，可能消费者自己都无法解释为什么会产生这样的行为，他们更无法用市场调查语言完整地叙述。但是，经过严格专业训练的营销专家和行为学家能够从消费者行为中洞察影响这些行为的要素，解释它们之间的关联关系。

消费者调研是必要的，但它通常是表象的、粗浅的，甚至是在推敲调研者意图后的答案，这就给市场研究者提了新的要求：必须有深刻的洞察力，从消费者的行为中观察并描述消费者的真实需求，并据此开展营销活动。

(5) 行销环境研究。做出好的市场推广行为少不了行销环境研究。行销环境包括总体经济环境和行业环境。公司只有对市场做到心中有数，才能保证新产品推广上市的胜率。行销环境研究主要通过市场调查来实现。

(6) 广告测试。新产品投放的同时，要进行广告研究。广告研究的类型很多，但大多是测试广告效果，其内容包括以下几种：

① 广告内容的定性研究。这种研究用来发现试验性广告中那些消费者不清楚和易混淆的内容，以及确定广告中是否“遗留”了广告制作者要求表达的要点。这种调查技术可应用于各种广告具体内容的定性过程。

② 广告播送后的回顾。在广告播送若干天后，对看过该广告的消费者进行访问。要求这些受访问者在被提示或不被提示的条件下回顾广告内容。这种研究技术可同时用于广播和电视的商业广告，但更多的是用于电视商业广告，同时也用于户外广告。

③ 广告内容的回顾——街访。广告内容的回顾通常采取街访的形式。邀请一组受访者到特定场所，如购物商场、影剧院等，给受访者看一个电视节目，再穿插一些商业广告，然后要求受访者回顾商业广告的内容。这种调查技术主要用于电视商业广告，也可以用于广播商业广告，或用于各种户外广告的研究中。

(7) 满意度研究。满意度研究一般是等间隔的连续监测顾客对企业所提供产品或服务的满意程度，有时还要结合各种旨在提高满意度的措施测定满意度水平的变动。通常要达到4个目标：①关键影响因素；②测定当期的满意度；③跟踪检测满意度水平的变化；④提供巩固或提高满意度的建议。

(8) 品牌或企业形象研究。首先，产品商标的名称极为重要，因为它能传达给每个人如此多的信息，这种信息传达不是直接的和必然的，而是通过消费者对名称的各种联想实现的。名称研究有以下几种：

① 含义——名称暗示的内容，即看到名称后立即产生的联想。

② 适用性——名称适用于哪类产品及哪类制造企业。

③ 发音——名称的发音是否自然、令人愉悦。

④ 易记性——名称是否易被人记住。

其次，形象对于一个企业来说是非常重要的。形象研究可用于衡量人们对某一企业或产品的总体形象。这种测试通常采用UAI(使用、态度、形象)研究形式，这些研究旨在获取受访者在某一产品或服务方面的消费数量以及使用、态度、好坏的评分方面的资料。

1.1.3 市场调查机构

市场调查机构规模有大有小，其隶属关系及独立程度也不一样，名称更是五花八门，但归纳起来，基本上有以下几类：

1. 各级政府部门组织的调查机构

我国最大的市场调查机构为国家统计部门，国家统计局、各级主管部门和地方统计机构负责管理和发布统一的市场调查资料，便于企业了解市场环境变化及发展，指导企业微观经营活动。此外，为适应经济形势发展的需要，统计部门还相继成立了城市社会经济调查队、农村社会经济调查队、企业调查队和人口调查队等调查队伍。除统计机构外，中央和地方的各级财政、计划、银行、工商、税务等职能部门也都设有各种形式的市场调查机构。

2. 新闻单位、大学和研究机关的调查机构

这些机构也都开展独立的市场调查活动，定期或不定期地公布一些市场信息。例如，以信息起家的英国路透社在全球设立了众多的分社和记者站，目前已成为世界上最大的经济新闻提供者，经济信息收入成为该社的主要来源。

3. 专业性市场调查机构

这类调查机构在国外的数量是很多的，它们的产生是社会分工日益专业化的表现，也是当今信息社会的必然产物。此机构主要有 3 种类型，见表 1-1。

表 1-1　常见的专业性调查机构

专业公司	主要职能
综合性市场调查公司	这类公司专门搜集各种市场信息，当有关单位和企业需要时，只需交纳一定费用，就可随时获得所需资料。同时，它们也承接各种调查委托，涉及面广、综合性强
咨询公司	这类公司一般由资深的专家、学者和有丰富实践经验的人员组成，为企业和单位进行诊断，充当顾问。这类公司在为委托方进行咨询时也要进行市场调查，对企业的咨询目标进行可行性分析。当然，它们也可接受企业或单位的委托，代理或参与调查设计和具体调查工作
广告公司的调查部门	广告公司为了制作出打动人心的广告，取得良好的广告效果，就要对市场环境和消费者进行调查。广告公司大都设立调查部门，经常大量地承接广告制作和市场调查

近年来，我国也出现了许多专门从事经济信息调查、咨询服务的公司，它们既有国有企业，也有集体、私营公司。它们承接市场调查任务、提供商品信息，指导企业生产经营活动，在为社会服务的同时，自身也取得了很好的经济效益。

4. 企业内部的调查机构

目前国外许多大的企业和组织，根据生产经营的需要，大都设立了专门的调查机构，市

场调查已成为这类企业固定性、经常性的工作，例如，可口可乐公司设立了专门的市场调查部门，并由一个副经理负责管理。这个部门的工作人员有调查设计员、统计员、行为科学研究者等。

1.2 市场调查流程

【任务情景】市场调查是一种有目的、有计划进行的调查研究活动，是正确认识市场现象本质和规律性的过程。科学的市场调查必须按照一定的步骤进行，保证市场调查的顺利进行和达到预期的目的。

市场调查流程(Marketing Research Process)包括调查设计、调查执行、数据分析与报告3个阶段。尽管市场研究有多种不同的研究方法，但总的流程是一致的。具体的调查流程如图1.1所示。

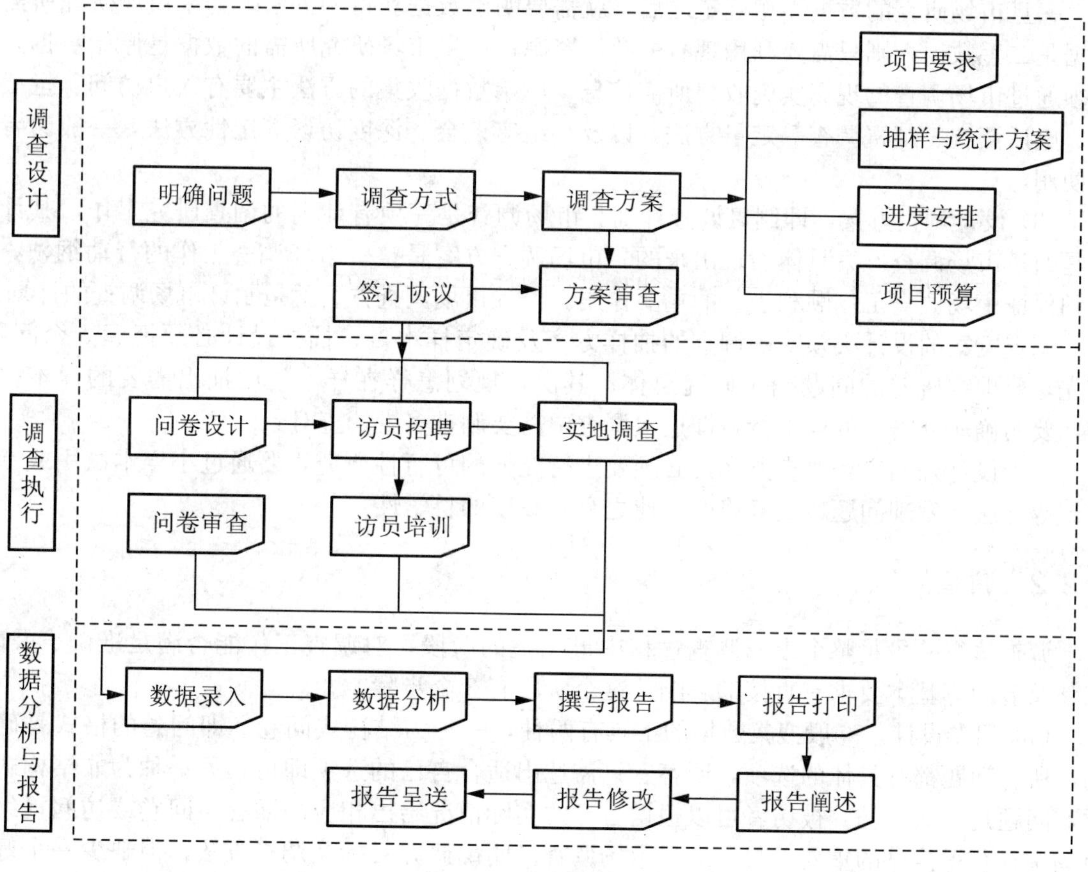

图1.1 市场调查流程

1.2.1 调查设计

调查设计阶段主要解决调查目的、范围和调查力量的组织等问题，并制订出切实可行的调查计划。具体工作步骤如下：

（1）明确问题，确定调查目标，拟定调查项目。

① 明确解决问题。这是市场调查非常重要的一个步骤，因为明确、严谨的问题界定是市场调查工作成功的一半。此阶段需要研究人员细致地了解企业市场调查需求，充分利用现有的二手资料并与丰富的专业研究经验相结合。

② 确定调查目标。市场调查目标是由界定的市场调查问题而决定的，是为了解决研究问题而明确的最终达到的目的。通常一个具体的市场调查就是根据调查目标而展开的，一个市场研究项目，目标可能是一个，也可能是多个。

（2）确定调查方式，即确定数据收集的范围和方式。从数据的收集范围看，分为全面调查和非全面调查。全面调查时将总体的所有成员都作为被调查对象纳入调查范围，而非全面调查只是从总体中选择部分个体进行调查，根据选择部分个体的方式不同，非全面调查可分为非随机调查和随机调查。

从数据的收集方式看，分为原始数据收集和二手数据收集。原始数据是通过现场实施后得到的；而二手数据则是指已存在的数据，通过案头研究就可以实现研究目的。

一旦市场研究的数据类型确定之后，就需要明确数据获得的方法。如果市场研究所需的数据是二手数据，则只需要利用现有的数据资源；如果市场研究所需的数据是原始数据，则必须通过市场调查的现场实施收集所需信息。原始数据收集的方法主要有入户访问、拦截访问、电话调查、邮寄调查等定量方法，以及小组座谈会、深度访谈等定性方法，一般两者结合使用。

（3）设计调查方案，即制订调查计划。市场调查是一项有计划的调查研究工作，其计划性是通过市场调查方案具体表现出来的。市场调查方案是整个市场调查工作的行动纲领，它起到保证市场调查工作顺利进行的重要作用。设计市场调查方案就是制订市场调查的计划。

调查方案的设计必须明确调查的抽样方案及确定样本量，抽样设计必须把握 3 个问题：首先，要根据研究的问题确定研究总体；其次，规划怎样在样本框中抽出需要的样本；最后，要明确研究需要的样本量，即这次调查中需要调查多少调查对象。

对于设计好的市场调查方案，必须要进行充分的可行性研究，要通过小样本试用或专家评定等方法，发现问题，反复修改，使之具有高度的科学性。

1.2.2 调查执行

调查执行阶段是整个市场调查过程中最关键的阶段，对调查工作能否满足准确、及时、完整及节约等基本要求有直接的影响。这个阶段有 3 个步骤。

（1）问卷设计。一般搜集数据的工具有两种，一种为结构式问卷，即问卷的格式是确定的，所有问题都有具体的选项，回答者只需选出适合自己的选项即可；另一种为非结构式问卷，问题是开放式的，被访者可以根据自己的实际情况给出相应的回答。问卷或访问提纲是市场调查获得信息的重要工具。如果市场调查已明确研究目标及调查方法，但缺少一个好的问卷或访问提纲，仍会导致研究绩效的下降或失去调查意义。

设计问卷是整个调查活动中的一个重要环节，应注意到以下方面：问卷的有效性、可靠性以及效率原则。简言之，问卷要求能够简单有效地记录被调查者对调查问题的回答。

（2）调查人员的招聘与培训。通过培训让调查人员理解调查计划，掌握调查技术及同调查目标有关的经济知识。

（3）实地调查。调查人员按计划规定的时间、地点及方法具体地搜集有关资料，不仅要搜集第二手资料(现成资料)，而且要搜集第一手资料(原始资料)。实地调查的质量取决于调查人员的素质、责任心和组织管理的科学性。

1.2.3　数据分析与报告

这个阶段的工作可以分为以下几个步骤：

(1) 数据录入。现场实施调查所获得的数据为初始数据，也称“生”数据，需要进行计算机处理。首先，需要将问卷“生”数据录入到计算机，而后进行逻辑检查获得“干净”的数据库，再通过数据分析软件对数据进行分析，即对所收集的资料进行“去粗取精、去伪存真、由此及彼、由表及里”的处理。最后，将审核合格的问卷进行数据录入。

(2) 数据分析。数据分析是得出调查结果的准备工作，在收集、整理、汇总问卷的基础上，通过描述统计分析、推断统计分析、多元统计分析等统计技术进行所关心问题的分析，得出科学准确的结论。

(3) 撰写调查报告。市场调查报告一般由引言、正文、结论及附件4个部分组成。其基本内容包括开展调查的目的、被调查单位的基本情况、所调查问题的事实材料、调查分析过程的说明及调查的结论和建议等。

报告完成后，报告结果的口头陈述是市场调查项目结果展示的另外一种形式，这种形式需要在报告的基础上进行内容提炼，并可以图片辅助展示结果。

技能测试

一、选择题

1. (　　)是以系统的科学方法(如抽样设计)搜集市场资料，并运用统计方法分析这些市场资料，以得到所需有用信息的过程。

A. 市场调研　　B. 市场预测　　C. 市场分析　　D. 市场考察

2. 市场调查的目的是(　　)。

A. 了解消费者需求　　B. 分析市场趋势

C. 为市场预测和经营决策提供依据　　D. 获取市场信息

3. 市场调查的数据分析与报告不包括(　　)。

A. 数据录入　　B. 数据分析　　C. 撰写调查报告　　D. 明确调查目的

4. 市场调查首先要解决的问题是(　　)。

A. 确定调查方法　　B. 选定调查对象　　C. 明确调查目的　　D. 解决调查费用

5. 下列(　　)不属于市场调查流程。

A. 调查设计　　B. 调查执行　　C. 数据分析与报告　　D. 寻找调查课题

6. (　　)是为了挖掘市场某一问题的原因与结果之间的变量关系而进行的专题调查。

A. 探测性调查　　B. 描述性调查　　C. 因果性调查　　D. 预测性调查

7. 通常，需要回答“谁”、“是什么”、“怎么样”等问题，其结果说明所研究问题的表面特征，不涉及问题的本质及内在影响因素的调查方式是(　　)。

A. 探索性调查　　B. 描述性调查　　C. 因果性调查　　D. 预测性调查

8. 以调查某一时期某种产品的销售量为何大幅度滑坡为目的的市场调查研究是(　　)研究。

A. 探测性　　B. 描述性　　C. 因果关系　　D. 预测性

9. 当企业对所要调查的问题和范围尚不清楚，无法确定应当调查什么问题时，可采用(　　)。

A. 探测性调查　　B. 描述性调查　　C. 因果性调查　　D. 预测性调查

10. 按消费者年龄划分，市场分为婴儿市场、儿童市场、青少年市场及(　　)等。

A. 钢材市场　　B. 金融市场　　C. 房地产市场　　D. 中老年市场

二、判断题

1. 当企业对要调查的原因和范围尚不十分清楚时，可采用探测性调查。(　　)

2. 探索性调查是为了使问题更明确而进行的小规模调查活动。(　　)

3. 因果性研究是用来探索问题发生的原因，或为解决某种疑难问题寻找思路而进行的市场研究。(　　)

4. 市场调查流程包括调查设计、调查执行、数据分析与报告 3 个阶段。(　　)

5. 我国最大的市场调查机构为国家统计部门。(　　)

三、实训题

1. 请你利用报刊、期刊、网络等渠道，收集利用市场调研进行决策的成功案例和失败案例各一个，并分析其中的原因。

2. 走访中小企业的管理者或销售主管，向他们咨询市场调查的有关经验，了解市场对其决策的意义。

第2章　市场调查方式的选择

工欲善其事，必先利其器。——孔子

能力目标

- ⊙ 会选择合适的调查方式
- ⊙ 能进行各种随机抽样，并能确定样本量
- ⊙ 掌握各种随机抽样的点估计和区间估计

知识目标

- ⊙ 普查与全面统计报表的含义
- ⊙ 非随机抽样调查的类型
- ⊙ 随机抽样的类型、抽样平均误差、样本容量、区间估计

任务目标

大学毕业后的发展情况一直是在校大学生的关注点，为使学生正确了解本专业以往毕业生在毕业后2～3年的发展情况，拟利用市场调查课程的教学知识，对某高校某专业学生在毕业后几年的个人发展情况进行调查。本任务目标是确定采取何种调查方式来进行调查。如果采用随机抽样的调查方式，那么确定应采用何种方式的随机抽样调查，其样本量应是多少。

2.1　全面调查——普查与全面统计报表

【任务情景】统计调查按研究总体的范围，可分为全面调查和非全面调查。全面调查是对构成调查对象的所有单位进行逐一的、无一遗漏的调查，普查和全面统计报表同属于全面调查，但两者不能互相替代。

2.1.1　普查

1. 普查的含义

普查是指一个国家或一个地区为详细地了解某项重要的国情、国力而专门组织的一次性、大规模的全面调查，其主要用来收集某些不能够或不适宜用定期的全面调查报表收集的信息资料，以搞清重要的国情、国力，如我国2010年组织实施的第六次全国人口普查。普

查在实际应用中有宏观、中观和微观之分，也就是说并不一定所有的普查都是在全国范围做，也可以在地区或部门范围做，甚至可以在企业中做。只要是对调查对象全部单位逐个进行调查，都可称为普查。

1）宏观普查

它是全国范围内的全面市场调查，如工业普查、农业普查、经济普查、第三产业普查、人口普查等。

2）中观普查

它是一定地区或一定行业(部门)范围内的全面市场调查，如 IT 行业普查、烟草行业普查、电力行业普查、某市商业网点普查或产业单位普查等。

3）微观普查

它是企业组织的员工基本情况普查、员工忠诚度全面测评、设备物资普查、销售渠道全面调查等。

2. 普查的特点

(1) 普查资料的准确性和标准化程度比较高。市场普查资料的准确性是通过普查过程对各种规定的遵守实现的。普查中的各种规定包括：①普查项目必须简明。普查中，调查对象广，参加人员多，组织工作复杂，因此项目不宜太多，必须尽可能简明，才能保证调查资料的准确性。②普查的时间必须统一。普查必须搜集同一时间的市场现象资料，避免搜集资料时出现重复或遗漏，造成调查误差。③迅速完成普查任务。进行普查，必须在尽可能短的时间内，迅速完成调查任务。

(2) 普查最适合于了解宏观、中观、微观市场的一些至关重要的基本情况，了解调查总体的特征。普查是了解国情、省情、地情的最重要的方法，它对于了解总体的某些基本特征是非常适用的。如与市场需求量有直接关系的人口因素，其一些基本情况都可以在人口普查的数字中找到，可以利用这些数字分析人口因素对市场的影响，包括人口总量及其变动对市场需求总量的影响；人口的年龄、性别、职业等构成对市场各类商品需求量的影响等。如果再把人口普查资料与商业网点及人员数资料对比分析，还可以计算商业网点密度等重要指标。

(3) 普查的费用比较高，对人力、财力、物力和时间的花费都比较大。普查作为一种全面调查方法，由于涉及面广，调查工作量大，所以费用较高。考虑到这一点，普查只有在非常需要的时候才进行，不宜过多采用，它属一次性调查，而不是经常性调查。普查往往是按一定时间间隔进行的，如我国的人口普查 10 年开展一次。

2.1.2 全面统计报表

统计报表制度是一种由政府主管部门根据统计法规，采取统计表格形式和行政手段自上而下布置，而后由企事业单位自下而上层层汇总上报逐级提供基本统计数据的一种调查方式。按调查范围不同，统计报表分为全面统计报表与非全面统计报表。其中，全面统计报表要求调查对象中的每一个单位都要填报，属于全面调查。非全面统计报表只要求调查对象的一部分单位填报，属于非全面调查。

1. 统计报表的分类

（1）按填报单位不同，统计报表可分为基层统计报表和综合统计报表。基层统计报表是由基层企事业单位填报的报表。综合统计报表是由主管部门或部门根据基层报表逐级汇总填报的报表。综合统计报表主要用于搜集全面的基本情况，此外，也常为重点调查等非全面调查所采用。

（2）按报送周期长短不同，统计报表可分为日报、周报、旬报、月报、季报、半年报、年报。周期短的，要求资料上报迅速，填报的项目比较少；周期长的，内容要求全面一些。

日报和旬报称为进度报表，主要用来反映生产、工作的进展情况。月报、季报和半年报主要用来掌握国民经济发展的基本情况，检查各月、季、年的生产工作情况。年报是每年上报一次，主要用来全面总结全年经济活动的成果，检查年度国民经济计划的执行情况等。

（3）按报表内容和实施范围不同，统计报表可分为国家统计报表、部门统计报表和地方统计报表。

国家统计报表，即国民经济基本统计报表，由国家统计部门统一制发，用以搜集全国性的经济和社会基本情况，包括农业、工业、基建、物资、商业、外贸、劳动工资、财政等方面最基本的统计资料。

部门统计报表是为了适应各部门业务管理需要而制定的专业技术报表。

地方统计报表是针对地区特点而补充制定的地区性统计报表，是为本地区的计划和管理服务的。

2. 统计报表的特点

统一性是统计报表的基本特点，具体表现为以下两个方面：

（1）统计报表的内容和报送的时间是由国家强制规定的，以保证调查资料的统一性。

（2）统计报表的指标含义、计算方法、口径是全国统一的。

3. 统计报表的优点

统计报表具有以下3个显著的优点：

（1）它是根据国民经济和社会发展宏观管理的需要而周密设计的统计信息系统，从基层单位日常业务的原始记录和台账(即原始记录分门别类的系统积累和总结)到包含的一系列登记项目和指标，都力求规范和完善，使调查资料具有可靠的基础，保证资料的统一性，便于在全国范围内汇总、综合。

（2）它是依靠行政手段执行的报表制度，要求严格按照规定的时间和程序上报，因此，具有100%的回收率；而且填报的项目和指标具有相对的稳定性，可以完整地积累形成时间序列资料，便于进行历史对比和社会经济发展变化规律的系统分析。

（3）它既可以越级汇总，也可以层层上报、逐级汇总，以便满足各级管理部门对主管系统和区域统计资料的需要。

2.2 非全面调查——非随机抽样调查

【任务情景】 非全面调查是指调查范围只包括调查对象中一部分单位的调查，即对总体的部分单位进行登记或观察。非全面调查包括非随机抽样调查（也称非概率抽样，Non-Probability Sampling）和随机抽样调查（也称概率抽样，Probability Sampling）。非随机抽样，又称为不等概率抽样或非概率抽样，就是指从总体中非随机地选择特定的要素（单位），根据简便易行、节省开支或根据研究者主观的判断从总体中选取样本的抽样方法。非随机抽样更多地依赖研究者个人的经验和判断，它的缺点是无法估计和控制抽样误差，也不能用样本的定量数据推断总体，但是非随机抽样实行起来简单方便，所以经常在定性调查研究中使用。非随机抽样调查依抽样特点可分为重点抽样调查、典型抽样调查、偶遇抽样调查、配额抽样调查、滚雪球抽样调查等。

2.2.1 重点抽样调查

1. 重点抽样调查的含义

重点抽样调查，又叫重点调查，是指调查者为了特定的调查目的从调查对象（总体）中选择一部分重点单位组成样本而进行的一种非全面调查。

所谓重点单位，是指其标志总量占总体标志总量绝大比重的那些单位。这些重点单位构成的样本，称为“重点样本”。重点样本中的单位数目虽然不多，但它们的标志总量（变量值）在总体标志总量中占有绝大的比重。因此，对重点样本进行调查研究，就可以了解和掌握总体的基本情况。例如，要了解全国钢铁产、销、存的情况，可从全国众多的钢铁企业中，选择首钢、包钢、鞍钢、宝钢、攀钢等几家大型钢铁公司组成重点样本进行调查，就可掌握全国的钢铁产、销、存的基本情况。

2. 重点抽样调查的优缺点

(1) 主要优点：调查单位数目不多，可节省人力、物力、财力和时间；可及时获取信息，了解和掌握总体的基本情况；调查工作量小，易于组织。

(2) 主要缺点：若总体各单位发展比较平衡，呈现均匀分布时，则不能采用重点市场调查；当总体中的少数重点单位与众多的非重点单位的标志值结构不具有稳定性时，重点市场调查的结果只能说明总体的基本情况，而不能用来推断总体的数量特征。

一般来说，如果重点样本（样本容量 n）的标志总量在总体标志总量中所占的比重（P）相对稳定时，则可采用比率法估计总体标志总量，计算公式为

$$\begin{aligned}\text{总体标志总量} &= \text{重点样本标志总量} \div P \\ &= \text{重点样本平均值} \times n \div P\end{aligned}$$

【例 2-1】 某市某年共有 38 家食品制造企业，其中 5 家为大型企业，根据过去统计资料分析，其食品制造总产值和增加值均占全市的 75%。统计部门采用重点调查对这 5 家大型企业今年各月的总产值和增加值等进行调查，规定重点单位每月填报统计报表。其中某月 5 家大型企业的总产值为 4 880 万元、增加值为 1 885 万元，则估计全市食品制造业的总产值和增加值如下：

总产值=4 880÷75%=6 506.67(万元)

增加值=1 885÷75%=2 513.33(万元)

2.2.2　典型抽样调查

1. 典型抽样调查的含义

典型抽样调查，又叫典型调查、判断抽样调查、立意抽样调查，是指从调查对象(总体)中有意识地选择一个或几个有代表性的单位组成样本而进行的专门调查。其目的是通过直接地、深入地调查研究个别典型，来认识同类事物的一般属性和规律。

正确地选择典型是进行典型调查的关键。典型选得适当，调查的结果可以真实地反映同类事物的一般属性。典型选错了，调查的结果就不可能真实地反映同类事物的共性，只会得出错误的结论。典型是客观存在着的，不是调查者主观选就的。调查者选择典型的过程，是根据调查目的，在调查对象中发现和确定典型的过程。典型调查的目的不在于认识少数的几个典型，而在于借助于典型认识它所代表的同类事物的共性。这就要求对典型进行深入的全面的直接调查。

2. 典型抽样调查的优缺点

(1) 主要优点：①能够获得比较真实和丰富的第一手资料；②调查单位少，可做深入细致的调查研究；③调查范围小，调查单位少，可节省人力、物力和财力；④机动灵活、节省时间、可快速反映市场情况。

(2) 主要缺点：①典型单位的选择难以完全避免主观随意性；②缺乏一定的连续性和持续性，不利于数据的动态分析；③用样本数据推断总体数量特征时，推断的精度不够高；④调查结论的应用只能根据经验作出判断，难以作出准确测定。

3. 典型抽样调查的方式

(1) 取中选典。要了解总体一般数量表现，可选择中等水平(平均型和多数型)的单位作为典型调查单位。

(2) 划类选典。当总体各单位差异较大，调查者需要利用典型样本(典型单位组成的样本)的统计量推断总体数量特征时，可依据有关资料先对总体单位进行分类(划分不同的类型或子总体)；然后在各类中按比例、有意识地选择一定数目的典型单位构成样本进行调查；最后由样本指标(样本的均值或比率)推断总体的有关指标。

(3) 解剖麻雀。选择少数几个典型单位进行深入细致的调查研究。解剖麻雀方式适用于总体各单位差异不大的以下情形调查：研究新事物、新情况、新问题；总结先进经验，以便推广应用；揭露矛盾，寻找问题的症结；研究消费者的消费意向、动机和行为。

(4) 综合应用式。它是将划类选典式与解剖麻雀式结合起来进行应用，一方面通过划类选典对总体的数量特征作出估计，另一方面通过解剖几个典型单位，搜集更为具体的详细的资料，二者的结合有利于对调查项目进行定量研究和定性研究，因而具有较强的应用性和优越性。

【例2-2】某县根据去年的统计共有24.86万户，15个乡镇，按照各乡镇农民的年纯收入可分为高、中、低三类，各有农户7.10、10.96和6.80万户。现采用典型调查了解农民家庭彩色电视机的拥有量和需求量，拟调查300户，按照划类选典的办法，高、中、低三类农户各调查86、132和82户。通过问卷测试，所得资料见表2-1。

表2-1 某县农民家庭彩电需求测算表

农户类型	农户数(户)		样本户彩电拥有量(台)		本年需求量(台)		
	全县	样本	拥有量	普及率(%)	样本需求量	需求率(%)	全县需求量
高收入户	71 000	86	73	84.9	6	7.0	4 970
中低入户	109 600	132	100	75.8	10	7.6	8 330
低收入户	68 000	82	56	68.3	5	6.1	4 148
合计	248 600	300	229	76.3	21	7.0	17 448

4. 典型抽样调查与重点抽样调查的区别

(1) 两者的共同点：重点调查与典型调查一样，都不是采取随机抽样的方法确定具体的调查对象，因此，选点都易受主观因素的影响。但它们调查对象的数量都较少，因此都比较省时、省力，方便易行。

(2) 两者的差异点：重点调查的具体对象是重点，而重点不一定要有代表性或典型性，而要求在总体中具有重要地位或在总体的数量总值中占有较大比重，典型调查的对象则要求其代表性或典型性；另外，重点调查主要是数量认识，而典型调查主要是性质认识。

2.2.3 偶遇抽样调查

1. 偶遇抽样调查的含义

偶遇抽样也称便利抽样或方便抽样，即研究者根据现实情况，以自己方便的形式从总体中抽取偶然遇到的人或物作为研究对象，或者选择那些离得最近的、最容易找到的人或物作为研究对象。“街头拦人法”就是一种偶遇抽样。某些调查对被调查者来说是不愉快的、麻烦的，这时为方便起见就采用以自愿被调查者为调查样本的方法。例如，教师调查本校的学生，护士调查本医院的患者，研究者调查癌症患者支持小组中的癌症患者等都是偶遇抽样。

2. 偶遇抽样调查的优缺点

(1) 偶遇抽样的优点是方便、易行，能够节省时间和费用，可以在探索性研究中使用，另外还可用于小组座谈会、预测问卷等方面的样本选取工作。

(2) 偶遇抽样的局限性是抽到的样本代表性差，抽样误差较大，是抽样方法中准确性和代表性最差的一种方法，应尽量避免使用。因此，偶遇抽样不适用于要做总体推断的民意项目，对描述性或因果性研究最好不要采用偶遇抽样。但有时由于各种条件的限制，在研究中只能采用这种方法，在分析结果时，应特别慎重地对待和处理各种研究数据。

另外需要注意的是，这种“碰到谁就选谁”的抽样方法往往被有些人误认为是随机抽样。仅从表面上看，二者的确有些相似，都排除了主观因素的影响，纯粹依靠客观机遇来抽取对象。但二者有一个根本的差别，就是偶遇抽样没有保证总体中的每一个个体都有同等的被抽中的概率。那些最先碰到的、最容易见到的、最方便找到的对象具有比其他对象大得多的机会被抽中，就是这一点使得研究者不能依赖偶遇抽样得到的样本来推论总体。

【例2-3】某市民调中心的调查员分别深入街道、学校、机关、企事业单位采用偶遇抽样法用问卷询问市民“最关心的社会问题是什么”(备选答案分为：就业、公共卫生治理、治安、整治腐败、公共设施建设)，共询问了300名市民，备选答案选择的人数分布为：就业60人、公共卫生治理45人、治安75人、整治腐败90人、公共设施建设30人；频率分布为：20%、15%、25%、30%、10%。由此得出市民最关心的社会问题的前3位是：整治腐败、治安和就业。

2.2.4 配额抽样调查

1. 配额抽样调查的含义

配额抽样也称定额抽样，是将总体依某种标准分层(群)，然后按照各层样本数与该层总体数成比例的原则主观抽取样本。配额抽样与分层随机抽样很接近，最大的不同是分层随机抽样的各层样本是随机抽取的，而配额抽样的各层样本是非随机的。例如，在研究自杀问题时，考虑到婚姻与性别都可能对自杀有影响，可将研究对象分为未婚男性、已婚男性、未婚女性和已婚女性4个组，然后从各组非随机地抽样。由于配额抽样是通常使用的非随机抽样方法，因而样本无法保证代表性。

(1) 独立控制配额非随机抽样。这种方式是分别独立地按分层特征来分配样本单位数，在按多个特征对总体进行分层的情况下，这些交叉特征对样本单位的分配没有限制。

【例2-4】某市进行牛奶消费需求调查，确定样本量为300名，选择消费者年龄、性别、收入3个标准分类。各分类标准的样本配额数见表2-2。

表2-2 消费者年龄、性别、收入各类标准样本配额数

年龄	人数	性别	人数	月收入	人数
18～35岁	50	男	150	1 000元以下	40
36～45岁	100			1 000～2 000元	100
46～60岁	110			2 000～3 000元	100
60岁以上	40	女	150	3 000元以上	60
合　计	300	合 计	300	合　计	300

(2) 相互控制配额非随机抽样。这种方式明确规定了几种分类标准的样本配额的交叉关系，调查员在选取调查单位时，必须要符合规定的样本交叉配额。如上例，3种分类标准交叉分配的样本单位数的配额见表2-3。

表2-3 相互控制配额抽样分配表

月收入及性别 / 年龄	1 000元以下		1 000～2 000元		2 000～3 000元		3 000元以上		合计
	男	女	男	女	男	女	男	女	—
18～35岁	4	5	7	7	9	3	10	5	50
36～45岁	7	6	10	16	23	17	10	11	100
46～60岁	5	5	20	28	19	20	4	9	110
60岁以上	3	5	8	4	6	3	5	6	40
小计	19	21	45	55	57	43	29	31	—
合计	40		100		100		60		300

2. 配额抽样调查的优缺点

(1) 优点：适用于设计调查者对总体的有关特征具有一定的了解而样本数较多的情况，实际上，配额抽样属于先“分层”(事先确定每层的样本量)再“判断”(在每层中以判断抽样的方法选取抽样个体)，费用不高，易于实施，能满足总体比例的要求。

(2) 缺点：容易掩盖不可忽略的偏差。

2.2.5 滚雪球抽样调查

1. 滚雪球抽样调查的含义

滚雪球抽样(Snowball Sampling)是指通过少量样本获得更多调查单位，即通过使用初始被调查者的推荐来选取被访者的抽样程序。滚雪球的步骤为：首先找出少数样本单位；其次通过这些样本了解更多的样本单位；再次通过更多的样本单位去了解更多数量的样本单位。以此类推，如同滚雪球，使调查样本越来越多，结果越来越接近总体。

滚雪球抽样多用于总体单位的信息不足或观察性研究的情况。这种抽样中有些调查个体最后仍无法找到，有些调查个体被提供者漏而不提，两者都可能造成误差。

2. 滚雪球抽样调查的优缺点

(1) 优点：可以根据某些样本特征对样本进行控制，适用于寻找一些在总体中十分稀少的人物。

(2) 缺点：有选择偏差，不能保证代表性。

2.3 非全面调查——随机抽样调查

【任务情景】 根据总体的不同特点和不同的调查研究目的，在实际调查研究中常常应用不同方式的随机抽样，随机抽样方法主要有：简单随机抽样、分层抽样、等距抽样、整群抽样、多阶段抽样等。

2.3.1 随机抽样调查概述

1. 随机抽样调查的含义与特点

随机抽样调查，是指调查者为了特定的调查目的，按照随机原则从调查总体中抽取一部分单位作为样本而进行的一种非全面调查。随机抽样调查要求总体中的每一个体或单位被抽中的概率要相等。

随机抽样调查的主要特点如下：

(1) 样本是按随机原则抽取的。

(2) 用样本数据可以推断总体的数量特征。

(3) 由于是非全面调查，因此抽样误差不可避免，但抽样误差是可以计算和控制的。

2. 随机抽样调查的优缺点

（1）主要优点：①可以根据抽样数据，利用统计分析方法，对总体的数量特征作出估计；②调查工作量小，节省费用；③信息获取及时，节省时间；④抽样误差可以事先确定并加以控制。

（2）主要缺点：要有总体完整的名单才能进行随机抽样，而市场调查中有些总体是无法精确界定的，有些总体的资料是不公开的或很难收集的，此时进行随机抽样必然会无形中增加很大的成本。此外，抽样技术方案设计要求高，一般人员难以胜任。如果抽样技术方案设计存在严重的缺陷，往往会导致抽样调查的失败。

3. 随机抽样调查的应用场合

（1）对于单位数特别多或无限多的总体。如产品连续性生产过程中的废品率调查，江河中某些污染情况调查等。

（2）对于一些以破坏或损伤使用价值为手段的检验调查方法。如电灯泡、茶叶、烟草、火柴质量检验等，都是有破坏性的，不可能进行全面调查，只能使用抽样调查。

（3）时间紧迫、经费有限时可采用抽样调查。抽样调查的调查单位比全面调查要少得多，因而既能节约人力、费用和时间，又能比较快地得到调查结果，这对许多工作都是很有利的。如在农作物基本成熟尚未收割之际，为了编制计划、检查计划、组织生产，需要事先掌握农产品产量数字，如果进行全面调查，耗时太长，不能满足急需，只能采用抽样调查。

（4）对普查数据校验时可采用抽样调查。

4. 随机抽样调查的基本概念

1）总体

总体是所要调查研究的现象的全体，它是具有同质性和差异性的许多个别事物的集合体。总体单位数通常用 N 表示，简称总体容量，例如，我们要研究某城市职工的生活水平，则该城市全部职工即构成总体。总体可分为无限总体和有限总体。无限总体所包含的单位为无限多。有限总体所包含的单位是有限的。

2）样本

（1）样本的概念。样本是按随机原则从总体中抽出来的一部分单位的集合体。

（2）样本容量。一般用 n 表示，是指一个样本中所包含的个体数。样本容量大，抽样误差会较小；反之，样本容量过小，将导致抽样误差增大，甚至失去抽样推断的价值。因此，在抽样设计中应根据调查目的认真考虑合适的样本容量。此外，我们还把 n/N 称为抽样比。

（3）样本的大小。一般来说，样本容量超过 30 的样本称为大样本，不超过 30 的称为小样本。社会经济现象的抽样调查多取大样本，而自然实验观察多取小样本。以很小的样本来推断很大的总体，这是抽样调查的一个特点。

（4）样本个数。样本个数又称为样本可能数目，它是指从一个总体中可能抽取多少个样本。样本个数的多少与抽样方法（即放回或不放回抽样）有关。

3）总体指标与样本指标

（1）总体指标。总体指标是总体的数量特征，即参数。参数在抽样时往往是未知的，是需要进行推断的。总体指标通常有总体均值($\overline{X}$)，总体标准差(σ)，总体成数(P)等，其中X，P用大写英文字母表示。

$$\text{总体平均数：}\overline{X}=\frac{\sum X}{N} \tag{2-1}$$

$$\text{总体方差：}\sigma^2=\frac{\sum(X-\overline{X})^2}{N} \tag{2-2}$$

$$\text{总体标准差：}\sigma=\sqrt{\frac{\sum(X-\overline{X})^2}{N}} \tag{2-3}$$

总体成数常以大写英文字母P来表示总体中具有某种性质的单位数在总体全部单位数中所占的比重，以Q表示总体中不具有某种性质的单位数在总体中所占的比重。

设总体N个单位中，有N_1个单位具有某种性质，N_0个单位不具有某种性质，$N_1+N_0=N$，则总体成数为

$$P=\frac{N_1}{N} \tag{2-4}$$

$$Q=\frac{N_0}{N}=\frac{N-N_1}{N}=1-P \tag{2-5}$$

总体成数的标准差为

$$\sigma=\sqrt{P(1-P)}=\sqrt{PQ} \tag{2-6}$$

总体成数的方差为

$$\sigma^2=P(1-P)=PQ \tag{2-7}$$

【例2-5】某校8 000名学生中有男生5 600名，现研究该校男生比重问题，则有

$$P=\frac{5\ 600}{8\ 000}=70\%$$

$$\sigma^2=70\%\times(1-70\%)=70\%\times30\%=21\%$$

（2）样本指标。样本指标是样本的数量特征，即统计量。统计量随样本不同而不同，因而是一个随机变量。样本指标通常用小写英文字母表示，用以和总体指标相区别，如样本均值($\overline{x}$)，样本标准差(s)，样本方差(s^2)，样本成数(p)等。

$$\text{样本平均数：}\overline{x}=\frac{\sum x}{n} \tag{2-8}$$

$$\text{样本方差：}s^2=\frac{\sum(x-\overline{x})^2}{n-1} \tag{2-9}$$

$$\text{样本标准差：}s=\sqrt{\frac{\sum(x-\overline{x})^2}{n-1}} \tag{2-10}$$

样本成数常以小写英文字母p来表示样本中具有某种性质的单位数在样本全部单位数中所占的比重，以q表示样本中不具有某种性质的单位数在样本中所占的比重。设n个单位中有n_1个单位具有某种属性，n_0个单位不具有某种属性，$n=n_1+n_0$，则样本成数为

$$p=\frac{n_1}{n} \tag{2-11}$$

$$q=\frac{n-n_1}{n}=1-p \tag{2-12}$$

样本成数的标准差为

$$s=\sqrt{p(1-p)}=\sqrt{pq} \tag{2-13}$$

样本成数的方差为

$$s^2=p(1-p)=pq \tag{2-14}$$

4) 总体分布、样本分布与抽样分布

(1) 总体分布：总体各单位标志值的分布状况，又称总体结构。

(2) 样本分布：样本中各样本单位标志值的分布状况，又称样本结构。当样本量足够大时，样本分布趋于总体分布。

(3) 抽样分布：从总体中抽取的所有可能的样本的统计量(样本指标)构成的分布。例如，根据中心极限定量，当样本量足够大时，样本均值等统计量的分布趋近于正态分布，因而可用正态分布来做区间估计。

5) 重复抽样与不重复抽样

(1) 重复抽样，也称为放回抽样，即每抽出一个单位进行登记后，放回去，混合均匀后，再抽下一个，直到抽满 n 个为止。重复抽样有可能出现极大值或极小值组成的极端样本。

从总体 N 个单位中，用重复抽样的方法，随机抽取 n 个单位构成一个样本，则共可抽取 N^n 个样本。

例如总体有 A、B、C、D 4 个单位，要从中以重复抽样的方法抽取 2 个单位构成样本。先从 4 个单位中抽取 1 个，共有 4 种抽取方法，结果登记后再放回，然后再从相同的 4 个中抽取 1 个，也有 4 种抽取方法，前后取 2 个构成一个样本，全部可能抽取的样本数目为 $4\times4=16$ 个，它们是：AA，AB，AC，AD，BA，BB，BC，BD，CA，CB，CC，CD，DA，DB，DC，DD。

(2) 不重复抽样，即每次抽出一个单位进行登记后，不再放回参加下一次抽取，依次下去，直到抽满 n 个为止。

在不重复抽样中，如果考虑顺序，其样本可能的数目为 $\frac{N!}{(N-n)!}$；如果不考虑顺序，其样本可能的数目为 $\frac{N!}{(N-n)!\ n!}$。

由于不重复抽样可以避免极端样本出现，因此不重复抽样的误差要比重复抽样的误差小。

6) 市场调查误差

按产生的原因分，市场调查误差可分为登记性误差和代表性误差。

- 市场调查误差
  - 登记性误差
  - 代表性误差
    - 系统性误差(偏差)
    - 随机误差(偶然的代表性误差)→抽样误差
      - 抽样实际误差
      - 抽样平均误差

(1) 登记性误差是指统计调查时，由于主观原因在登记、汇总、计算、过录中所产生的误差。不论全面调查或非全面调查都可能产生登记性误差。

(2) 代表性误差是由于样本结构与总体结构不同，样本不能完全代表总体而产生的样本指标与总体指标之间的误差。代表性误差又可分为系统性误差和随机误差两种。

① 系统性误差，又称偏差，它是由于抽样调查没有遵循随机原则而产生的误差，即违反抽样调查的随机原则，有意地抽取较好或较差的单位进行调查，这种系统性原因造成的样本不足所产生的误差称为系统性误差。系统性误差和登记性误差都是不应当发生的，是可以而且也应该采取措施避免发生或将其减小到最小限度。

② 随机误差，又称抽样误差，它是指没有登记性误差的前提下，又遵循随机原则所产生的误差。因为即使遵守了随机原则，但由于偶然抽取的样本结构与总体的结构发生偏差，也会出现或大或小的偶然的代表性误差。

例如某班级 50 个同学中有 30 个男同学和 20 个女同学，现在随机抽取 5 个同学为样本，由于随机的原因未必都能抽到 3 个男同学和 2 个女同学，使得利用样本计算的性别比例指标不能代表班级同学的性别比例指标，而发生样本指标和总体指标之间存在绝对离差，这就是抽样误差。

抽样误差包括抽样实际误差和抽样平均误差两种。

a. 抽样实际误差是指某一样本指标与被它估计的总体指标之间数值的差异，即$|\bar{x}-\bar{X}|$、$|p-P|$。对于确定的总体来说，总体指标数值是确定的值，由于样本是按随机原则抽选的，从同一总体抽取样本容量相同的样本可以有多种不同的抽取方法，每个样本都有自己的样本指标，因此抽样实际误差不是一个确定的值，此外由于总体指标是未知的(除非作全面调查)，因此抽样实际误差是永远不知道的。

b. 抽样平均误差是指所有可能出现的样本指标的标准差，也可以说是所有可能出现的样本指标和总体指标的平均离差。

抽样的实际误差是无法知道的，而抽样平均误差是可以计算的。

抽样平均误差是反映抽样误差一般水平的指标，一般用 μ_x 表示抽样平均数的平均误差，μ_p 表示抽样成数的平均误差，M 表示样本可能数目，则

$$\mu_{\bar{x}}=\sqrt{\frac{\sum(\bar{x}-\bar{X})^2}{M}} \tag{2-15}$$

$$\mu_p=\sqrt{\frac{\sum(p-P)^2}{M}} \tag{2-16}$$

【例 2-6】 总体为 2、3、4，从总体中按重复抽样抽出两个单位组成样本，抽样平均误差计算表见表 2-4。

表 2-4　抽样平均误差计算表

序号	样本总量		样本平均数	$(\bar{x}-\bar{X})^2$
	(1)	(2)		
1	2	2	2	1
2	2	3	2.5	0.25
3	2	4	3	0
4	3	2	2.5	0.25
5	3	3	3	0
6	3	4	3.5	0.25
7	4	2	3	0

续表

序号	样本总量		样本平均数	$(\bar{x}-\bar{X})^2$
	(1)	(2)		
8	4	3	3.5	0.25
9	4	4	4	1

（上表中 $\bar{X}$ 就是 $\bar{\bar{x}}$）

求抽样平均误差就是求所有可能样本平均数的标准差。

用计算器求 2、2.5、3、2.5、3、3.5、3、3.5、4 的标准差得：$\mu_{\bar{x}}=\sqrt{\frac{3}{9}}=0.577$，即为抽样平均误差。

7）点估计与区间估计

（1）点估计也叫定值估计，当样本容量足够大时，可直接用样本均值代替总体均值，用样本比率代替总体成数，可据此计算有关总量指标。

（2）区间估计是用一个取值区间及其出现的概率来估计总体参数，具体说，区间估计是用样本统计量和抽样标准误差来构造总体参数的取值范围，并用一定的概率来保证总体参数落在估计的区间内。其概率称为置信概率(即把握程度)，记为 $F(t)$，对应的 t 称为置信度，例如给定置信概率 $F(t)=95.45\%$，查正态分布表得到置信度 $t=2$。估计区间称为置信区间。如

$$\text{总体均值：}\bar{X}=\bar{x}\pm t\mu_{\bar{x}}=\bar{x}\pm\Delta$$
$$\text{总体成数：}P=p\pm t\mu_{p}=p\pm\Delta$$

其中：$t\mu_{\bar{x}}$ 和 $t\mu_{p}$ 又称为允许误差或极限误差，记作 Δ，即

$$\Delta=t\mu$$

$\Delta/\bar{X}$，Δ/P 称为估计的相对精度。

8）抽样方式与抽样方法

（1）抽样方式是指抽样调查的组织方式，通常有简单随机抽样、分层抽样、系统抽样、整群抽样、多阶段抽样等。这些抽样调查的组织方式、抽样误差的计算和区间估计以下将分别介绍。

（2）抽样方法是指在抽样调查的组织方式既定的前提下，从总体的全部单位(个体)中抽取 n 个单位组成样本的方法。通常有重复抽样与不重复抽样两种抽取方法，而重复抽样与不重复抽样的具体实施，又有不同的具体做法。

2.3.2 简单随机抽样

1. 简单随机抽样的概念

简单随机抽样是最完全的概率抽样，针对包含 N 个单位的总体，选出 n 个单位作为样本时，每个单位在抽选时有相同被选中的机会的方法。

简单随机抽样一般可采用抽签法、查阅随机数表法和 Excel 中的随机函数法来得到样本。

（1）抽签法是先将总体中的每个单元都编上号，写在签上，将签充分混合均匀，每次抽

取一个签，签上号码所对应的单元即入样，抽中的签不放回，再接着抽取下一个签，直到抽够所需样本量为止。

(2) 随机数表法是先将总体中的每个单元都编上号，要注意的是，所有号码的位数均应相同。然后从随机数表的任一位置开始，向任何一个方向连续地摘录数字，将得到的数字按上边编号的位数分割为若干组数码，得到的数码所对应的单元即入样，重复的数码和没有对应单元的数码去掉，直至抽够所需样本量为止。

例如，要从一个 700 人的总体中抽取样本量为 15 的样本，先将这 700 人按 001～700 编号(或 000～699，注意位数一定相同)，从随机数表中(见表 2－5)的任一位置，例如从第 6 行、第 4 列开始，向右(可以向其他任何方向)连续地以 3 位数字为一个数码，得到的数码如下：

174，229，380，725，428，028，039，108，494，027，

122，531，104，612，093，789，984，889，568，…

上面有下划线的数码均有相应的单元与之对应，则对应单元入样，依次选够 15 个为止。其他超过 700 的数码没有对应单元，去掉即可。如果某个数码出现了两次，则第二次出现的这个数码也要去掉不算。

表 2－5　随机数字表

1	48	64	63	53	58	69	04	91	06	44	21	38	14	49	24	89	92	88	15	71	75	79	41	81	74
2	96	35	97	86	90	40	92	54	27	34	54	47	36	40	91	70	30	79	76	07	15	78	69	21	86
3	18	74	05	12	32	28	89	12	00	05	32	33	05	08	40	08	42	72	57	20	73	24	19	99	11
4	83	46	21	20	39	33	16	33	55	62	04	38	76	14	00	42	38	04	14	93	02	97	16	85	06
5	90	54	05	92	61	92	64	02	21	82	89	93	61	27	89	72	50	47	42	09	09	49	54	61	82
6	54	94	83	17	42	29	38	07	25	42	80	28	03	91	08	49	40	27	12	25	31	10	46	12	09
7	37	89	98	48	89	56	81	67	88	89	44	67	72	10	39	98	19	95	34	26	12	67	14	00	09
8	13	74	81	84	37	13	92	60	84	05	02	61	84	45	99	61	82	10	97	19	69	71	10	43	39
9	38	15	04	94	10	90	53	60	93	08	27	37	30	36	85	52	34	90	28	68	75	31	42	30	07
10	24	45	63	91	49	50	90	21	49	79	91	33	59	61	16	82	62	30	62	29	58	66	36	32	15
11	06	95	37	04	71	65	71	39	50	54	87	89	82	46	47	32	47	08	43	88	12	37	15	10	78
12	05	70	03	52	95	01	11	03	14	01	14	84	65	34	24	03	91	47	47	73	95	40	98	02	28
13	63	55	38	05	10	77	43	53	82	34	15	25	15	52	03	16	37	13	23	08	04	93	89	95	44
14	39	19	79	01	45	31	40	05	51	45	37	79	78	39	72	05	13	15	03	03	71	07	94	32	69
15	07	05	66	74	23	35	70	20	87	30	51	36	99	07	51	69	59	75	32	14	97	27	84	37	90
16	56	96	81	81	62	81	95	79	95	40	08	46	13	62	90	58	98	98	87	73	30	20	12	64	22
17	55	11	54	16	81	01	62	39	32	57	44	64	17	38	06	38	67	27	36	17	24	40	68	55	26
18	93	82	78	21	19	03	64	45	32	93	59	30	39	02	41	26	06	32	70	93	74	26	78	04	93
19	06	03	43	46	97	12	92	50	13	89	98	04	45	27	25	50	60	65	25	45	69	91	30	63	05
20	99	86	79	76	96	09	90	99	93	18	47	84	45	12	41	91	60	47	67	93	50	13	15	72	70
21	43	26	91	55	91	58	84	75	70	84	15	35	79	99	42	33	51	52	70	57	15	31	67	90	13
22	85	51	01	99	88	30	96	65	51	50	53	21	07	88	60	99	44	47	12	80	95	26	57	01	51
23	55	18	27	42	03	28	71	97	42	68	80	02	55	38	84	14	64	29	75	22	12	50	72	84	99
24	75	76	15	21	70	25	94	86	53	04	62	03	07	33	67	29	53	54	17	92	42	25	84	62	79
25	23	66	09	27	61	75	98	47	00	74	48	94	80	55	69	68	68	38	63	91	00	22	42	92	23

这两种方法，以随机数表法实施起来更为便利，特别是总体非常大的情况，用抽签法是几乎不可能的。

简单随机抽样的优越性在于方法简单直观，当总体名单完整时，可直接从中随机选取样本，由于抽取概率相同，计算抽样误差及对总体指标进行推断时比较方便。但是在实际调查中，编制和获得完整的总体是非常困难的，也是不可能做到的，而且简单抽样得到的样本较为分散，会消耗比较大的调查成本，因此简单随机抽样适合于总体单位数不是很庞大，而且样本分布比较均匀的情况。

(3) Excel中的随机函数法。抽签法只适用于总体数量较少的抽样，而随机数表法虽然适用于大总体的抽样，但需要查询随机数表，并不十分方便。Excel中提供了随机函数rand()，rand()函数用来产生值在0～1之间的随机数，由此可以利用rand()函数来进行抽样。

例如，要从一个700人的总体中抽取样本量为6的样本，先将这700人按001～700编号。然后，由于要抽取6个样本，则选取C2：C7，如图2.1所示，在公式栏中输入“=rand()＊700”，按住Ctrl+Shift键，再按Enter键。

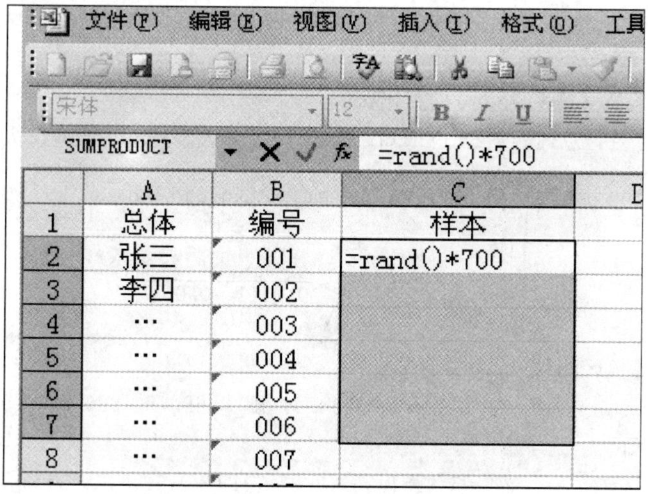

图2.1 Excel中的随机函数法

需要指出的是，采用该方法，当在工作表中其他地方进行操作时，已抽出的样本数据会发生变化，所以需要把抽出的样本先复制下来，然后去掉小数位。此外，由于采用的是随机函数，C2：C7单元格中有的数值(取整后)会相同，因此可以选取多一些的单元格来计算，例如可以选取C2：C17，然后从C2、C3、C4,…依次取得样本号，如遇与已取出的样本号相同，则直接忽略，继续往下取号，直到取满样本量为止。

2. 简单随机抽样平均误差

1) 样本平均数的抽样平均误差

$$\mu_{\bar{x}}=\sqrt{\frac{\sigma^2}{n}}=\frac{\sigma}{\sqrt{n}}\approx\frac{S}{\sqrt{n}} \text{（重复抽样）} \quad (2-17)$$

或

$$\mu_{\bar{x}}=\sqrt{\frac{\sigma^2}{n}(1-\frac{n}{N})}=\frac{\sigma}{\sqrt{n}}\sqrt{1-\frac{n}{N}} \approx\frac{S}{\sqrt{n}}\sqrt{1-\frac{n}{N}} \quad \text{（不重复抽样）} \tag{2-18}$$

2）样本成数的抽样平均误差

$$\mu_p=\sqrt{\frac{\sigma^2}{n}}=\frac{\sigma}{\sqrt{n}}\approx\frac{S}{\sqrt{n}}=\sqrt{\frac{p(1-p)}{n}} \quad \text{（重复抽样）} \tag{2-19}$$

或

$$\mu_p=\sqrt{\frac{\sigma^2}{n}(1-\frac{n}{N})}=\frac{\sigma}{\sqrt{n}}\sqrt{1-\frac{n}{N}} \approx\frac{S}{\sqrt{n}}\sqrt{1-\frac{n}{N}}=\frac{\sqrt{p(1-p)}}{\sqrt{n}}\sqrt{1-\frac{n}{N}} \quad \text{（不重复抽样）} \tag{2-20}$$

需要注意的是，在不重复抽样中，如果 N 未知，则按 N 无穷大来处理，这样不重复抽样的抽样平均误差与重复抽样的抽样平均误差的计算公式是相同的。

【例 2－7】某商场从某天的顾客中，不重复随机抽取 100 个顾客调查购买商品情况，其中有 5 个顾客未购买商品(未购率 5%)；顾客购买商品的样本平均数 $\bar{x}$ 为 498 元，样本标准差 S 为 144 元，要求用 95%的概率($t=1.96$)估计顾客平均购买额和未购率的置信区间。

解：此题不知总体方差，总体容量 N 也未知，故 N 用无穷大来处理，同时按大样本来对待，可用样本方差代替。

$$\mu_{\bar{x}}=\frac{\sigma}{\sqrt{n}}\approx\frac{S}{\sqrt{n}}=\frac{144}{\sqrt{100}}=14.4$$

$$\mu_p=\frac{\sigma}{\sqrt{n}}\approx\sqrt{\frac{p(1-p)}{n}}=\sqrt{\frac{0.05(1-0.05)}{100}}=0.022$$

顾客平均购买额的置信区间为

$$\bar{x}\pm t\mu_{\bar{x}}=\bar{x}\pm\Delta=498\pm1.96\times14.4\text{，即 }[469.78,\ 526.22]\text{（元）}$$

顾客未购率的置信区间为

$$p\pm t\mu_p=p\pm\Delta=5\%\pm1.96\times2.2\%\text{，即 }[0.69\%,\ 9.31\%]$$

3. 简单随机抽样的样本容量

一般来说，样本容量的确定应考虑总体方差 σ^2(一般用样本方差 S^2 去估计)、抽样估计精度要求(允许误差 Δ 的约束)和把握程度(置信概率)的大小、抽样方式方法、抽样调查费用约束等因素。

在不考虑抽样调查费用约束的条件下，样本容量的计算公式如下：

1）总体均值估计所需的样本容量

$$n=\frac{t^2\sigma^2}{\Delta^2}\approx\frac{t^2S^2}{\Delta^2} \quad \text{（重复抽样）} \tag{2-21}$$

或

$$n=\frac{t^2\sigma^2N}{N\Delta^2+t^2\sigma^2}\approx\frac{t^2S^2N}{N\Delta^2+t^2S^2} \quad \text{（不重复抽样）} \tag{2-22}$$

2）总体成数估计所需的样本容量

$$n=\frac{t^2P(1-P)}{\Delta^2}\approx\frac{t^2p(1-p)}{\Delta^2}\text{（重复抽样）} \tag{2-23}$$

或

$$n=\frac{Nt^2P(1-P)}{N\Delta^2+t^2P(1-P)}\approx\frac{Nt^2p(1-p)}{N\Delta^2+t^2p(1-p)}\text{（不重复抽样）} \tag{2-24}$$

用以上公式计算样本容量时，应注意以下3点：

(1) 抽样比例n/N较大(大于5%)时，应采用不重复抽样公式计算必要的样本容量，否则，无论采用重复抽样还是不重复抽样，均可用重复抽样公式计算样本容量n，不仅简化计算，且误差很小。

(2) 当总体方差σ^2(或总体成数P)未知时，可用样本方差(或样本成数)，或历史的类似的总体方差(或总体成数)代替。计算总体成数所需的样本容量时，亦可直接用$P(1-P)$的最大值0.25代替。

(3) 在同一抽样调查中，总体均值与总体成数推断要兼顾时，用以上公式计算的样本容量一般不相等，为了保证推断结果的精确度，应采用其中的较大的那个样本容量。

【例2-8】 某县某年城关镇共有居民家庭1.96万户，根据以往的资料，居民家庭人均可支配收入的标准差为0.8千元，95%的居民家庭拥有空调。现采用抽样调查了解今年和明年居民家庭空调以旧换新的需求情况，若置信概率为95%，要求总体居民家庭今年人均可支配收入估计的抽样极限误差不超过0.1千元，空调拥有率估计的抽样极限误差不超过3%，求合适的样本容量。

解：

$$n_1=\frac{t^2\sigma^2}{\Delta^2}\approx\frac{t^2S^2}{\Delta^2}=\frac{1.96^2\times0.8^2}{0.01}=246$$

$$n_2=\frac{t^2P(1-P)}{\Delta^2}\approx\frac{t^2p(1-p)}{\Delta^2}=\frac{1.96^2\times0.95(1-0.95)}{0.03^2}=203$$

由于$n_1>n_2$，故合适的样本容量为246户。

2.3.3 分层抽样

1. 分层抽样的概念

分层抽样又称类型抽样，是先将总体的所有单位按某些重要特性分成若干互不重叠的子总体(或层)，然后在各个子总体(或层)中采用简单随机抽样或者等距抽样方式抽取样本单位的一种抽样方法。

由于总体中常有少数特殊单元，用简单随机抽样得到的样本中，这些特殊单元所占的比例容易过高或过低，而影响估计量的精度，分层抽样可以将这些特殊单元作为一层，从而避免上述情况，使样本更具代表性。因此，分层抽样一般比简单随机抽样和等距抽样更为精确，能够通过对较少的样本进行调查，得到比较准确的推断结果，特别是当总体数目较大、内部结构复杂时，分层抽样常能取得令人满意的效果。

按照各层之间的抽样数的确定方式，分层抽样可分为等额分配分层抽样、等比例分配分层抽样、最优分配分层抽样3种。

(1) 等额分配分层抽样。当各层之间的抽样数相等时，即为等额分配分层抽样。

【例2-9】 有10个人的年龄资料见表2-6，分为30岁以下，30～60岁，60岁以上3个年龄段。当样本量为6时，试采用等额分配法进行分层抽样。

表 2-6　某 10 个人的年龄资料

人	A	B	C	D	E	F	G	H	I	J
年龄	8	9	8	40	42	46	48	70	72	76
年龄段	30 岁以下			30～60 岁				60 岁以上		

解：等额分配法的分层抽样如图 2.2 所示。

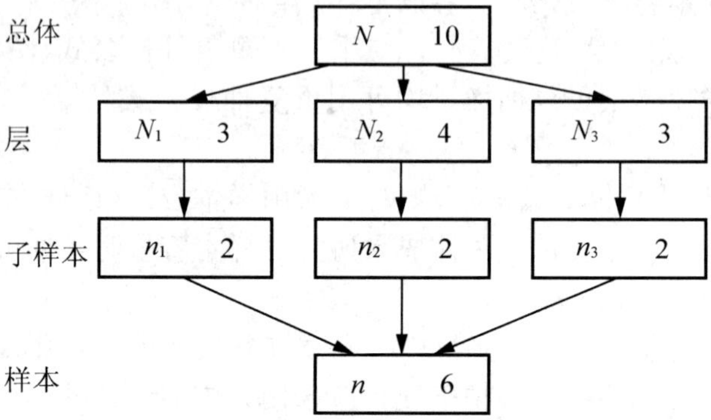

图 2.2　等额分配分层抽样

等额分配法由于不考虑每个层的个体数量的差异，因而其误差一般较等比例分配分层抽样要大。

(2) 等比例分配分层抽样。当各层之间的抽样比例相等时，即为等比例分配分层抽样。这时，在每个组中抽取的调查单位的数目，可按相同的比例(n/N)抽取。如 10 个人中抽取 6 个，抽取比例为 60%，则第一层抽取 3×0.6=2(人)，第二层抽取 4×0.6=2(人)，第三层抽取 3×0.6=2(人)，如图 2.3 所示。

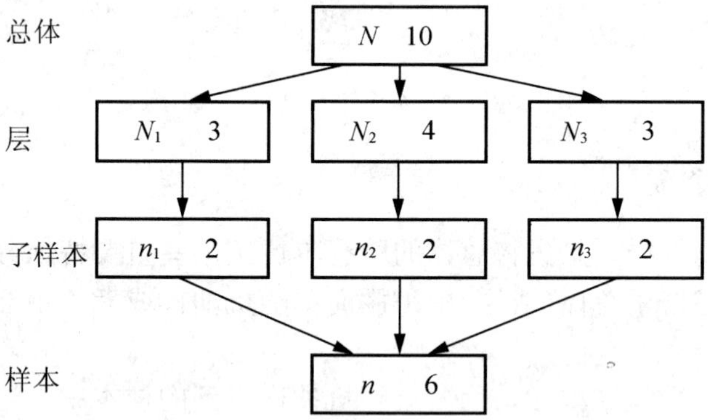

图 2.3　等比例分配分层抽样

(3) 最优分配分层抽样。等比例分配法虽然考虑到了不同层的个体数量的差异，但并未考虑不同层内个体间的差异，在上例中，假如第一层的 3 个人的年龄均为 8 岁，显然只需抽取少量的人即可，而对于其他层由于年龄波动大，应增加抽取量，因此，可考虑采用最优分配分层抽样。

【例 2-10】有 10 个人的年龄资料见表 2-7，分为 30 岁以下，30～60 岁，60 岁以上 3 个年龄段。当样本量为 6 时，试采用最优分配法进行分层抽样。

表 2-7 某 10 个人的年龄资料

人	A	B	C	D	E	F	G	H	I	J
年龄	8	9	8	40	42	46	48	70	72	76
标准差	$\sigma_1=0.47$			$\sigma_2=3.16$				$\sigma_3=2.49$		
年龄段	30 岁以下			30～60 岁				60 岁以上		

解：计算出各层的样本量

$$n_1=\frac{\sigma_1}{\sum\sigma_i}\times n=\frac{0.47}{6.12}\times 6=1,\ n_2=3,\ n_3=2$$

最优分配分层抽样如图 2.4 所示：

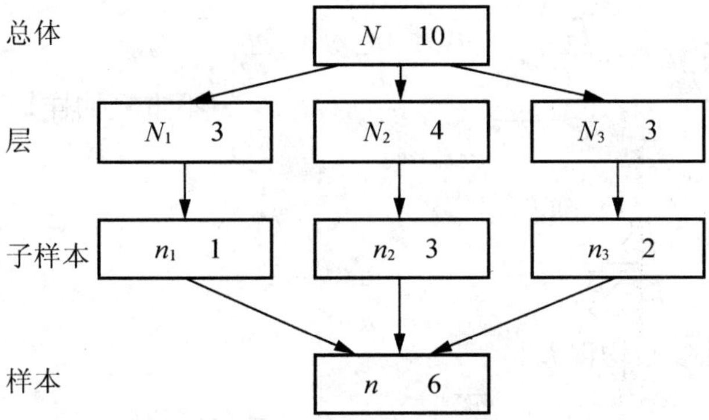

图 2.4 最优分配分层抽样

最优分配分层抽样较等额和等比例分配分层抽样更具合理性，但由于不能事先知道各层的标准差，因而实际中采用较少。为了估计各层的标准差，在有历史资料的情况下可利用历史数据来估算各层的标准差；在没有历史资料的情况下，可事先进行少量的抽样，然后估计出各层的标准差，再重新计算各层的样本抽取数目。

2. 分层抽样平均误差

在分层抽样时，抽样平均误差只和层内方差有关，而与层间方差无关。因此，只要能够扩大层间方差而缩小层内方差，就可以提高抽样效率，即尽量把相类似的个体分在同一个组内，这样就可以减少该组内的抽取个数。

设 n_i、$\bar{x}_i$、σ_i^2 分别为样本各组的单位数、平均数、方差；N_i 为总体各组的单位数，如图 2.5 所示。

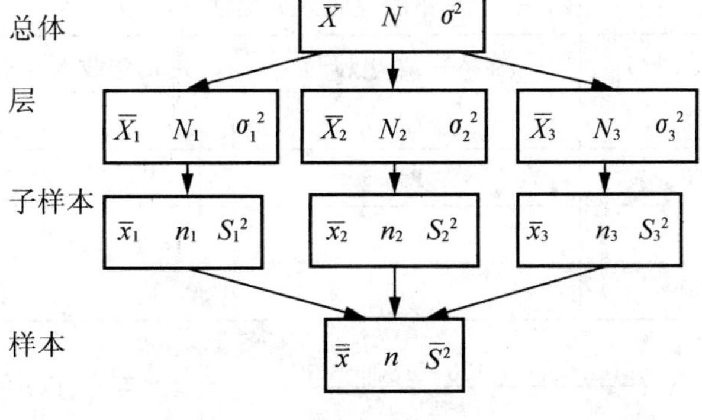

图 2.5 分层抽样均值及方差

则在等比例分层抽样条件下，有下列计算公式

总体平均数点估计：$\overline{X}=\dfrac{\sum \overline{X}_i N_i}{\sum N_i}\approx\bar{\bar{x}}=\dfrac{\sum \bar{x}_i n_i}{\sum n_i}$ (2-26)

层内方差平均数：$\sigma^2=\dfrac{\sum \sigma_i^2 N_i}{\sum N_i}\approx\overline{S}^2=\dfrac{\sum S_i^2 n_i}{\sum n_i}$ (2-27)

(1) 样本平均数的抽样平均误差：

$$\mu_{\bar{x}}=\sqrt{\frac{\sigma^2}{n}}=\frac{\sigma}{\sqrt{n}}\approx\frac{\overline{S}}{\sqrt{n}}\text{（重复抽样）}\quad(2-28)$$

或

$$\begin{aligned}\mu_{\bar{x}}&=\sqrt{\frac{\sigma^2}{n}\left(1-\frac{n}{N}\right)}=\frac{\sigma}{\sqrt{n}}\sqrt{1-\frac{n}{N}}\\&\approx\frac{\overline{S}}{\sqrt{n}}\sqrt{1-\frac{n}{N}}\end{aligned}\text{（不重复抽样）}\quad(2-29)$$

其中，$\overline{S}=\sqrt{\overline{S}^2}=\sqrt{\dfrac{\sum S_i^2 n_i}{\sum n_i}}$

(2) 样本成数的抽样平均误差：

$$\mu_p=\sqrt{\frac{\sigma^2}{n}}=\frac{\sigma}{\sqrt{n}}\approx\frac{\overline{S}}{\sqrt{n}}\text{（重复抽样）}\quad(2-30)$$

或

$$\begin{aligned}\mu_p&=\sqrt{\frac{\sigma^2}{n}\left(1-\frac{n}{N}\right)}=\frac{\sigma}{\sqrt{n}}\sqrt{1-\frac{n}{N}}\\&\approx\frac{\overline{S}}{\sqrt{n}}\sqrt{1-\frac{n}{N}}\end{aligned}\text{（不重复抽样）}\quad(2-31)$$

其中，$\overline{S}=\sqrt{\overline{S}^2}=\sqrt{\dfrac{\sum S_i^2 n_i}{\sum n_i}}=\sqrt{\dfrac{\sum[p_i(1-p_i)n_i]}{\sum n_i}}$

【例2-11】某县某年共有乡镇18个，农民家庭88万户，按各乡镇收入高低可分为高收入乡镇、中收入乡镇、低收入乡镇3类，各类乡镇的农户数见表2-8。现从这三类中按等比例抽样，共抽取500户组成样本，样本各组的户均年收入、标准差等见表2-8，要求在90%的置信概率(t=1.64)下对全县户均年收入进行区间估计。

表2-8 某市居民收入分层抽样数据

类　型	家庭 N_i(万户)	样本容量 n_i(户)	户均年收入 $\bar{x}_i$(百元)	标准差 S_i
高收入	38.72	220	700	200
中收入	31.68	180	400	120
低收入	17.60	100	300	180
合　计	88.00	500	—	—

解：

$$\overline{X}=\frac{700\times220+400\times180+300\times100}{500}=512\text{（百元/户）}$$

$$\overline{S}^2=\frac{\sum S_i^2 n_i}{\sum n_i}=\frac{200^2\times220+120^2\times180+180^2\times100}{500}=29\ 264$$

$$\mu_{\bar{x}}=\sqrt{\frac{\sigma^2}{n}}=\frac{\sigma}{\sqrt{n}}\approx\frac{\overline{S}}{\sqrt{n}}=\sqrt{\frac{29\ 264}{500}}=7.65(\text{百元})$$

$$\Delta=t\mu_{\bar{x}}=1.64\times7.65=12.5$$

户均年收入置信区间：$\bar{x}\pm t\mu=512\pm12.5$，即［499.5，524.55］(百元/户)。

【例 2-12】某广告公司从某市 310 万人中采用等比例分层抽样，调查居民收看某电视广告的收视率，有关资料整理见表 2-9。要求在 95%的置信概率($t=1.96$)下，估计居民收看某电视广告的收视率的置信区间。

表 2-9 某市广告收视率抽样数据

分层	N_i(万人)	n_i(人)	观看广告(人)	观看比率 p_i
市区	155	400	320	0.8
郊区	93	240	120	0.5
农村	62	160	40	0.25
$\sum$	310	800	480	0.60

解：收视率 P 的点估计 $p=\frac{480}{800}=0.60$

$$\mu_p=\sqrt{\frac{\sigma^2}{n}}=\frac{\sigma}{\sqrt{n}}\approx\frac{\overline{S}}{\sqrt{n}}=\sqrt{\frac{0.8\times0.2\times400+0.5\times0.5\times240+0.25\times0.75\times160}{800}}\Big/\sqrt{800}=0.015\ 5$$

$$\Delta=t\mu_p=1.96\times0.015\ 5=0.03$$

收视率 P 的置信区间：$\bar{p}\pm t\mu=0.6\pm0.03$，即［57%，63%］。

3. 分层抽样的样本容量

采用等比例分层抽样时，样本容量 n 的确定与简单随机抽样样本容量的确定公式基本相同(只需用层内方差的平均值替换总体方差即可)。样本容量 n 确定之后，各层应抽取的样本单位数 n_i 可采用等比例法进行分配，计算公式为

$$n_i=n\cdot\frac{N_i}{N}=\frac{n}{N}\cdot N_i \tag{2-32}$$

【例 2-13】以例 2-11 的某县农民家庭户均年收入估计为例，若要求明年总体户均年收入的抽样极限误差不超过 10 百元/户，概率保证程度 95%($t=1.96$)，问等比例分层抽样的样本容量为多少？

解： $N=88\quad N_1=38.72\quad N_2=31.68\quad N_3=17.6$

$$\sigma^2=\overline{S}^2=\frac{\sum S_i^2 n_i}{\sum n_i}=\frac{200^2\times220+120^2\times180+180^2\times100}{500}=29\ 264$$

$$\mu_{\bar{x}}=\sqrt{\frac{\sigma^2}{n}}=\frac{\sigma}{\sqrt{n}}\approx\frac{\overline{S}}{\sqrt{n}}$$

$$\Delta=6$$

$$\Delta=t\mu$$

得
$$n=\frac{t^2\sigma^2}{\Delta^2}\approx\frac{t^2\overline{S}^2}{\Delta^2}=\frac{1.96^2\times29\ 264}{10^2}=1\ 125(\text{户})$$

$$n_1=1\ 125\times\frac{38.72}{88}=495(\text{户})$$

$$n_2=1\ 125\times\frac{31.68}{88}=405(\text{户})$$

$$n_3=1\ 125\times\frac{17.6}{88}=225(\text{户})$$

2.3.4 等距抽样

1. 等距抽样的概念

等距抽样也叫系统抽样或机械抽样，是将总体各单位按一定标志或次序排列，然后按相等的距离或间隔抽取样本单位。特点是：抽出的单位在总体中是均匀分布的，且抽取的样本可少于纯随机抽样。

2. 等距抽样的排序方法

根据总体单位排列方法，等距抽样的单位排列可分为以下两种：

(1) 按无关标志排队，即总体单位排列的顺序与所要研究的标志是无关的，又称无序等距抽样，抽样误差比简单随机抽样小。

(2) 按有关标志排队，即总体单位排列的顺序与所要研究的标志是有直接关系的，又称有序等距抽样，抽样误差比分层抽样小。

3. 等距抽样的方法

(1) 随机起点等距抽样。第一段随机抽，然后等距抽。其中，样本距离＝总体单位数/样本单位数。

(2) 半距起点等距随机抽样。中点法抽取样本。

(3) 随机起点对称等距抽样。高低搭配称等抽取样本单位。

(4) 循环等距抽样。构建循环圆形，然后等距抽样。

在这里，以随机起点等距抽样为例进行说明。例如要从 120 户居民中选出 7 户，使用等距抽样的过程如下：

(1) 先将 120 户居民从“1”到“120”编号。

(2) 决定间隔数：120/7＝17.1，最接近的整数是 17，间隔数定为 17。

(3) 抽取第一个编号：等距抽样的方式可以随意使用一个起点，可通过随机表选取，也可按照主观随意决定第一个编号。

(4) 然后每隔 17 抽取一个编号，这时可能出现两种情况：第一种情况是开始的号码比较大，按照间隔抽选时，会出现超出编号的可能；第二种情况是选中的样本编号在总体编号的范围内。举例说明如下：

第一种情况：38，55，72，89，106，123(3)，140(20)

第二种情况：8，25，42，59，76，93，110

第一种情况中最后两个编号超过了 120，则把它们分别减去 120，得到最后的编号 3，20。最后这些编号所对应单元入样。

第二种情况中由于第一个编号限定在 1 至 17 之间，所以没有出现超过 120 的编号，则所抽中编号不需修正，它们所对应单元入样。由此可见，在确定第一个编号时，第二种情况的方法更为简便。

4．等距抽样的平均误差

（1）无序等距抽样：可采用简单不重复随机抽样的公式计算抽样平均误差。

【例2-14】已知某街区共有居民家庭8 860户，按登记名册每隔10户抽取1户，共抽取了886户，调查他们是否收看了某电视广告，调查结果已收看的有685户。要求在95%的置信概率下，求收看率的置信区间。

解：$N=8\ 860\quad n=886$

$$p=\frac{685}{886}=0.773\ 1$$

$$\mu_p=\frac{\sigma}{\sqrt{n}}\sqrt{1-\frac{n}{N}}=\sqrt{\frac{p(1-p)}{n}\left(1-\frac{n}{N}\right)}=\sqrt{\frac{0.773\ 1\times(1-0.773\ 1)}{886}\left(1-\frac{886}{8\ 860}\right)}=0.013\ 3$$

收看率的置信区间：0.773 1±1.96×0.013 3，即［0.747 0，0.799 2］。

（2）有序等距抽样：采用事后分层，利用等比分层抽样标准误差公式计算抽样平均误差。

【例2-15】某大型超市某年2月份有360h的营业时间，现按时间顺序每隔9h抽取1h，以测定2月份（春市期间）购物黄金月的顾客流量，其抽出40h，每小时的顾客流量整理见表2-10，要求在95%的置信率下估计每小时顾客流量的置信区间。

表2-10　顾客流量抽样数据分段　　单位：千人

组别	观察值分段								$\bar{x}_i$	S_i^2
1	8	10	11	12	11	13	12	14	11.38	3.41
2	12	13	15	14	16	15	17	18	15.00	4.00
3	16	18	20	18	19	21	22	23	19.63	5.41
4	22	23	24	23	26	26	28	28	25.00	5.43
5	26	28	30	31	32	34	36	38	31.88	16.13

解：本例每组单位数(n_i)相等，故

总体平均值点估计：$\bar{X}=\frac{\sum\bar{x}_i}{\mathrm{n}}=20.58$(千人)

$$\bar{S}=\sqrt{S^2}=\sqrt{\frac{\sum S_i^2 n_i}{\sum n_i}}=\sqrt{\frac{8\times3.41+8\times4.00+8\times5.41+8\times5.43+8\times16.13}{8+8+8+8+8}}=2.62(\text{千人})$$

$$\mu_{\bar{x}}=\sqrt{\frac{\sigma^2}{n}\left(1-\frac{n}{N}\right)}=\frac{\sigma}{\sqrt{n}}\sqrt{1-\frac{n}{N}}\approx\frac{\bar{S}}{\sqrt{n}}\sqrt{1-\frac{n}{N}}=\frac{2.62}{\sqrt{40}}\sqrt{1-\frac{40}{240}}=0.378(\text{千人})$$

总体均值置信区间：20.58±1.96×0.378，即［19.83，21.32］。

5．等距抽样的样本容量

（1）无序等距抽样的样本容量：采用简单随机抽样中的样本容量公式确定样本容量n。

① 总体均值估计所需的样本容量：

$$n=\frac{t^2\sigma^2}{\Delta^2}\approx\frac{t^2S^2}{\Delta^2}\text{（重复抽样）}\tag{2-33}$$

或

$$n=\frac{t^2\sigma^2N}{N\Delta^2+t^2\sigma^2}\approx\frac{t^2S^2N}{N\Delta^2+t^2S^2}\text{（不重复抽样）}\tag{2-34}$$

② 总体成数估计所需的样本容量：

$$n=\frac{t^2P(1-P)}{\Delta^2}\approx\frac{t^2p(1-p)}{\Delta^2}\text{（重复抽样）} \tag{2-35}$$

或

$$n=\frac{Nt^2P(1-P)}{N\Delta^2+t^2P(1-P)}\approx\frac{Nt^2p(1-p)}{N\Delta^2+t^2p(1-p)}\text{（不重复抽样）} \tag{2-36}$$

用以上公式计算样本容量时，应注意以下 3 点：

① 抽样比例 n/N 较大(大于 5%)时，应采用不重复抽样公式计算必要的样本容量，否则无论采用重复抽样还是不重复抽样，均可用重复抽样公式计算样本容量 n，不仅可简化计算，且误差很小。

② 当总体方差 σ^2(或总体成数 P)未知时，可用样本方差(或样本比率)，或历史的类似的总体方差(或总体成数)代替。计算总体成数所需的样本容量时，亦可直接用 $P(1-P)$ 的最大值 0.25 代替。

③ 在同一抽样调查中，总体均值与总体成数推断要兼顾时，用以上公式计算的样本容量一般不相等，为了保证推断结果的精确度，应采用其中较大的那个样本容量。

(2) 有序等距抽样的样本容量：采用分层抽样的样本容量公式确定样本容量 n，但计算所需的平均组内方差应根据以往的资料作出估计。

2.3.5 整群抽样

1. 整群抽样的概念

整群抽样是将总体按某一标志分组后形成的每个群视为单位进行随机抽样，然后对抽中的每个群体进行全面调查。整群抽样的特点是先分群，后抽群作为样本单位，在抽中的群内实行全面调查，不再从中抽样，如图 2.6 所示。

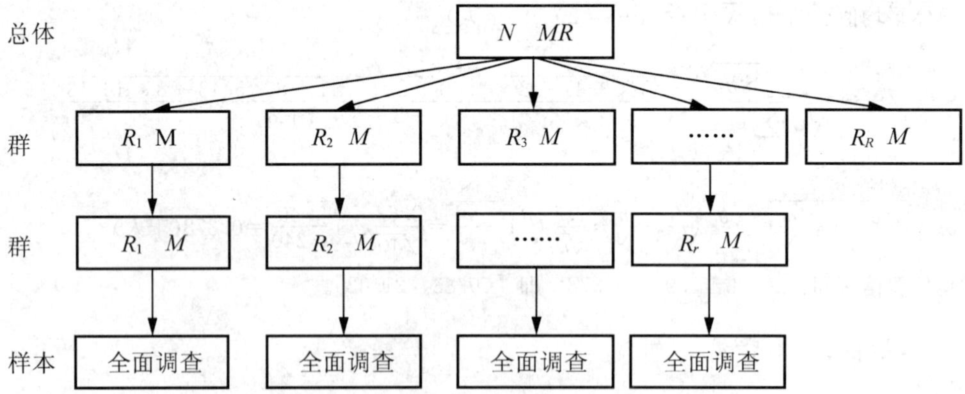

图 2.6 整群抽样

要注意的是，整群抽样和分层抽样虽然都要对总体各单位进行分组，但是划分的原则是不一样的。在分层抽样时，是要将在某些特性上比较一致的单元分为同一个层，而各层之间的差异性则较大。在整群抽样中分群时则恰恰相反，要求各群之间的差异较小，每个群中各单元的差异较大。

整群抽样的缺点是由于不同群之间的差异较大，而引起的抽样误差往往大于简单随机抽样。

2. 整群抽样的平均误差

由于整群抽样对群内的总体单位实行全面调查，因而群内方差并不引起抽样误差，因而计算整群抽样误差，只需以群间方差代替总体方差，当总体的群间方差未知时，可用样本群间方差代替。

设总体共分为 R 群，每群内有 m 个总体单位(每群 m 相等称为等群抽样，不等则称为不等群抽样)，样本容量为 r 群，各群平均数为$\bar{x}_i$，δ^2 为群间方差，则有下列计算公式。

(1) 总体均值点估计：
$$\bar{X}=\frac{\sum \bar{x}_i m_i}{\sum m_i} \tag{2-37}$$

均值的群间方差：
$$\delta_{\bar{x}}^2=\frac{\sum(\bar{x}_i-\bar{X})^2 m_i}{\sum m_i} \tag{2-38}$$

样本平均数的抽样平均误差：
$$\mu_{\bar{x}}=\sqrt{\frac{\delta_{\bar{x}}^2}{r}\left(\frac{R-r}{R-1}\right)} \tag{2-39}$$

(2) 总体成数点估计：
$$\bar{p}=\frac{\sum p_i m_i}{\sum m_i} \tag{2-40}$$

比率的群间方差：
$$\delta_p^2=\frac{\sum(p_i-p)^2 m_i}{\sum m_i} \tag{2-41}$$

样本比率的平均误差：
$$\mu_p=\sqrt{\frac{\delta_p^2}{r}\left(\frac{R-r}{R-1}\right)} \tag{2-42}$$

如果为等群抽样，$m_1=m_2=m_3\cdots$，则以上公式中的 m_i可略去，有关公式的母项则为 r。

【例 2-16】 设某化肥厂日夜连续生产，每分钟产量为 100 袋。现在采用整群抽样来检验一昼夜生产的化肥每袋的重量和包装的一等品率。以 144 分钟为一个间隔，每次抽取一分钟的产量，共抽取 10 分钟的产量进行分批检验，其平均每袋重量为 49.5 千克，其群间方差为 2.65 千克。一等品包装的比重为 85%，其群间方差为 0.5%。要求用 95.45%的概率估计该厂 24 小时化肥产量每袋平均重量和一等品率的范围。

解： 第一步，根据已知条件，确定 R 和 r。

$$R=\frac{60\times 24}{1}=1\,440,\ r=\frac{1\,440}{144}=10$$

第二步，进行抽样平均数的推断。

$$\mu_{\bar{x}}=\sqrt{\frac{\delta_{\bar{x}}^2}{r}\left(\frac{R-r}{R-1}\right)}=\sqrt{\frac{2.65}{10}\times\left(\frac{1\,440-10}{1\,440-1}\right)}=0.515(\text{千克})$$

$$\bar{X}=\bar{x}\pm t\mu_{\bar{x}}=49.5\pm 2\times 0.515=49.5\pm 1.03，\text{即}\ [48.47,\ 50.53]$$

也就是说，以 95.45%的概率保证程度估计，该厂化肥的平均每袋重量在 48.47 千克到 50.53 千克之间。

第三步，进行抽样成数的推断。

$$\mu_p=\sqrt{\frac{\delta_p^2}{r}\left(\frac{R-r}{R-1}\right)}=\sqrt{\frac{0.5\%}{10}\times\left(\frac{1\,440-10}{1\,440-1}\right)}=2.255\%$$

$$P=p\pm t\mu_p=85\%\pm 2\times 2.255\%=85\%\pm 4.515\%，\text{即}\ [80.49\%,\ 89.51\%]$$

也就是说，以 95.45%的概率保证程度估计，该厂所生产的化肥一等品率为 80.49%～89.51%。

3. 整群抽样的样本容量

由于整群抽样一般是不重复抽样，故应按不重复抽样计算必要的抽样群数 r。由整群抽

样的极限误差Δ和抽样标准公式可导出

$$r=\frac{t^2\delta^2R}{R\Delta^2+t^2\delta^2} \tag{2-43}$$

其中 δ^2 为群间方差，可根据以往的资料确定。

【例 2－17】某乡从 720 个行政村拟抽取若干个行政村调查农民家庭彩电的普及率，根据以往的资料测算，农民家庭彩电普及率的群间方差为 6%，要求抽样平均误差不超过 3.98%，置信概率为 95.44%，求整群抽样样本容量 r。

解：

$$N=720 \quad \delta_p^2=6\% \quad \mu_p=3.98\%$$

$$\Delta=t\mu_p=2\times 3.98\%=7.96\%$$

$$r=\frac{2^2\times 0.06\times 720}{0.0796^2\times 720+2^2\times 0.06}=36$$

即每 20 个村抽一个村作整群抽样的单位，样本容量为 36 个村(群)。

2.3.6 多阶段抽样

多阶段抽样又叫多级抽样。在很多情况下，特别是复杂的、大规模的市场调查中，调查单位一般不是一次性直接抽取到的，而是采用两阶段或多阶段抽取的办法，即先抽取大的单元，在大单元中再选取小单元，再在小单元中选取更小的单元，这种抽样方式称为多阶段抽样。

这里，以二阶段抽样为例。二阶段抽样在组织技术上可以看做是整群抽样和分层抽样的结合。

二阶段抽样首先将总体划分为 R 个组，每组包含 M_i 个单位。抽样第一阶段从 R 个组中随机抽取 r 个组，第二阶段再从中选的 r 个组中各组的 M_i 个单位中随机抽取 m_i 个单位，构成一个样本，这种抽样就是二阶段抽样。其中总体单位数为 $N=M_1+M_2+\cdots+M_R$，样本单位数为 $m=m_1+m_2+\cdots+m_r$。各组的单位数 M_i 可以是相等的，也可以是不等的。

二阶段抽样中，总体均值的估计、各阶段抽样方差的估计以及抽样平均误差的计算等均应考虑用加权的方法进行计算。计算公式如下

总体各群平均单位数：
$$\overline{M}=\frac{1}{R}\sum M_i \tag{2-44}$$

总体均值点估计：
$$\overline{X}=\frac{1}{r\overline{M}}\sum M_i\overline{x}_i \tag{2-45}$$

抽样平均误差：

$$\begin{aligned}\mu_{\bar{x}}&=\sqrt{\left(1-\frac{r}{R}\right)\frac{S_1^2}{r}+\frac{1}{rR}\sum\left(\frac{M_i}{\overline{M}}\right)^2\left(1-\frac{m_i}{M_i}\right)\frac{S_{2i}^2}{m_i}}\\&\approx\sqrt{\left(1-\frac{r}{R}\right)\frac{S_1^2}{r}+\frac{1}{rR\overline{M}^2}\sum M_i^2\frac{S_{2i}^2}{m_i}}\end{aligned} \tag{2-46}$$

其中：$S_1^2=\frac{1}{r-1}\sum\left(\frac{M_i}{\overline{M}}\overline{x}_i-\overline{x}\right)^2$，$S_{2i}^2=\frac{1}{m_i-1}\sum(x_{ij}-\overline{x}_j)$。

【例 2－18】某县某年有 200 个村，16.2 万个农户，各村农户数目不同，现采用二阶段抽样估计全县农户生猪的存栏量。第一阶段从 200 个村中抽取了 A、B、C、D、E 共 5 个村，第二阶段又从中选村按农户(M_i)的多少再抽取 10%作为抽样单位(m_i)。有关资料整理见表 2－11，要求在 95%的置信概率下估计全县农户平均生猪存栏量和生猪总存栏量。

表 2－11 某县生猪存栏抽样数据

样本村	农户数(M_i)	抽样户数(m_i)	户均存栏($\bar{x}_i$)	方差(S_{2i}^2)	$M_i^2\dfrac{S_{2i}^2}{m_i}$
A	560	56	2.4	0.04	224
B	840	84	3.0	0.09	756
C	680	68	1.8	0.03	204
D	920	92	2.1	0.04	368
E	820	82	2.5	0.08	656
合计	3 820	382	—	—	2 208

解：$R=200 \qquad r=5$

$$\overline{M}=\frac{162\ 000}{200}=810(\text{户/村})$$

$$\overline{X}=\frac{\sum M_i\bar{x}_i}{r\overline{M}}=\frac{560\times2.4+840\times3.0+680\times1.8+920\times2.1+820\times2.5}{5\times810}=2.24(\text{头/户})$$

$$S_1^2=\frac{1}{r-1}\sum\left(\frac{M_i}{\overline{M}}\bar{x}_i-\bar{x}\right)^2$$

$$=\frac{1}{5-1}\times\left[\left(\frac{560}{810}\times2.4-2.24\right)^2+\left(\frac{840}{810}\times3.0-2.24\right)^2+\left(\frac{680}{810}\times1.8-2.24\right)^2+\left(\frac{920}{810}\times2.1-2.24\right)^2+\left(\frac{820}{810}\times2.5-2.24\right)^2\right]$$

$$=0.433\ 3$$

$$\mu_{\bar{x}}=\sqrt{\left(1-\frac{r}{R}\right)\frac{S_1^2}{r}+\frac{1}{rR}\sum\left(\frac{M_i}{\overline{M}}\right)^2\left(1-\frac{m_i}{M_i}\right)\frac{S_{2i}^2}{m_i}}\approx\sqrt{\left(1-\frac{r}{R}\right)\frac{S_1^2}{r}+\frac{1}{rR\overline{M}^2}\sum M_i^2\frac{S_{2i}^2}{m_i}}$$

$$=\sqrt{\left(1-\frac{5}{200}\right)\times\frac{0.433\ 3}{5}+\frac{2\ 208}{5\times200\times810^2}}=0.29(\text{头})$$

户均生猪存栏量的置信区间：2.24±1.96×0.29=[1.671 6，2.808 4]

全县生猪总存栏

点估计：2.24×16.2=36.288(万头)

区间估计：[1.671 6×16.2，2.808 4×16.2]=[27.080，45.496]（万头）

技 能 测 试

一、单选题

1.（　　）是从研究对象的总体中，按照随机原则抽取一部分单位作为样本进行调查，并用对样本调查的结果来推断总体。

A. 随机调查　　B. 抽样调查　　C. 重点调查　　D. 全面调查

2.（　　）是最基本的随机抽样方法，它在抽样之前，对总体单位不进行任何分组、排列等处理，完全按随机原则从总体中抽取样本。

A. 随机抽样　　B. 重点抽样　　C. 类型随机抽样　　D. 简单随机抽样

3.（　　）又称类型随机抽样，它是先将总体按一定标志分成各种类型；然后，根据各类单位数占总体单位数的比重，确定从各类型中抽取样本单位的数量；最后，按单纯随机抽样或等距随机抽样从各类型中抽取样本的各单位，最终组成调查样本。

A. 随机抽样　B. 分层随机抽样　C. 任意抽样　D. 简单随机抽样

4.（　　）是把从市场调查总体中抽取样本的过程，分成两个或两个以上的阶段进行随机抽样的方法。

A. 多阶段随机抽样　B. 分层随机抽样　C. 任意抽样　D. 市场抽样

5.（　　）是指随机抽样调查中样本指标与总体指标之间的差异。

A. 抽样错误　B. 类型差异　C. 抽样误差　D. 抽样估计

6. 所谓（　　）就是进行推断时的可靠程度大小。

A. 可信度　B. 置信度　C. 置信区间　D. 区间估计

7. 抽样推断中，抽样误差是（　　）。

A. 可以避免的　B. 可以避免也可以控制的

C. 不可以避免但可以控制的　D. 不可避免也无法控制的

8.（　　）是将总体按一定标准划分成群或集体，以群或集体为单位按随机原则从总体中抽取若干群或集体，作为总体的样本，并对被抽中各群中的每一个单位进行实际调查。

A. 类型抽样　B. 分层随机抽样　C. 任意抽样　D. 整群随机抽样

9. 重复抽样的抽样平均误差（　　）。

A. 大于不重复抽样的平均误差　B. 小于不重复抽样的平均误差

C. 等于不重复抽样的平均误差　D. 不确定

10. 要使抽样平均误差减少一半，在其他条件不变的情况下，抽样单位数目必须（　　）。

A. 增加 2 倍　B. 增加到 2 倍　C. 增加 4 倍　D. 增加到 4 倍

二、判断题

1. 抽样调查虽是非全面调查，但要取得的资料却是总体的全面资料。（　　）

2. 区间估计中，推断的可靠程度与精确度成反比关系。（　　）

3. 极限误差一定会大于抽样平均误差。（　　）

4. 抽样平均误差是指一个样本的指标值与总体指标值之间的差距。（　　）

5. 抽样平均误差是误差的算术平均数。（　　）

三、实训题

1. 有一批供出口用的自行车轮胎，共 50 000 条，从中随机不重复抽取 100 条进行检验，测定的使用寿命资料如下：

使用寿命(万公里)	轮胎数(条)
1.0～1.2	15
1.2～1.4	25
1.4～1.6	40
1.6～1.8	20
合计	100

要求：以 99.73%($t=3$)的把握程度推断这 50 000 条轮胎的平均寿命所在区间。

2. 某林业局欲估计植树面积，该局共辖 240 个林场，按面积大小分为 4 层，用等比例抽取 40 个林场，取得下列资料(单位：公顷)。

第一层 $N_1=86$ $n_1=14$	第二层 $N_2=72$ $n_2=12$	第三层 $N_3=52$ $n_3=9$	第四层 $N_4=30$ $n_4=5$
y_{1i}	y_{2i}	y_{3i}	y_{4i}
97 67 42 25 92 105 86 27 45 59 53 52 125 43	125 155 67 96 256 47 310 236 220 352 142 190	142 256 310 440 495 510 320 396 196	167 655 220 540 780

试估计该林业局总的植树面积及 95%的置信区间。

3. 下面是美国 1900 年以来每隔 5 年的离婚率资料。

年份	离婚率(%)	年份	离婚率(%)
1900	0.7	1945	3.5
1905	0.8	1950	2.6
1910	0.9	1955	2.3
1915	1.0	1960	2.2
1920	1.6	1965	2.5
1925	1.5	1970	3.5
1930	1.6	1975	4.8
1935	1.7	1980	5.2
1940	2.0		

要求：根据以上资料估计 1900—1980 年的平均离婚率。

4. 在某城市一次对居民小区的食品消费量的调查中，以楼层为群进行整群抽样，每个楼层有 8 家住户。用简单随机抽样在全部 $N=600$ 个楼层中抽取 $n=12$ 个楼层，其户均月食品消费额(按楼层计算)如下：

i	$\overline{y_i}$	s_i	i	$\overline{y_i}$	s_i
1	188.00	27.19	7	182.75	38.77
2	180.50	17.98	8	211.50	27.48
3	149.75	17.32	9	253.125	44.52
4	207.875	29.17	10	191.125	28.29
5	244.25	45.20	11	274.75	43.70
6	278.50	63.87	12	258.375	43.52

要求：

(1) 试估计该次调查中居民小区的户均食品消费额的 95%的置信区间。

(2) 对居民小区的食品消费总额进行区间估计。

(3) 若规定允许户均食品消费额误差不超过 20，应抽多少群来估计小区的食品消费总额?

5. 为调查农民生活水平，在某地区 5 000 户农民中按重复抽样抽取 400 户，其中拥有彩电的农户为 87 户，试以 95%的把握估计该地区全部农户拥有彩色电视机的比例所在区间，又若要求抽样允许误差不超过 0.02，问至少应抽取多少户作为样本？

6. 某电视台想了解某地区观众对“知心”栏目的喜欢程度，随机调查了 900 名观众，得知“喜欢”者为 630 人，请采用简单随机重复抽样方法，以 95%的置信度($t=1.96$)估计该地区观众喜欢“知心”栏目的比率区间；若该地区有 1 000 万人，请以同样方法和置信度估计该地区观众喜欢该栏目的人数区间。

7. 某乡有 5 000 农户，按随机重复抽样原则抽取 100 户调查，得知平均每户的年纯收入为 12 000 元，标准差为 2 000 元。要求以 95%的置信度($t=1.96$)估计全乡平均每户年纯收入的区间。其他条件不变，抽样允许误差缩小一半，请计算应抽取多少农户进行调查。

8. 某区 100 000 户居民中，用随机抽样方法抽取 100 户，对某种商品的月平均需求量和需求倾向进行调查。结果表明，每户居民对该商品的月平均需求量为 1 000 克，标准差为 10 克，表示一年内不选择其他替代商品，继续消费该商品的居民户为 90%，请计算抽样平均数和抽样成数的抽样误差。

9. 某镇有居民 1 000 户，其中高、中、低收入户分别为 100 户、400 户、500 户，为了调查该镇居民对某商品的潜在需求量，拟抽取 60 户进行调查。已知各类居民户的收入标准差估计值分别为：高收入户 1 000 元，中收入户 600 元，低收入户 300 元。试用分层最佳抽样法确定从各类居民户中抽取的户数。

10. 某市有各类超市 800 家，其中大型 100 家，中型 300 家，小型 400 家。为了调查该市超市的销售情况，拟抽取其中 50 家超市调查。如果采用分层比例抽样法，应从各类超市中各抽取几家调查？

第3章 调查方案与问卷设计

千里之行，始于足下。——老子

能力目标

⊙ 能够按市场调查的内容和结构要求策划市场调查方案
⊙ 依据调查目标和调查内容设计合适的调查问卷

知识目标

⊙ 完整的调查方案应包括的内容
⊙ 问卷的含义、类型及结构
⊙ 问句的种类
⊙ 选项设计的穷尽性与互斥性
⊙ 问卷的编排

任务目标

调查方案的设计包括确定调查的目的和任务、确定调查对象和调查单位、确定调查项目、设计调查表或问卷、确定调查时间和调查期限、确定调查方式和方法、确定资料的整理和分析方案、确定市场调查的进度安排、市场调查经费预算、制订调查的组织计划等方面的内容。调查问卷的设计涉及问句和选项两个方面的设计。

第2章的任务目标已确定了采取哪种调查方式，并确定了样本量。接下来，本章要求大家在教师指导下，进一步明确调查意图，设计出可行的市场调查方案，并依据调查内容，设计相应的调查问卷，撰写并提交市场调查计划书。

3.1 调查方案设计

【任务情景】市场调查的第一步是要设计一个完善的调查方案。所谓市场调查方案，就是根据调查研究的目的和调查对象的性质，在进行实际调查之前，对调查工作总任务的各个方面和各个阶段进行的通盘考虑和安排，提出相应的调查实施方案，制定出合理的工作程序。

一个完整的市场调查方案应包括以下内容。

1. 确定调查的目的和任务

明确调查目的是调查设计的首要问题，只有确定了调查目的，才能确定调查的范围、内容和方法，否则就会列入一些无关紧要的调查项目，而漏掉一些重要的调查项目，无法满足调查的要求。例如，1990 年我国第 4 次人口普查的目的就规定得十分明确，即“准确地查清第 3 次人口普查以来我国人口在数量、地区分布、结构和素质方面的变化，为科学地制定国民经济和社会发展战略与规划，统筹安排人民的物质和文化生活，检查人口政策执行情况提供可靠的依据”。可见，确定调查目的就是明确在调查中要解决哪些问题，通过调查要取得什么样的资料，取得这些资料有什么用途等问题。衡量一个调查设计是否科学的标准，主要就是看方案的设计是否体现调查目的的要求，是否符合客观实际。

2. 确定调查对象和调查单位

明确了调查目的之后，就要确定调查对象和调查单位，这主要是为解决向谁调查和由谁来具体提供资料的问题。调查对象就是根据调查目的、任务确定调查的范围以及所要调查的总体，它是由某些性质上相同的许多调查单位组成的。调查单位就是所要调查的社会经济现象总体中的个体，即调查对象中一个一个的具体单位，它是调查中要调查登记的各个调查项目的承担者。例如，在某市职工家庭基本情况一次性调查中，该市全部职工家庭就是这一调查的调查对象，每一户职工家庭就是调查单位。

需要指出的是，调查单位与填报单位是有区别的，调查单位是调查项目的承担者，而填报单位是调查中填报调查资料的单位。例如，对某地区工业企业设备进行普查，调查单位为该地区工业企业的每台设备，而填报单位是该地区每个工业企业。但在有的情况下，两者又是一致的，例如，在进行职工基本情况调查时，调查单位和填报单位都是每一个职工。在调查方案设计中，当两者不一致时，应当明确从何处取得资料并防止调查单位重复和遗漏。

3. 确定调查项目

确定调查项目，即确定调查内容。一般说来，确定调查内容应注意以下几点：

(1) 确定调查内容，要有取得资料的可能性。凡是被确定为调查内容的项目，必须能够取得确切的资料。否则，即使需要，但没有条件取得确切资料的项目，也不该列入。同时，对每一项调查内容都应该有确切的含义和统一的解释，以免因为调查人员理解不同而致使调查结果不一致。

(2) 被确定为调查内容的每个项目间应该彼此衔接，以便对现象的相互联系从整体上了解，也便于有关项目相互核对，提高调查资料的质量。

(3) 调查内容之间时间上要有可比性，即本次调查的内容和过去同类调查内容之间要互相衔接，以便进行动态对比。

(4) 能确定的调查内容必须与调查目的有关。只登记与问题有关的内容，不应包括可有可无、备而不用的调查内容。

调查内容确定后，就可以按照调查目的和要求，将调查内容制作成调查问卷或调查表。

4. 设计调查表或问卷

调查表是用纵横交叉的表格按一定顺序排列调查项目的形式，一般由表头、表体和表脚 3 个部分组成。

(1) 表头包括调查表的名称、调查单位(或填报单位)的名称、性质和隶属关系等。表头上填写的内容一般不作统计分析之用，但它是核实和复查调查单位的依据。

(2) 表体包括调查项目、栏号和计量单位等，它是调查表的主要部分。

(3) 表脚包括调查者或填报人的签名和调查日期等，其目的是明确责任，一旦发现问题，便于查寻。

调查表拟定后，为便于正确填表、统一规格，还要附填表说明。其内容包括调查表中各个项目的解释、有关计算方法以及填表时应注意的事项等，填表说明应力求准确、简明扼要、通俗易懂。

问卷是根据调查项目设计的对被调查者进行调查、询问、填答的测试试卷。

5. 确定调查时间和调查期限

调查时间是指调查资料所属的时间。如果所要调查的是时期现象，就要明确规定资料所反映的是调查对象从何时起到何时止的资料。如果所要调查的是时点现象，就要明确规定统一的标准调查时点。

调查期限是规定调查工作的开始时间和结束时间，包括从调查方案设计到提交调查报告的整个工作时间，也包括各个阶段的起始时间，其目的是使调查工作能及时开展、按时完成。为了提高信息资料的时效性，在可能的情况下，调查期限应尽量缩短。

6. 确定调查方式和方法

1) 市场调查方式

市场调查方式是指市场调查的组织形式，通常分为全面调查和非全面调查，其中全面调查有普查和全面统计报表，非全面调查包括随机抽样调查和非随机抽样调查，如图 3.1 所示。调查方式的选择应根据调查的目的和任务、调查对象的特点、调查费用的多少、调查的精度要求作出选择。

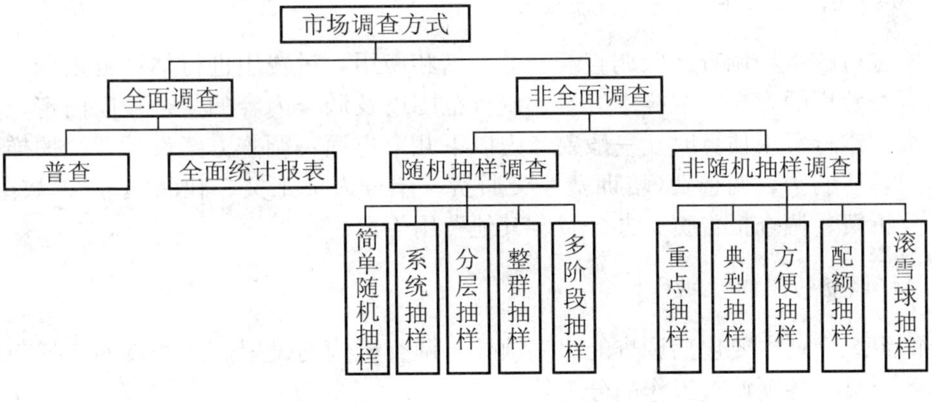

图 3.1 市场调查的方式

2) 市场调查方法

市场调查方法是指在调查方式既定的情况下搜集资料的具体方法，通常有观察法、访问法、实验法、网络调查法、文案调查法等。市场调查方法的确定应考虑调查资料搜集的难易程度、调查对象的特点、数据取得的源头、数据的质量要求等作出选择。例如，对商场顾客流量和购物进行调查，通常采用的调查方式是等距抽样调查，即按日历顺序等距抽取若干营业日调查顾客流量和购物情况，而搜集资料的方法即调查方法主要有顾客流量的人工计数或仪器记数、问卷测试、现场观察、顾客访问、焦点座谈等。

7. 确定资料的整理和分析方案

采用实地调查方法搜集的原始资料大多是零散的、不系统的，只能反映事物的表象，无法深入研究事物的本质和规律性，这就要求人们对大量原始资料进行加工汇总，使之系统化、条理化。目前这种资料处理工作一般由计算机进行，这在设计中也应予以考虑，包括采用何种操作程序以保证必要的运算速度、计算精度及特殊目的。

随着经济理论的发展和计算机的运用，越来越多的现代统计分析手段可供在分析时选择，如回归分析、相关分析、聚类分析等。每种分析技术都有其自身的特点和适用性，因此，应根据调查的要求，选择最佳的分析方法并在方案中加以规定。

8. 确定市场调查的进度安排

市场调查进度一般可分为以下几个阶段。

(1) 总体方案的论证、设计。

(2) 抽样方案的设计、调查实施的各种具体细节的规定。

(3) 问卷的设计、测试、修改、定稿。

(4) 问卷的印刷、调查者的挑选和培训。

(5) 调查组织实施。

(6) 调查数据的整理(计算机录入、汇总与制表)。

(7) 统计分析研究。

(8) 调查报告的撰写、修订与定稿。

(9) 调查成果的鉴定、论证、发布。

(10) 调查工作的总结。

9. 市场调查经费预算

企业所进行的市场调查涉及调查经费的筹措和使用，对费用进行估算也是调查方案的内容之一。调查费用的多少要视样本容量、调查范围以及调查内容的复杂程度而定，没有一个绝对的标准。进行费用估算时，一般要考虑以下几个方面：调查方案设计费、抽样费、问卷设计费、问卷印刷费、调查费(培训费、交通费、调查人员工资、礼品费等)、数据录入费、数据统计分析费、调查报告费、办公费、其他费用等。

10. 制订调查的组织计划

调查的组织计划主要包括调查的组织领导、调查机构的设置、调查员的选择与培训、课题负责人及成员、各项调查工作的分工等。

企业委托外部市场调查机构进行市场调查时，还应对双方的责任人、联系人、联系方式作出规定。

11. 编写市场调查计划书

市场调查计划书的构成要素包括标题、导语(或摘要)、主体和附录等。主体部分主要包括以上10个方面的内容。

附录主要包括调查项目负责人及主要参加者、抽样方案及技术说明、问卷及有关技术说明、数据处理所用软件等。

范　例

某市居民轿车需求与用户反馈调查方案

1. 问题的提出

轿车经销商A在C市从事轿车代理经销多年，有一定的经营实力，商誉较好，知名度较高。但近两年来，C市又新成立了几家轿车经销商，对经销商A的经营造成了一定的冲击，轿车销售量有所下降。为了应对市场竞争，经销商A急需了解C市居民私家车的市场普及率和市场需求潜力，了解居民对轿车的购买欲望、动机和行为，了解现有私家车用户有关轿车使用方面的各种信息，以便调整公司的市场营销策略。为此，经销商A要求市场调查部门组织一次关于C市居民轿车需求与用户反馈为主题的市场调查。

2. 调查目的与任务

调查目的在于获取居民轿车需求与现有用户使用等方面的各种信息，为公司调整、完善市场营销策略提供信息支持。调查的任务在于准确、系统地搜集C市私家车市场普及率、市场需求潜力、购买动机与行为、用户使用状况等方面的信息，以及本公司经销店的商圈情况与竞争对手的经营情况，并进行分析研究，从中发掘出一些对调整经营结构和市场营销策略有价值的启示。

3. 调查对象和调查单位

调查对象为C市的全部居民家庭，只包括本市东、西、南、北4区的居民家庭，不包括市辖县的居民家庭。其中市区内的每户居民家庭为调查单位。据市统计局提供的资料，市区内共有居民家庭20万户，拟采用抽样调查的组织方式，样本量为1 000户。

4. 调查内容与项目

调查的内容与项目主要包括以下几个方面。

(1) 被调查家庭的基本情况，主要项目包括户主的年龄、性别、文化程度、职业，家庭人口，就业人口，人均年收入，住房面积，车库面积等。

(2) 居民家庭是否拥有轿车，如果有，则轿车的类型、品牌、价位、购入时间等情况怎样。

(3) 用户车况与使用测评，主要包括节油性能、加速性能、制动性能、座位及舒适度、外观造型、平稳性、车速、故障率、零配件供应、空调、内部装饰、售后服务等项目的满意度测评。

(4) 轿车市场需求情况调查，主要包括新买时或重新购车的购买愿望、何时购买、购买何种类型、品牌、价位的轿车；购买目的、选择因素、轿车信息获取等方面的测评。

(5) 经销店商圈研究，主要包括本经销店顾客的地理分布、职业分布、收入阶层分布、文化程度分布、行业分布等以及商圈构成要素项目。

(6) 竞争对手调查，主要包括竞争对手的数量、经营情况和经营策略等。

5. 调查表和问卷设计

(1) 居民轿车需求与用户调查问卷(见附录)。

(2) 经销商商圈研究调查表(略)。

(3) 竞争对手调查提纲(略)。

6. 调查时间和调查期限

(1) 调查时间：轿车拥有量的调查标准时点为本月末，轿车需求量的调查时距为近3年之内(本年、明年、后年)。

(2) 调查期限：要求本次调查从本月1日到下月30日共计60天完成，包括调查策划、调查实施和调查结果处理等调查工作，并提交调查报告。

7. 调查方式和方法

(1) 调查方式：居民轿车需求与用户调查采用抽样调查方式，样本量为1 000户。本经销店商圈研究采用本经销店建立的用户信息库作全面的调查分析。

(2) 调查方法：①居民轿车需求与用户调查采用调查员上门访问(问卷测试)；②走访统计局、交警大队了解本市居民轿车的社会拥有量和普及率；③购买本市的统计年鉴用以研究本市居民的消费收支情况及社会经济发展状况；④利用本经销店的用户信息库进行分类统计和信息开发；⑤召开一次用户焦点座谈会；⑥竞争对手调查主要采用现场暗访调查及用户测评等获取相关信息。

8. 资料整理方案

(1) 用户数据的系列开发：用户特征分布数列、轿车类型品种、价位、购入时间等分布数列、轿车使用满意度测评数列等的编制。

(2) 需求数据的系列开发：需求者特征、购买欲望、购买动机、购买行为、购买时间、购买选择、信息获取等分布数列的编制。

(3) 本经销店商圈层次划分数列、客户的分类统计数列的编制。

(4) 定性资料的分类归类要求条理化。

(5) 居民轿车市场普及率统计、市场需求潜量测定、市场占有率测定。

9. 资料分析方案

(1) 用户分布与满意度分析。重点揭示用户的特征，为调整营销目标提供信息支持；用户满意与不满意的要素分析，为改进营销工作提供依据，并作为选择供货商的依据。

(2) 需求潜力、需求特征、需求分布、需求决定因素研究，为市场营销策略的制定、调整、完善提供信息支持。应重点揭示向谁营销、营销什么、怎样营销。

(3) 本经销店竞争优势与劣势研究，提高市场竞争力的策略研究。

(4) 编写市场调查报告，重点揭示调查所得的启示，并提出相应的对策建议。

10. 市场调查经费预算(略)

11. 调查组织计划(略)

附录：居民轿车需求与用户调查问卷(略)

3.2 调查问卷设计

【任务情景】调查表和问卷都是市场调查资料搜集的工具。调查表主要用于数据搜集，问卷既可用于数据搜集，又可用于测定态度、行为、动机等定性项目。问卷一般是指有问句和备选答案的调查测试和记录的清单。但问卷又是调查表、各种量表和其他要素的综合运用和体现，即调查问卷并不仅仅只设置一些问句，有的调查问卷中还要设置若干调查表。

3.2.1 问卷的基本结构

虽然实际调查中所使用的问卷各不相同，但是一份完整的问卷往往包括这样几个部分：问卷标题、封面信、指导语、问题与选项、编码、结束语等，有时还要附上作业证明。

如“××专业毕业生调查问卷”的部分内容：

问卷编号 □□□□□

××专业毕业生调查问卷

亲爱的学长：

您好！感谢您参与本次毕业生情况调查。本次调查的目的在于了解您毕业后的工作情况，为我校的学科建设、课程设置等提供导向和决策依据。您的回答对于我们了解我校毕业生基本情况很有帮助，请如实填写。本次调查只用于数据的统计分析，对于您的回答，我们将严格保密。谢谢您的支持，欢迎常回母校看看！

××学校××专业2009级，2010年6月

A部分：个人基本情况

A1、（调查员记录）被调查者届数：1. 2006届　2. 2007届 □

A2、（调查员记录）被调查者性别：1. 男　2. 女 □

A3、大学期间你是否担任过学生干部：1. 是　2. 否 □

A4、毕业期间的政治面貌是：1. 中共党员（含预备）　2. 共青团员　3. 一般群众 □

A5、你的生源地是：1. 城市　2. 县城　3. 乡镇　4. 农村 □

B部分：求职情况

B1、你何时开始真正关注自己的就业问题？ □

1. 一年级　2. 二年级第一学期　3. 二年级第二学期　4. 三年级第一学期　5. 三年级第二学期

B2、你的第一份工作是如何找到的？ □

1. 家庭和个人关系　2. 校园招聘　3. 人才市场现场招聘（会）
4. 人才招聘网　5. 投简历给企业　6. 自己创业　7. 其他________

B3、在求职过程中，你优先考虑的是：（可多选） □□

1. 专业对口　2. 薪酬与福利　3. 个人发展机会　4. 单位性质　5. 地域

B4、在求职过程中最困扰你的问题是：（可选1～2项） □□

1. 个人能力不足　2. 学校就业指导不够　3. 求职方法技巧欠缺
4. 工作经验缺乏　5. 社会关系缺乏　6. 用人单位选拔不公正　7. 其他________

1. 问卷标题

问卷的标题概括说明调查的研究主题，使被调查者对调查的方向、内容有一个粗略的了解。确定标题应该简明扼要，易于引起回答者的兴趣，例如：“城市居民对于中成药消费的看法”、“我与广告——公众广告意识调查”等，而不宜采用简单而无含义的“市场调查”或者“问卷调查”之类的标题，这样容易引起被调查对象的怀疑或者疑惑而拒绝作答。

2. 封面语

封面语的作用是向被调查者解释和说明调查目的以及有关事项，以争取被调查者的信任，获得积极的支持和配合。封面语的语言要简明、诚恳，篇幅不要太长，以两三百字为宜。为了说明和解释有关调查的一切情况，在封面语中，一般需要说明以下内容：

（1）主办调查的单位、组织或个人身份，也就是说明调查者是谁。调查者的身份既可以在封面语中直接说明，比如“我们是××大学的学生，为了……”，也可以在落款中说明，比如落款是“××大学经济工程系××调查组”。调查者的身份写得越清楚越好，最好同时附上单位的地址、邮政编码、电话号码、联系人姓名等，以体现调查的正式性和有组织性，打消被调查者的疑虑，争取被调查者的信任和合作。

（2）调查的内容即调查什么。调查内容的说明要体现一致性和概括性。一致性是指封面信中介绍的调查内容要与实际调查内容相同，不能含糊其辞甚至欺骗被调查者。概括性则是

说不要过分详细地在封面信中阐述调查的具体内容，只用一句话概括指出内容的大致范围就行了，如“我们正在我院学生中进行抽烟问题的调查”或者“我们这次调查主要想了解我院学生对限塑令的看法”等。

(3) 进行本次调查的研究目的和重要性，即为什么调查。这是封面语中一项非常重要的内容。目的叙述得合理、得当，有利于调动被调查者配合的积极性。要尽可能说明调查对整个社会、对包括被调查者在内的普通大众的现实意义，如“我们这次调查的目的，是要了解学生在借阅图书中遇到的问题，以便为政府解决图书馆图书借阅问题提供依据，进一步改善和提高图书借阅使用效率”。

(4) 对调查资料的保密措施。说明调查结果的保密性能减缓和消除被调查者的疑虑和戒心，如“本调查以不记名的方式进行，我们将依据国家统计法对统计资料保密”。

(5) 说明调查对象的积极配合对调查质量的作用。说明的语气要诚恳，使被调查者体会到自己的态度对调查的影响。

除以上内容外，通常还把对被调查者的真诚感谢写进封面信。

如《××专业毕生生调查问卷》的封面语如下所示：

问卷编号 □□□□□

××专业毕业生调查问卷

亲爱的学长：

您好！感谢您参与本次毕业生情况调查。本次调查的目的在于了解您毕业后的工作情况，为我校的学科建设、课程设置等提供导向和决策依据。您的回答对于我们了解我校毕业生基本情况很有帮助，请如实填写。本次调查只用于数据的统计分析，对于您的回答，我们将严格保密。谢谢您的支持，欢迎常回母校看看！

××学校××专业 2009 级，2010 年 6 月

3. 指导语

在一份问卷中，有些问题要求用文字或数字回答，有些则可能要求在固定的答案中选择，用勾选或圈选的方式来回答，指导语就是用来提示被调查者如何正确填写问卷或指导访问员正确完成问卷调查工作的解释和说明。

有些问卷的填答比较简单，指导语常常在封面语中用一两句话说明就可以了。例如：回答问题时，请您在所选的答案序号上打“√”或在“____”处填写出您的答案。

除封面语中的指导语外，最经常使用的是卷头指导语和卷中指导语。卷头指导语一般集中在封面语之后、正式调查问题之前，以“填答说明”的形式出现，其作用是对填表的方法、要求、注意事项作一个总的说明。

卷中的指导语是针对某些比较复杂的调查问题的特定指示，对填答要求、方式、方法进行说明。例如，“可选多个答案”；“请按重要程度排列”；“如果不是，请跳过 5～10 题，直接从 11 题开始回答”；“家庭人均收入指全家人的总收入除以全家的人数”等。只要有可能成为回答者填答问卷的障碍的地方，都要给予被调查者清楚的指导。

4. 问题与选项

问卷的问题与选项主要包括各类问题、问题的回答方式，这是调查问卷的主体，也是问

卷设计的主要内容。问卷主体应根据调查内容适当分类，如本例中的A部分：个人基本情况；B部分：求职情况。

A部分：个人基本情况

A1、(调查员记录)被调查者届数：1. 2006届 2. 2007届 □

A2、(调查员记录)被调查者性别：1. 男 2. 女 □

A3、大学期间你是否担任过学生干部：1. 是 2. 否 □

A4、毕业期间的政治面貌是：1. 中共党员(含预备) 2. 共青团员 3. 一般群众 □

A5、你的生源地是：1. 城市 2. 县城 3. 乡镇 4. 农村 □

B部分：求职情况

B1、你何时开始真正关注自己的就业问题？ □

1. 一年级 2. 二年级第一学期 3. 二年级第二学期 4. 三年级第一学期 5. 三年级第二学期

B2、你的第一份工作是如何找到的？ □

1. 家庭和个人关系 2. 校园招聘 3. 人才市场现场招聘(会)
4. 人才招聘网 5. 投简历给企业 6. 自己创业 7. 其他________

B3、在求职过程中，你优先考虑的是：(可多选) □□

1. 专业对口 2. 薪酬与福利 3. 个人发展机会 4. 单位性质 5. 地域

B4、在求职过程中最困扰你的问题是：(可选1～2项) □□

1. 个人能力不足 2. 学校就业指导不够 3. 求职方法技巧欠缺
4. 工作经验缺乏 5. 社会关系缺乏 6. 用人单位选拔不公正 7. 其他________

可以看出，问卷主体的问句主要包括以下几个部分。

(1) 问句编码及问句：如A部分的A1、A2、A3等是问句编码，其后的文字部分为问句本身；B部分的B1、B2、B3等是问句编码，其后的文字部分为问句本身等也是如此。例如：

B1、你何时开始真正关注自己的就业问题？
1. 一年级 2. 二年级第一学期 3. 二年级第二学期 4. 三年级第一学期 5. 三年级第二学期

上例中：B1为问句编码，代表该问句为B部分调查的问句，并且是该部分调查的第1个问句。

(2) 选项编码及选项。在问句下面给出答案选项及其编码，如“1. 男 2. 女”，选项编码要用1、2、3…的形式，这样便于以后数据的录入。切记勿用“A. 男 B. 女”的形式，也不要采用“□男□女”的形式。

(3) 问句后面的方框“□”，该方框依据选项编码的长度而设置相应个数的“□”，如两个方框表示以后录入数据为两位数。设置方框的另一个好处是，当问卷调查完毕，可以由调查员将相应的选项编码统一填写在方框中，方便以后录入数据。

需要指出的是，问句编码与选项编码均属于事前编码。事前编码也称预编码，就是在问卷设计的同时设计好每一个问题及答案的数字代码，并印制在问卷上。它一般限于答案类别已知的封闭式问题，或者回答已经是数字而不需转换的问题。其目的是便于把答案转换成数字，输入计算机进行处理和定量分析。而且，有了预编码，问卷实际上可以作为编码簿来使用，不必再去使用一个单独的编码簿。

需注意的是，问句编码不是变量编码，问句的变量编码、变量长度、变量名称等一般采用事后编码的方式，并有统一的编码表，有关事后编码可参考本书的其他章节的内容。

5. 结束语

结束语一般放在问卷的最后面，用来简短地对被调查者的合作表示感谢，也可征询一下被调查者对问卷设计和问卷调查本身的看法和感受。其一般采用3种表达方式。

(1) 周密式：对被访者的合作再次表示感谢，以及关于不要填漏与复核的请求。这种表达方式既显示访问者首尾一贯的礼貌，又督促被访者填好未回答的问题和改正有错的答案。例如：

> “对于你所提供的协助，我们表示诚挚的感谢！为了保证资料的完整与翔实，请你再花一分钟，翻一下自己填过的问卷，看看是否有填错、填漏的地方。谢谢！”

(2) 开放式：提出本次调查研究中的一个重要问题，在结尾安排一个开放式的问题，以了解被访者在标准问题上无法回答的想法。(常用)例如：

> “你对于制定关于学生学籍的政策有何建议？”

(3) 响应式：提出关于本次调研的形式与内容的感受或意见等方面的问题，征询被访者的意见。问题形式可用封闭式，也可用开放式。

6. 作业证明记录

特别是在委托调查中，委托人希望验证和考察调查过程的真实性，或者调查方为了保证访问质量，一般在问卷上会设计一些作业证明记录，附上调查人员的姓名、访问日期、时间等，有些问卷还让被调查对象填如单位、地址、电话等，以便审核和查询，但设计的时候，一定要避免涉及个人隐私的问题。

3.2.2 问句设计

1. 问句类型

根据问句形式区分，问句可分为开放式问句、半开半闭式问句、封闭式问句。

1) 开放式问句

受查者可以不受调查者倾向影响自由作答，不必由问卷上所拟定之答案圈选。开放式问句的缺点：①极易产生偏差。②资料整理与分析困难。因每个受查者所用的字眼不同，在归类上非常麻烦。③受查者因知识结构、文化水平不同，回答开放式问项的能力也不同，往往较高学历受查者因作答较有条理，意见亦较多，使得数据分析结果偏向这一类受查者。④开放式问句的回答率不会很高。

2) 半开半闭式问句

半开半闭式问句是在封闭式问句的选项后加上一个“其他”的选项，让受查者在找不到贴切的答案时能自由填写答案。例如：

> 这次与您同住本宾馆的是：①没有人　②家人　③同事　④其他

半开放半封闭式问句因融合开放式问句及封闭式问句的优点，所以普遍使用在各式问卷中。但常因受查者对选项的定义不了解，误以为没有适合的选项而选取“其他”项，造成分析者事后检查选择“其他”项的受查者是否应归入某一选项而产生困难。此外，半开半闭式问句若事先拟定的答案不够周全，会导致许多受查者选择“其他”项，分析者将无法真正探知问题的答案，此种题目是没有意义的。

3）封闭式问句

封闭式问句可分为二项选择问句、多项选择问句、排序或赋值问句、分叉问句、图示评比量表、语义差距量表、配对比较量表、固定总数量表、瑟斯顿量表、利克特量表等。

（1）二项选择问句。二项选择问句又称为是否问句或真伪问句，在询问语句下只提出两个答案，受访者必须两者择一，因而是一种强迫性量表。备选答案常用是或否，对或错，有或没有，喜欢或不喜欢，需要或不需要表示。这种问句的优点是可求得明确的判断，并在短暂的时间内求得受访者的回答，并使持中立意见者偏向一方，条目简单，易于统计；缺点是不能表示意见程度的差别，结果也不很精确。例如：

> 您家有彩色电视机吗？　①有　②没有
> 您家的彩色电视机是康佳牌吗？　①是　②不是
> 你是否喜欢康佳牌彩色电视机？　①喜欢　②不喜欢

（2）多项选择问句。多项选择问句是在询问语句下，事先列出两个以上的多个答案，受访者可任选其中一项或几项。这种问句的优点是可以避免两项选择问句必须两者择一的缺点，也较便于统计。例如：

> 现有下列几种品牌的彩色电视机，您准备买哪种品牌的彩电？（可多选）
> ①TCL　②熊猫　③海信　④厦华　⑤海尔　⑥康佳　⑦其他品牌
> 您准备购买彩色电视机的原因是什么？（可多选）
> ①更新需要　②增置需要　③结婚需要　④代亲友买　⑤送礼需要　⑥其他原因

（3）排序或赋值问句。要求被调查者将所给答案按一定的顺序排序或者赋值；有的已经给好了几个程度(或几个隐含的编码值)，直接要求被调查者从这几个程度中选择。例如：

> 您选购电视机时，对下列各项，请按照您认为的重要程度以1，2，3，4为序进行排序。
> ①图像清晰（　）②音质好（　）③外形漂亮（　）④使用寿命长（　）

也可以对不同品牌的同类产品的喜爱程度进行排序。例如：

> 下列牌号牙膏中，请根据您的喜爱程度，以1，2，3，4，5，6序号进行排序。
> ①洁银（　）②黄芩（　）③中华（　）④两面针（　）⑤美加净（　）⑥芳草（　）

（4）分叉问句。这类问句常常要求被调查者依据对某一问句的回答而跳过一些问句。这种问句中，要清楚指明应该跳过哪些问句进行回答。例如：

> 当我心中有成长、生活方面的疑惑或苦恼时，我常常（　　）。
> ①有渴望和老师倾诉的愿望

②有绝不和老师倾诉的念头

③无所谓，不知道

选择①的同学看这里：我实际上解决此类苦恼的方法是（　　）。

①找老师倾诉

②找不到合适的老师说

选择②的同学看这里：我绝不和老师倾诉苦恼的原因是（　　）。

①我不信任老师能保守我的个人隐私

②我觉得没有老师能给我提供解决的方法

③我只是不习惯说出自己的心事

④其他

选择③的同学看这里：比较符合我的情况的一种想法是（　　）。

①如果有老师是很好的倾吐对象，我会考虑和他(她)倾诉

②我对这个完全没兴趣

③其他

（5）图示评比量表。图示评比量表是在评价性的询问语句下，用一个有两个固定端点的图示连续谱来标记备选答案或差距的量表。这种量表可分辨出受访者微小的差别。例如：

您认为B品牌沙发的舒服度怎样？请在下列尺度中标出您的评价结果。

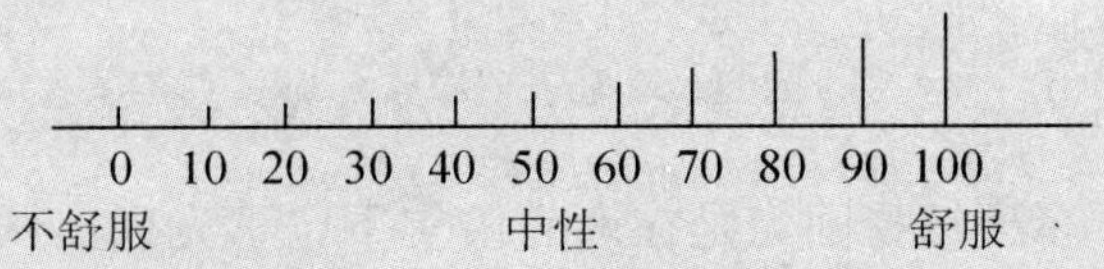

（6）语义差距量表。语义差距量表是以计量水准为依据，运用若干语义相反的极端形容词或短语作为计量尺度的两个固定端点，中间标出差距相等的位置刻度，并设定最不好的位置记1分，其次不好的位置记2分，以此类推，直到标出最好位置的记分值。这种量表可使受访者在计量尺度中标出其位置来反映对每个测量项目的评价定位，也有利于调查者事后统计出全部受访者的平均值，以便对测量项目进行定位和排序。例如：

请您对A、B、C 3种品牌的汽车的不同项目的特性作出评价定位。（A品牌用实线“—”连接您的定位，B品牌用虚线“…”连接您的定位，C品牌用间断线“— —”连接您的定位。）

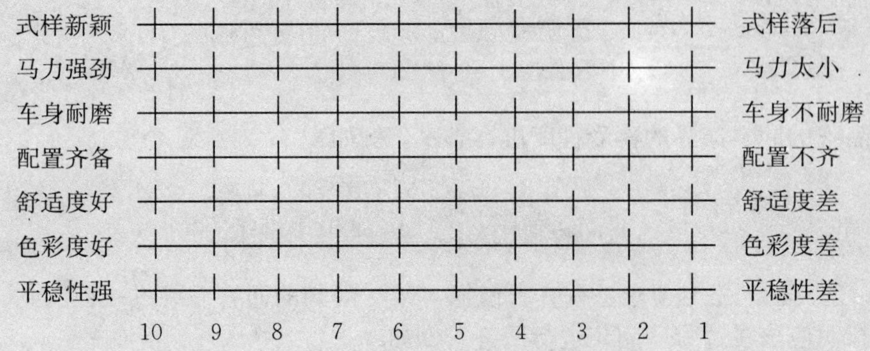

（7）配对比较量表。配对比较量表是运用配对比较法依次列出两个对比项目，由受访者根据自己的看法作出对比结果的一种量表，一般用于了解受访者对不同产品质量、使用功能

等方面的评价意见。配对比较量表事后可统计出全部受访者对比结果的频数或频率，从而可对不同产品的质量或不同评价项目作出定位和排序。例如：

请您逐一比较下列各组不同品牌的洗衣机质量，在您认为质量好的牌子后面打“√”。
①三星牌□ 三洋牌□ ②三星牌□ 美菱牌□ ③三星牌□ 小天鹅牌□
④三洋牌□ 美菱牌□ ⑤三洋牌□ 小天鹅牌□ ⑥美菱牌□ 小天鹅牌□
请您逐一比较下列洗衣粉的特性，您认为每一组中哪一个特性更重要？(在后面打“√”)
①去污性好□ 不伤衣物□ ②去污性好□ 使用量少□ ③去污性好□ 环保性好□
④不伤衣物□ 使用量少□ ⑤不伤衣物□ 环保性好□ ⑥环保性好□ 使用量少□

(8) 固定总数量表。固定总数量表是根据各个特性的重要程度将一个给定的分数(通常为100分)，由受访者根据自己的看法在两个或多个特性间进行分数分配。受访者分给每个选项的分数能表明受访者认可的相对等级，也有利于调查者事后统计出全部受访者对每个选项的平均分值，以便对测量项目进行定位和排序。例如：

请您对男性运动鞋的7个特性的相对重要程度进行分数分配，最重要的特性项目的分数应高一些，不太重要的特性项目的分数应低一些，全部特性项目的分数加总起来应为100分。

运动鞋的7个特性	分数
穿着舒适	______
耐用	______
知名品牌	______
透气性好	______
款式新颖	______
适于运动	______
产品价格	______
分数合计	100

(9) 瑟斯顿量表。瑟斯顿量表是一种间接量表，调查者事先只拟定与态度测量有关的若干语句，而不给定答案，由选定的一批受访者对提供的若干语句作出自己的判断和选择，调查者进行事后分组处理，以得出调查结论。瑟斯顿量表的实施步骤如下：

首先，调查者根据态度测量的主题拟定若干条语句，有的语句是正面的或完全肯定的，有的语句是反面的或完全否定的，有的语句则是中立的观点。例如：

请您对下列电视广告的提法作出自己的判断和选择，在您认可的语句后面打“√”。
①多数电视广告都有趣味性 ② 多数电视广告枯燥乏味
③多数电视广告具有真实性 ④ 多数电视广告具有欺骗性
⑤电视广告能帮助厂商促销 ⑥ 电视广告有助消费者选择产品
⑦电视广告可有可无 ⑧ 我对电视广告没有特别的看法
⑨看电视广告是一种享受 ⑩ 看电视广告完全是浪费时间

其次，将以上量表提供给一组受访者或评判人员，请他们阅览全部语句，并对自己认可的语句作出判断和选择。

最后，调查者可对全部受访者或评判人员的选择进行语句频数和频率统计，并可用众数语句来反映受访者或评判人员态度的集中程度。调查者亦可将全部评判结果区分为正面态度组、中立态度组和负面态度组，借以识别哪种态度组居主导地位，从而可为进一步的调查提供依据或指明方向。

(10) 利克特量表。利克特量表是一种间接量表，也称为总加量表，调查者事先可拟定与态度测量有关的若干正负态度的语句(正负态度语句的数目不一定相等)，并对每条语句规定用“同意”或“不同意”作为回答的选项，或规定用“非常同意”、“同意”、“不一定”、“不同意”、“非常不同意”5种状态作为回答的选项，各种回答分别记为1～5分。语句回答的选项也可分为7个等级、3个等级或2个等级(同意与不同意)；计分标准是按测量维度规定的方向和回答选项来制定的，应注意正负方向的区分，即正向提问和负向提问应各占一半，以便使受访者能根据规定的回答选项作出判断和选择，防止误答或敷衍。两极回答可用0和1或1和2计分，七级回答可用1～7计分。计分顺序视规定的方向而定。

这样根据每个受访者对各道题的回答分数的总加就得出一个总分，这个总分就说明他的态度强弱或他在这一量表上的不同状态。通过对全部受访者回答的分类汇总就可以描述样本总体或子总体的态度测量的分布状态，从而得出调查结论。利克特量表与瑟斯顿量表的区别在于每条语句要规定回答选项和记分，故利克特量表优于瑟斯顿量表。例如：

您对所在学校教师的下列各项待遇的看法如何？(请在适用的方格内打“√”)

	非常满意	满意	无所谓	不满意	非常不满意
工资待遇	□	□	□	□	□
业务培训	□	□	□	□	□
参与管理	□	□	□	□	□
职称评定	□	□	□	□	□
科研条件	□	□	□	□	□

总之，市场调查的量表和询问技术很多，在设计调查问卷时，应尽量结合使用。

2. 问句设计中的常见错误

1) 概念抽象

例如：

从总体上看，你认为……的营销策略如何？

①基本合理　②存在一些弊端　③存在严重弊端　④不知道

问卷设计者忽略了一个重要事实，那就是：一个企业的“营销策略”并不像日常生活看得见、摸得着的具体事物那样人人皆知，它是一个抽象的概念。被调查者往往不清楚什么是“营销策略”，因此他们无法作出合适的回答。对于这个问题，可以从价格、促销方式、广告等几个方面分别设置题目加以测量。

此外，在问卷调查中，不能使用学术化语言，也不能用官方语言，使用的语言必须贴近被调查者的生活。如有这样的问题：

您家属于以下哪种类型？

①核心家庭　②单身家庭　③联合家庭　④主干家庭　⑤其他

这样的问题就是明显的专业词汇的不合适运用。

2) 问题笼统

所谓问题笼统，指的是问题的含义不清楚、不明确，或者问题有歧义。这种问题有些是由于设计者所提问题的目的和用意不明确造成的，有些是由于问题的语言表达不当或对问题的用语推敲不够造成的。例如：

你认为××超市现在是否需要调整？
①全面地调整 ②部分地调整 ③维持现状

在这个问题中，题目设计者的本意可能是想获得消费者对超市进行调整的意见，但是题目中究竟是超市的什么东西需要变？哪些方面需要变？是超市全面转型还是超市的定位调整，商品调整，价格调整？答案中的“全面调整”包括哪些方面？“部分”又是指哪些方面？这种答案可以说是毫无意义的。

又如有这样的问题：

您对湿地的了解情况是：
①很了解 ②了解 ③一般 ④不太了解 ⑤不了解

这个问题的情况是被调查者对湿地的了解程度不是回答者自己说了算的。人们对湿地了解程度的衡量应该有一个标准，一般的处理方式是用量表，即用相关的多个问题来综合测量。

3）问题带倾向性

问卷作为一种测量工具，应该具有客观性，也就是具有非诱导性。这就要求问卷中的每一个测量题目都是中性的，即不带某种倾向性。问题要设置在中性位置，不参与提示或主观臆断，完全将被调查者的独立性与客观性摆在问卷操作的限制条件的位置上；否则，问卷的信度和效度都将受到影响。例如：

很多人认为安利的产品价格过高，你认为呢？
①非常昂贵 ②比较昂贵 ③一般 ④不太贵 ⑤很便宜

问题的这种提法无疑带有明显的肯定倾向，“很多人认为”无疑会对应答者造成一种心理压力或者说是一种心理暗示，形成对回答者的诱导。例题改为“你认为安利产品的价格水平如何?”就可以消除这种倾向性。

4）一题多问

一个问题只能提问一个方面的情况，否则容易使回答者不知如何作答。例如：

你和你的配偶的文化程度是：
①小学及以下 ②初中 ③高中 ④大专及以上

这个问题就是一个题同时问两个人的情况，是让回答者不能回答的。

5）问题与答案不协调

在封闭式问题中，问题和答案是一个不可分割的整体，两者之间必须相互协调，密切配合。简单地说，就是提什么问题，就准备什么答案。

6）选项设计不合理

这包括设计的答案不穷尽、问题相同或处于同一维度等。例如：

您家庭收入的主要来源是：
①土地收入 ②打工收入

这个问题的答案就是选项没有穷尽，因为还有如工作收入、生意收入、股票收入等。

以上是问卷设计中的一些比较突出的问题，当然还有其他很多问题存在，有些是研究者难以预料的，这就要求设计者要反复斟酌，同时要征求他人的意见。

3. 问句设计的技巧

对问句设计总的要求是：问卷中的问句表达要简明、生动，注意概念准确性，避免提似是而非的问题。具体应注意以下几点：

（1）避免笼统、抽象或过于专业化的问题。笼统、抽象或过于专业化的问题容易造成理解困难，不易回答，且有时对实际调查工作并无指导意义，而且被调查者也无法正确理解问题。例如：

某保险公司调查顾客对本公司业务的印象，询问下列问题：
请问您对本公司的理赔时效是否满意？
请问您对本公司的展业方式是否满意？

（2）避免用不确切的词。避免使用含糊的形容词、副词，特别是在描述时间、数量、频率、价格等情况的时候。像"有时、经常、偶尔、很少、很多、几乎"这样的词，对于不同的人有不同的理解，因此这些词应用定量描述代替，以做到统一标准。例如：

在普通的一个月中，消费者到百货商店的采购情况如何？
第一种形式：①从不　②偶尔　③经常　④定期
第二种形式：①少于一次　②1～2 次　③3～4 次　④超过 4 次

上例可以采用第一种形式也可以采用第二种形式，但是显然第二种形式比第一种形式更好。

（3）避免使用含糊不清的句子。例如：

您使用哪个牌子的洗发液？

这个问题表面上看有一个清晰的主题，但仔细分析会发现很多地方含糊不清。假如被调查者使用过一个以上的洗发液品牌，则他对此可能会有 4 种不同的理解或回答：①回答最喜欢用的洗发液品牌；②回答最常用的洗发液品牌(最常用并不一定是最喜欢的，如受支付能力的影响)；③回答最近在用的洗发液品牌；④回答此刻最先想到的洗发液品牌。另外，在使用时间上也不明确，上一次、上一周、上一月、上一年甚至更长的时间，都可由被调查者随意理解，这样的问题显然无法搜集到准确的资料。

在问题中尽量明确什么人、什么时间、什么地点、做什么、为什么做、如何做六要素。因此在设计问题或在检查问题时，可以参照这六要素进行。如上面的问题明确几个要素后改为：

在过去的一个月中，你家中使用什么牌子的洗发液？如果超过一个，请列出其他的品牌名称。

（4）问句要尽量获得具体或事实的答案。人的意见和感觉通常表现为主观臆断的概念，在询问时很难具体地表述，问句设计时对此必须加以注意。在设计征求意见或询问感觉的问句时，要避开玄虚的意见，而尽量用具体的或事实性问题来设问。

首先，避开玄虚求具体，例如：

你认为校园环境好吗？

本意是要询问被调查者对校园环境的感觉如何，但是好不好怎么区分是一个很虚的概念。因此，要尽量将这类文句询问得具体些，如分别询问校园绿化、交通等，这样被调查者就容易判断了。

其次，化意见为事实，许多意见性的问题都可以用事实来说明，如对某件事情的爱好程度可以通过参与次数的多少来说明。例如：

你是否喜爱跳舞？

对于被调查者可能很难判断是否喜爱，而且喜爱的标准也各不一样。因此，可以改为“过去的三个月里你跳过几次舞？”调查人员事先定好标准，多少次属非常喜爱，多少次属一般喜爱，多少次属不太喜爱和不喜爱。这样，通过一个事实来判断喜爱与否和爱好的程度比直接询问喜爱与否来得更巧妙。

(5) 问句要克服偏差，追求精确。经常会发生问句设计的不当而导致答案误差，这种不当有以下几个方面：

① 问句带有引导的含义，失去客观性。引导性提问会导致两个不良后果：一是被调查者不加思考就同意所引导问题中暗示的结论；二是由于引导性提问大多是引用权威或大多数人的态度，被调查者考虑到这个结论既然已经是普遍的结论，就会产生心理上的顺向反应。此外，对于敏感性问题，在引导性提问下，不敢表达其他想法等。因此，这种提问是调查的大忌，常常会引出有严重偏差的结论。

② 问句引起反感，例如：

你没有购买电脑的原因是什么？
①买不起 ②住房拥挤 ③不会使用 ④暂时用不着

这种提法有可能伤害被调查者的自尊，不易得到准确答案，可以将答案改为：

①价格不合适 ②住房不允许 ③用处不大

③ 问句没有给予被调查者充分的答案选择，例如：

你一天抽多少支烟？

这种问题即为断定性问题，被调查者如果不抽烟，就会造成无法回答。正确的处理办法是在此问题前可加一条“过滤”性问题，即“你抽烟吗？”类似的还有“你的业余时间是下棋还是跳舞？”。

(6) 避免提问令被访者难堪、禁忌和敏感的问题。这类问题是指各地风俗和民族习惯中忌讳的问题、涉及个人利害关系的问题、个人隐私问题等。例如：

你是否逃过税？逃过几次？数量是多少？

这类问题被调查者往往出于本能的自卫心里，容易产生种种顾虑，不愿意回答或不予真实回答，而且还会引起被调查者的反感。如果有些问题非问不可，那也应考虑被调查者的自尊，尽量注意提问的方式、方法和措辞。具体可以采用以下几种方式：

① 释疑法。在问题前面写一段消除顾虑的功能性文字，或在问卷封面信中写明严格替被调查者保密，并说明采取的保密措施。例如：

根据统计法的有关规定，我们将对您个人情况实行严格保密。请问您……

又如有这样的问题：

你有没有在自然保护区内狩过猎？
①有　　②没有

这样的问题容易引起回答者的焦虑，因为大部分人都知道保护区是不准狩猎的。这个问题可以这样问：

在保护区狩猎是很普遍的事，你的情况是什么？

② 假定法。用一个假定条件句作为问句的前提，然后再询问被调查者的看法。例如：

假如……您会……

③ 转移法。把本应该由被调查者根据自己的实际情况填答的问题，转移到由被调查者根据他人的情况来阐述自己的看法。例如：

针对目前个人所得税的起征标准，有人认为偏低了，应当提高起征标准，您同意这种看法吗？

④ 归档法。对于年龄、收入、支出、住房面积、身高、体重等敏感数字问题，用归档法比较容易消除被调查者的心理障碍。例如，对于个人收入之类的问题，倘若请被调查者直接回答，可能会有一定的难度，即使做出回答，也可能故意掩盖真实的收入情况。这种分类处理的问题就可以给出一定的范围供被调查者选择，但结果并不影响最终数据的分类处理的需要。例如：

请问您本人的月收入是：
①300 元以下　②300～800 元　③800～1 500 元　④1 500～3 000 元　⑤3 000 元以上

这样提问的结果可能会得到较为客观的结果。

(7) 问句要考虑时间性。设计问题必须要考虑人们实际作答的可能性，这其中时间就是一个不可忽视的障碍，时间太久的问题易使人遗忘。因此，问句的设计要考虑时间性。例如：

请问您去年家庭生活费支出是多少？用于食品、衣服费用的支出是多少？

这种问题除非被调查者连续记账，否则很难回答出来。一般应该问：

您家上月生活费开支是多少？

显然，这样缩小时间范围可使问题回忆起来较容易，回答也比较正确。

(8) 要对问句确定界限、避免混淆。一个问句一个要点。一个问句中如果包含过多询问内容，会使被调查者无从答起，给统计处理也带来困难。在调查询问时，经常会发现一个问句有几个层次的答案，这说明该问句还应该分成几个层次的问题。例如：

你为什么由甲奶粉换用乙奶粉？

其实这一问句包含了3个要素：为什么换，为什么由甲奶粉换，以及为什么换成乙奶粉而不是其他奶粉。这样，回答的答案可能3个要点都答，可能只答其中的部分要点。

拟定问句要有明确的界限。问句中对时间、地点、人物、事件、频率等界限都应该有一个特定的范围，而不应该只是概括的表示。对于年龄、家庭人口、经济收入等调查项目，通常会产生歧义的理解，如年龄是虚岁、实岁；家庭人口有常住人口和生活费开支在一起的人口；收入是仅指工资，还是包括奖金、补贴、其他收入、食物发放折款收入在内，这都需要研究者给予明确的界定。

(9) 问句语气和内容要适合调查总体内各团体和阶层的被调查者，只在特殊团体或阶层通用的词语，以及不同团体或地域意义各异的词语不应该使用。因为问卷是向调查总体中所选样本提出的，而不是向某一个团体或阶层的被调查者提出的，如果问句语气只向某一团体或阶层提出，那么其他团体或阶层的被调查者容易产生反感而拒绝作回答。如问句中使用过于专业化的名词术语，使不是本专业的人作答时容易产生不满。只有适合调查总体总的各个团体和阶层，被调查者的回答率才可能高，才有可能收到预期的效果。

3.2.3 选项设计

由于调查问卷大都由封闭式问题组成，而答案又是封闭式问题非常重要的组成部分，因此，答案设计的好坏就直接影响到调查的成功与否。关于答案的设计，除了要与所提的问题协调一致之外，特别要使答案具有穷尽性和互斥性。

1. 答案的穷尽性

所谓答案的穷尽性，即要将问答题所有的答案尽可能地列出，才能使每个被调查者都有答案可选，不至于因被调查者找不到合适的可选答案而放弃回答。例如：

你的婚姻状况：
①已婚 ②未婚 ③丧偶

如果仅仅设置这3个答案，对于那些已离婚而未再婚的人就无法回答。因此，还应设计一项“离异”。若对复杂的问答题设计答案，则更要仔细考察。

2. 答案的互斥性

从逻辑上讲，互斥是指两个概念之间不能出现交叉和包容的现象。在设计答案时，一个问答题所列出的不同问答必须互不相容，互不重叠，否则被调查者可能会做出有重复内容的双重选择，对资料的整理分析不利，影响调查效果。例如：

您平均每月支出中，花费最多的是？
①食品 ②服装 ③书籍 ④报纸杂志 ⑤日用品 ⑥娱乐 ⑦交际 ⑧饮料 ⑨其他

答案中食品和饮料、书籍和报纸杂志等都是包容关系。所以在答案设计时，一定要用同一标准在同一层上分类，避免答案之间有交叉或包容的现象。

3. 定距、定比问题的答案设计

不同的问答题有不同的答案设计方法，在答案设计时，要根据研究的具体要求来决定采用哪种形式的答案。例如，在研究每月工资收入或女士年龄时，如需准确了解具体数字，则可采取填入式，即："您的每月工资收入是____元"、"您的年龄____岁"。但通常调查这类敏感性问题时，为消除被调查者顾虑和资料整理分析的需要，常常将定距或定比的答案进行分类设计。例如：

您的月工资是：
①300 元以下　②300～800 元　③800～1 500 元　④1 500～3 000 元　⑤3 000 元以上

设计这类答案，要注意以下几点：

(1) 划分的档次不宜太多，每一档的范围不宜太宽。因为档次太多，使得问卷篇幅增大，而且有些档次只有极少数人可回答。一般的方法是，在大多数人所属的范围内进行适当的分档，将两端设为开口组就行了。

(2) 在无法确定档次的数目时，采取宁多勿少的做法，因为频次小的档次可以在整理时进行合并。

(3) 各档的数字之间应正好衔接，无重叠、中断现象。

4. 注释和填答标记应恰当

对于封闭式问答题，每一项答案都应有明显的填答标记或注解，答案与答案之间要留足够的空格。注意不要在填答标记、符号或每项答案的前面或后面做选择记号，因为在各项答案之间距离较近时，这样可能使研究者不容易辨认被调查者到底选择了哪个答案。一般调查中，使用数字作为各项答案标记的较多，这样还可以起到问卷编码的作用。对于大规模的调查，问卷的设计最好给出如何在答案上做记号的范例。

5. 答案的形式应尽量满足分析的需要

在确定问题形式的同时决定具体的指标类型和可能得到的指标值，这也就决定了能够进行分析的深度和广度。例如，对收入的调查可以采用开放式问题，由被访者填答。但考虑到问题的敏感性，通常采用封闭式问题，对收入的分层就必须考虑分析的目的。如果要进行一项高档消费品的市场调查，却简单地把收入的最高档设定为月收入 2 500 元以上，而不再进行细分，最后进行目标消费者细分时就无法满足分析需要了。因此，在选择问题形式时，必须满足分析的需要。如对高档消费品的调查，收入的分层应侧重于高收入的细分，不能盲目地套用其他调查对收入的分类。

3.2.4 问卷编排

一旦问题的内容、形式、措辞都已经确定下来，设计者就必须要考虑把这些问题组合成问卷。问卷中问题的前后顺序及相互间的联系既会影响到被调查者对问题的回答结果，又会影响到调查的顺利进行。因此必须对问题的顺序进行妥善的编排。

1. 问句的顺序

(1) 先易后难、先简后繁，被调查者熟悉问题在前。问卷的第一个问题的设置必须谨慎，招呼语措辞要亲切、真诚，第一个问题要比较容易回答，不要使对方难于启齿，给接下来的访问造成困难。

(2) 先一般问题，后敏感性问题；先泛指问题，后特定问题；先封闭式问题，后开放式问题。当调查目标要求应答者回答一些感到为难的问题时，可以把这些问题放在问卷的最后。这样做可以保证大多数问题在应答者出现防卫心理或中断应答之前得到回答。并且，此时应答者与访谈者之间已经建立了融洽的关系，增加了获得回答的可能性。由于开放性问题需要被调查者较多的思考时间，因此应放在问卷后面，以避免被调查者产生厌烦心理。

(3) 要考虑问题的相关性。同样性质的问题应集中在一起，以利于被访者统一思考，否则容易引起思考的混乱，还要注意问题之间内在的逻辑性和分析性。

2. 问卷的外观

问卷的外观形式如何对调查的反应有很大影响。在邮寄问卷调查时，问卷的形式直接关系到回收率的高低。

1) 较好的问卷形式

(1) 问卷大小。如果问卷设计需用一张 8 开的纸张，最好采用两张纸代替。纸张太大会给对方造成心理压力。

(2) 第一印象。问卷表面设计明快、简洁、庄重认真，纸张较高级，像是一份正式文件，不要粗制滥造。

(3) 单面印刷。问题只印刷在问卷的单面，每个问题都必须给对方留下足够空间回答。如果第一条问题的留空就太紧张，对方将不会继续回答下去。

(4) 条理清楚。所有问题的列示必须一目了然，以方便阅读和回答。

(5) 尽量将问句与选项作垂直平行排列。

(6) 要有好的问卷封面设计。

2) 问卷格式方面的常见问题

(1) 版面拥挤，信息不清。调查人员为了节省调查费用或者为了使问卷显得简短，压缩了一切可以压缩的空间，造成问题间隔太小，不仅访问员在提问、被调查者回答时容易串行出错，而且后期的编码录入也容易出错。另外，如果开放式问题预留的答题空间太小，将会造成被调查者的不重视，只给出很少的信息，甚至不予回答。

(2) 问卷中重要的地方没有突出。尤其对于邮寄问卷或留置问卷，如果答题规则或跳问提示不清楚，很容易造成回答上的错误。

(3) 纸张低劣和印刷粗糙也会直接影响调查的效果。调查人员由于经费限制，采用较差的纸张，印刷效果又不好，装订混乱，造成问卷的视觉效果极差。在这种情况下，即使是反复强调调查的重要性也无法引起被调查者的重视，轻视该调查甚至产生厌烦心理，必然直接影响调查质量，甚至直接遭到拒绝。

3) 问卷格式编排的技巧

问卷排版应做到简洁、明快、便于阅读、装订整齐、雅观、便于携带、便于保存。要做到这些，在问卷的排版装订可参考以下几点：

（1）应避免为节省用纸而挤压问卷空间。如多项选择题的选项，应采用竖排形式。竖排虽占用一定的空间，但能使卷面简洁明快、一目了然，便于阅读和理解。例如：

您的月工资是（　　）。
横排方式：①1 000元以下　②1 000～2 000元　③2 000～3 000元　④3 000元以上
竖排方式：
①1 000元以下
②1 000～2 000元
③2 000～3 000元
④3 000元以上

显然竖排形式比横排更为直观、明快。多题累加之后，此点更为明显。

（2）同一个问题，应排版在同一页。避免翻页对照的麻烦和漏题的现象。

（3）问卷格式的编排应该按问卷大小规格来设计。要留出足够多的上下左右4边，要使文字明显突出。编排应该层次分明，字体选择要求醒目。

（4）字间距与行间距要适当，并且整份问卷要一致。如果是表格，也要排列的层次分明，一目了然，而且必须为答案留出足够的空白，特别是自由式问句的答案。关键的词或句子应当画线或加粗。

（5）问卷的问题按信息的性质可分为几个部分，每个部分中间以标题相分。例如，问卷采用第一部分、第二部分、第三部分、第四部分的形式，这样可以使整个问卷更为清晰，也便于后阶段的数据整理与统计。

（6）外表要求质量精美，非常专业化。调查问卷用纸尽量精良；超过一定的页数，应把它们装订成小册，配上封皮和封尾，而不是仅仅用订书钉订在一起而已。这样既可以利用纸的双面进行排版，节省用纸，还便于携带和保存；更可使问卷显得庄重、专业，使被调查者以更认真的态度对待调查。

（7）问卷的每一页都应当印有一个供识别的顺序号，以免在整理时各页分散；而且问卷要装订整齐、牢固。

3. 问卷的评估

一旦问卷草稿设计好后，问卷设计人员应再回过来做一些批评性评估。在问卷评估过程中，下面一些原则应当考虑：

（1）问题是否必要。问卷评估方面最重要的标准可能是：所有的问题都是必要的，即每一个问题都必须服务于一定的目的——要么它是过滤性的，要么是培养兴趣的，要么是过渡用的，要么直接地或清楚地与所陈述的特定调查目标有关。任何问题如果不能满足上述目的之一，就应当删去。

（2）问卷是否太长。在街上拦截访问或电话访谈中使用的问卷，如果访问长度超过20分钟，就应当考虑进行适当的删减。入户访谈如果长度超过45分钟，应当提供给应答者比较有吸引力的刺激物。一般的刺激物有电影票、钢笔、现金等。实际上使用刺激物通常可以降低调查成本，因为回答率会增加，访谈过程中的终止会减少。

（3）问卷是否回答了调查目标所需的信息。调查人员必须确保问卷中包含足够数量和类型的问题，以满足调查项目的信息需求。一个建议是，先仔细回顾一下确定的调查目标；接着，调查人员检查问卷，在特定问题所完成的调查目标旁边写下该问题的题号。如果有些问题没有与具体的目标相关，调查人员应当判定目标是否都完成了。如果所有目标都完成了，应当考虑把该问题删去。另一方面，如果检查了所有问题，有的目标没有相应的问题去考察，或者有些目标虽然有一定的问题去测量但目标并不一定能完成，那么，应当考虑在问卷中添加适当的问题以保证完成所需调查的目标。

(4) 开放试题是否留足空间。只留半行的开放式问题得不到多少信息。一般来讲，一个开放式问题留有 3～5 行的空白就足够了。究竟留多少行，调查人员要根据问题需要回答的详细程度而定。

(5) 问卷说明是否用了明显字体等。为了避免混淆并澄清哪些是问卷要填答的问题、哪些是问卷的填答说明，所有的说明性文字应当以不同于问卷题目的字体表示出来(如黑体、斜体等)，这能使说明引起访谈员、应答者的足够注意。例如：

"如果回答是，则接着问问题 3，否则跳问问题 7"。

技能测试

一、单选题

1. (　　)是问卷的主体，是问卷最核心的组成部分。

A. 封面　　B. 答案　　C. 问候语　　D. 问题和答案

2. (　　)是调查者再提出问题的同时，还将问题的一切可能答案或几种主要可能答案全部列出，由被调查者从中选出一个或多个答案作为自己的回答，而不作答案以外的回答。

A. 指导性问题　　B. 封闭式问题　　C. 开放式问题　　D. 实质性问题

3. (　　)是指在提出问题时不提供任何答案，由被调查者根据实际情况自由填写。

A. 开放式问题　　B. 实质性问题　　C. 指导性问题　　D. 封闭性问题

4. 所谓问题答案设计中的(　　)，是指同一问题的若干个答案之间关系是互相排斥的，不能有重叠、交叉、包含等情况。

A. 顺序性原则　　B. 连贯性原则　　C. 时效性原则　　D. 互斥性原则

5. 所谓问题答案设计的(　　)，是指所排列出的答案应包含问题的全部表现，不能有遗漏。

A. 顺序性原则　　B. 完备性原则　　C. 连贯性原则　　D. 时效性原则

6. 在您购买方便面时，请您按重要程度的顺序排列出您认为最重要的 3 个影响因素，并将其序号写在题干后面的括号里。

①品牌　②价格　③包装　④促销　⑤亲朋影响　⑥方便快捷性　　(　　)

这种答案设计方法属于(　　)。

A. 多项选择法　　B. 顺序法　　C. 比较法　　D. 自由回答法

7. 下列(　　)不符合问卷设计的顺序性原则。

A. 容易回答的问题放在前面　　B. 有关个人的问题放在前面

C. 可以按照类别顺序排列　　D. 较难回答的问题放在后面

8. “××啤酒制作精细，泡沫丰富，口味纯正，你是否喜欢?”犯了(　　)错误。

A. 不易回答　　B. 容易引起误解

C. 使用了不当的假设　　D. 诱导性问题

9. “你的手机是什么品牌?”，该问题犯的错误是(　　)。

A. 断定性提问　　B. 诱导式提问　　C. 逻辑错误　　D. 个人隐私

10. 封闭式问题的设计中，(　　)是将同类的若干个问题及答案排列成矩阵，以一个问题的形式表达出来。

A. 框图式　　B. 填充式　　C. 矩阵式　　D. 两项选择式

二、判断题

1. 人口总体按“文化程度”分为小学、中学、大学文化3组不符合“穷尽性”原则。(　　)

2. 人口总体按“文化程度”分为小学、中学、大学文化3组不符合“互斥性”原则。(　　)

3. 工人总体分为男性工人、女性工人、青年工人、生产工人4组就不符合“互斥性”原则。(　　)

4. 工人总体分为男性工人、女性工人、青年工人、生产工人4组就不符合“穷尽性”原则。(　　)

5. 市场调查数据整理是统计分析的前提。(　　)

三、实训题

1. 某计算机网络公司为了了解上网网民的行为情况，拟组织一次网络抽样调查，调查内容包括上网网民的性别分布、年龄分布、职业分布、上网方式分布、上网时间分布、上网时段分布、上网费用分布、上网内容分布、上网网站分布、上网速度满意度、上网内容满意度、上网价格满意度、上网网站满意度、网络信息的系统性和时效性、上网的正反面影响等。要求设计调查方案和调查问卷。

2. 某市某房地产开发商为了了解该市房地产投资的潜力，拟组织一次房地产需求调查，调查的内容要求包括被调查者的基本情况，居民家庭收支情况，居民家庭现有住房情况，二次置业的愿望、动机、购房时间选择、房屋类型选择、户型选择、面积选择、价位选择、地域选择、环境选择、选房因素、付款方式选择等。要求设计调查方案和调查问卷。

3. 某酒店为了了解顾客满意度和员工满意度，以便改进酒店的管理，拟组织一次顾客和员工满意度调查，调查的内容包括：①顾客对酒店的知晓度、来本店的次数、大堂满意度、客房满意度、餐厅满意度、服务满意度、卫生满意度、酒店设施满意度等；②员工对酒店的用人机制、物质激励、精神激励、人际关系、劳资关系、企业文化、技术培训、企业管理的满意度及员工的发展期望、愉快感、对酒店的信任感、安心度等。要求设计调查方案和调查问卷。

4. 某家电公司为了了解居民家用电脑拥有量和需求情况，拟组织一次居民家用电脑需求抽样调查，调查项目包括居民家庭基本情况，居民家庭收支情况，家用电脑拥有情况，家用电脑需求情况，居民对不同品牌家用电脑的质量、配置、速度、功能、造型、价格、服务等方面的评价意见等。要求设计调查方案和调查问卷。

第 4 章　市场调查的数据收集

不是一番寒彻骨，怎得梅花扑鼻香。——冯梦龙

能力目标

- 能够选择一种或多种数据收集方法
- 能够针对不同情况具体实施相应的数据收集方法

知识目标

- 二手数据的收集方法：文案调查法的含义、渠道和局限性
- 一手数据的收集方法：访谈调查法的类型及其特点
- 一手数据的收集方法：观察法的类型及其特点
- 一手数据的收集方法：实验调查法的含义及其类型

任务目标

本项目任务目标是，依据第 3 章任务目标所提交的某专业毕业生调查方案和调查问卷，选择一种或多种数据收集方法，进行问卷的数据收集，要求确保问卷回收质量。

4.1　文案调查法

【任务情景】 调查方案和问卷设计完毕，下一步的工作就是进行调查数据的收集。市场调查的数据收集分为一手数据(原始数据)的收集和二手数据的收集。一手数据或原始数据是指企业首次亲自收集并经过编排、加工处理的数据。二手数据是指以前已经收集好的，但不一定与当前问题相关的数据。一手数据收集的主要方法有访谈调查法、观察法和实验法等。二手数据收集的主要方法有文案调查法等。本节首先介绍文案调查法。

4.1.1　文案调查法的含义与特点

文案调查法(Desk Research Survey)又叫文献调查法、桌面调查法及室内调查法等，是一种获取二手资料的调查研究方法，即根据一定的研究目的，通过对收集到的、与调查课题相关的各种信息和情报资料等，进行分析、研究获得调查成果的一种调查方法。

与实地调查相比，文案调查有以下几个特点：

(1) 文案调查是收集已经加工过的文案，而不是对原始资料的搜集。

(2) 文案调查以收集文献性信息为主，它具体表现为收集某种文献资料。在我国，目前仍主要以收集印刷型文献资料为主。当代印刷型文献资料又有许多新的特点，即数量急剧增

加，分布十分广泛，内容重复交叉，质量良莠不齐等。

(3) 文案调查所收集的资料包括动态和静态两个方面，尤其偏重于从动态角度，收集各种反映调查对象变化的历史与现实资料。

4.1.2 文案调查法的渠道

文案调查应围绕调查目的，收集一切可以利用的现有资料。其收集渠道主要有内部资料、外部资料和互联网资料。

1. 内部资料的收集

内部资料的收集主要是收集调查对象活动的各种记录，主要包括以下 4 种：

(1) 业务资料。包括与调查对象活动有关的各种资料，如订货单、进货单、发货单、合同文本、发票、销售记录、业务员访问报告等。通过对这些资料的了解和分析，可以掌握本企业所生产和经营的商品的供应情况，分地区、分用户的需求变化情况。

(2) 统计资料。主要包括各类统计报表，企业生产、销售、库存等各种数据资料，各类统计分析资料等。企业统计资料是研究企业经营活动数量特征及规律的重要定量依据，也是企业进行预测和决策的基础。

(3) 财务资料。它是由企业财务部门提供的各种财务、会计核算和分析资料，包括生产成本、销售成本、各种商品价格及经营利润等。财务资料反映了企业活劳动和物化劳动占用和消耗情况及所取得的经济效益，通过对这些资料的研究，可以确定企业的发展背景，考核企业经济效益。

(4) 企业积累的其他资料。如平时剪报、各种调查报告、经验总结、顾客意见和建议、同业卷宗及有关照片和录像等。这些资料都对市场研究有着一定的参考作用，例如根据顾客对企业经营、商品质量和售后服务的意见，就可以对如何改进加以研究。

2. 外部资料的收集

对于外部资料，可从以下几个主要渠道加以收集：

(1) 统计部门以及各级、各类政府主管部门公布的有关资料。国家统计局和各地方统计局都定期发布统计公报等信息，并定期出版各类统计年鉴，内容包括人口数量、国民收入、居民购买力水平等，这些均是很有权威和价值的信息。此外，计委、财政、工商、税务、银行等主管部门和职能部门，也都设有各种调查机构，定期或不定期地公布有关政策、法规、价格和市场供求等信息。这些信息都具有综合性强、辐射面广的特点。

(2) 各种经济信息中心、专业信息咨询机构、各行业协会和联合会提供的信息和有关行业情报。这些机构的信息系统资料齐全，信息灵敏度高，为了满足各类用户的需要，它们通常还提供资料的代购、咨询、检索和定向服务，是获取资料的重要来源。

(3) 国内外有关的书籍、报刊、杂志所提供的文献资料，包括各种统计资料、广告资料、市场行情和各种预测资料等。

(4) 有关生产和经营机构提供的商品目录、广告说明书、专利资料及商品价目表等。各地电台、电视台提供的有关信息，近年来全国各地的电台和电视台为适应形势发展的需要，都相继开设了各种专题节目。

(5) 各种国际组织、学会团体、外国使馆、商会所提供的国际信息。

(6) 国内外各种博览会、展销会、交易会、订货会等促销会议以及专业性、学术性经验交流会议上所发放的文件和材料。

3. 互联网资料的收集

互联网是将世界各地的计算机联系在一起的网络，它是获取信息的最新工具，对任何调查而言，互联网都是最重要的信息来源。互联网上的原始电子信息比其他任何形式存在的信息都更多，这些电子信息里面，有很多内容是调查所需要的情报。

互联网的特征是，容易进入、查询速度快、数据容量大、同其他资源链接方便。在互联网上查找东西，只要网上有就能立即得到。如某家银行经理急需一篇在国外某报纸当天发表的有关某公司的文章，请调查公司替他寻找。调查公司查该报社的网页，不但发现了文章而且可以免费下载，还通过该网址的超文本链接，将一个文档中的关键词同其他文档的关键词链接的功能，发现了更多有关该公司的信息。

互联网的发展使信息搜集变得容易，从而大大推动了调查的发展。过去，要搜集所需情报需要耗费大量的时间，奔走很多地方。今天，文案调查人员坐在计算机前便能轻松地获得大量信息，只要在正确的地方查寻就可能找到，许多宝贵的信息都是免费的。比如，及时了解政府规章的变化是调查的一项重要内容，从网上可以得到有关法律和规章的全文。从网上获取这些资料比上图书馆查找方便得多。如果想要了解某些信息的具体细节，在图书馆中查找效率很低。如果利用搜索引擎查找，输入需要查寻的关键字，电脑就自动帮助找出来，可以获得包含该条文的原始文件的全文。

4.1.3 文案调查法的局限性

文案调查法有一定的局限性，主要表现在以下几个方面：

(1) 文案调查依据的主要是历史资料，其中过时资料比较多，现实中正在发生变化的新情况、新问题难以得到及时的反映。

(2) 所收集、整理的资料和调查目的往往不能很好吻合，对解决问题不能完全适用，收集资料时易有遗漏。

(3) 文案调查要求调查人员有较扎实的理论知识、较深的专业技能，否则在工作中将力不从心。此外，由于文案调查所收集的文案的准确程度较难把握，有些资料是由专业水平较高的人员采用科学的方法搜集和加工的，准确度较高；而有的资料只是估算和推测的，准确度较低。因此，应明确资料的来源并加以说明。

4.2 访谈调查法

【任务情景】根据调查者与被调查者在调查过程中是否直接面对面接触询问，访谈调查方法有直接的询问，如访问调查、电话调查、电脑辅助调查、座谈会、个别深度采访等，也有间接的询问，如邮寄调查等。

4.2.1 访问调查

访问调查又称派员调查，它是通过调查人员和受访者(被调查者)之间面对面地交谈从而得到所需资料的调查方法。访问调查的方式有标准式访问和非标准式访问两种。

标准式访问又称结构式访问，它是按照调查人员事先设计好的、有固定格式的标准化问卷，有顺序地依次提问，并由受访者做出回答。其优点是能够对调查过程加以控制，从而获得比较可靠的调查结果。

非标准式访问又称非结构式访问，它事先不制作统一的问卷或表格，没有统一的提问顺序，调查人员只是给出一个题目或提纲，由调查人员和受访者自由交谈，以获得所需的资料。

访问调查具有许多优点，例如可以和被调查者面对面交流，容易调动被调查者积极性，不易被应答者拒绝，可以在调查进行过程中观察被调查者的表情和态度，当被调查者产生误解或敷衍了事时可以适当地采取相应对策，所以它的回答率会较高。但因为它要消耗众多人手，花费大量的人力、物力和财力，所以成本较高。

4.2.2 邮寄调查

邮寄调查是通过邮寄或其他方式将调查问卷送至被调查者，由被调查者填写，然后将问卷寄回或投放到特定收集点的一种调查方法。

邮寄调查是一种标准化调查，其特点是：调查人员和被调查者没有直接的语言交流，信息的传递完全依赖于问卷。

邮寄调查的问卷发放方式有邮寄、宣传媒介传送和专门场所分发 3 种。

邮寄调查不需要调查人员亲临现场，可以以低廉的费用完成大量的调查，所以最大的优势是成本低，可以广泛应用于以人口普查为代表的各种实态性调查。其主要缺点是应答率低，即使所抽选的样本能完全代表总体，根据实际回收的调查表汇总的结果也可能有很大误差，而且为了提高回收率，提问只能限于一些便于回答的内容，问题数量也一般限制在 5～10 个。另外应答者也必须要有一定文化水平，能够完全看懂问卷，因此问卷质量要求要高，而且对于以个人意识为对象的调查而言，这种调查并不足以保证回答者是被抽中的受查者本人。例如一项对家庭主妇的调查，很多情况下，她丈夫或其他家庭成员可能替她填表，或者从旁提供建议，这样其本人的意见也就不能准确地反映到问卷上了。

4.2.3 电话调查

电话调查是调查人员利用电话同采访者进行语言交流，从而获得信息的一种调查方式。随着电话的普及，电话调查的应用也越来越广泛。电话调查可以按照事先设计好的问卷进行，也可以集中针对某一个专门问题进行电话采访。

电话调查具有面对面调查的某些优点，如能够与被调查者交流，调动其积极性，价格较低，而且富有机动性等。假设突然发生了一个事件，现在想及时了解人们听到这个新闻的最初感想，若用其他方法进行调查，调查实施最早也必须在 2～3 天之后才能开始，这样调查开始时，人们的记忆可能已经淡化了，这时采用电话调查就比较方便。在现在的大城市，由于居民排斥陌生人入户调查，电话调查也就更具优越性了。

电话调查的主要缺点是由于调查者不必顾及面子和反应(不在现场)，容易以各种理由终止，所以用于电话调查的问题既要明确，数量也不宜过多。虽然直接访问中的大多数问题都可以在电话调查中询问，但电话调查的问题比面对面调查的问题应该更加简明易懂，并要尽力避免探索性问题，这倒不是因为这类问题本身太复杂，而是因为调查人员只能和受访者进行口头交流，缺少表情、肢体语言的交流。由于受访者看不见调查人员，往往回答得很快，以至于调查人员很难记下回答。同时为了有效利用其机动性，必须确保至少有相当于样本容量的通话次数，而考虑到长途电话的费用较高，一般需对调查对象的地区范围加以限制。此外还有一点要注意，家里没有电话的人不可能接受调查，这样也就错过了得到这一部分人信息的机会。

4.2.4 电脑辅助调查

随着现代通信技术的发展，特别是电脑的应用，不仅调查的数据处理可由计算机来完成，甚至整个调查的过程，包括问卷的设计和显示、样本设计、具体的调查、数据处理等都可以由电脑来控制和完成。电脑辅助调查也称为电脑辅助电话调查，它是在电话调查时，调查的问卷、答案都由计算机显示，整个调查的过程包括电话拨号、调查记录、数据处理等。

目前，电脑辅助调查已在一些发达国家和地区得到广泛应用，并已开发出了各种电脑辅助电话调查系统(Computer-Assisted Telephone Interviewing System，CATI)。该系统使电话调查更加便利和快捷，也使调查的质量大大提高。目前，CATI的系统开发正朝着简单化的方向发展，调查员只要戴上耳机式电话，坐在电脑终端前，调查的问题(问卷)显示在荧屏上，调查员可依电脑荧屏上显示的问题读给受访者，并将受访者的回答输入电脑。而且，问题的用字和分类，以及问题的输入、优先权的选择都利用电脑控制，输入答案后，可以即时修正编辑上的错误和明显的逻辑错误，从而大大缩短调查的时间，提高调查的效率。

4.3 观 察 法

【任务情景】关于社会现象收集原始资料的方法，区分为两大类：一类是“问”；另一类是“看”。前面，通过问卷法和访谈法，已经知道如何通过“问”来收集资料，但通过“问”来收集资料，无论如何没有通过“看”得到的资料那么直接。俗话说：“眼见为实，耳听为虚。”“看”是调查者根据自己对社会现象的接触和体验来收集资料，最为直接。

4.3.1 观察法的含义与种类

观察法是指调查者到现场凭自己的视觉、听觉或借助摄录像器材，直接或间接观察和记录正在发生的市场行为或状况，以获取有关原始信息的一种实地调查法。

按观察的形式不同分为直接观察法和间接观察法。详细分类如图4.1所示。

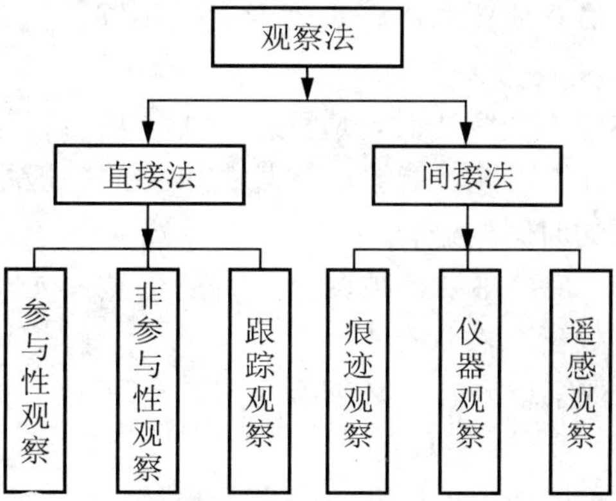

图4.1 观察法的形式

1. 直接观察法

直接观察法是调查者直接深入到调查现场，对正在发生的市场行为和状况进行观察和记录。主要观察方式如下：

(1) 参与性观察是指调查者直接参与到特定的环境和被调查者对象中去，与被调查者一起从事某些社会经济活动，甚至改变自己的身份，身临其境，借以收集获取有关的信息，如“伪装购物法”或“神秘顾客法”。

(2) 非参与性观察又称局外观察，是指调查者以局外人的身份深入调查现场，从侧面观察、记录所发生的市场行为或状况，用以获取所需的信息。如供货现场观察、销售现场观察和使用现场观察等。

(3) 跟踪观察是指调查员对被调查者进行连续性的跟踪观察。如商场顾客购物跟踪观察、女士着装跟踪观察、用户产品使用跟踪观察等。

2. 间接观察法

间接观察法是指对调查者采用各种间接观察的手段(痕迹观察、仪器观察等)进行观察，用以获取有关的信息。

(1) 痕迹观察是通过对现场遗留下来的实物或痕迹进行观察，用以了解或推断过去的市场行为。如食品橱柜观察法、垃圾清点观察法等。

(2) 仪器观察是指在特定的场所安装录像机、录音机或计数仪器等器材，通过自动录音、录像、计数等获取有关信息。如商场顾客流量自动测量、交通路口车流量自动测量、电视收视率自动测量等。

(3) 遥感观察是指利用遥感技术、航测技术等现代科学技术搜集调查资料的方法。如地矿资源、水土资源、森林资源、农产品播种面积与产量估计、水旱灾害、地震灾害等均可采用遥感技术搜集资料。这种方法目前在市场调查中应用较少。

4.3.2 观察法的主要优缺点

主要优点：①直观可靠；②简便易行；③可发现新情况新问题；④可克服语言交流带来的干扰。

主要缺点：①时间长，费用高，受时间、空间和费用限制；②只能观察表象资料，不能观察内在原因；③对观察人员素质要求高，观察者素质不同，观察的结果也不同，易产生观察者误差。

为减少观察者误差，在应用观察法时，应注意以下事项：

(1) 为了使观察结果具有代表性，能够反映某类事物的一般情况，应注意选择那些有代表性的典型对象，在最适当的时间内进行观察。

(2) 在进行现场观察时，最好不要让被调查者有所察觉，尤其是使用仪器观察时更要注意隐蔽性，以保证被调查者处于自然状态下。

(3) 在实际观察和解释观察结果时，必须实事求是、客观公正、不得带有主观偏见，更不能歪曲事实真相。

(4) 观察者的观察项目和记录用纸最好有一定的格式，以便尽可能详细地记录观察内容的有关事项。

（5）应注意挑选有经验的人员充当观察员，并进行必要的培训。

4.3.3 观察法的适用范围

1. 商品资源和商品库存观察

市场调查人员通过观察了解工农业生产状况，判断商品资源数量，提出市场商品供应数量的报告。如通过观察农作物的田间生长情况，判断收成情况，提出农副产品资源报告；通过对库存场所的观察、库存商品的盘点数，来判断商品的分类结构，观察商品的储存条件，从而了解存货货源及销售数量，计算储存成本，检查分析热销商品的情况等，为企业购销决策提供依据。

2. 顾客行为观察

通过观察顾客在营业场所的活动情况，了解顾客的构成、顾客的行为特征、偏好及成交率等重要市场信息资料。

顾客行为观察包括：①顾客购物的偏好；②顾客对商品价格的反映；③顾客对商品性能的评价；④顾客对商标的选择等。

顾客情况是市场调查的重要内容。通过观察顾客活动的情况及其进出营业场所的客流情况，如顾客购物的偏好、对商品价格的反映、对商品性能的评价、对商标的选择等，一方面可以观察顾客在营业场所的活动情况，对比了解顾客的构成、顾客的行为特征、服务方式及成交率等重要市场信息资料；另一方面，观察不同时间顾客进出商店的客流情况，进行汇总统计分析，研究客流规律，使企业能不断改进服务方式，改进商品的经营结构，合理调整劳动组织结构，加强经营管理，提高服务质量和劳动效率。

3. 营业状况观察

主要是通过观察营业现场的情况，综合分析判断企业的经营管理水平、商品供求情况。

营业状况观察包括：①商品陈列；②橱窗布置；③商品价格的变动；④促销活动；⑤顾客流量等。如通过观察营业现场商品陈列、橱窗布置、顾客付款是否方便、商品价格的变动和顾客流动状况等，综合分析判断企业的经营管理水平，商品供求情况等，从中找到问题的症结，并提出相应的改进建议。

4. 人流量观察

通过记录某一地段、街道在一定时间内道路上的行人或车辆的数目、类型及方向，借以评定、分析该地域的商业价值或交通情况。人流量观察包括：①行人流量观察；②非机动车流量观察；③机动车流量观察；④道路特征观察。表4－1即为人流量观察表示例。

表4－1 H市W街1—3＃人流量观察表　　日期：

时间		步行行人						过往车辆						
		男性			女性			非机动车		轿车		卡车		
时	分	老	中	青	老	中	青	自行车	电动车	高档	中档	低档	重型	轻型

续表

时间		步行行人						过往车辆						
		男性			女性			非机动车		轿车		卡车		
时	分	老	中	青	老	中	青	自行车	电动车	高档	中档	低档	重型	轻型

4.4 实验调查法

【任务情景】实验调查法是指市场调研者有目的、有意识地改变一个或几个影响因素，来观察市场现象在这些因素影响下的变动情况，以认识市场现象的本质特征和发展规律。企业的经营活动中经常运用这种方法，如开展一些小规模的包装实验、价格实验、广告实验、新产品销售实验等，来测验这些措施在市场上的反映，以实现对市场总体的推断。

4.4.1 单一实验组前后对比实验

选择若干实验对象作为实验组，将实验对象在实验活动前后的情况进行对比，得出实验结论。例如，某食品厂为了提高糖果的销售量，认为应改变原有的陈旧包装，并为此设计了新的包装图案。为了检验新包装的效果，以决定是否在未来推广新包装，厂家取 A、B、C、D、E 5 种糖果作为实验对象，对这 5 种糖果在改变包装的前一个月和后一个月的销售量进行了检测，得到的实验结果见表 4-2。

表 4-2 单一实验组前后对比表

单位：千克

糖果品种	实验前售量 Y_0	实验后销量 Y_n	实验结果 Y_n-Y_0
A	300	340	40
B	280	300	20
C	380	410	30
D	440	490	50
E	340	380	40
合计	1 740	1 920	180

新包装绝对效果＝1 920－1 740＝180

新包装相对效果＝180/1 740＝10.3%

即改变新包装后这 5 种糖果的销售量增加了 10.3%。改变包装比不改变包装销售量大，说明顾客不仅注意糖果的质量，也对其包装有所要求。因此断定，改变糖果包装，以促进其销售量增加的研究假设是合理的，厂家可以推广新包装。但应注意，市场现象可能受许多因素的影响，180 千克的销售增加量，不一定只是改变包装引起的。因此单一实验组前后对比实验，只有在实验者能有效排除非实验变量的影响，或者是非实验变量的影响可忽略不计的情况下，实验结果才能充分成立。

4.4.2　实验组与对照组对比实验

选择若干实验对象为实验组，同时选择若干与实验对象相同或相似的调查对象为对照组，并使实验组与对照组处于相同的实验环境之中。例如，某食品厂为了解面包的配方改变后消费者有什么反应，选择了A、B、C 3个商店为实验组，再选择与之条件相似的D、E、F 3个商店为对照组进行观察。观察一周后，将两组对调再观察一周，其检测结果见表4-3。

表4-3　实验组与对照组对比表

	原配方销售量(百袋)		新配方销售量(百袋)	
	第一周	第二周	第一周	第二周
A		37	43	
B		44	51	
C		49	56	
D	35			41
E	40			47
F	45			52
合计	120	130	150	140

新配方绝对效果＝(150＋140)－(120＋130)＝40

新配方相对效果＝40/(120＋130)＝16％

从表中可知，两周内原配方面包共销售了120＋130＝250(百袋)，新配方面包共销售了150＋140＝290(百袋)。这说明改变配方后增加了40百袋的销售量，对企业很有利。

实验组与对照组对比实验，必须注意二者具有可比性，即二者的规模、类型、地理位置、管理水平、营销渠道等各种条件应大致相同。只有这样，实验结果才具有较高的准确性。但是，这种方法对实验组和对照组都是采取实验后检测，无法反映实验前后非实验变量对实验对象的影响。为弥补这一点，可将上述两种实验进行综合设计。

4.4.3　实验组与对照组前后对比实验

这是对实验组和对照组都进行实验前后对比，再将实验组与对照组进行对比的一种双重对比的实验法。需要指出的是，实验组与对照组二者要具有可比性，即二者的规模、类型、地理位置、管理水平、营销渠道等各种条件应大致相同。这种方法吸收了前两种方法的优点，也弥补了前两种方法的不足。例如，某公司在调整商品配方前进行实验调查，分别选择了3个企业组成实验组和对照组，对其月销售额进行实验前后对比，并综合检测出了实际效果，见表4-4。

表4-4　实验组与对照组前后对比表　　单位：百元

实验组	老配方	新配方	前后对比	实验效果
	Y_0＝2 100	Y_n＝3 000	Y_n-Y_0＝900	$(Y_n-Y_0)-(X_n-X_0)$ ＝900－400
对照组	老配方	老配方	前后对比	
	X_0＝2 000	X_n＝2 400	X_n-X_0＝400	

新配方绝对效果＝(3 000－2 100)－(2 400－2 000)＝500

新配方相对效果＝(3 000－2 100)/2 100－(2 400－2 000)/2 000＝22.9％

这里，新配方的相对效果计算是用实验组的销售量增长率减去对照组的销售量增长率。

由此可见，实验组与对照组前后对比实验，是一种更为先进的实验调查方法，但切记要求实验组和对照组的可比性，但在实际中很难找到规模、类型、地理位置、管理水平、营销渠道等各种条件大致相同的两个组，为此可以采取单因子随机实验的方法来解决这个问题。

4.4.4 单因子随机实验

单因子随机实验涉及的因子只有一个，而这个因子又具有不同的状态或水平，实验的目的在于判断不同的状态或水平是否具有显著的差异，哪种状态或水平的效应最显著，以决定行动的取舍。具体做法是随机抽取实验单位，要求这些实验单位分别对实验因子的不同状态进行特定的实验活动，并记录其结果，通过数据处理和检验，得出实验结果。

例如，某广告公司为某企业设计了3套电视广告脚本，欲测试它们的效果，判断哪一套广告脚本效应最好。为此，随机抽取了15名消费者，分为5组，每组3人，每组分别观看电视广告脚本的3套方案，并要求每组对不同广告方案的效果给出评分(百分制)。实验数据整理见表4-5。

表4-5 广告脚本方案消费者评分统计

组别	方案Ⅰ	方案Ⅱ	方案Ⅲ
1	71	87	98
2	70	83	92
3	74	86	89
4	68	80	95
5	72	83	88
平均分值	71.0	83.8	92.4
标准差	2.0	2.48	3.72

可以看出3套电视广告脚本方案的消费者评判均值是不同的，方案Ⅰ为71分，方案Ⅱ为83.8分，方案Ⅲ为92.4分，同时各样本组对3套方案的评分值均具有一致的倾向性，因此，方案Ⅲ的测试效果最好。在实际应用时，各状态或水平的观察数据往往存在着随机性，为了得出更为准确的实验结论，还可采用方差分析并作相应的统计检验。

4.4.5 双因子随机实验

这种实验是同时考察两种因子或因素对实验变量(指标)的影响，借以寻找两种因子的最佳组合。例如研究不同的广告方案和不同的价格方案两个因素对产品销售的影响，寻求广告与价格的最佳组合策略，研究不同的产品配方与加工工艺对产品质量的影响，寻找最佳的产品配方与加工工艺组合方案等。

例如，某企业为了测试3种不同的产品包装和3种不同的价格方案对产品销售的影响，随机抽取了15家不同的商场(商店数越多越好，实验结果就越精确)，再随机分为3组，每组5家商店，进行了为期2个月的试销实验，并分别记录了2个月的不同包装和不同价格组合的产品销售量，见表4-6。

表 4-6 产品包装与价格组合试销数据

价格因子B / 包装因子A	(第1组) B_1		(第2组) B_2		(第3组) B_3		横行平均
A_1	264	300	322	346	360	340	322
A_2	288	312	274	286	290	314	294
A_3	280	272	326	342	342	322	314
纵栏平均	286		316		328		310

从表中数据可以看出产品包装和价格的组合对产品的销售量是有显著影响的，在采用包装方案 A_1 和价格方案 B_3 时，产品销售量最大(360＋340)/2＝350 件，最优方案为 A_1B_3。需要说明的是，产品包装与价格组合对产品销售量的影响，亦可运用方差分析进行显著性检验。

技 能 测 试

一、单选题

1.(　　)是利用企业内部和外部现有的各种信息、情报资料，对调查内容进行分析研究的一种调查方法。

A. 市场调研　　B. 直接调查　　C. 文案调查　　D. 抽样调查

2.(　　)是观察者根据研究目的，有组织有计划地运用自身的感觉器官或借助科学的观察工具，直接搜集当时正在发生的、处于自然状态下的市场现象有关资料的方法。

A. 市场调研法　　B. 抽样调查法　　C. 文案调查法　　D. 观察法

3. 麦当劳总部聘用一些人员作为“神秘顾客”到麦当劳餐厅现场了解关于服务人员服务水平、餐厅环境等，这属于(　　)。

A. 观察法　　B. 访问法　　C. 实验法　　D. 深度访谈

4. 为了分析观察某些市场变量之间是否存在着因果关系以及自变量的变动对因变量的影响程度，应当选择的市场调查方法是(　　)。

A. 观察法　　B. 实验法　　C. 询问法　　D. 态度测量表法

5. 观察法和访问法都是(　　)，即在搜集市场资料时，市场调查与被调查者是直接接触的。

A. 直接调查法　　B. 间接调查法　　C. 抽样调查法　　D. 文案调查法。

6. 下列(　　)是最简便的一种实验调查法的实验设计。

A. 单一实验组前后对比实验　　B. 实验组与对照组对比实验

C. 实验组与对照组前后对比实验　　D. 双实验组前后对比实验

7. 邮寄调查的主要优点表现在(　　)。

A. 调查范围小，节省时间、费用　　B. 节省时间、费用，调查者多

C. 调查范围大，节省时间、费用　　D. 调查范围小，资料可靠

8. 为评价甲饮料厂采用的新包装对其销量的影响，特采用实验组与对照组前后对比实验进行调查。采用新包装前后的销量分别 5 000 箱和 6 000 箱，以符合可比条件的乙饮料厂作

为对照组，相应量分别为 3 950 箱和 4 650 箱，则实际效果为(　　)箱。

A. 1 000　　B. 700　　C. 300　　D. −3 000

9. “神秘调查法”是一套规范的亲身经历的观察法，主要用来检验(　　)。

A. 价格问题　　B. 信息质量　　C. 服务质量　　D. 产品质量

10. (　　)是由市场预测者自己采用各种市场调查方法，对市场信息进行搜索、整理、分析的结果，即通过市场调查取得的市场资料。

A. 一手资料　　B. 二手资料　　C. 直接资料　　D. 间接资料

二、判断题

1. 市场访问法的应用效果受访问对象、内容及访问者的言行等影响。(　　)

2. 实验调查法能够揭示或确立市场现象之间的数量关系。(　　)

3. 实验法就是通过小规模的市场营销活动来测验某一产品或某项营销措施的效果，以决定是否值得大规模推广。(　　)

4. 实验法在市场调查中可信度较高，没有限制，费用较低。(　　)

5. 电话调查是由调查员通过电话与被调查者交谈，获取资料的一种方法。(　　)

三、实训题

1. 利用观察法来推断你周边某商店的某种商品的购买者的特征和销售额，你能进而判断这家商店的经营状况吗？这家商店会关门大吉吗？其原因是什么？如果你是这家商店的老板，你会如何改进？

2. 观看中央电视台的“焦点访谈”、“面对面”等访谈节目，观察并总结主持人提问技巧。

3. 观察你所在地附近的各家餐饮店情况，你会用观察法了解这些店铺在一些外在因素如布局、颜色、灯光、照明、亮度等方面的差异吗？假如你要开一家餐饮店，在装修时你会如何考虑这些因素？

4. 运用事先事后实验组控制组设计研究折扣率对图书销售的影响。

5. 一位医生、一位商人和一位艺术家一同去神甫家吃晚饭。这 3 个人在来之前同时路过一条繁华的街道，会看到同样的事物。神甫的小女儿请艺术家、商人和医生各自讲一下路过街道时看到了什么。请你谈谈 3 人的故事内容。

第5章 市场调查的数据录入与处理

非学无以广才，非志无以成学。——诸葛亮

能力目标

- 能进行问卷的检查、校订、编码
- 能运用 SPSS 进行问卷的数据录入、文件的合并
- 能运用 SPSS 进行简单的数据处理

知识目标

- 问卷检查的要点
- SPSS 中问句的变量定义
- 添加个案
- 计算变量
- 重新编码为不同变量

任务目标

根据第 4 章任务目标中所完成的问卷数据收集工作，对回收回来的各种问卷进行问卷审核、检查和校订，并对有效的问卷进行编码；运用 SPSS 进行问卷的变量定义，得到还未录入数据的空表头，再利用空表头进行多人的问卷同时录入，得到多个数据文件；将这些数据文件进行合并，即进行添加个案，得到完整的数据文件；然后进行简单的数据处理，重点掌握计算变量、重新编码为不同的变量。

5.1 问卷回收与编辑

【任务情景】问卷发放之后的工作就是问卷回收，问卷的回收率一般要达到 70%以上。问卷回收之后，接下来就要对问卷进行审核，包括完整性、正确性审核。对于有效的问卷，要及时将问卷进行编号，并加以适当保存，防止遗失。如果问卷中选项没有事前进行编码，就需要进行问卷的事后编码，这些工作都是为下一步的数据录入做的基础。

5.1.1 问卷的回收

对回收的问卷，在剔除废卷的同时要统计有效问卷的回收率。保持一个较高的问卷回答率(即有效问卷率)也是获得真实可靠资料的保证。一般来说，调查一类专业人群，最低回答率被认为是 70%。当调查一般民众时，因为不回答的原因可能是缺乏兴趣，所以允许出现更

高的不回答率。例如，一项关于学校工作的调查研究对教师进行调查的典型回答率在70%～90%之间，学生父母的回答率为60%以下，毕业生的回答率为60%～70%。如果回答率过低，需要补充调查和追踪调查。

一般来说，回收率如果仅有30%左右，资料只能作参考；50%以上，可以采纳建议；当回收率达到70%～75%时，方可作为研究结论的依据。因此，问卷的回收率一般不应少于70%。如果有效问卷的回收率低于70%，要再发一封信及问卷进行补充调查。另外，如有可能，可以做小范围内的跟踪调查或访谈调查，了解未回答问题那部分被调查者的真实看法，以防止问卷结果分析的片面性。

5.1.2 问卷的检查

问卷的检查是从回收第一份问卷开始的。按照事先调查方案的计划，尽量确保每份问卷都是有效问卷(所谓“有效”问卷，指的是在调查过程中按照正确的方式执行完成的问卷)。问卷回收以后，必须按照调查的要求，仔细地检查问卷。

问卷的检查一般是指对回收问卷的完整性和访问质量的检查，目的是要确定哪些问卷可以接受，哪些问卷要作废。检查的要点包括以下几个：

(1) 规定详细的检查规则，包括一份问卷哪些问题是必须填写完整的，哪些问题出现缺失时可以容忍等。

(2) 对于每份调查员交回来的问卷必须彻底地检查，以确认调查员或者被访者是否按照相关的要求完成了访问，并且完整地记录在问卷恰当的位置。

(3) 应该将问卷分成3种类型，一种是完成的问卷，一种是作废的问卷，第三种是有问题，但是通过追访还可以利用的问卷。

(4) 如果抽样中有配额的要求，那么应将完成的问卷中的配额指标进行统计分析，确定问卷是否完成配额的要求，以便及时补充不足的样本。

(5) 通常有下面情况的问卷是不能接受的：所回收的问卷明显不完整，缺了一页或者多页；问卷中有很多内容没有填答；问卷的模式说明调查员(被访者)没有理解或者遵循访问指南回答等；问卷的答案几乎没有什么变化，如在态度的选项上全部选择第×项的情况；问卷的被访者不符合抽样要求；问卷的回收日期超过了访问的时限等。

5.1.3 问卷的校订

为了加强问卷的准确性，对那些初步接受的问卷还要进行进一步的检查和校订，在校订的过程中，通常会发现问卷中存在字迹模糊、问题漏选、前后回答不一致、答案模棱两可和跳答错误的问题。

问卷的某些问题答案可能出现字迹模糊的情况，特别是碰上无结构的开放式的问题时，因为调查员记录得不好，答案不容易识别。如果发现这样的问题，必须对受访者进行追访，积极将不清楚的地方填写清楚。

对于漏选的问题，处理方法也是一样，出现漏选的题目因为各种原因，无法进行补充访问时，如果漏选的是普通的问题，而且数目不大，通常作为缺失值处理；如果涉及受访对象的个人特征的问题，通常只能作为废卷处理。

问卷中有些问题的答案会出现不容易理解的模棱两可的情况，或者是使用了不是通用的缩写方式或词语，或者在该单选一项的问题中，圈选了两项等，都必须通过追访进行补救。另外就是回答时可能出现跳答错误的情况，这可能是因为被访对象没有很好地理解问题。如果出现这种情况，首先要核实被访对象是否符合抽样调查的条件(跳答题目往往是筛选条件)，如果符合，进行追问补充；如果不符合条件，问卷只能作废，重新补充样本。

问卷的回收、检查与校订可能是非常烦琐且工作时间很长的工作，但是却是保证数据处理过程中较少误差的重要步骤。

5.1.4 问卷的事后编码

问卷编码是指根据一定的规则将问卷转换为可进行统计分析的数码资料的过程。有关问句编码和选项编码已经经事前编码印制在调查问卷上，但仅有这些编码还不够，还不能直接进行数据录入。

在问卷回收后，还需进行其他一些事项的编码，由于这些编码不是印制在调查问卷上的，只是为了统一数据录入而制定的编码规则，故称为事后编码。事后编码主要涉及封闭式问句的事后编码和开放式问句的事后编码。

1. 封闭式问句的事后编码

封闭式问句的事后编码主要涉及变量名、变量类型、变量宽度、小数位、变量标签、值标签、缺失值、度量标准等。

1) 确定变量

变量在统计中往往指最小的分析单位。变量由两个部分构成：变量名和变量值。要注意区分何为变量名，何为变量值。在调查问卷中，还要注意区分问题和变量。

2) 制作编码表

为便于与SPSS的变量定义相对应，编码表的格式见表5-1。

表5-1 问卷编码表

问句编码	变量名	变量类型	变量宽度	小数位	变量标签	值标签	缺失值				度量标准
							不适用	不知道	未回答	漏答	

(1) 变量名：一个数据文件中，一个变量只能有一个唯一名称。

(2) 变量类型：该变量是数值型(Numeric)，还是字串型(String)、日期型、货币型等。

(3) 变量宽度：变量值在数据文件中占据的位数。

(4) 小数位：变量值中小数的位数。

(5) 变量标签：变量标签是为了注释变量名含义。例如，定义了sex变量的宽度(栏位)为1的数值型变量，可以给出汉字标签，输入“性别”，作为变量的标签。

(6) 值标签：对于一些问句中的选项，需以选项编码作为值，具体的选项内容作为值标签，如1=“男”，2=“女”等。

(7) 缺失值：缺失值主要是指被调查人对问句出现不适用、不知道、未回答、漏答等情况。具体定义如下：

① 不适用：不适于被访人回答的问题的编码，一般采用 7、97、997 等。

② 不知道：被访人回答不知道时的编码，一般采用 8、98、998 等。

③ 未回答：被访人拒绝回答某变量时的编码，一般采用 9、99、999 等。

④ 漏答：问卷中出现漏答时的处理编码，一般采用 9、99、999 等。

(8) 度量标准：在 SPSS 中，等距变量或等比变量均选择 Scale 作为度量尺度、顺序变量选择 Ordinal 作为度量尺度，名义变量选择 Nominal 作为度量尺度。

3) 编码

根据编码表对问卷进行编码，而后将编码结果记录在问卷上或编码纸上。

2. 开放式问句的事后编码

开放式问句因为不知道会得到什么答案，或者是希望得到比列出的封闭式的选项更详尽的答案，所以在调查结束后，必须对这些开放式的问句进行事后编码。

开放式问句的事后编码的工作量很大，无法预知会出现多少个新的代码和答案，而且有些答案是非常类似的，必须决定是合并成一类还是分成不同的代码。具体地说明编码需要以下几个步骤：

(1) 每个需要编码的项目都必须有一份编码表，将问题和项目的代码详细地标注在编码表的顶端位置，由于事先不知道会有多少新的代码或答案出现，所以一定要预备足够的空间。

(2) 如果编码的工作由一个编码员完成，出现错误的可能性相对较小。但实际上，因为需要编码的问题可能很多，一个人是没有办法按时完成的，这就需要多个编码员。在这样的情况下，一定要注意多个编码员工作的协调。应该安排编码员在相同的时间相同的地点使用同一个编码表，这样可以避免编码重复的情况。

(3) 研究人员应详细制定编码的守则，指导编码员如何识别答案，并且将其归类，以及如何分配编码等，并同时对编码的过程进行监督和检查。编码员在编码的过程中可能有两种倾向：一种是事无巨细将出现的每一种答案都给予新的代码，结果代码的数量比预料的要多出很多；另一种情况是对答案的归类过于粗糙，可能丢弃数据中有意义的差异。对于这两种情况，都必须通过守则的规定，尽量避免。碰到无法确认的分类的时候，通常的做法是赋予一个新的代码，如果需要合并，可以在将来的数据处理过程中完成。

(4) 可以对“不知道”、“无所谓”、“不清楚”、“缺失”事先规定，但是一定要注意规定的编码与实现对该问题的最大编码的预计数量一致。

(5) 编码的字迹必须清楚，如果可能的话，及时地进行计算机的录入管理。

【例 5-1】 试对《××专业毕业生调查问卷》进行编码。

问卷编号 □□□□□

××专业毕业生调查问卷

亲爱的学长：

您好！感谢您参与本次毕业生情况调查。本次调查的目的在于了解您毕业后的工作情况，为我校的学科建设、课程设置等提供导向和决策依据。您的回答对于我们了解我校毕业生基本情况很有帮助，请如实填写。本次调查只用于数据的统计分析，对于您的回答，我们将严格保密。谢谢您的支持，欢迎常回母校看看！

××学校××专业 2009 级，2010 年 6 月

A部分：个人基本情况

A1、(调查员记录)被调查者届数：1. 2006届　2. 2007届 □

A2、(调查员记录)被调查者性别：1. 男　2. 女 □

A3、大学期间你是否担任过学生干部：1. 是　2. 否 □

A4、毕业期间的政治面貌是：1. 中共党员(含预备)　2. 共青团员　3. 一般群众 □

A5、你的生源地是：1. 城市　2. 县城　3. 乡镇　4. 农村 □

B部分：求职情况

B1、你何时开始真正关注自己的就业问题？ □

1. 一年级　2. 二年级第一学期　3. 二年级第二学期　4. 三年级

B2、你的第一份工作是如何找到的？ □

1. 家庭和个人关系　2. 校园招聘　3. 人才市场现场招聘(会)
4. 人才招聘网　5. 投简历给企业　6. 自己创业　7. 其他________

B3、在求职过程中，你优先考虑的是：(可多选) □□

1. 专业对口　2. 薪酬与福利　3. 个人发展机会　4. 单位性质　5. 地域

B4、在求职过程中最困扰你的问题是：(可选1～2项) □□

1. 个人能力不足　2. 学校就业指导不够　3. 求职方法技巧欠缺
4. 工作经验缺乏　5. 社会关系缺乏　6. 用人单位选拔不公正　7. 其他________

B5、你在求职过程中遇到的与自身能力相关的主要问题是：(可选1～2项) □□

1. 专业能力　2. 自我表达能力　3. 外语能力　4. 人际交往能力
5. 环境适应能力　6. 信息获取能力　7. 其他________

B6、你认为用人单位最关心毕业生的：(可选1～3项) □□□

1. 能力与特长　2. 专业　3. 社会实践经验　4. 毕业学校
5. 学历　6. 家庭背景　7. 性别　8. 个人品德

C部分：工作现状

C1、目前的单位性质： □

1. 国有企业　2. 事业单位(含政府机关)　3. 私(民)营企业　4. 外资企业　5. 其他________

C2、你在目前单位所从事的职能是： □

1. 行政/人事　2. 市场/业务发展　3. 销售行政及商务　4. 客服及技术支持
5. 生产/营运　6. 咨询/顾问　7. 财务/审计/税务　8. 储备干部/培训生
9. 采购/物流/仓储　10. 公关/媒介　11. 其他________

C3、职务是： □

1. 老板　2. 高层管理　3. 部门经理　4. 业务主管　5. 一般员工　6. 其他

C4、你签约时的月薪是：________元 □

C5、您目前的月收入：________元 □

C6、所从事工作岗位与专业的关系： □

1. 专业对口　2. 有一定的联系，要用到专业知识　3. 关系甚微　4. 毫无关系

C7、对目前的工作满意程度：

1. 非常满意　2. 满意　3. 一般　4. 不满意　5. 非常不满意

D部分：专业情况

D1、你喜欢你所学的专业吗？

1. 喜欢　2. 还可以　3. 不好说　4. 不喜欢　5. 非常不喜欢

D2、你觉得这个专业的就业形势如何？

1. 形势严峻，就业困难　2. 形势正常　3. 形势较好，就业容易　4. 不了解

D3、你觉得专科学历会是你就业过程中的绊脚石吗？1. 是　2. 不是　3. 说不清

D4、你觉得自己目前所欠缺的素质是什么？(可选1～3项)

1. 与人沟通协调的能力　2. 专业知识与技能　3. 解决与应对问题的能力　4. 压力的耐受性
5. 工作经验与社会阅历　6. 一定的外语技能和电脑技能　7. 就业技能与面试技能　8. 其他

D5、在教学过程中对你的就业影响最大的是？(可选1～2项)

1. 任课教师的引导　2. 实践教学(包括实习、课程设计)　3. 理论教学
4. 社会活动(包括勤工助学、校内活动等)　5. 科研活动(包括自我学习和导师指导)

D6、你认为实习对求职的帮助：1. 很大　2. 一般　3. 没有

D7、你认为学校安排的实习时间：1. 非常充分　2. 充分　3. 一般　4. 不充分

D8、就您所学专业而言，您认为学校的课程设置是否合理？

1. 合理　2. 较为合理　3. 不太合理　4. 很不合理

D9、您认为自己是否有必要去社会实践？

1. 很有必要　2. 一般　3. 没必要　4. 无所谓

问卷到此结束，非常感谢学长的支持，祝学长事业有成，心想事成！

解：问卷编码情况见表5-2。

表5-2　问卷编码

问句编码	变量名	变量类型	变量宽度	小数位	变量标签	值标签	缺失值	度量标准
问卷编码	WJBH	字符	5		问卷编号		99	名义
A1	A1	数值	1		届数	1=2006届　2=2007届	99	名义
A2	A2	数值	1		性别	1=男　2=女	99	名义
A3	A3	数值	1		担任干部	1=是　2=否	99	名义
A4	A4	数值	1		政治面貌	1=中共党员(含预备)　2=共青团员 3=一般群众	99	有序
A5	A5	数值	1		生源地	1=城市　2=县城　3=乡镇　4=农村	99	有序
B1	B1	数值	1		关注就业时间	1=一年级　2=二年级第一学期 3=二年级第二学期　4=三年级	99	有序

续表

问句编码	变量名	变量类型	变量宽度	小数位	变量标签	值标签	缺失值	度量标准
B2	B2	数值	1		获得第一份工作渠道	1=家庭和个人关系　2=校园招聘 3=人才市场现场招聘(会)　4=人才招聘网 5=投简历给企业　6=自己创业　7=其他	99	名义
B3	B301	数值	1		专业对口	1=选择　0=未选	99	名义
	B302	数值	1		薪酬与福利	1=选择　0=未选		名义
	B303	数值	1		个人发展机会	1=选择　0=未选		名义
	B304	数值	1		单位性质	1=选择　0=未选		名义
	B305	数值	1		地域	1=选择　0=未选		名义
B4	B401	数值	1		求职困惑问题	1=个人能力不足　2=学校就业指导不够 3=求职方法技巧欠缺　4=工作经验缺乏 5=社会关系缺乏　6=用人单位选拔不公正 7=其他	99	名义
	B402	数值	1		求职困惑问题	同上		名义
B5	B501	数值	1		求职能力问题	1=专业能力　2=自我表达能力　3=外语能力　4=人际交往能力　5=环境适应能力　6=信息获取能力　7=其他	99	名义
	B502	数值	1		求职能力问题	同上		名义
B6	B601	数值	1		用人单位关注点	1=能力与特长　2=专业　3=社会实践经验 4=毕业学校　5=学历　6=家庭背景 7=性别　8=个人品德	99	名义
	B602	数值	1		用人单位关注点	同上		名义
	B603	数值	1		用人单位关注点	同上		名义
C1	C1	数值	1		工作单位性质	1=国有企业　2=事业单位(含政府机关) 3=私(民)营企业　4=外资企业　5=其他	99	名义
C2	C2	数值	1		从事职能	1=行政/人事　2=市场/业务发展　3=销售行政及商务　4=客服及技术支持　5=生产/营运　6=咨询/顾问　7=财务/审计/税务　8=储备干部/培训生　9=采购/物流/仓储　10=公关/媒介　11=其他职能	99	名义
C3	C3	数值	1		职务	1=老板　2=高层管理　3=部门经理 4=业务主管　5=一般员工　6=其他	99	有序
C4	C4	数值	8	2	签约月薪		−99	度量
C5	C5	数值	8	2	目前月薪		−99	度量
C6	C6	数值	8	2	专业对口	1=专业对口　2=有一定的联系，要用到专业知识　3=关系甚微　4=毫无关系	99	有序
C7	C7	数值	1		工作满意度	1=非常满意　2=满意　3=一般 4=不满意　5=非常不满意	99	有序
D1	D1	数值	1		专业喜爱程度	1=喜欢　2=还可以　3=不好说 4=不喜欢　5=非常不喜欢	99	有序
D2	D2	数值	1		专业形势	1=形势严峻，就业困难　2=形势正常 3=形势较好，就业容易　4=不了解	99	名义
D3	D3	数值	1		学历影响	1=是　2=不是　3=说不清	99	名义

续表

问句编码	变量名	变量类型	变量宽度	小数位	变量标签	值标签	缺失值	度量标准
D4	D401	数值	1		欠缺素质	1=与人沟通协调的能力　2=专业知识与技能　3=解决与应对问题的能力　4=压力的耐受性　5=工作经验与社会阅历　6=一定的外语技能和电脑技能　7=就业技能与面试技能　8=其他	99	名义
	D402	数值	1		欠缺素质	同上	99	名义
	D403	数值	1		欠缺素质	同上	99	名义
D5	D501	数值	1		教学影响	1=任课教师的引导　2=实践教学(包括实习、课程设计)　3=理论教学　4=社会活动(包括勤工助学、校内活动等)　5=科研活动	99	名义
	D502	数值	1		教学影响	同上	99	名义
D6	D6	数值	1		实习作用	1=很大　2=一般　3=没有	99	有序
D7	D7	数值	1		实习时间	1=非常充分　2=充分　3=一般　4=不充分	99	有序
D8	D8	数值	1		课程设置	1=合理　2=较为合理　3=不太合理　4=很不合理	99	有序
D9	D9	数值	1		社会实践	1=很有必要　2=一般　3=没必要　4=无所谓	99	有序

5.2　SPSS 与调查数据录入

【任务情景】问卷经过审核成为有效问卷后，在填写问卷编号后即可进入问卷数据录入阶段。本书以社会科学统计软件包 SPSS(Statistics Package for Social Science)作为数据录入工具。在录入问卷数据之前，首先要将问卷的问句在 SPSS 中进行变量定义，一个问句可以包含多个变量。在 SPSS 中，多选题的变量定义方法有二分法和多重分类法，这点尤其要注意。

5.2.1　问句的变量定义

启动 SPSS 后看到的第一个窗口便是数据视图，如图 5.1 所示。在数据视图中可以进行数据的录入、编辑，它是 SPSS 的基本界面。窗口上方是主菜单栏，包含了 SPSS 从文件管理到数据整理、分析的几乎所有功能。主菜单栏下方是工具栏，提供一些常用的 SPSS 功能，使某些操作更为快捷。工具栏下方是当前数据栏，左边部分显示了当前活动单元格对应的变量名和观测序号，右边部分显示了当前活动单元格中的数据值。再往下则是数据显示区域，是一个二维的表格，也是数据视图的主体部分。

数据窗口的左下角有两个重要的转换标签，即数据视图标签和变量视图标签，用于数据窗口在数据视图和变量视图两种界面之间切换。单击“变量视图”标签，则数据编辑窗口进入变量视图界面，如图 5.2 所示。在变量视图界面中可以进行 SPSS 变量属性的定义和编辑。

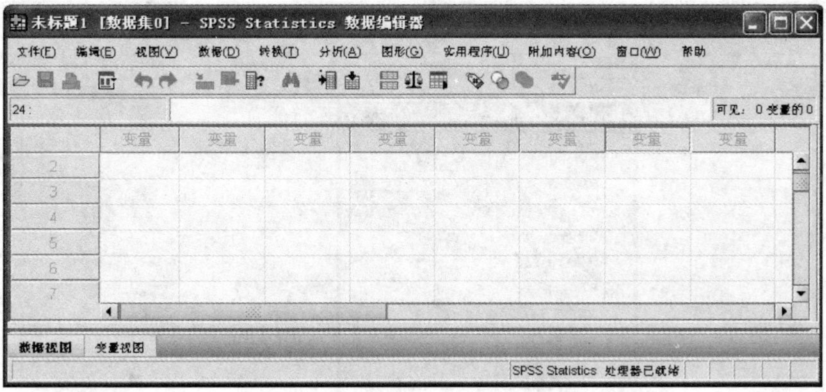

图 5.1 数据视图

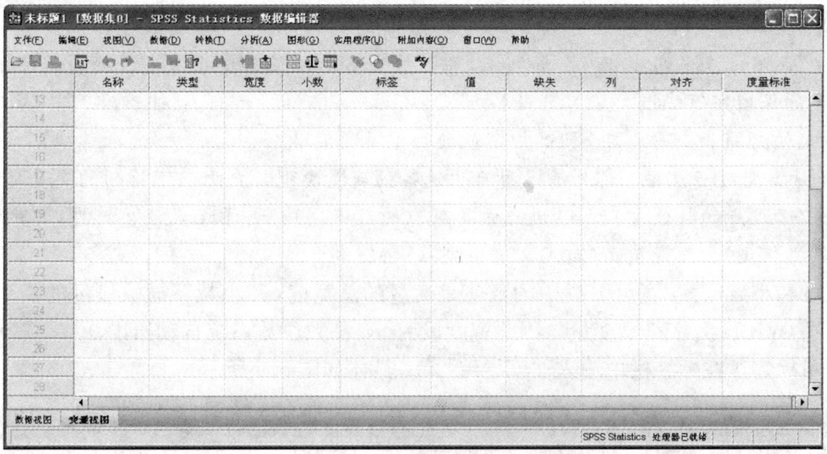

图 5.2 变量视图

变量窗口的作用是让用户能比较方便地设置变量和修改变量的设置。该窗口中最左侧一列是变量的序号，每一行是一个变量。窗口中共有 10 列，每一列都说明了变量的不同特点。第一列“名称”是变量名；第二列“类型”是变量的类型；第三列“宽度”是变量取值的长度；第四列“小数”是变量的小数点位数；第五列“标签”是变量名的标签；第六列“值”是变量值的标签；第七列“缺失”是变量的缺失值；第八列“列”是变量在数据窗口显示的宽度；第九列“对齐”是变量值在数据格中的对齐方式；第十列“度量标准”是变量取值的测量类型。

1. 单选题的变量定义

【例 5-2】《××专业毕业生调查问卷》中“问卷编号”的事后编码见表 5-3，试进行 SPSS 变量定义。

表 5-3 “问卷编号”的事后编码

问句编码	变量名	变量类型	变量宽度	小数位	变量标签	值标签	缺失值	度量标准
问卷编号	WJBH	字符	5	0	问卷编号		99	名义

解：(1) 输入变量名称和变量类型。参考编码表，输入变量名称“WJBH”。变量类型“字符串”。字符长度“5”。具体如图 5.3 所示。

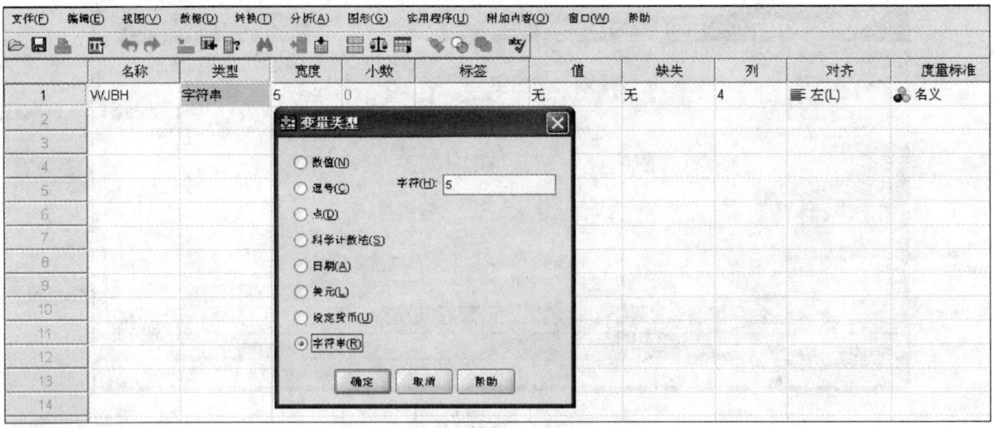

图 5.3　输入变量名称和变量类型

【提示 1】变量名的首字符必须是字母或汉字，后面的则可以是字符或数字，但不能包含下列符号："?"、"!"和"*"，不能以下划线"_"和圆点"."作变量名的最后一个字符。变量名不能与 SPSS 的保留字相同。SPSS 的保留字有 ALL、AND、BY、EQ、GE、GT、LE、LT、NE、NOT、OR、OT、WITH。系统不区分变量名的大写和小写，在 SPSS 中不能使用重复的变量名。

【提示 2】变量类型对话框左半部列有 8 种可供选择的变量类型，自上而下排列的变量类型有：数值(标准数值型)、逗号(带逗点的数值型)、点(逗点做小数点的数值型)、科学记数法、日期(日期型数据)、美元(带有美元符号的数值型)、设定货币(自定义货币型)、字符串。

(2) 定义宽度和小数位。"宽度"栏中的数值是变量的总宽度，"小数"框中显示的是变量值的小数位数。本例由于变量 WJBH 为字符型变量，因此宽度设为 5，小数位数系统自动给出 0。

(3) 定义变量标签。在标签栏中输入"问卷编号"。具体如图 5.4 所示。

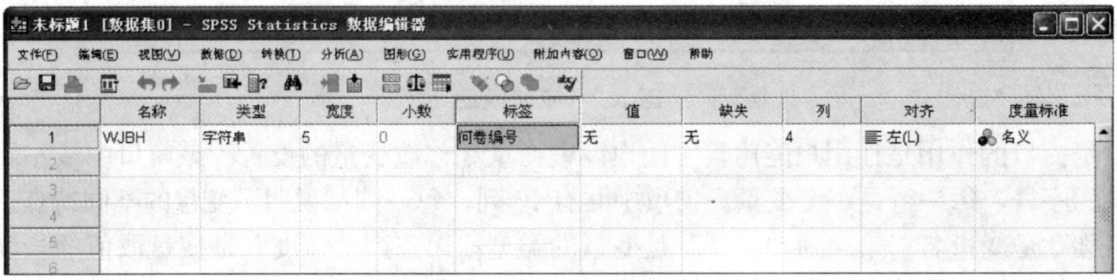

图 5.4　定义变量标签

【提示】定义变量标签是为了注释变量名含义。在变量视图窗口中，双击"标签"相应的单元格，输入注释即可，要尽量简明。例如，定义了变量名为 WJBH 的变量，可以给出汉字标签，输入"问卷编号"，作为变量 WJBH 的标签，即标签给出了 WJBH 的真正含义是什么。

(4) 定义值标签。由于本例 WJBH 为字符型变量，并且变量值没有其他意义，故无需定义值标签。

(5) 定义缺失值、列显示宽度、对齐方式、度量标准。参考编码表，本例缺失值为 99，列显示宽度取值为 5，对齐方式采用默认方式，度量标准，选择名义变量。得到变量 WJBH 的最终定义如图 5.5 所示。

【提示 1】缺失值的类型有 3 种。

① 没有缺失值。本项是系统默认状态，如果当前变量的值测试、记录完全正确，没有遗漏，可以选择此项。

② 离散缺失值。选择这种方式定义缺失值，可以在下面的 3 个矩形框中输入 3 个可能出现在相应的变量中的缺失值，也可以少于 3 个。在进行统计分析时系统遇到这几个值，则作为缺失值处理。

③ 范围加上一个可选离散缺失值。其下面有"低"和"高"两个参数框。这种方式定义缺失值主要针对连续变量的值。指定某一范围的值如果出现在当前定义的变量值中，则被当做缺失值处理。在"低"参

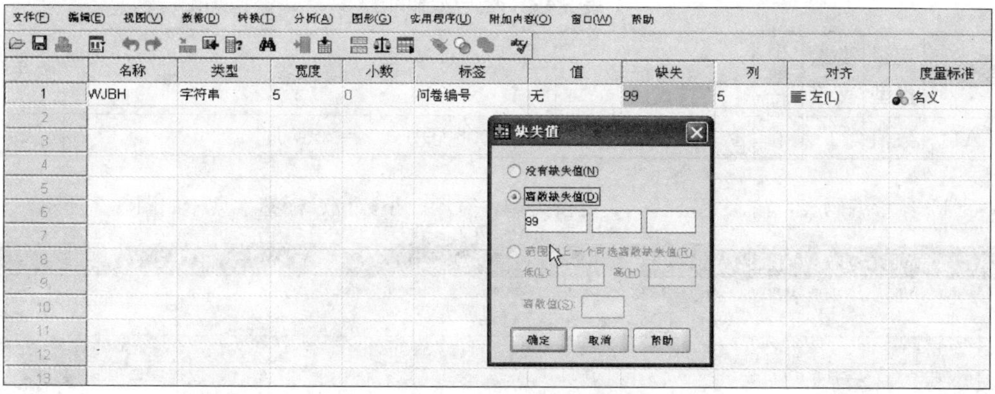

图 5.5 变量 WJBH 的最终定义

数框中输入缺失值的下限，在“高”参数框中输入缺失值的上限。多于 3 个缺失值的离散变量也可以用此方式定义用户缺失值。但要注意，定义的缺失值中不能包括合法值。此外，选择此项后，定义的缺失值除了“低”和“高”参数框内的数值外，还包括“离散值”框中的一个值。

【提示 2】在变量视图窗口中，单击“列”相应的单元格，可以设置该变量在数据视图中显示的宽度。单击“对齐”相应的单元格，可以设置该变量在数据视图中显示的对齐方式：左对齐、右对齐、居中。

【提示 3】实际中，在 SPSS 中通常对缺失值、对齐方式都选用系统默认的方式，如果问卷中某个问句有缺失，则在 SPSS 中不输入这个变量的值即可。

在变量视图窗口中，如图 5.6 所示，与变量行“度量标准”列相应的单元格中显示的是默认的变量度量方式“度量”(Scale)。

【提示 1】问卷的每一个题目都可以看做是一个变量，由于所提问题的性质不同，对应的变量类别就不一样。问卷中的变量类别分为 4 种：名义变量、顺序变量、等距变量和等比变量。在 SPSS 中，等距变量或等比变量均选择“度量”(Scale)作为度量尺度，即定距型数据；顺序变量选择“有序”(Ordinal)作为度量尺度，即有序型数据；名义变量选择“名义”(Nominal)作为度量尺度，即分类型数据。

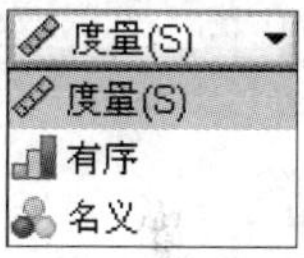

图 5.6 “度量”菜单

【提示 2】名义变量又称分类变量，它仅能区分出不同类别的测量尺度，没有内在固有大小或高低顺序，一般以数值或字符表示分类的数据。例如，“性别”为变量名，变量取值为“1＝男、2＝女”，这里变量取值只表示类别，变量值的大小或排序没有任何意义。其他如民族、职业等变量也为名义变量。对于名义变量，只能计算各类别的频数、频率、众数。

【提示 3】顺序变量又称序列变量、等级变量或次序变量，是用来区分事物好坏、大小、多少、程度和等级的一种计量水准，一般有“方向次序”存在。在 SPSS 中，顺序变量选择有序作为度量尺度。如文化程度可分成文盲、小学、初中、高中、大专、大学、大学以上七级，每一级都较前一级更高，所给编号分别为 1、2、3、4、5、6、7，变量取值不仅表示相应的类别，而且变量值的大小或排序有意义。

【提示 4】等距变量又称差距变量，它不仅能将事物分成不同类别并进行排序，而且可以准确地计量它们之间的差距，但等距变量的“0”不是指数学上的绝对意义的零。这种数据除可以分类与比较大小以外，还可以进行加减运算。由于没有绝对零点，因此虽然可以做乘除运算，但结果是没有意义的。一般来说，气温、体温、智商、年次、成绩、海拔高度等都是等距变量。

【提示 5】等比变量又称比例变量或比率变量，是最高层次的度量尺度，具有区分类别、排出顺序、相等单位、算出比例、绝对零点等基本特性，是最常用的高级测量尺度。企业的资产、负债、权益、收入、费用、利润等都是等比变量。等比变量能够进行加减乘除运算，并且结果都具有实际意义。

【例 5-3】《××专业毕业生调查问卷》中问句：“A1、(调查员记录)被调查者届数：1.2006 届 2.2007 届”事后编码见表 5-4，试进行 SPSS 变量定义。

表 5-4 事后编码 1

问句编码	变量名	变量类型	变量宽度	小数位	变量标签	值标签	缺失值	度量标准
A1	A1	数值	1	0	届数	1＝2006 届　2＝2007 届	99	名义

解：(1) 参考编码表，输入变量名称、变量类型、宽度、小数位、标签。具体如图 5.7 所示。

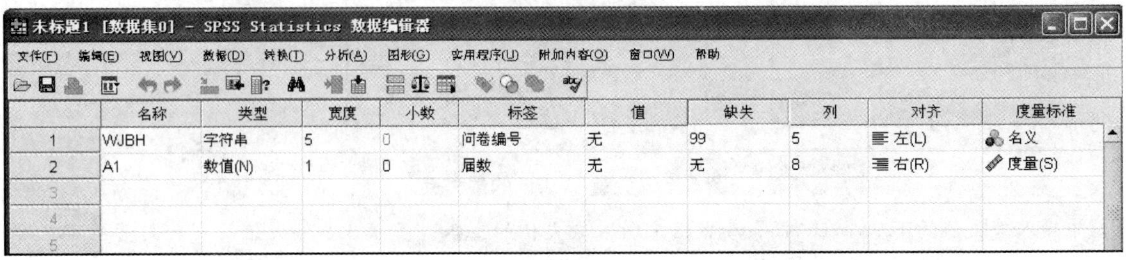

图 5.7　输入变量名称、变量类型、宽度、小数位、标签

(2) 定义值标签。单击“值”列相应的单元格，该单元格右侧出现删节号，单击删节号打开“值标签”对话框，具体如图 5.8 所示。在第一个“值”文本框中输入变量值，在第二个“标签”文本框中输入对该值含义解释的标签。单击【添加】按钮，一个值标签就被加入到第三个框，即值标签清单中。

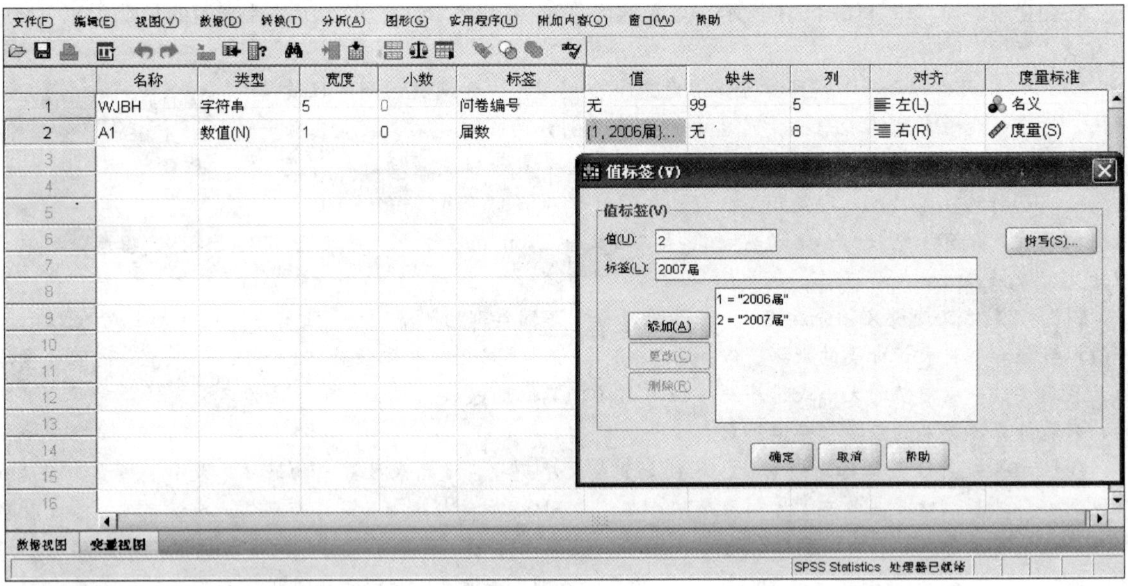

图 5.8　值标签的定义

【提示】一个值不能定义两个不同的标签；不同的值不能赋予相同的标签。要修改值标签，则在值标签列表中选择要加以修改或删除的值标签表达式，单击后变量值和该值的标签分别显示在列表上方的两个文本框中，可以重新输入新的变量值或新标签，再单击【更改】按钮即可。如果要删除该值标签，则单击【删除】按钮，被选定的值标签就从值标签列表中删除。

(3) 定义缺失值、列显示宽度、对齐方式、度量标准。参考编码表，本例缺失值为 99，列显示宽度取值为 1，对齐方式采用默认方式，度量标准选择名义变量。得到变量 A1 的最终定义如图 5.9 所示。

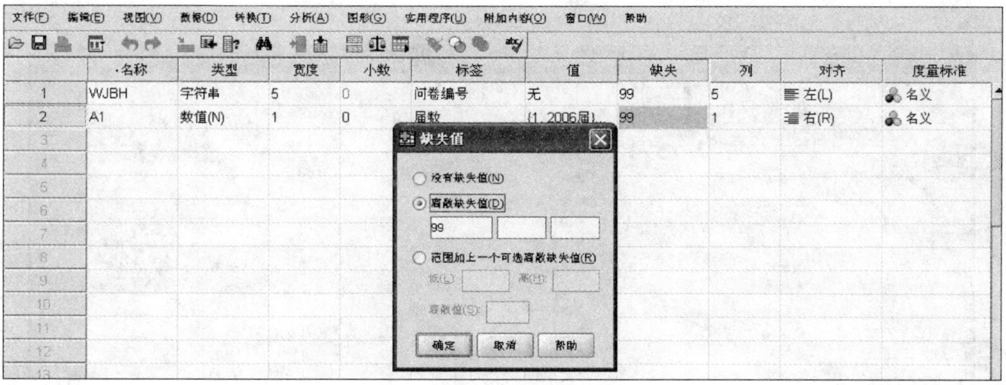

图 5.9 变量 A1 的定义结果

2. 非限选多选题的变量定义

【例 5-4】《××专业毕业生调查问卷》中问句："B3、在求职过程中，你优先考虑的是(可多选)：1. 专业对口 2. 薪酬与福利 3. 个人发展机会 4. 单位性质 5. 地域"事后编码见表 5-5，试进行 SPSS 变量定义。

表 5-5 事后编码 2

问句编码	变量名	变量类型	变量宽度	小数位	变量标签	值标签	缺失值	度量标准
B3	B301	数值	1	0	专业对口	1=选择 0=未选	99	名义
	B302	数值	1	0	薪酬与福利	1=选择 0=未选	99	名义
	B303	数值	1	0	个人发展机会	1=选择 0=未选	99	名义
	B304	数值	1	0	单位性质	1=选择 0=未选	99	名义
	B305	数值	1	0	地域	1=选择 0=未选	99	名义

解：本例为非限选多选题，共有 5 个选项，因此采用二分法来进行变量定义。定义变量时，有几个选项，就定义几个变量，即针对每个选项都定义一个变量。当选择该选项时，取值为 1；没有选择该选项时，取值为 0。因此本例共需定义 5 个变量，具体编码参考编码表。如变量 B301，表示第一选项的变量，其定义如图 5.10 所示。

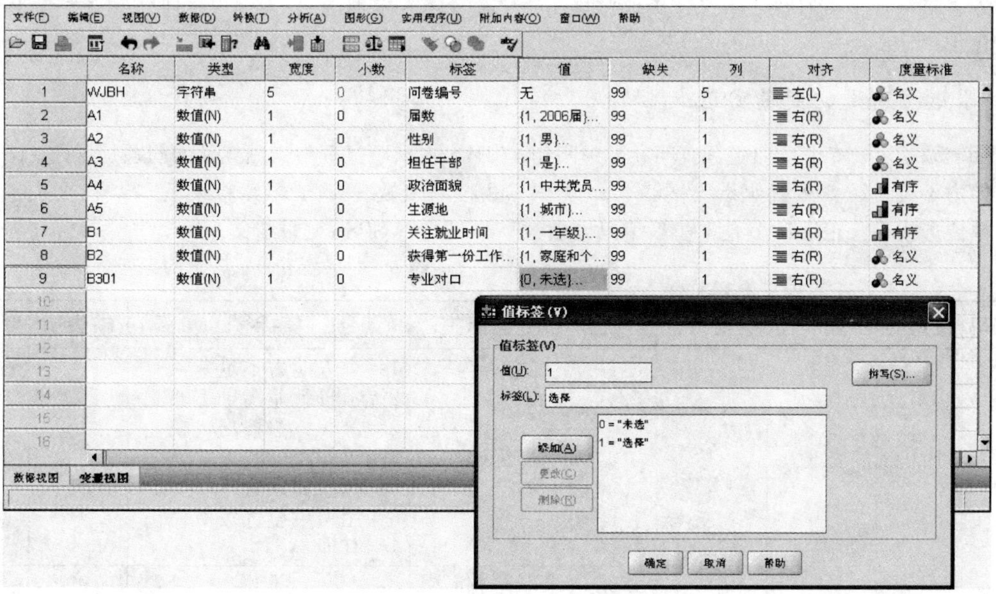

图 5.10 变量 B301 的定义

按照编码表，对其他选项的变量定义如图 5.11 所示。

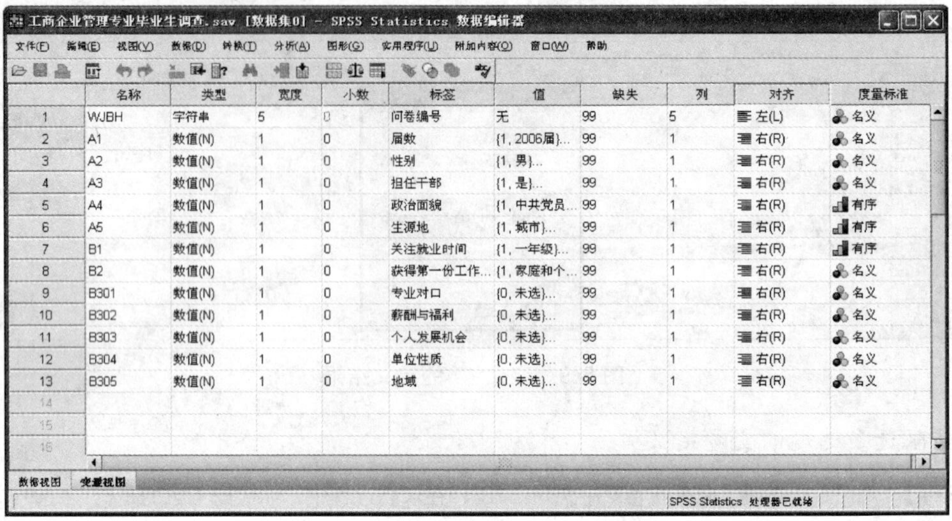

图 5.11　变量 B3 的定义结果

【提示】二分法。对于非限选多选题，应采用二分法进行变量定义。本例中问句“B3、在求职过程中，你优先考虑的是(可多选)：1. 专业对口　2. 薪酬与福利　3. 个人发展机会　4. 单位性质　5. 地域”为非限选多选题。这意味着每人每次可以选择 1 项、2 项、3 项等，但最多只可能选 5 项。本例一共有 5 个可能的选项，可定义为 5 个变量，每个变量只有 0 或 1 两种选择，0 为不选，1 为选，编码法见表 5－6。

表 5－6　二分法的编码方案

变量名	变量标签	编码方案
B301	专业对口	1＝选择　0＝未选
B302	薪酬与福利	1＝选择　0＝未选
B303	个人发展机会	1＝选择　0＝未选
B304	单位性质	1＝选择　0＝未选
B305	地域	1＝选择　0＝未选

录入：若被调查者同时选择“1. 专业对口”和“3. 个人发展机会”，则 B301＝1，B302＝0，B303＝1，B304＝0，B305＝0。

3. 限选多选题的变量定义

【例 5－5】《××专业毕业生调查问卷》中问句：“B4、在求职过程中最困扰你的问题是(可选 1～2 项)：1. 个人能力不足　2. 学校就业指导不够　3. 求职方法技巧欠缺　4. 工作经验缺乏　5. 社会关系缺乏　6. 用人单位选拔不公正　7. 其他”事后编码见表 5－7，试进行 SPSS 变量定义。

表 5－7　事后编码 3

问句编码	变量名	变量类型	变量宽度	小数位	变量标签	值标签	缺失值	度量标准
B4	B401	数值	1	0	求职困惑问题	1＝个人能力不足 2＝学校就业指导不够 3＝求职方法技巧欠缺 4＝工作经验缺乏 5＝社会关系缺乏 6＝用人单位选拔不公正 7＝其他	99	名义
	B402	数值	1	0	求职困惑问题	同上	99	名义

解：本例为限选多选题，最多可选 2 个选项，因此可采用二分法或多重分类法来进行变量定义。本例采用多重分类法来进行变量定义，由于限选 2 项，因此定义 2 个变量，具体参考问卷的事后编码表。

变量 B401 的定义如图 5.12 所示。

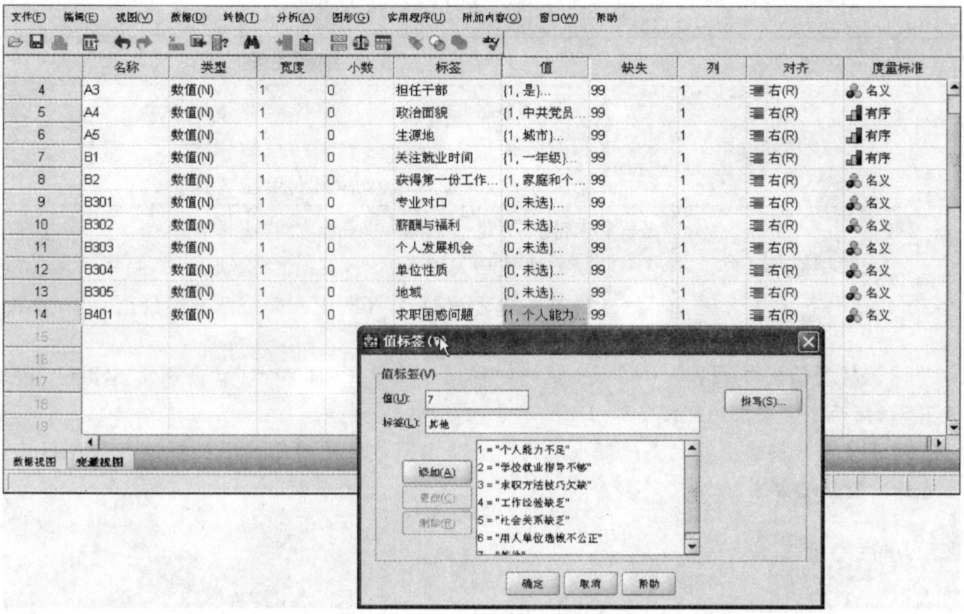

图 5.12 变量 B401 的定义

变量 B402 的定义如图 5.13 所示。

图 5.13 变量 B402 的定义

【提示 1】多重分类法。对于限选多选题，可以采用多重分类法进行变量定义。多重分类法按照问句选项的限选数定义变量个数，例如，限选 3 项，则定义 3 个变量；限选 4 项，则定义 4 个变量。然后，给每个新变量编码。本例中的问句“B4、在求职过程中最困扰你的问题是：(可选 1～2 项)1. 个人能力不足

2. 学校就业指导不够 3. 求职方法技巧欠缺 4. 工作经验缺乏 5. 社会关系缺乏 6. 用人单位选拔不公正 7. 其他”，最多可以有2个选择，则定义两个变量B401和B402，分别代表问句中的被调查者所选择的两个选项。编码方案见表5-8。

表5-8 多重分类法的编码方案

变量名	变量标签	编码方案
B401	求职困惑问题	1=个人能力不足 2=学校就业指导不够 3=求职方法技巧欠缺 4=工作经验缺乏 5=社会关系缺乏 6=用人单位选拔不公正 7=其他
B402	求职困惑问题	1=个人能力不足 2=学校就业指导不够 3=求职方法技巧欠缺 4=工作经验缺乏 5=社会关系缺乏 6=用人单位选拔不公正 7=其他

如被调查者选择了该问句的第3和第5个选项，则两个变量B401和B402分别录入3和5；如果被调查者只选择了3，则两个变量B401录入3，B402不录入数据。

【提示2】能用多重分类法编码的多选题也能用二分法编码，但是对于非限选多选题只能用二分法，即二分法是多选题一般处理方法。

4. 开放题的变量定义

【例5-6】《××专业毕业生调查问卷》中问句：“C4、你签约时的月薪是：________元。”事后编码见表5-9，试进行SPSS变量定义。

表5-9 事后编码4

问句编码	变量名	变量类型	变量宽度	小数位	变量标签	值标签	缺失值	度量标准
C4	C4	数值	8	2	签约月薪		−99	度量

解：参考编码表，定义变量名称为C4，变量类型为数值型，宽度设置为8位，小数位设置为2位，变量标签为“签约月薪”，度量标准设置为“度量”。具体如图5.14所示。

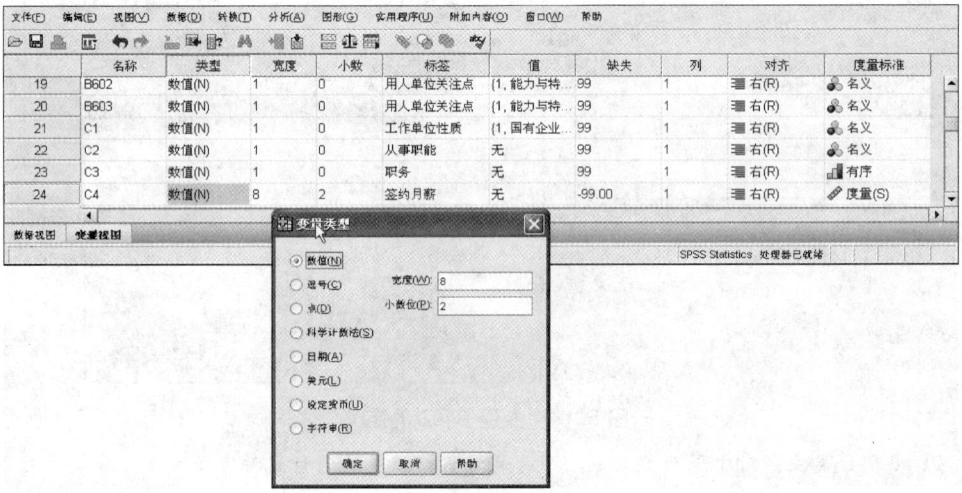

图5.14 变量C4的定义

通过以上各种方法，对《××专业毕业生调查问卷》在 SPSS 中的变量定义结果如图 5.15 所示。

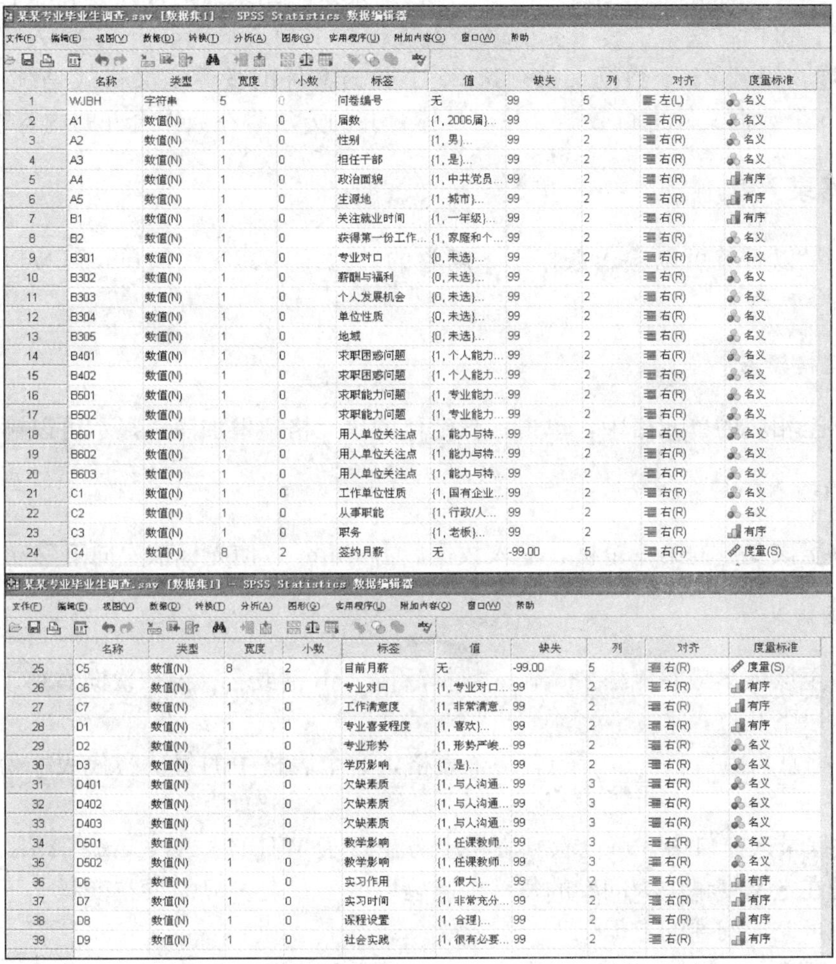

某某专业毕业生调查.sav [数据集1] - SPSS Statistics 数据编辑器

	名称	类型	宽度	小数	标签	值	缺失	列	对齐	度量标准
1	WJBH	字符串	5	0	问卷编号	无	99	5	左(L)	名义
2	A1	数值(N)	1	0	届数	{1, 2006届}...	99	2	右(R)	名义
3	A2	数值(N)	1	0	性别	{1, 男}...	99	2	右(R)	名义
4	A3	数值(N)	1	0	担任干部	{1, 是}...	99	2	右(R)	名义
5	A4	数值(N)	1	0	政治面貌	{1, 中共党员...	99	2	右(R)	有序
6	A5	数值(N)	1	0	生源地	{1, 城市}...	99	2	右(R)	有序
7	B1	数值(N)	1	0	关注就业时间	{1, 一年级}...	99	2	右(R)	有序
8	B2	数值(N)	1	0	获得第一份工作...	{1, 家庭和个...	99	2	右(R)	名义
9	B301	数值(N)	1	0	专业对口	{0, 未选}...	99	2	右(R)	名义
10	B302	数值(N)	1	0	薪酬与福利	{0, 未选}...	99	2	右(R)	名义
11	B303	数值(N)	1	0	个人发展机会	{0, 未选}...	99	2	右(R)	名义
12	B304	数值(N)	1	0	单位性质	{0, 未选}...	99	2	右(R)	名义
13	B305	数值(N)	1	0	地域	{0, 未选}...	99	2	右(R)	名义
14	B401	数值(N)	1	0	求职困惑问题	{1, 个人能力...	99	2	右(R)	名义
15	B402	数值(N)	1	0	求职困惑问题	{1, 个人能力...	99	2	右(R)	名义
16	B501	数值(N)	1	0	求职能力问题	{1, 专业能力...	99	2	右(R)	名义
17	B502	数值(N)	1	0	求职能力问题	{1, 专业能力...	99	2	右(R)	名义
18	B601	数值(N)	1	0	用人单位关注点	{1, 能力与特...	99	2	右(R)	名义
19	B602	数值(N)	1	0	用人单位关注点	{1, 能力与特...	99	2	右(R)	名义
20	B603	数值(N)	1	0	用人单位关注点	{1, 能力与特...	99	2	右(R)	名义
21	C1	数值(N)	1	0	工作单位性质	{1, 国有企业...	99	2	右(R)	名义
22	C2	数值(N)	1	0	从事职能	{1, 行政/人...	99	2	右(R)	名义
23	C3	数值(N)	1	0	职务	{1, 老板}...	99	2	右(R)	有序
24	C4	数值(N)	8	2	签约月薪	无	-99.00	5	右(R)	度量(S)

某某专业毕业生调查.sav [数据集1] - SPSS Statistics 数据编辑器

	名称	类型	宽度	小数	标签	值	缺失	列	对齐	度量标准
25	C5	数值(N)	8	2	目前月薪	无	-99.00	5	右(R)	度量(S)
26	C6	数值(N)	1	0	专业对口	{1, 专业对口...	99	2	右(R)	有序
27	C7	数值(N)	1	0	工作满意度	{1, 非常满意...	99	2	右(R)	有序
28	D1	数值(N)	1	0	专业喜爱程度	{1, 喜欢}...	99	2	右(R)	有序
29	D2	数值(N)	1	0	专业形势	{1, 形势严峻...	99	2	右(R)	名义
30	D3	数值(N)	1	0	学历影响	{1, 是}...	99	2	右(R)	名义
31	D401	数值(N)	1	0	欠缺素质	{1, 与人沟通...	99	3	右(R)	名义
32	D402	数值(N)	1	0	欠缺素质	{1, 与人沟通...	99	3	右(R)	名义
33	D403	数值(N)	1	0	欠缺素质	{1, 与人沟通...	99	3	右(R)	名义
34	D501	数值(N)	1	0	教学影响	{1, 任课教师...	99	3	右(R)	名义
35	D502	数值(N)	1	0	教学影响	{1, 任课教师...	99	3	右(R)	名义
36	D6	数值(N)	1	0	实习作用	{1, 很大}...	99	2	右(R)	有序
37	D7	数值(N)	1	0	实习时间	{1, 非常充分...	99	2	右(R)	有序
38	D8	数值(N)	1	0	课程设置	{1, 合理}...	99	2	右(R)	有序
39	D9	数值(N)	1	0	社会实践	{1, 很有必要...	99	2	右(R)	有序

图 5.15 变量的定义结果

最后将文件保存为“.sav”格式的文件(图 5.16)，得到一个还没有输入数据的空表头，该表头已定义了问卷所有数据的变量，下一步就可以利用该表头进行数据的录入操作。

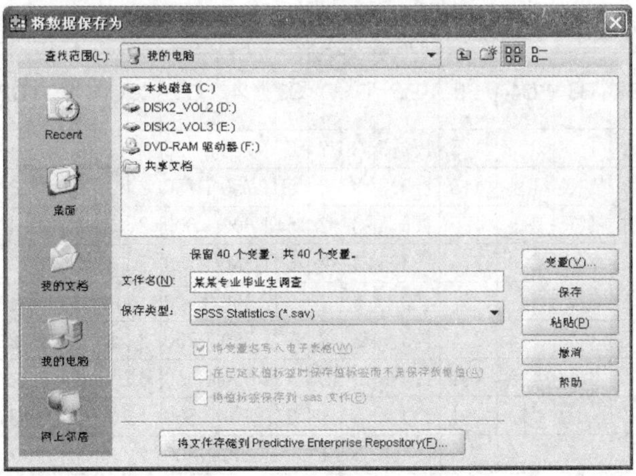

图 5.16 文件的保存

需要指出的是，由于定义了空表头，这样在下一步录入数据时，就可以分批分人录入数据，例如有 1 000 份问卷，如果由一个人进行数据录入，则录入时间将变得很长。为缩短数据的录入时间，可以将这个空表头交由多个人进行数据录入，例如由 25 个人分工，每人各录入 40 份问卷，得到 25 个数据文件，这 25 个数据文件的变量定义格式是统一的，这样，就可以将这 25 个数据文件进行数据合并，具体合并的方法将在数据合并的内容中进行讲述。

5.2.2 数据录入

定义了变量以后就可以输入数据了，问卷的数据录入其实很简单，可按以下几种方法输入。

1. 按单元格输入

将光标移至相应的单元格中，单击，被定位的单元格边框加黑，显示可以输入。

2. 按变量输入

将光标移至该变量的第一个格，输入数据后击 Enter 键使光标依次向下移动。

3. 按个案输入

将光标移至该个案最左侧格中，输入数据后按 Tab 键或右移键依次向右移动。

需要指出以下几点：

(1) 在数据录入窗口，可以看到有一个表格，这个表格中的每一行代表一份问卷，也称为一个个案。

(2) 在数据录入窗口中，可以看到表格上方出现了 WJBH、A1、A2、A3、A4…的标签名，这其实是在定义变量中为问卷的每一个问题取的变量名。只需要在变量名下面输入对应问题的答案即可完成问卷的数据录入。

(3) 一行代表一份问卷，所以有几份问卷，就要有几行的数据。

【例 5-7】 利用已建立的空表头，将表 5-10 所示数据分两部分进行录入，第一部分录入 WJ001～WJ030 这 30 份数据，保持为“数据 1. sav”；第二部分录入 WJ031～WJ060 这 30 份数据，保持为“数据 2. sav”。

表 5-10 问卷数据

问卷编号	A1	A2	A3	A4	A5	B1	B2	B3	B4	B5	B6	C1	C2	C3	C4	C5	C6	C7	C8	D1	D2	D3	D4	D5	D6	D7	D8	D9
wj001	2	1	1	2	4	3	2	1、5	3、5	4、5	1、2、3	3	2	5	1 750	1 750	2	3	1	3	4	2	1、2、5	2、4	1	2	2	2
wj002	2	2	1	2	4	2	2	1、5	1、4	4、5	1、3、8	3	2	5	1 750	1 750	2	3	1	3	3	2	1、3、5	2、4	2	3	2	1
wj003	2	2	2	2	4	3	2	1、5	3、5	4、5	1、3、5	3	2	5	1 600	1 600	2	3	1	3	4	2	1、2、5	2、4	2	2	2	2
wj004	2	2	1	1	2	2	1	2、5	2、6	1、5	1、3、5	3	2	5	1 750	1 750	3	3	2	2	3	3	2、4、8	2、4	1	2	2	1
wj005	2	2	2	2	4	1	1	3、5	4	6	3	3	7	2	2 000	2 500	1	3	1	2	4	2	3、5	4	2	3	2	1
wj006	2	1	1	2	4	2	2	1、5	1、4	2、4	1、3、5	3	2	5	1 750	1 750	2	3	1	3	2	2	1、3、5	2、4	2	3	1	1
wj007	2	1	2	3	3	3	1	3、5	4、5	1、4	1、3、8	3	2	5	1 550	1 550	3	3	1	2	2	2	3、4、5	4、5	2	3	1	2
wj008	2	1	2	2	4	4	2	3	4	1、4	1、2、8	5	1	6	800	1 500	4	3	3	2	3	3	2、4、6	1、4	1	1	2	1
wj009	2	2	2	2	4	3	1	4、5	1、4	1、3	1、2、3	3	1	5	1 000	1 500	2	3	1	2	2	3	2、3、5	1、2	1	2	2	1
wj010	2	2	1	2	1	4	2	3	4、6	2	1、3	3	3	5	1 300	1 500	2	1	2	2	1	2	1、2	2、4	1	1	2	1

续表

问卷编号	A1	A2	A3	A4	A5	B1	B2	B3	B4	B5	B6	C1	C2	C3	C4	C5	C6	C7	C8	D1	D2	D3	D4	D5	D6	D7	D8	D9
wj011	2	1	1	2	4	2	2	2	1、5	2	1、5	3	3	5	1 500	1 500	2	3	1	3	2	3	3、5、7	2、3	2	3	2	2
wj012	2	1	1	1	4	3	5	1、2	4、5	5	1、3、5	3	8	5	1 200	1 200	2	3	6	2	2	3	5、7	2、4	1	3	2	1
wj013	2	1	1	1	4	1	2	3	2	6	4	3	2	1	1 000	3 000	2	2	2	2	2	2	2、3	2、4	1	2	1	1
wj014	2	1	2	2	4	2	2	3、5	1、3	2、5	1、3、5	3	7	5	1 700	1 750	2	3	1	3	2	2	1、4、6	2、4	1	3	2	1
wj015	2	2	1	1	4	2	2	3	4、5	2、4	1、3、5	3	3	5			2	2	1	2	2	1	2、6	4、5	1	2	2	2
wj016	2	1	2	2	4	3	4	3	4、5	4、6	2、3、5	3	3	5	1 200		2	3	1	2	2	2	3	2、4	2	2	2	1
wj017	2	2	2	2	2	3	4	2、3	1、4	4、5	1、3、8	5	1	5	1 200	1 200	2	3	1	2	1	3	1、3、5	2、4	2	3	2	1
wj018	2	2	2	2	4	1	6	2、5	4、5	1、6	1、3、8	3	6	3	1 200	1 500	1	2	1	2	1	2	2、5、6	1、4	1		3	1
wj019	2	2	2	2	4	1	6	3、	1	1、5	1、2、3	3	3	2			1	2	1	2	2	2	4、5	4	2	3	2	1
wj020	2	2	2	2	4	1	4	2、3	4、5	1、3	3、5、8	3	3	5			2	3	1	3	3	3	2、5	2、4	1		3	1
wj021	1	2	2	2	4	1	3	2、5	4	4	1、8	3	1	3	1 500		2	2	2	3	1	2	1	2	2	1	3	2
wj022	2	2	2	2	4	4	4	2	4	1	3	3	1	5	1 800		2	2	6	2	1	1	3、7	2	1		3	1
wj023	1	1	2	2	4	2	1	3、5	4	4、5	2、3、5	3	1	5	1 500	1 500	4	3	6	4	1	3	1、5、6	2、5	1	1	2	1
wj024	1	2	1	2	4	4	3	1、3	3、4	1、4	1、3、5	2	11	5	1 000		4	3	6	3	4	1	1、3、5	1、3	2	3	2	1
wj025	2	1	2	2	4	4	4	3、5	4、5	2、5	2、5、8	3	5	6	1 800	1 800	2	3	6	2	4	3	3、6	2、4	1	3	2	2
wj026	2	2	2	2	4	3	1	3、5	4、6	2、4	1、3、8	3	5	5	1 200	1 500	2	3	2	2	2	2	1、3、5	2、4	2	1	2	1
wj027	2	1	1	1	4	3	4	1、3	4、5	1、3	1、2、3	3	1	5			2	3	1	2	2	2	2、4、5	2、4	1	2	2	1
wj028	2	2	2	2	4	3	1	3、5	4、6	4、6	1、3、8	3	5	5	1 300	1 600	2	2	2	2	2	2	1、3、5	2、4	1	2	2	1
wj029	2	2	1	1	1	3	1	3、4	1、4	4、5	1、3、8	5	1	5			2	2	5	2	1	1	3、4、5	2	1	2	1	1
wj030	2	2	1	1	4	2	4	1、3	3、4	1、2	3、8	3	1	5			1	3	6	1	3	2	3、4、5	1、2	2	3	2	1
wj031	2	2	2	2	3	1	6	3	1	1、5	1、2、3	3	3	2			1	2	1	2	2	2	4、5	4	2	3	3	1
wj032	2	2	2	2	4	3	3	3、4	1、4	4、6	1、3、4	4	1	5	1 500	1 500	2	2	1	2	3	2	5、6	2、4	1	1	1	1
wj033	2	2	1	2	3	1	2	2、3	4、5	3、6	3、5、8	2	5	5			2	3	1	2	2	2	2、4、6	1、5	1	2	2	1
wj034	2	1	2	3	2	4	1	2	1、2	2、4	1、2、3	3	2	5	1 500	1 800	2	2	1	1	2	2	1、2、3	2、4	1	2	2	1
wj035	2	1	1	2	4	3	2	2、3	4、5	2、4	1、3、8	2	1	5	800	1 500	3	2	1	1	2	3	1、3、5	2、4	1	1	1	1
wj036	2	2	2	2	4	3	1	1、5	4、5	3、4	1	5	9	5	1 750	2 500	2	3	1	2	2	3	1、5	1	1	3	2	2
wj037	2	1	1	2	4	3	2	3、5	4、5	3、5	1、3、8	3	3	5	1 000	1 000	2	3	1	3	2	2	4、5、7	2、4	1	2	3	1
wj038	2	1	2	2	4	4	4	3、5	4、5	1、4	3、5	3	5	5	1 200	1 500	3	3	1	3	2	2	4、5	2、4	1	2	3	1
wj039	2	1	2	2	4	2	3	2	4	1、2	1、3	3	5	4	1 500	2 000	2	3	5	2	3	2	2、6	2、3	2	3	2	2
wj040	2	1	1	1	4	3	4	1、3	4、5	1、3	1、3、5	3	1	5			2	3	1	2	2	2	2、4、5	4、5	1	2	2	1
wj041	2	1	2	2	2	1	4	2、3	1、4	1	1	4	9	5			3	3	1	2	1	2	5、6、7	2、4	2		2	1
wj042	2	2	2	2	4	3	1	3、4	4、5	2、4	1、3、5	3	5	5	1 200	1 500	2	3	2	2	3	3	1、3、5	1、3	2		2	1
wj043	2	2	1	2	4	3	1	1、5	1、4	2、4	1、3、8	3	2	5	1 750	1 750	2	3	1	3	3	2	1、3、5	1、3	2		2	1
wj044	2	2	2	2	4	4	5	3、5	4	4、5	1	3	7	5			2	3	4	2	2	1	1、3、5	2、4	1		2	1
wj045	2	2	1	1	4	4	2	2、4	4、5	1、5	1、8	2	2	5	800	8 000	2	3	1	2	3	2	3、4	2、4	2	2	2	1
wj046	2	2	1	2	4	2	2	3	4	4	1	3	1	5	1 500	1 500	1	2	1	1	1	3	3、5	5	1	1	3	1
wj047	2	2	1	2	4	2	2	3	4	4	1	3	1	5	1 500	1 500	1	2	1	1	1	3	3、5	5	1	1	3	1
wj048	2	1	2	2	4	2	5	2、3	4	1、6	1、5、8	3	1	6	1 000	1 500	3	4	1	2	2	1	2、5	2、4	1	2	3	1
wj049	2	1	2	2	4	3	4	3	1、4	6	1、3、5	3	5	5	2 000	1 700	1	3	1	2	2	2	1、3、4	4	1	2	2	1
wj050	2	2	2	2	4	2	3	2、3	3、4	6	1、3、5	3	5	5	1 500		1	3	6	2	2	2	3、7、8	4	1	2	2	1
wj051	2	1	2	2	1	2	3	3、4	1、3	4、5	2、4、8	3	2	6	1 200	2 000	3	3	3	2	2	1	2、3、4	2、3	2	3	3	3
wj052	2	1	1	2	4	2	2	3	4	6	1、3、8	3	3	3	1 500	2 500	2	3	1	1	1	2	4、5	2	2	1	2	1
wj053	2	2	1	2	1	2	1	2、3	2、3	3、5	1;2、3	3	3	5	1 200	1 500	2	3	1	2	2	1	5、6、7	2、5	1	3	3	1

续表

问卷编号	A1	A2	A3	A4	A5	B1	B2	B3	B4	B5	B6	C1	C2	C3	C4	C5	C6	C7	C8	D1	D2	D3	D4	D5	D6	D7	D8	D9
wj054	2	2	2	2	4	3	5	3	3、4	4、5	1、3、8	4	1	5	1 100		3	3	6	2	2	2	3、5	4	1	3	2	1
wj055	2	2	1	2	4	2	4	2、4	1、4	2、5	1、3、8	3	4	5	1 300	1 500	2	3	1	2	1	3	3、4、7	2、4	1	2	2	1
wj056	2	1	1	2	4	2	3	3	4	3	1	3	1	4	1 500	4 000	2	2	1	1	2	2	4	2	2	3	2	1
wj057	2	2	2	2	4	2	2	2、4	4	2、4	1、3、8	3	5	5	1 200	1 200	3	3	3	2	4	2	1、3、5	2、5	2		2	2
wj058	1	2	2	2	1	3	1	1、5	1、3	2、4	1、4、8	3	4	5	1 500	1 500	4	3	2	2	2	3	1、5、7	2、5	3	3	4	2
wj059	1	1	2	2	4	3	1	3、5	1、3	2、4	1、4、8	3	7	5	1 500	1 800	4	3	5	2	2	3	1、5、7	2、4	3	3	4	2
wj060	1	2	2	1	4	2	5	1、3	4、5	1、7	1、5、8	4	7	5	1 500	2 100	2	3	6	2	3	3	2、5、6	1、2	2	3	3	4

解:本例的前 30 份问卷的数据录入情况如图 5.17 所示。

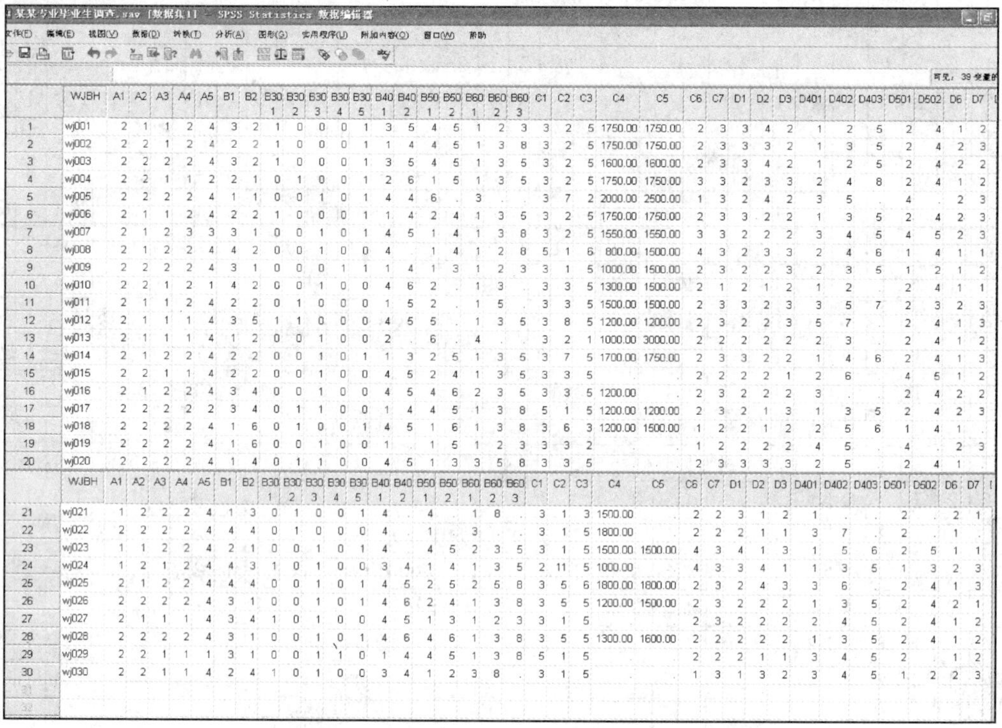

图 5.17　第一部分数据的录入结果

保存文件为"数据 1.sav"，如图 5.18 所示。

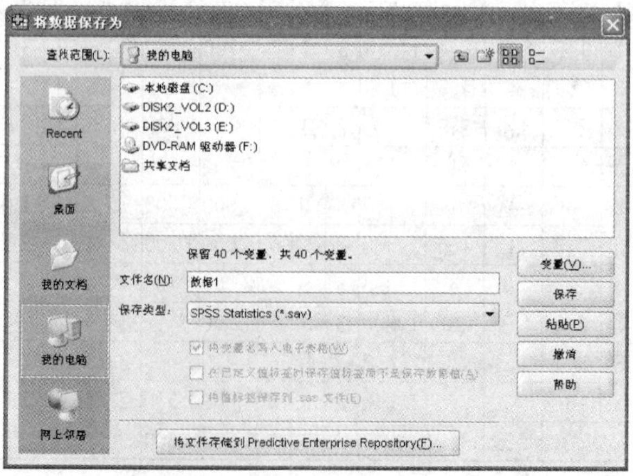

图 5.18　第一部分数据文件的保存

本例的后 30 份问卷的数据录入情况如图 5.19 所示。

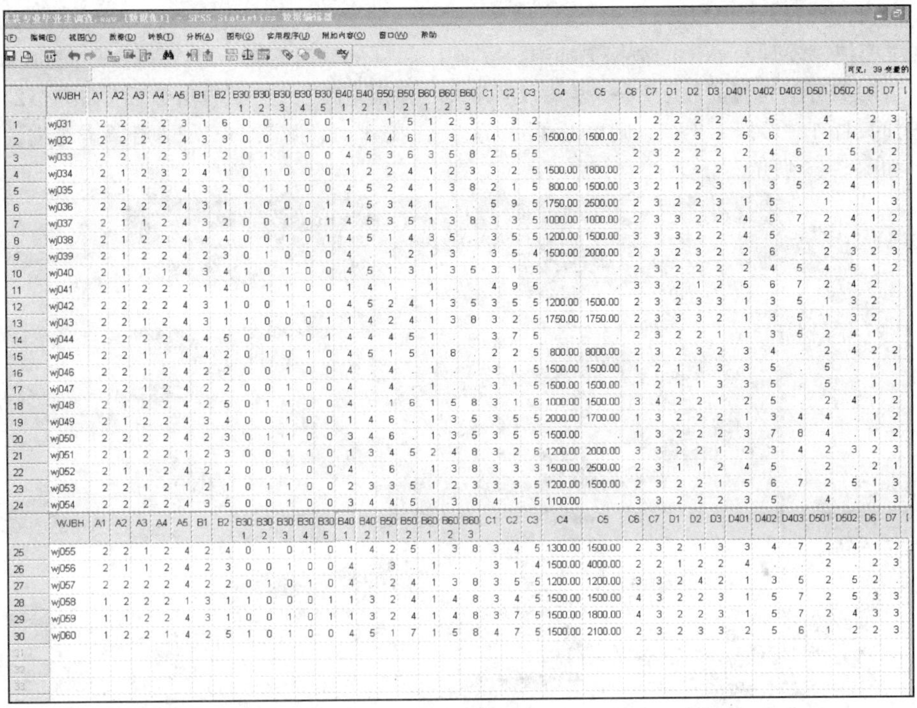

	WJBH	A1	A2	A3	A4	A5	B1	B2	B301	B302	B303	B304	B305	B401	B402	B501	B502	B601	B602	B603	C1	C2	C3	C4	C5	C6	C7	D1	D2	D3	D401	D402	D403	D501	D502	D6	D7
1	wj031	2	2	2	2	3	1	6	0	0	1	0	0	1	.	1	5	1	2	3	3	3	2	.	.	1	2	2	2	2	4	5	.	4	.	2	3
2	wj032	2	2	2	2	4	3	3	0	0	1	1	0	1	4	4	6	1	3	4	4	1	5	1500.00	1500.00	2	2	2	3	2	5	6	.	2	4	1	1
3	wj033	2	2	1	2	3	1	2	0	1	1	0	0	4	5	3	6	3	5	8	2	5	5	.	.	2	3	2	2	2	2	4	6	1	5	1	2
4	wj034	2	1	2	3	2	4	1	0	1	0	0	0	1	2	2	4	1	2	3	3	2	5	1500.00	1800.00	2	2	1	2	2	1	2	3	2	4	1	2
5	wj035	2	1	1	2	4	3	2	0	1	1	0	0	4	5	2	4	1	3	8	2	1	5	800.00	1500.00	3	2	1	2	3	1	3	5	2	4	1	1
6	wj036	2	2	2	2	4	3	1	1	0	0	0	1	4	5	3	4	1	.	.	5	9	5	1750.00	2500.00	2	3	2	2	3	1	5	.	1	.	1	3
7	wj037	2	1	1	2	4	3	2	0	0	1	0	1	4	5	3	5	1	3	8	3	3	5	1000.00	1000.00	2	3	3	2	2	4	5	7	2	4	1	2
8	wj038	2	1	2	2	4	4	4	0	0	1	0	1	4	5	1	4	3	5	.	3	5	5	1200.00	1500.00	3	3	3	2	2	4	5	.	2	4	1	2
9	wj039	2	1	2	2	4	2	3	0	1	0	0	0	4	.	1	2	1	3	.	3	5	4	1500.00	2000.00	2	3	2	3	2	2	6	.	2	3	2	3
10	wj040	2	1	1	1	4	3	4	1	0	1	0	0	4	5	1	3	1	3	5	3	1	5	.	.	2	3	2	2	2	2	4	5	4	5	1	2
11	wj041	2	1	2	2	2	1	4	0	1	1	0	0	1	4	1	.	1	.	.	4	9	5	.	.	3	3	2	1	2	5	6	7	2	4	2	.
12	wj042	2	2	2	2	4	3	1	0	0	1	1	0	4	5	2	4	1	3	5	3	5	5	1200.00	1500.00	2	3	2	3	3	1	3	5	1	3	2	.
13	wj043	2	2	1	2	4	3	1	1	0	0	0	1	1	4	2	4	1	3	8	3	2	5	1750.00	1750.00	2	3	3	3	2	1	3	5	1	3	2	.
14	wj044	2	2	2	2	4	4	5	0	0	1	0	1	4	4	4	5	1	.	.	3	7	5	.	.	2	3	2	2	1	1	3	5	2	4	1	.
15	wj045	2	2	1	1	4	4	2	0	1	0	1	0	4	5	1	5	1	8	.	2	2	5	800.00	8000.00	2	3	2	3	2	3	4	.	2	4	2	2
16	wj046	2	2	1	2	4	2	2	0	0	1	0	0	4	.	4	.	1	.	.	3	1	5	1500.00	1500.00	1	2	1	1	3	3	5	.	5	.	1	1
17	wj047	2	2	1	2	4	2	2	0	0	1	0	0	4	.	4	.	1	.	.	3	1	5	1500.00	1500.00	1	2	1	1	3	3	5	.	5	.	1	1
18	wj048	2	1	2	2	4	2	5	0	1	1	0	0	4	.	1	6	1	5	8	3	1	6	1000.00	1500.00	3	4	2	2	1	2	5	.	2	4	1	2
19	wj049	2	1	2	2	4	3	4	0	0	1	0	0	1	4	6	.	1	3	5	3	5	5	2000.00	1700.00	1	3	2	2	2	1	3	4	4	.	1	2
20	wj050	2	2	2	2	4	2	3	0	1	1	0	0	3	4	6	.	1	3	5	3	5	5	1500.00	.	1	3	2	2	2	3	7	8	4	.	1	2
21	wj051	2	1	2	2	1	2	3	0	0	1	1	0	1	3	4	5	2	4	8	3	2	6	1200.00	2000.00	3	3	2	2	1	2	3	4	2	3	2	3
22	wj052	2	1	1	2	4	2	2	0	0	1	0	0	4	.	6	.	1	3	8	3	3	3	1500.00	2500.00	2	3	1	1	2	4	5	.	2	.	2	1
23	wj053	2	2	1	2	1	2	1	0	1	1	0	0	2	3	3	5	1	2	3	3	3	5	1200.00	1500.00	2	3	2	2	1	5	6	7	2	5	1	3
24	wj054	2	2	2	2	4	3	5	0	0	1	0	0	3	4	4	5	1	3	8	4	1	5	1100.00	.	3	3	2	2	2	3	5	.	4	.	1	3
25	wj055	2	2	1	2	4	2	4	0	1	0	1	0	1	4	2	5	1	3	8	3	4	5	1300.00	1500.00	2	3	2	1	3	3	4	7	2	4	1	2
26	wj056	2	1	1	2	4	2	3	0	0	1	0	0	4	.	3	.	1	.	.	3	1	4	1500.00	4000.00	2	2	1	2	2	4	.	.	2	.	2	3
27	wj057	2	2	2	2	4	2	2	0	1	0	1	0	4	.	2	4	1	3	8	3	5	5	1200.00	1200.00	3	3	2	4	2	1	3	5	2	5	2	.
28	wj058	1	2	2	2	1	3	1	1	0	0	0	1	1	3	2	4	1	4	8	3	4	5	1500.00	1500.00	4	3	2	2	3	1	5	7	2	5	3	3
29	wj059	1	1	2	2	4	3	1	0	0	1	0	1	1	3	2	4	1	4	8	3	7	5	1500.00	1800.00	4	3	2	2	3	1	5	7	2	4	3	3
30	wj060	1	2	2	1	4	2	5	1	0	1	0	0	4	5	1	7	1	5	8	4	7	5	1500.00	2100.00	2	3	2	3	3	2	5	6	1	2	2	3

图 5.19　第二部分数据的录入结果

保存文件为“数据 2. sav”，如图 5.20 所示。

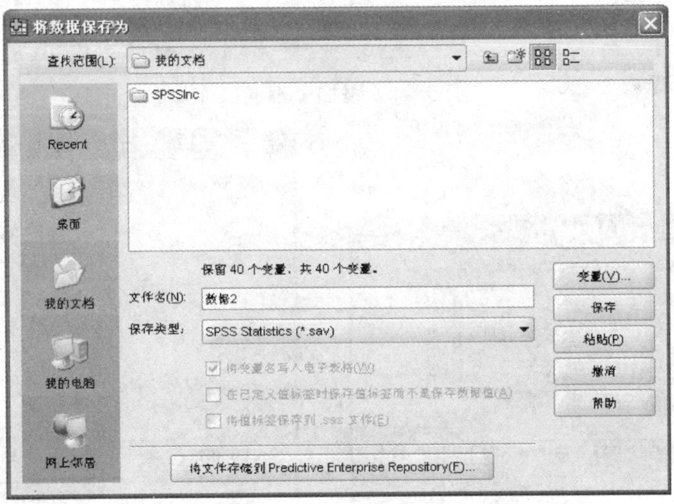

图 5.20　第二部分数据文件的保存

5.2.3　添加个案

添加个案即从外部数据文件增加观测量到当前数据文件中。常用的方法为纵向合并或追加观测量，相互合并的数据文件中应该有相同的变量，不同的观测量。纵向合并适用于相同的问卷由多人录入的情况，其前提是录入前需统一问卷的变量定义格式，在 SPSS 中即先统一变量定义，得到没有数据的空表头，然后问卷数据录入人员各自按照相同的空表头进行数据录入，由于采用了统一的空表头，所有的变量定义顺序和格式都相同，因此可以进行纵向合并。

【例 5-8】试将例 5-7 中已录入的“数据 1. sav”（前 30 份问卷数据）和“数据 2. sav”（后 30 份问卷数据）两个数据文件进行合并。

解：如果要把“数据 2. sav”的数据追加到“数据 1. sav”的数据下面，则首先打开“数据 1. sav”文件。然后，如图 5.21 所示，选择“数据”→“合并文件”→“添加个案”命令，弹出对话框如图 5.22 所示。

由于当前只打开“数据 1. sav”，则单击【浏览】按钮找到“数据 2. sav”，然后单击【继续】按钮，弹出对话框，如图 5.23 所示。

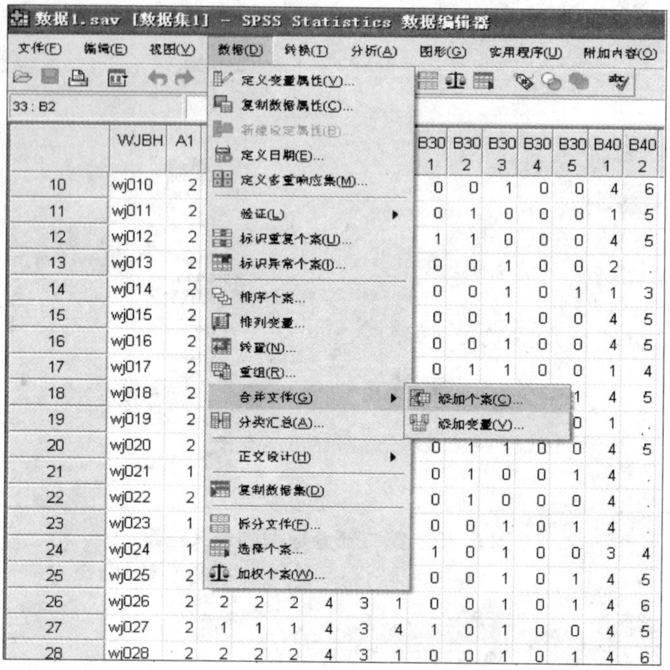

图 5.21　添加个案的操作

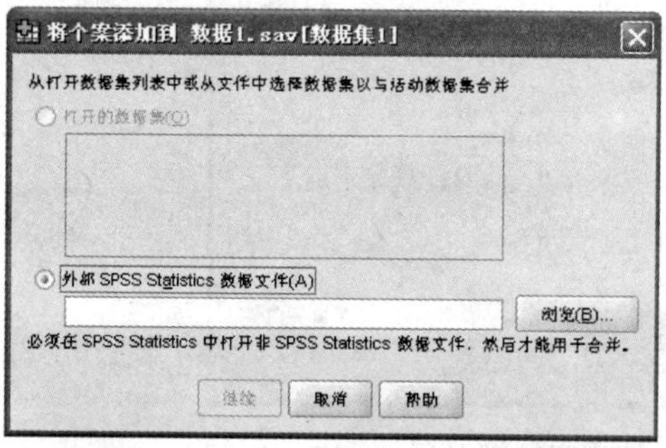

图 5.22　“将个案添加到”对话框

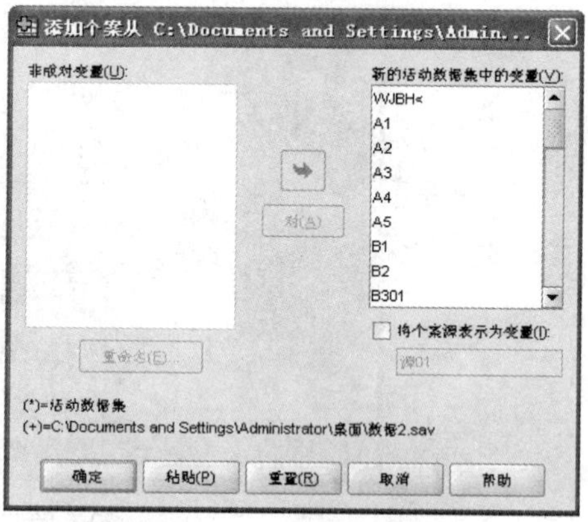

图 5.23　合并过程对话框

图 5.23 的右侧“新的活动数据集中的变量”框中列出的变量是两个数据文件中的变量名称、类型相同的变量(即两个数据文件中共同出现的变量)。这些变量直接包括在合并后的新文件中。

左侧的“非成对变量”框中列出的变量是未配对变量，即一个文件中有的变量，而另一个文件中没有的变量，这有两种情况。

(1)“数据 2. sav”中有的变量，而“数据 1. sav”中没有。这类变量将显示在左侧的“非成对变量”框中，并且变量名后面标有(+)，表示这些变量属于“数据 2. sav”，但在“数据 1. sav”中找不到，因此是不配对的。例如，假设“数据 2. sav”中有变量 G5，但“数据 1. sav”中没有这个变量，则在左侧的“非成对变量”框中显示“G5(+)”。标有“+”的 G5 即是外部数据文件(数据 2. sav)中的变量。

(2)“数据 1. sav”中有的变量，而“数据 2. sav”中没有。这类变量也将显示在左侧的“非成对变量”框中，并且变量名后面标有(*)，表示这些变量属于“数据 1. sav”，但在“数据 2. sav”中找不到，因此是不配对的。例如，假设“数据 1. sav”中有变量 H5，但“数据 2. sav”中没有这个变量，则在左侧的“非成对变量”框中显示“H5(*)”。标有“*”的 H5 即是当前数据文件，即活动数据集(数据 1. sav)中的变量。

对于“非成对变量”框中列出未配对变量的处理，有两种选择。

(1) 不进行变量配对。只合并两个数据文件中变量名和类型都相同的观测量，只要直接单击【确定】按钮即可。

在将变量选入合并数据文件中之前，如果外部文件与当前数据文件中变量同名，但数据类型不同，需要给其中一个变量改名。将要更名的变量选入“非成对变量”框中，单击“重命名”按钮，在打开的对话框中将新名输入编辑区，单击【继续】按钮。

(2) 进行变量配对。此时需要首先在“非成对变量”框中设置配对变量，即先选取一个变量，再按住 Ctrl 键选取与之配对的变量，然后单击中间的【配对】按钮将它们送入新的数据文件变量表中，最后单击【确定】按钮。例如，原始文件中的变量 height 与外部数据文件中的变量 h 均为身高数据，只是变量名不同。在未配对变量表中先选取变量 height，再按住 Ctrl 键选取与之配对的变量 h，单击【配对】按钮。在右侧“新的活动数据集中的变量”框中显示“height & h”。指定生成指针变量，使用默认名“源 01”，也可以自己命名，再单击【确定】按钮即可。

未配对变量表中的变量在配对时要求一定具有相同的变量类型。宽度不相同时，当前文件中的变量宽度应当大于等于外部文件变量的的宽度(如 height 的宽度大于等于 h 的宽度)。如果当前文件中的变量宽度小于外部文件变量的数据的宽度，在合并后外部文件被合并的观测量中的相应变量数据会丢失。若干个“*”表示丢失的变量值。

对于只是在一个数据文件中含有的变量(例如，变量 w 仅在外部文件中存在)，如果不进行配对，但要求包含在新的数据文件中，只要选择这个变量，并将其移入右侧“新的活动数据集中的变量”框中即可。例如，将 w 变量移入新数据文件变量表中，但 w 变量并没有与其配对的变量，即当前工作数据文件不包括 w 变量，因此在合并后的数据文件中当前工作数据文件部分的样本所对应的观测量 w 值为缺失值。

本例中由于两个数据文件的变量定义都相同，因此在左侧的“非成对变量”框中显示空白，表示没有不配对的变量。

单击【确定】按钮，得到合并后的数据文件如图 5.24 所示。

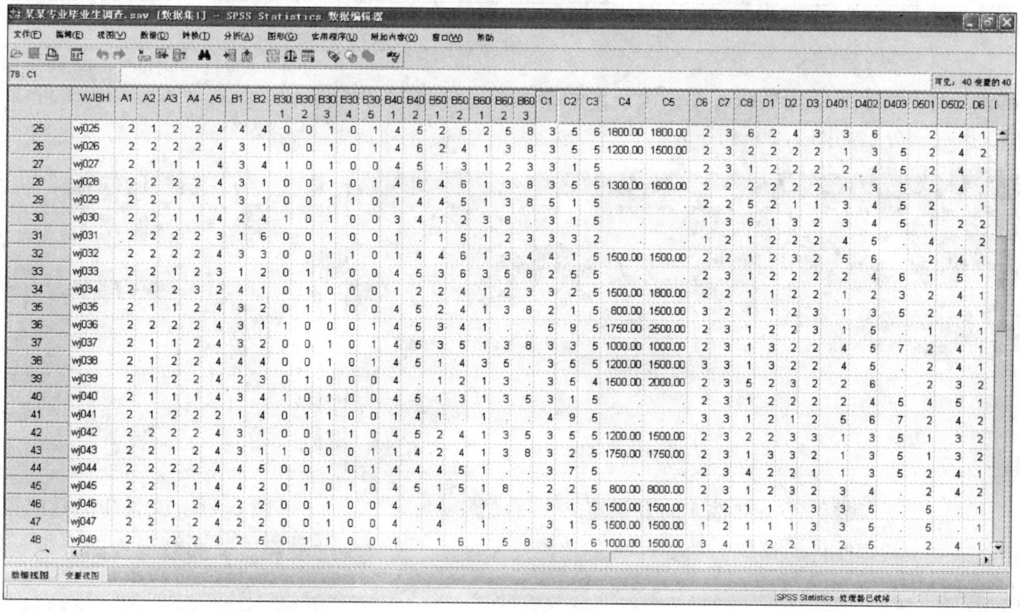

图 5.24　合并结果

需要注意的是，由于是将“数据 2. sav”的个案添加到“数据 1. sav”中，因此，合并后“数据 1. sav”的数据数量增加了，而“数据 2. sav”中的数据并没有任何变动。

5.2.4 添加变量

添加变量(Add Variables)即从外部数据文件增加变量到当前数据文件中，称为横向合并。相互合并的数据文件中包含不同的变量。增加变量有两种方式：其一是不指定关键变量，两个数据文件按观测量顺序一对一地横向合并；其二是指定关键变量，按关键变量合并，即要求两个数据文件必须有一个共同的关键变量，两个数据文件中关键变量值相同的观测量合并为一个观测量。

【例 5－9】 如有两个数据文件，见表 5－11 和表 5－12，试采用不指定关键变量法和指定关键变量法，分别将第二个数据文件的变量添加到第一个数据文件中。

表 5－11　第一个数据文件(文件 1)

学号	姓名	性别(1＝男，2＝女)	年龄
2006001	张三	1	20
2006002	李四	1	21
2006003	王五	2	19
2006004	赵云	2	22

表 5－12　第二个数据文件(文件 2)

学号	姓名	英语	数学
2006007	杨中军	80	88
2006001	张三	68	86
2006002	李四	70	67
2006003	王五	75	83
2006006	张三	75	85

解：(1) 不指定关键变量法。建立第一个数据文件，保存为“文件 1. sav”，录入数据。文件 1 的变量定义和数据视图分别如图 5.25 和图 5.26 所示。

图 5.25　文件 1 的变量定义

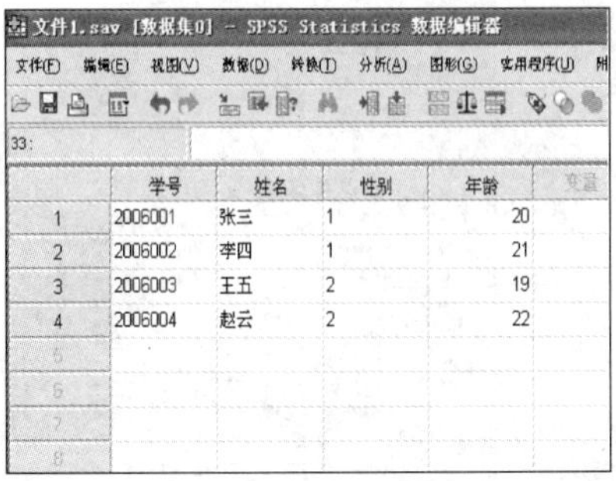

图 5.26　文件 1 的数据视图

建立第二个数据文件，保存为“文件 2. sav”，录入数据。文件 2 的变量定义和数据视图分别如图 5.27 和图 5.28 所示。

图 5.27　文件 2 的变量定义

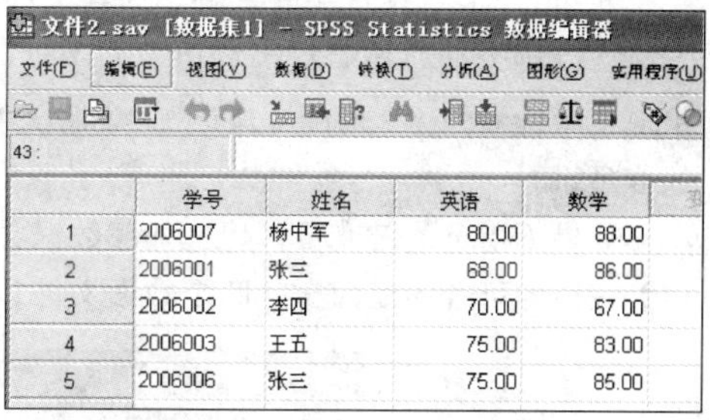

图 5.28　文件 2 的数据视图

打开第一个数据文件“文件 1. sav”如图 5.29 所示，选择“数据→合并文件→添加变量”命令。

图 5.29　添加变量的操作

弹出对话框如图 5.30 所示。

单击【浏览】按钮找到第二个数据文件“文件 2. sav”，单击【继续】按钮，弹出对话框如图 5.31 所示。

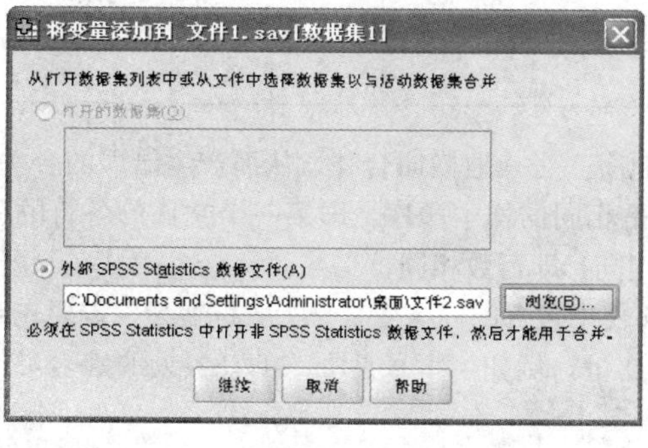

图 5.30　“将变量添加到”对话框

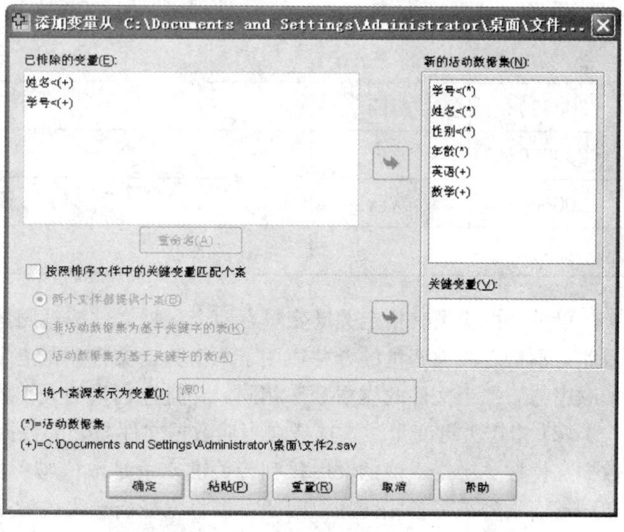

图 5.31　“添加变量”对话框

在图 5.31 中，对话框右侧的“新的活动数据集”框中列出了可以在新工作数据文件中存在的变量。左侧“已排除的变量”框中列出了两个文件中的同名变量，只有这样的变量可以作为关键变量，在两个矩形框中标有“*”的是当前工作数据文件(文件 1)中的变量，标有“+”的是外部数据文件(文件 2)中的变量。

如果不指定关键变量，想把外部数据文件中所选定的变量直接与当前数据文件的变量合并，单击【确定】按钮即可开始横向合并两个数据文件。合并后的数据文件如图 5.32 所示。

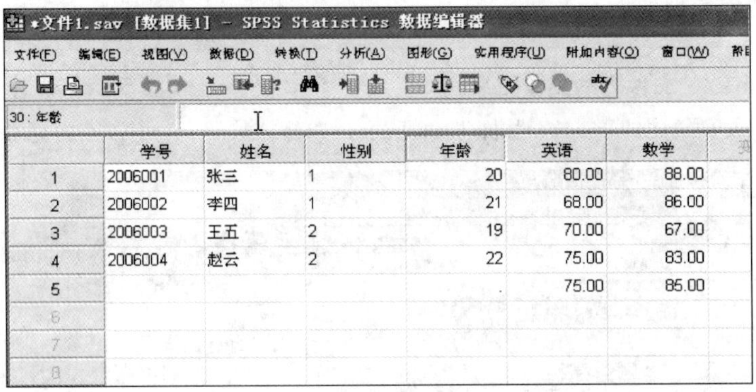

	学号	姓名	性别	年龄	英语	数学
1	2006001	张三	1	20	80.00	88.00
2	2006002	李四	1	21	68.00	86.00
3	2006003	王五	2	19	70.00	67.00
4	2006004	赵云	2	22	75.00	83.00
5				.	75.00	85.00
6						
7						
8						

图 5.32 不指定关键变量，合并后的数据文件

可以看出，如果不指定关键变量，则合并后的文件中，变量由两部分组成，第一部分是第一个数据文件(文件 1)中的变量，如“学号”、“姓名”、“性别”、“年龄”这些变量；第二部分是文件 2 中有而文件 1 中所没有的变量，如“英语”、“数学”这两个变量。如原文件 1 中有 4 个变量，文件 2 中有 4 个变量，其中有 2 个变量是这两个数据文件所共有的，因此，合并后的数据文件中的变量为文件 1 中的 4 个变量再加上文件 2 中的 2 个变量(文件 1 中所没有的)，即变量个数为 6 个。

由于没有指定关键变量，合并后的数据文件的个案有 5 个，其合并方式是文件 2 中的第一行的数据添加到文件 1 的第一行中去。具体示例如下：

合并前第一个数据文件(文件 1)见表 5-11。

合并前第二个数据文件(文件 2)见表 5-12。

合并后的第一个数据文件(文件 1)(1)见表 5-13。

表 5-13 合并后的第一个数据文件(文件 1)(1)

学号	姓名	性别(1=男，2=女)	年龄	英语	数学
2006001	张三	1	20	80	88
2006002	李四	1	21	68	86
2006003	王五	2	19	70	67
2006004	赵云	2	22	75	83
				75	85

可见，由于没有指定关键变量，两个数据文件按观测量顺序一对一地横向合并，从而产生错误的合并。因此，不指定关键变量的合并适用于两个数据文件中的各行是相同的样本顺序，即第一个文件的各行的样本顺序与第二个文件的样本顺序相同，并且样本量的大小要相同，即行数相同。

(2) 指定关键变量法。选择在当前数据文件与外部数据文件中包含的同名变量作为关键变量，需要先对数据文件按关键变量值的升序排列。关键变量是取值唯一的变量，例如，学号是唯一的，各人的姓名可以相同，而学号是不会相同的，因此可以将学号指定为关键变量。

对文件 1 指定关键变量，并按关键变量值升序排列。打开“文件 1.sav”，如图 5.33 所示，选择“数据”→“排序个案”命令。弹出对话框如图 5.34 所示。

图 5.33　排序个案操作

图 5.34　“排序个案”对话框

将“学号”作为关键变量选入“排序依据”框中，排列顺序选择“升序”单选按钮，单击【确定】按钮，再保存，即完成“文件 1. sav”的排序。

对“文件 2. sav”也选择“学号”作为“排序依据”，排列顺序选择“升序”单选按钮，进行相同的排序个案操作并保存。未排序和排序后的文件 2 分别如图 5.35 和图 5.36 所示。

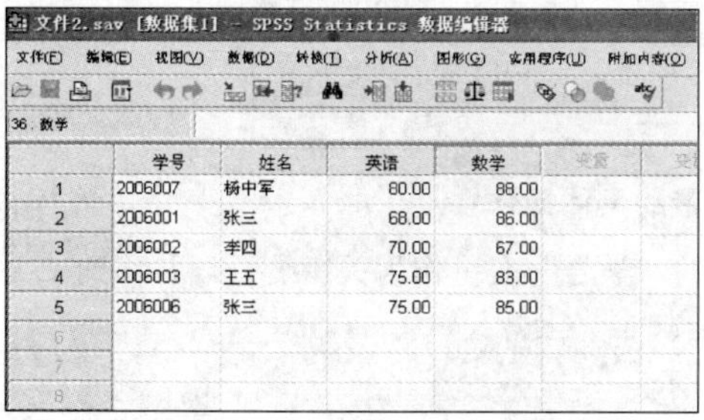

	学号	姓名	英语	数学
1	2006007	杨中军	80.00	88.00
2	2006001	张三	68.00	86.00
3	2006002	李四	70.00	67.00
4	2006003	王五	75.00	83.00
5	2006006	张三	75.00	85.00

图 5.35　未排序的文件 2

	学号	姓名	英语	数学
1	2006001	张三	68.00	86.00
2	2006002	李四	70.00	67.00
3	2006003	王五	75.00	83.00
4	2006006	张三	75.00	85.00
5	2006007	杨中军	80.00	88.00

图 5.36　排序后的文件 2

在对“文件 1. sav”和“文件 2. sav”这两个文件进行排序后，便可以开始进行指定关键变量法的添加变量的文件合并操作。具体步骤如下：

打开已排序过的第一数据文件“文件 1. sav”，选择“数据”→“合并文件”→“添加变量”命令。

找到已排序过的第二个数据文件“文件 2. sav”，单击【继续】按钮，弹出对话框如图 5.37 所示。

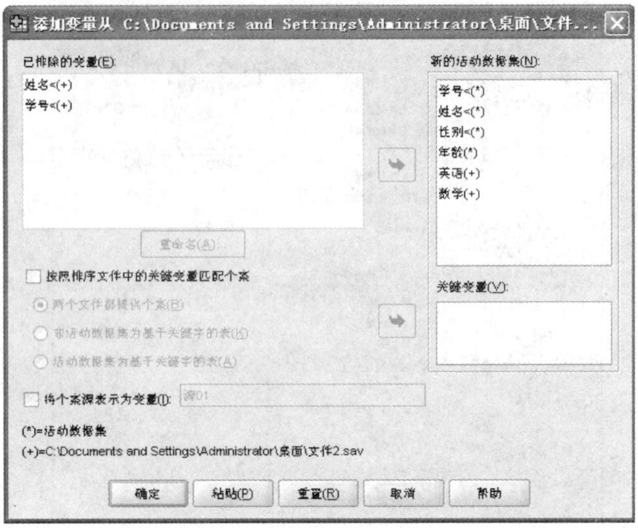

图 5.37　指定关键变量法的添加变量的文件合并

选择“按照排序文件中的关键变量匹配个案”复选框，然后将左侧“已排除的变量”框中的“学号”变量选入“关键变量”框中，如图 5.38 所示。

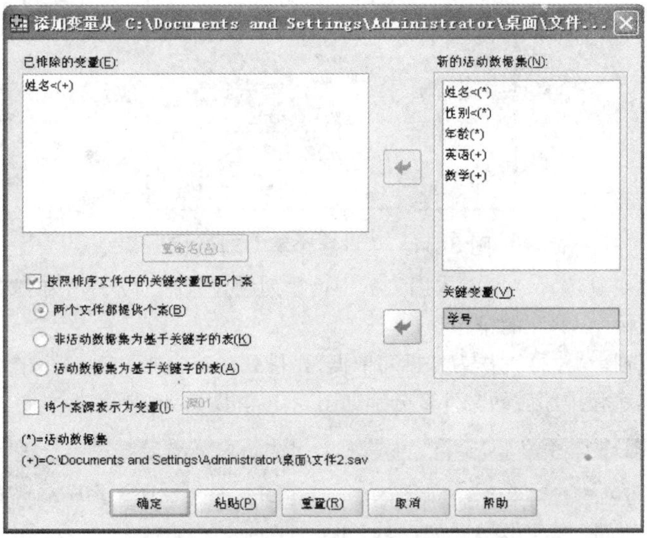

图 5.38　添加变量的具体操作

需要指出的是，由于选择了“已排除的变量”框中的“学号”变量作为关键变量，并移到“关键变量”框中，与其同名的“新的活动数据集”框中的变量消失。

单击【确定】按钮后，弹出警告对话框如图 5.39 所示。

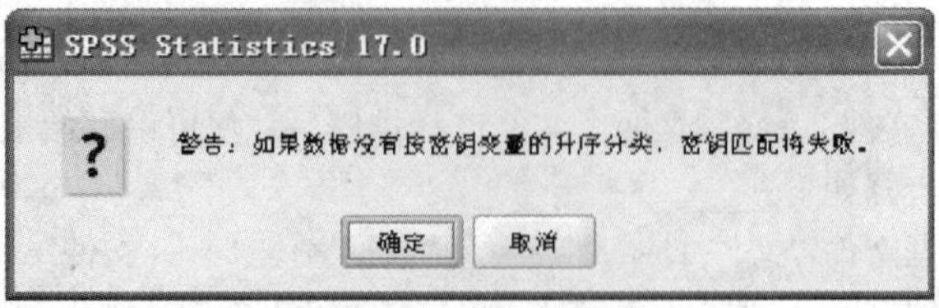

图 5.39　警告对话框

由于两个文件均已按升序排序，可以单击【确定】按钮，其结果如图 5.40 所示。

*文件1.sav [数据集1] - SPSS Statistics 数据编辑器

文件(F) 编辑(E) 视图(V) 数据(D) 转换(T) 分析(A) 图形(G) 实用程序(U) 附加内容(O) 窗口(W) 帮助

22 : 数学

	学号	姓名	性别	年龄	英语	数学
1	2006001	张三	1	20	68.00	86.00
2	2006002	李四	1	21	70.00	67.00
3	2006003	王五	2	19	75.00	83.00
4	2006004	赵云	2	22	.	.
5	2006006			.	75.00	85.00
6	2006007			.	80.00	88.00

图 5.40　指定关键变量，合并后的数据文件

选择“按照排序文件中的关键变量匹配个案”复选框，激活下面 3 个选项。

① 两个文件都提供个案。

a. 文件 1 与文件 2 都有的个案，则把文件 2 中的变量及数据均添加到文件 1 中。

b. 文件 1 有而文件 2 没有的个案，则保留文件 1 中的数据，把文件 2 中的变量添加到文件 1 中时，数据为空(关键字取值不为空)。

c. 文件 1 没有而文件 2 有的个案，则文件 1 中的变量取值为空白，把文件 2 中的变量与数据添加到文件 1 中。

具体示例如下：

合并前的第一个数据文件(文件 1，已排序)同表 5 - 11。

合并前的第二个数据文件(文件 2，已排序)见表 5 - 14。

表 5 - 14　合并前的第二个数据文件(文件 2，已排序)

学号	姓名	英语	数学
2006001	张三	68	86
2006002	李四	70	67
2006003	王五	75	83
2006006	张三	75	85
2006007	杨中军	80	88

合并后的第一个数据文件(文件 1)(2)见表 5 - 15。

表 5 - 15　合并后的第一个数据文件(文件 1)(2)

学号	姓名	性别(1＝男，2＝女)	年龄	英语	数学
2006001	张三	1	20	80	88
2006002	李四	1	21	68	86
2006003	王五	2	19	70	67
2006004	赵云	2	22		
2006006				75	85
2006007				80	88

② 非活动数据集为基于关键字的表。这里的非活动数据集是指外部数据，本例为文件 2。具体合并方式如下：

a. 文件 1 与文件 2 都有的个案，则把文件 2 中的变量及数据均添加到文件 1 中。

b. 文件 1 有而文件 2 没有的个案，则保留文件 1 中的数据，把文件 2 中的变量添加到文件 1 中时，数据为空。

c. 文件 1 没有而文件 2 有的个案，则不将该个案添加到文件 1 中。

具体示例如下：

合并前的第一个数据文件(文件 1，已排序)同表 5-11。

合并前的第二个数据文件(文件 2，已排序)见表 5-14。

合并后的第一个数据文件(文件 1)(3)见表 5-16。

表 5-16　合并后的第一个数据文件(文件 1)(3)

学号	姓名	性别(1=男，2=女)	年龄	英语	数学
2006001	张三	1	20	80	88
2006002	李四	1	21	68	86
2006003	王五	2	19	70	67
2006004	赵云	2	22		

③ 活动数据集为基于关键字的表。这里的活动数据集是指当前数据，本例为文件 1。具体合并方式如下：

a. 文件 1 与文件 2 都有的个案，则把文件 2 中的变量及数据均添加到文件 1 中。

b. 文件 1 有而文件 2 没有的个案，则不将该个案添加到新文件中(即在文件 1 中删除该个案)。

c. 文件 1 没有而文件 2 有的个案，则保留文件 1 中的数据，把文件 2 中的变量与数据添加到文件 1 中，文件 1 中的其他变量取值为空(关键字取值不为空)。

具体示例如下：

合并前的第一个数据文件(文件 1，已排序)同表 5-11。

合并前的第二个数据文件(文件 2，已排序)见表 5-14。

合并后的第一个数据文件(文件 1)(4)见表 5-17。

表 5-17　合并后的第一个数据文件(文件 1)(4)

学号	姓名	性别(1=男，2=女)	年龄	英语	数学
2006001	张三	1	20	80	88
2006002	李四	1	21	68	86
2006003	王五	2	19	70	67
2006006				75	85
2006007				80	88

几点说明如下：

(1) 由于是将“文件 2. sav”的变量添加到“文件 1. sav”中，因此，合并后“文件 1. sav”的变量个数和行数均有所变化，而“文件 2. sav”中的数据并没有任何变动。

(2) 如果两个数据文件中有同名变量，但内容不同，需要对其中一个变量更名；如果两个文件中作为关键变量的两个变量不同名，应该改成相同的变量名。

(3) 生成新变量。如果选择“将个案源表示为变量”复选框，即显示数据来源变量，一个新变量(用户可输入变量名称，默认是“源 01”)将会加入到当前数据文件中。其变量值 0 表示观测量来自当前数据文件，1 表示观测量来自外部数据文件。

5.3 SPSS 与调查数据处理

【任务情景】问卷的数据录入之后，在利用 SPSS 进行分析时，可能需要只针对全部问卷中的某一部分问卷进行数据分析，这时就需要用到 SPSS 中的数据拆分或选择个案这两个功能。此外，为了研究需要，还经常需要通过现有的问卷数据计算得到一些新的变量，这时可以利用 SPSS 中的计算变量或重新编码为不同变量这两个功能。

5.3.1 数据拆分

在进行数据处理时经常要对数据文件中的观测量进行分组分析，但有些分析功能没有设置对分组变量的选项。例如，想使用 SPSS 的分析、描述统计功能分别求出男生、女生的平均身高，在进行分析之前必须对该数据文件进行拆分(Split File)。这里的“拆分”并非将一个数据文件拆分为两个或若干个独立的数据文件，而是在同一个数据文件中按某个条件分组。若对数据文件进行了拆分处理，拆分处理一直有效，直到取消拆分处理或更改拆分变量后，才会有新的变化，关闭 SPSS 也会使拆分失效。

【例 5 - 10】根据“某某专业毕业生调查”数据，按不同性别来计算签约时的人均月薪。

解：菜单操作如下。

(1) 打开数据文件“某某专业毕业生调查 . sav”。

(2) 选择“数据”→“拆分文件”命令打开“分割文件”对话框，如图 5.41 所示。

(3) 根据对数据的具体需要选择以下单选按钮。

①“分析所有个案，不创建组”选项，其功能是取消“拆分”数据选项，对所有的数据进行处理。这是系统的默认选项。

②“比较组”选项，将各分组的观测量数据所得的结果放在一起进行比较。

③“按组组织输出”选项，分别显示各组所得的统计结果。

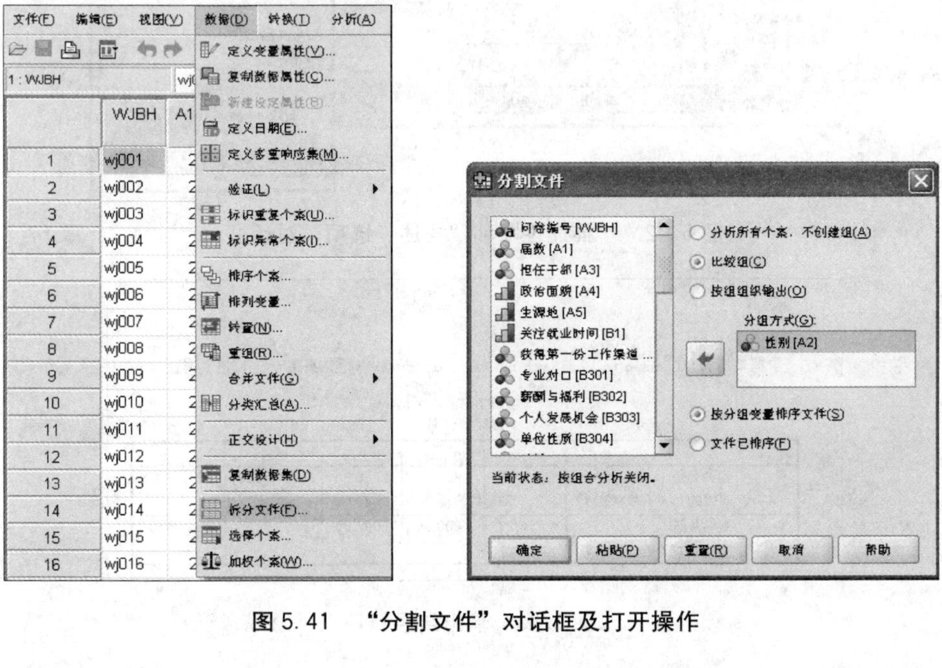

图 5.41 “分割文件”对话框及打开操作

左侧的源变量框下的当前状态栏中显示出当前数据文件的拆分情况。

(4) 从左侧的源变量框中将一个或若干个要进行分组的变量名选入“分组方式”框中，此外最多可以选择 8 个变量作为拆分变量。

如果只选一个变量，以后的分析将会依据该变量的每一个值分为一组，分别进行分析。例如，选择“性别［A2］”变量，分析时分别按 A2=1 和 A2=2 把观测量分为两组进行分析。

如果选择了若干个变量，以后的分析将会依据所选择的变量各值的组合分组，对每个组分别进行分析。例如，选择了变量“性别［A2］”，它有两个水平为 A2=1、A2=2，还选择了变量“届数［A1］”，它有两个水平为 A1=1、A1=2。分析时分为 4 组进行：A2=1，A1=1；A2=1，A1=2；A2=2，A1=1；A2=2，A1=2。

(5) 指明数据文件的当前状态。

①“按分组变量排序文件”选项，表示要求按所选择的变量对数据文件进行排序，作为拆分文件在分析时才起作用。而从数据窗口中看上去，经过拆分的数据文件与经过同样的变量排序的文件是相同的。如果在进行拆分之前进行了排序，则会节省拆分所需的时间。

②“文件已排序”选项，表示数据文件已经按所选择的变量排序。

(6) 单击【确定】按钮执行并完成拆分。

(7) 进行数据分析，计算不同性别的人在签约时的人均月薪。在数据视图中选择“分析→描述统计”命令，弹出如图 5.42 所示对话框。

在“描述性”对话框中选择“签约月薪”项，再单击【选项】按钮，弹出“描述：选项”对话框，选择“均值”复选框，单击【继续】按钮，返回“描述性”对话框，再单击【确定】按钮，得到结果如图 5.43 所示。

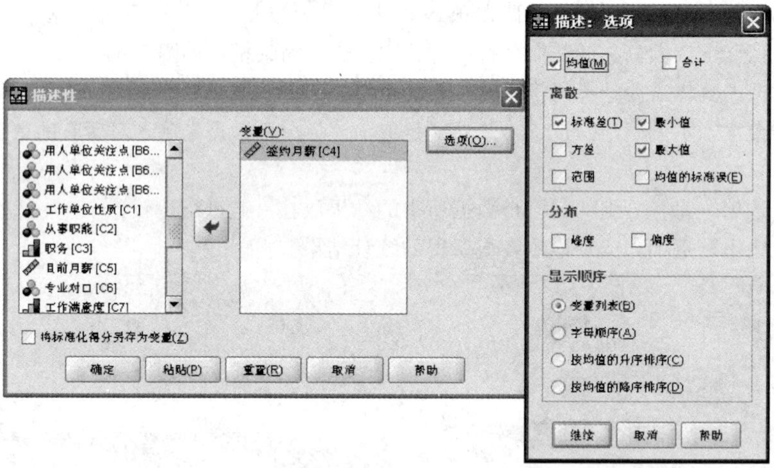

图 5.42　“描述性”和“描述：选项”对话框

描述

［数据集1］ C:\Documents and Settings\Administrator\桌面\某某专业毕业生调查.sav

描述统计量

性别		N	极小值	极大值	均值	标准差
男	签约月薪	22	800.0	2000.00	1384.0909	331.08277
	有效的 N（列表状态）	22				
女	签约月薪	27	800.00	2000.00	1403.7037	288.20596
	有效的 N（列表状态）	27				

图 5.43　输出结果(1)

可以看出，通过对数据拆分后，以后在各种分析时，将分别按这个拆分进行分析。

若对数据文件进行了拆分处理，拆分处理一直有效，如果想要将这两个数据集放在一起分析，则需做取消数据拆分的操作，具体方法是：选择“数据”→“拆分文件”命令，并在弹出的对话框中选择“分析所有个案，不创建组”选项。

5.3.2　选择个案

很多时候不需要分析全部的数据，而是按某种要求分析其中的一部分(如只分析男性的身高、只对前200个数据进行分析以了解大概情况)，这时使用选择个案(Select Cases)对话框可以大大简化工作。

【例5-11】 根据“某某专业毕业生调查”数据，仅选择“政治面貌为共青团员的男生”进行分析，并计算其签约时的人均月薪和目前的人均月薪。

解： 菜单操作如下。

(1) 打开数据文件“某某专业毕业生调查.sav”。

(2) 选择“数据”→“选择个案”命令打开“选择个案”对话框，如图5.44所示。

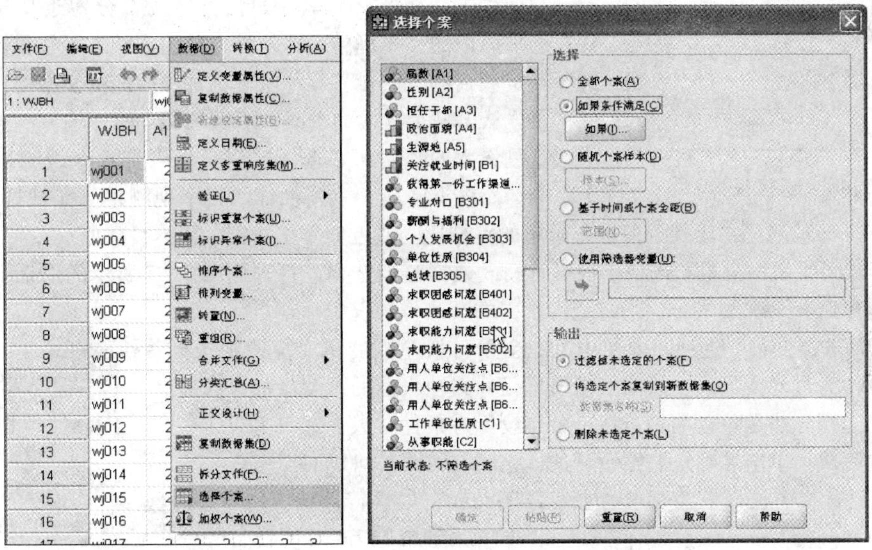

图5.44　“选择个案”对话框及打开操作

选择个案有以下几种方法。

①“全部个案”选项，该项是系统默认的，全部观测量都参与分析，不做选择。

②“如果条件满足”选项，选择满足条件的个案。单击【如果】按钮打开如图5.45所示对话框，设置选择条件。

本例由于是选择“政治面貌为共青团员的男生”进行分析，因此，在左侧的原变量中选择“政治面貌[A4]”送入条件编辑栏，并输入“=2”，然后输入“&”，再选择“性别[A2]”送入条件编辑栏，输入“=1”，即条件编辑栏的条件公式为“政治面貌[A4]=2& 性别[A2]=1”。

单击【确定】按钮。这样在以后的各种分析中，只对政治面貌为共青团员的男生样本进行分析，如要对全部样本分析则需要重新选择“全部个案”选项。

③“随机个案样本”选项，对数据文件中的观测量进行随机采样。

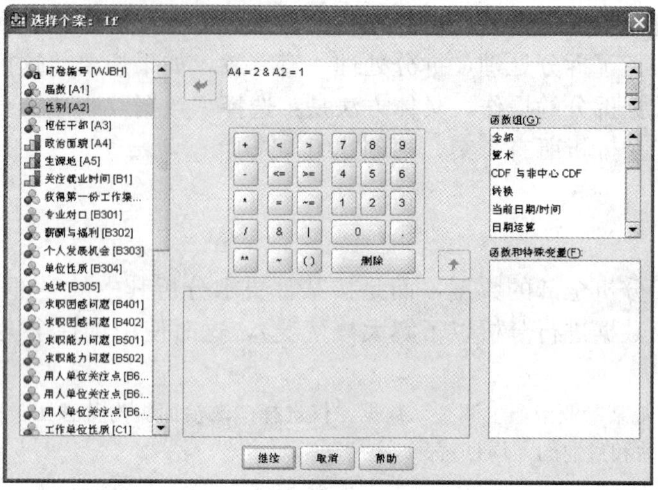

图 5.45　设置选择条件对话框

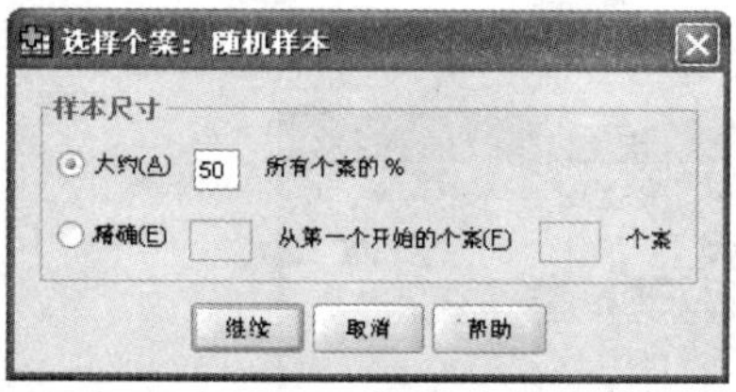

图 5.46　随机采样

单击【样本】按钮打开如图 5.46 所示的对话框。

有两种方法可采用：其一，按给定的百分比近似选择。在“大约”选项后面的文本框中输入百分比数值；其二，在指定范围内随机选择给定数目的观测量。在“精确”选项后面的文本框中输入样本量 n_1，在“从第一个开始的个案”后面的文本框中输入一个小于或等于全部观测量数的数值 n_2，选择观测量是从前 n_2 个观测量中选择出 n_1 个观测量。该方法属于重复抽样，一个观测量可能被选中不止一次，因此样本量与全部观测量之比是近似等于给定的百分比，或近似等于指定的样本量数值。

④“基于时间或个案全距”选项，根据时间或数据范围选择，打开如图 5.47 所示的对话框，输入第一个观测量号和最后一个观测量号，给定范围之内的观测量被选中。

⑤“使用筛选器变量”选项，即使用过滤变量，从左侧的源变量栏中选择一个数值型变量作为过滤变量，则过滤变量值不是 0 或缺失值的观测量都被选中。

以上 5 种选择方法是单选项，选择一种，设置好条件参数，返回主对话框。

参数设置完成，单击【确定】按钮，选择完成。

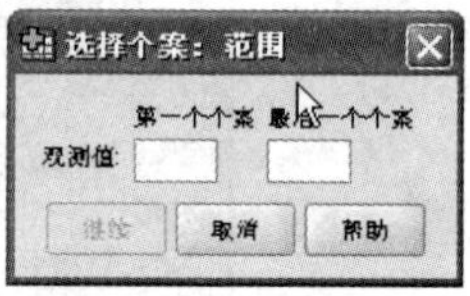

图 5.47　按范围选择

(3) 由于已选择了符合条件要求的个案，下面就可以进行数据分析了，在数据视图中选择“分析”→“描述统计”命令，弹出如图 5.48 所示的对话框。

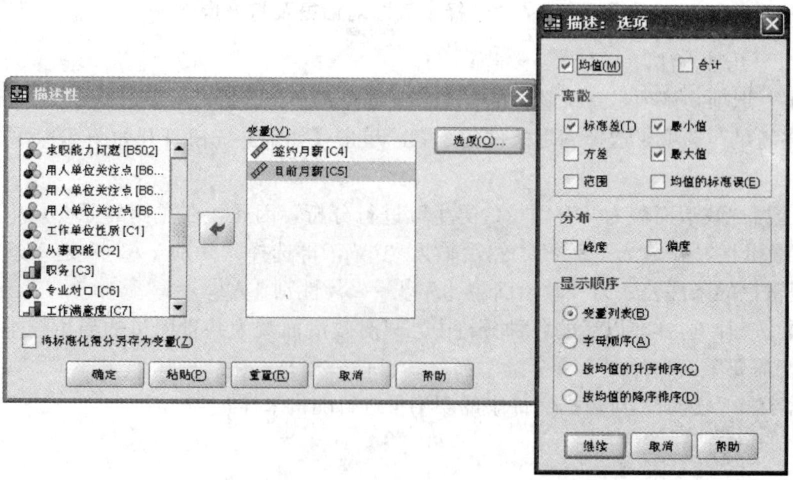

图 5.48　“描述性”和“描述：选项”对话框

在“描述性”对话框中选择“签约月薪”和“目前月薪”变量，再单击“选项”按钮，弹出“描述：选项”对话框，选择“均值”复选框，单击【继续】按钮，返回“描述性”对话框，再单击【确定】按钮，得到结果如图5.49所示。

可以看出，对于政治面貌为共青团员的男生而言，其签约时的月薪均值为1 400元，目前月薪均值为1 826元。

描述

[数据集1] C:\Documents and Settings\Administrator\桌面\某某专业毕业生调查.sav

描述统计量

	N	极小值	极大值	均值	标准差
签约月薪	18	800.00	2000.00	1400.0000	349.36918
目前月薪	17	1000.00	4000.00	1826.4706	642.04693
有效的 N（列表状态）	17				

图 5.49 输出结果(2)

需要指出的是，若对数据文件进行了选择个案的操作，那么以后的统计分析将只是对这些被选中的个案进行分析，如果想要对所有的个案进行分析，那么需重新进行选择个案操作，并选择“全部个案”选项。

5.3.3 分类汇总

所谓分类汇总，就是按指定的分类变量对观测值进行分组，对每组记录的各变量值求指定的描述统计量(如均值、标准差等)，结果可以存入新数据文件，也可以替换当前数据文件。

【例5-12】根据“某某专业毕业生调查”数据，求得男女被调查者各自“签约时的平均月薪”及“目前月薪的标准差”。

解：菜单操作如下。

(1) 打开数据文件“某某专业毕业生调查.sav”。

(2) 选择“数据→分类汇总”命令打开“汇总数据”对话框，如图5.50所示。

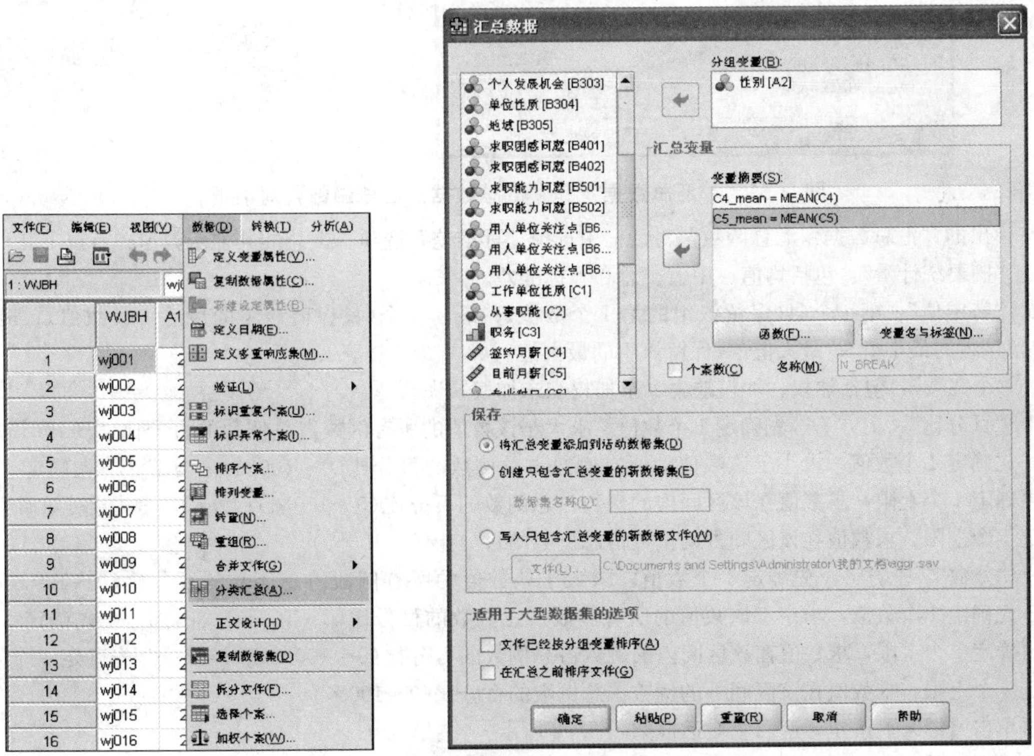

图 5.50 “汇总数据”对话框及打开操作

图5.50中有“分组变量”和“汇总变量”选项，具体解释如下。

①“分组变量”选项，根据分组变量的值，对个案进行分组。分组变量可以同时选入多个变量，则所有

分组变量的取值的每个组合定义一个组。本例只选入一个分组变量“性别”。

②“汇总变量”选项，将“签约月薪［C4］”变量选入，这时，“汇总变量”选项框中显示的是“C4 _ mean=MEAN(C4)”，其中，“=”号左边的为分类汇总变量的名称，本例为“C4 _ mean”，“=”号右边是计算函数及参数。当然，可以单击【变量名与标签】按钮定义一个新的变量名与变量标签。

将“目前月薪［C5］”变量选入，这时，“汇总变量”选项框中显示的是“C5 _ mean=MEAN(C5)”，由于本例要计算目前月薪的标准差，因此需对该计算函数进行更改，具体方式是单击“C5 _ mean=MEAN(C5)”，其背景变黑，表示该计算式已被选中，然后单击【函数】按钮，弹出如图 5.51 所示对话框。

图 5.51 “汇总数据”和“汇总数据：汇总函数”对话框

在弹出的“汇总数据：汇总函数”对话框中选择“标准差”选项。汇总的其他函数形式有以下几种。

a. “摘要统计量”：包括均值、中值、总和和标准差。

b. “特定值”：第一个(只保留该组的第 1 个数值)；最后一个(只保留该组的最后 1 个数值)；最小值(只保留该组的最小值)；最大值(只保留该组的最大值)。

c. “个案数”：包括加权、加权缺失、未加权和未加权缺失。

d. “百分比”：上方——先确定 1 个数值，求大于该数值的所有例数占总例数的百分比(0～100%)；下方——先确定 1 个数值，求小于该数值的所有例数占总例数的百分比(0～100%)；内部——先确定 1 个下限，再确定 1 个上限，求数值在该区间内的例数占总例数的百分比(0～100%)；外部——先确定 1 个下限，再确定 1 个上限，求数值在该区间外的例数占总例数的百分比(0～100%)。

e. “分数”：上方——先确定 1 个数值，求大于该数值的所有例数占总例数的百分比(0～100%)；下方——先确定 1 个数值，求小于该数值的所有例数占总例数的百分比(0～100%)；内部——先确定 1 个下限，再确定 1 个上限，求数值在该区间内的例数占总例数的百分比(0～100%)；外部——先确定 1 个下限，再确定 1 个上限，求数值在该区间外的例数占总例数的百分比(0～100%)。

再单击【继续】按钮，返回主对话框如图 5.52 所示。

这时可以看到，在“汇总变量”选项框中第二行的显示已改变为“C5 _ sd=SD(C5)”，即求变量 C5 的标准差。

③“保存”选项，用于保存分类汇总结果，可以将分类汇总变量添加到活动数据集，或创建新的分类汇总数据文件。

将汇总变量添加到活动数据集：基于分类汇总函数的新变量添加到活动数据集(即原数据文件)中。数据文件本身并不汇总，分类变量值相同的每个个案对新汇总变量都得到相同的值。

创建只包含汇总变量的新数据集：在当前会话中将汇总数据保存到新的数据集，并需定义该数据集的名称。该文件包含定义分类汇总个案的分类变量以及由分类汇总函数定义的所有汇总变量。活动数据集本身不受影响。

写入只包含汇总变量的新数据文件：将汇总数据保存到外部数据文件。该文件包含定义分类汇总个案的分类变量以及由分类汇总函数定义的所有汇总变量。活动数据集不受影响。

④“适用于大型数据集的选项”。

文件已经按分组变量排序：如果已按分类变量的值对数据进行了排序，则该选项可以使过程更快速地运行，并且占用更少的内存。但需注意的是：数据必须按照分类变量的值进行排序，如果有多个分类变量，则分类变量的顺序必须与“分类汇总”过程中指定的分类变量的顺序相同。此外，如果要将汇总变量添加到活动数据集，则只有在按照分类变量的升序值对数据进行了排序的情况下才能选择此选项。所以，应谨慎使用该选项。

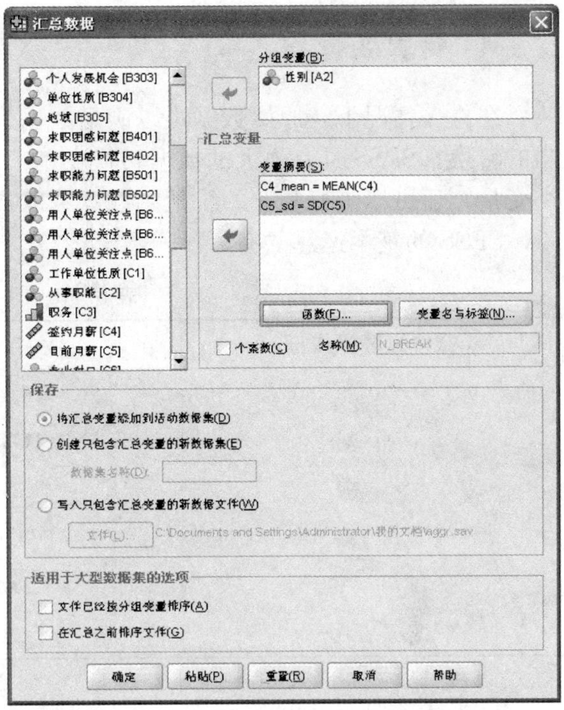

图 5.52　返回“汇总数据”对话框

在汇总之前排序文件：在使用大数据文件时(这种情况很少见)，可能有必要在进行汇总之前按照中断变量的值对数据文件进行排序。建议不要使用该选项。

(3) 单击【确定】按钮，得到结果如图 5.53 所示。

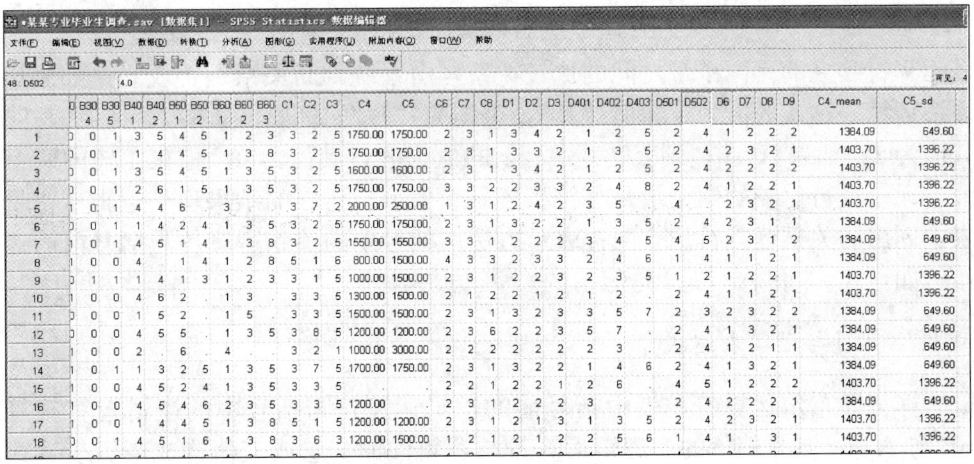

图 5.53　结果数据(1)

本例按男女性别的分类汇总结果有两个变量添加到了活动数据集的后两列中，第一个变量为“C4 _ mean”，表示个案的 C4 变量的均值，其中，当 A2=1(男)时，个案的变量 C4 _ mean 的取值均为 1 384.09；当 A2=2(女)时，个案的变量 C4 _ mean 的取值均为 1403.70。第二个变量为“C5 _ sd”，表示个案的 C5 变量的标准差，取值方式也与变量 C4 _ mean 类似。

5.3.4 计算变量

在许多情况下，原始数据难以满足数据分析的全部要求，此时，需要将原始数据进行适当的转换。SPSS 具有强大的数据转换功能，它不仅可以进行简单的变量变换和重新建立分类变量，还可以进行复杂的统计函数运算以及逻辑函数运算。

SPSS 的基本运算共有 3 种：数学运算、关系运算、逻辑运算，运算符见表 5-18。

表 5-18 SPSS 基本运算符

数学运算操作符	关系运算符	逻辑运算符
+：加	<(LT)：小于	&(and)：与
-：减	>(GT)：大于	|(or)：或
*：乘	<=(LE)：小于等于	~(NOT)：非
/：除	>=(GE)：大于等于	
* *：幂	=(EQ)：等于	
()：括号	~=(NT)：不等于	

1. 算术运算符与算术表达式

算术运算符可以连接数值型的常量、变量和函数构成算术表达式。其运算结果为数值型常量。例如，X+Y * *2/(A+B)-1+ABS(A * Z)就是一个合法的算术表达式。在算术运算表达式中，运算的优先顺序为：括号、函数、乘方(幂)、乘或除、加或减，同一优先级的位于左面的先算。

2. 关系运算符与关系运算表达式

关系运算符建立的是两个量之间的比较关系，由系统判断关系是否成立。如果比较关系成立，关系运算表达式的值为逻辑值“真”，否则为“假”。例如，如果 A=4 则表达式 A>3 为真，其值为 1；如果 A=3，则表达式 A>3 的值为假，其值为 0。相互比较的两个量必须类型一致。无论进行比较的两个量是字符型还是数值型，比较的结果均是逻辑型常量。关系运算符表中列出的关系运算符均有两种表示方法。括号中的关系运算符与括号前的运算符是等价的，例如，A>3 和 A GT 3 是等价的。

3. 逻辑运算符与逻辑表达式

逻辑运算符即布尔运算符，表中括号前的逻辑运算符与括号中的逻辑运算符等价，例如，A&B 与 A and B 是等价的。逻辑运算符与逻辑性的变量或其值构成逻辑表达式。逻辑表达式的值为逻辑型常量。

(1) 与运算：&(或 and)前后的两个量均为真时，逻辑表达式的值为“真”，否则为“假”。

例如，逻辑表达式 A>B&C>0，当 A 的值大于 B 的值且 C 为正数时，该逻辑表达式的值为“真”。如果 A=3、B=2、C=-6，则该逻辑表达式的值为“假”。

(2) 或运算：|(或 or)前后的两个量只要有一个为“真”时，逻辑表达式的值即为

"真"；只有当运算符前后两个量均为假时，逻辑表达式的值才为"假"。

例如，逻辑表达式 A>B | C>0 只要 A>B 成立，无论 C 为何值，表达式的值均为"真"；或者只要 C>0 成立，无论 A 与 B 为何值，该表达式的值也为"真"；但 A<B，同时 C<0 时该逻辑表达式的值为"假"。

(3) 非运算：~(或 NOT)是前置运算，它对其后面的量作非运算。NOT 后面的量值为"真"，则 NOT 运算结果为"假"；后面的量值为"假"，则 NOT 运算结果为"真"。

例如，逻辑表达式 NOT(A>0)，A 为正数，逻辑表达式的值为"假"；A 为负数或 A 为 0，逻辑表达式的值均为"真"。

【例 5-13】 在"某某专业毕业生调查"原始数据中，有签约月薪和目前月薪两个变量，但统计分析分析中需要知道两者的差异程度，即想知道目前月薪与签约月薪的差距，应创建一个新的变量"YXCJ"来表示月薪差距。要创建这一新变量，需通过"计算变量"对话框实现。

解：具体操作步骤如下。

(1) 打开数据文件"某某专业毕业生调查.sav"。

(2) 选择"转换"→"计算变量"命令，打开如图 5.54 所示的"计算变量"对话框。

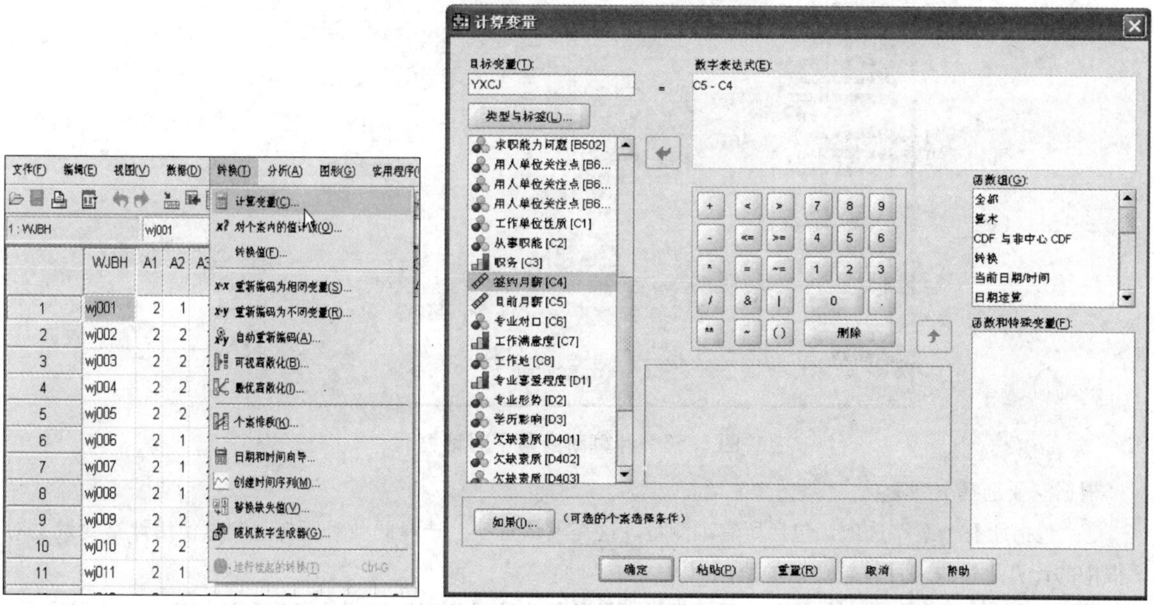

图 5.54　"计算变量"对话框

(3) 在"目标变量"文本框中输入目标变量的名称，用来接收计算的值，如"YXCJ"。目标变量名可以是一个新的变量名或是一个定义过的变量名。

如是新变量名，单击【类型与标签】按钮，展开定义新变量类型和标签的对话框，如图 5.55 所示。

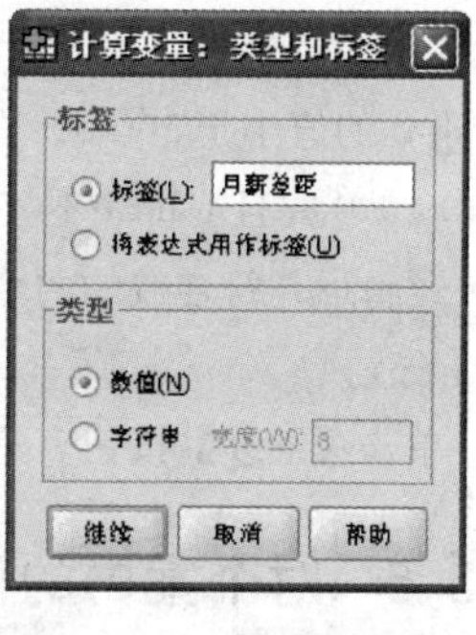

图 5.55　"类型和标签"对话框

①"标签"栏，为新变量指定标签。

a. "标签"选项，可在其后的文本框中输入长达 120 个字符的标签说明。

b. "将表达式用作标签"选项，利用表达式的前 110 个字符作为标签。

②"类型"栏，为变量指定类型。"数值"选项，是默认设置；"字符串"选项，在宽度文本框中输入字符串的宽度。

(4) 在"数字表达式"文本框中组合合理的数学表达式，如"C5-C4"。

在数学表达式框中可以利用鼠标或键盘进行相应的编辑操作，方法如下。

a. 在左面的矩形框中选择已经存在的变量，移入表达式文本框中，如选择“目前月薪［C5］”单击将变量移入数字表达式文本框中。

b. 在操作面板上选择数字或运算符，单击后出现在表达式文本框中，如输入如“C5－C4”。

c. 在“函数组”框中选择需要的函数，有绝对值函数、指数函数、三角函数等，双击选中的函数；或单击选中的函数，然后单击向上的箭头，使选中的函数出现在表达式文本框中。

d. 移动光标至函数名称后面的括号中，然后选择自变量并单击向右箭头按钮，使其至于括号之中，代替括号中表示自变量的问号。

(5) 单击【确定】按钮，则“某某专业毕业生调查．sav”文件中将在最右边出现一个新的变量“YX-CJ”，其变量标签为“月薪差距”。

此外，如果在“计算变量”对话框中单击【如果】按钮，则打开“计算变量：If 个案”对话框，如图 5.56 所示。

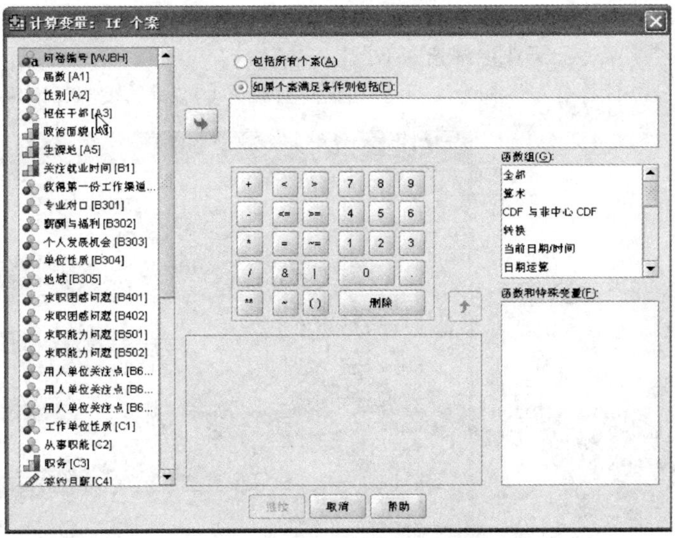

图 5.56　计算新变量子对话框

根据需要选择下列选项。

①“包括所有个案”选项，包括所有观测量，这是默认选项。选择此项对所有观测量使用计算变量主对话框中的计算表达式来计算新变量的值。

②“如果个案满足条件则包括”选项，只对满足条件表达式的观测量才计算新变量的值。选择此项后，激活其下面的文本框，输入条件表达式。操作方法与计算变量操作方法相同。

大多数的条件表达式至少要包括一个关系运算符，并且可以通过关系运算符来连接多个条件表达式。例如：Age＞＝21，表示只有 Age 大于或等于 21 的观测量才会被选择；Salary * 3＜100 000，表示只有 Salary 乘 3 的值小于 100 000 的观测值才会被选择；Salary * 3＜100 000&jobcat～＝3，表示只有 Salary 乘 3 小于 100 000 并且 jobcat 不等于 3 的观测量才会被选择。

逻辑运算符连接的两个关系表达式必须单独完成。例如：age＞＝18&age＜35 合法，而 age＞＝18&＜35 非法。

单击【继续】按钮表示确认输入的条件表达式并返回主对话框。

5.3.5　对个案内的值计数

该对话框将创建一个变量，该变量统计每个个案的变量列表中相同值的出现次数。

【例 5 - 14】根据“某某专业毕业生调查”原始数据，数出每个个案在 A1～A5 题中选择变量值“1”或者“2”的个数有多少。

解：菜单操作如下。

(1) 打开“某某专业毕业生调查”原始数据。

(2) 选择“转换”→“对个案内的值计数”命令，打开如图 5.57 所示的对话框。

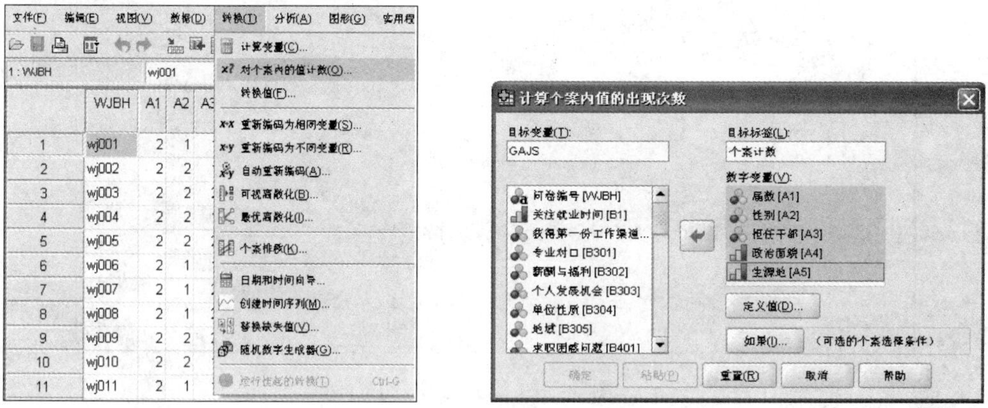

图 5.57　计算个案内值出现的次数

(3) 输入如下参数。

输入一个目标变量名称，本例输入目标变量“GAJS”。输入目标变量的目标标签“个案计数”。

(4) 选择同类型(数值或字符串)的两个或更多变量，本例选入 A1、A2、A3、A4、A5。

(5) 单击【定义值】按钮，并指定应计数的一个或多个值。或者，可以定义要为其计算值出现次数的个案子集。本例 A1～A3 的变量取值均为“1”或“2”，A4 的取值为“1～3”，A5 的取值为“1～4”，由于只统计变量取值为“1”或者“2”的个案数，因此只将“1”和“2”分别输入“值”中，并通过单击【添加】按钮将其添加到右边的“要统计的值”框中，如图 5.58 所示。

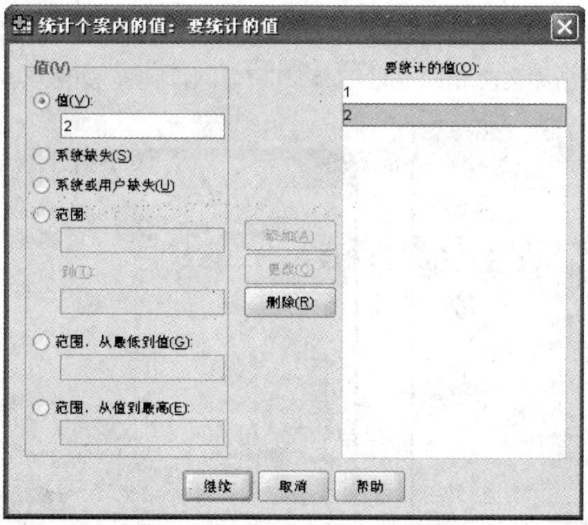

图 5.58　“统计个案内的值：要统计的值”对话框

(6) 单击【继续】按钮，返回原对话框，再单击【确定】按钮，得到结果如图 5.59 所示。

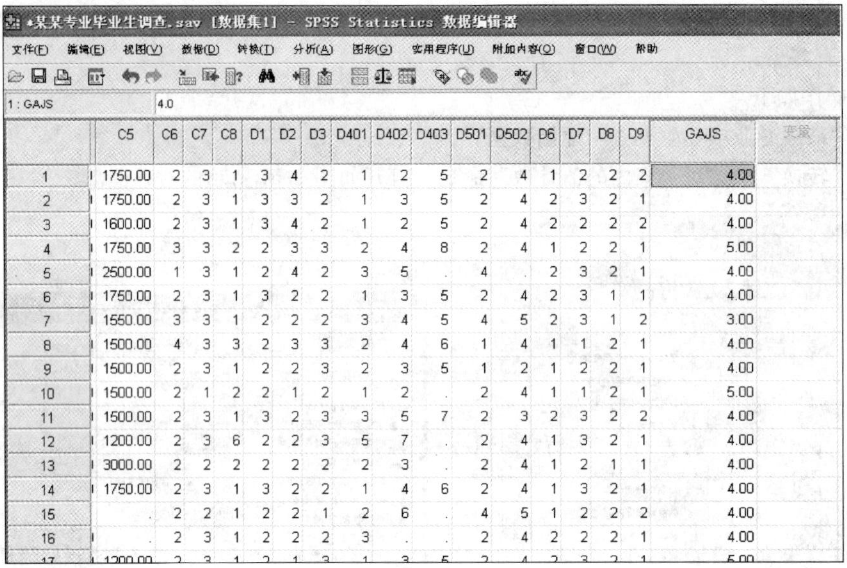

	C5	C6	C7	C8	D1	D2	D3	D401	D402	D403	D501	D502	D6	D7	D8	D9	GAJS
1	1750.00	2	3	1	3	4	2	1	2	5	2	4	1	2	2	2	4.00
2	1750.00	2	3	1	3	3	2	1	3	5	2	4	2	3	2	1	4.00
3	1600.00	2	3	1	3	4	2	1	2	5	2	4	2	2	2	2	4.00
4	1750.00	3	3	2	2	3	3	2	4	8	2	4	1	2	2	1	5.00
5	2500.00	1	3	1	2	4	2	3	5	.	4	.	2	3	2	1	4.00
6	1750.00	2	3	1	3	2	2	1	3	5	2	4	2	3	1	1	4.00
7	1550.00	3	3	1	2	2	2	3	4	5	4	5	2	3	1	2	3.00
8	1500.00	4	3	3	2	3	3	2	4	6	1	4	1	1	2	1	4.00
9	1500.00	2	3	1	2	2	3	2	3	5	1	2	1	2	2	1	4.00
10	1500.00	2	1	2	2	1	2	1	2	.	2	4	1	1	2	1	5.00
11	1500.00	2	3	1	3	2	3	3	5	7	2	3	2	3	2	2	4.00
12	1200.00	2	3	6	2	2	3	5	7	.	2	4	1	3	2	1	4.00
13	3000.00	2	2	2	2	2	2	2	3	.	2	4	1	2	1	1	4.00
14	1750.00	2	3	1	3	2	2	1	4	6	2	4	1	3	2	1	4.00
15	.	2	2	1	2	2	1	2	6	.	4	5	1	2	2	2	4.00
16	.	2	3	1	2	2	2	3	.	.	2	4	2	2	2	1	4.00

图 5.59 结果数据(2)

可以发现，原“某某专业毕业生调查”的原始数据最右面新增加了一列，其变量名为“GAJS”，第一行的值为 4，表示第一份问卷在 A1～A5 这 5 个问句中选择“1”或“2”的总次数为 4。

5.3.6 重新编码为相同变量

使用“重新编码到相同的变量中”对话框可以重新指派现有变量的值或将现有值的范围转变为新值。例如，可将薪金转变到薪金范围类别中。

【例 5-15】“某某专业毕业生调查”原始数据中，签约时月薪“C4”为数值型变量，试将其编码为相同的变量 C4，编码方式为“1：1 000 元以下”、“2：1 000～1 500 元”、“3：1 500 元以上”。

解：菜单操作如下。

(1) 打开“某某专业毕业生调查”原始数据。

(2) 选择“转换”→“重新编码为相同变量”命令，打开对话框，如图 5.60 所示。

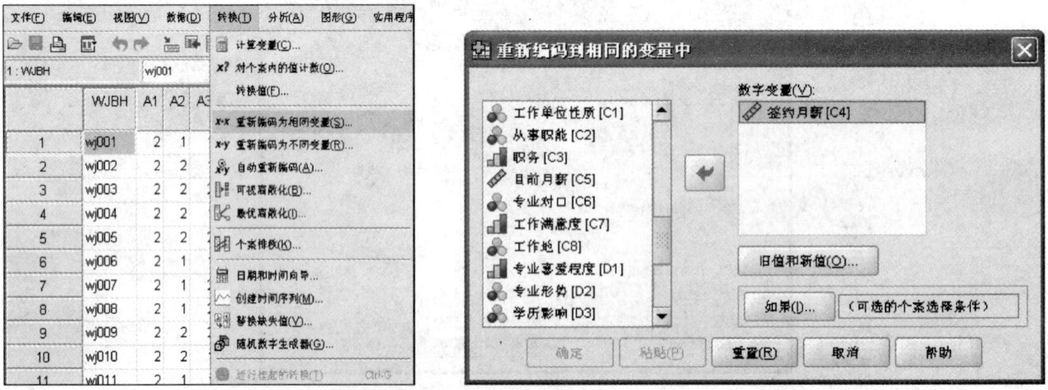

图 5.60 “重新编码到相同的变量中”对话框及打开操作

选择要重新编码的变量，如果选择多个变量，则它们必须为相同类型(数值或字符串)。本例将变量“签约月薪”选入右侧的“数字变量”框中。

(3) 单击【旧值和新值】按钮，弹出如图 5.61 所示对话框。

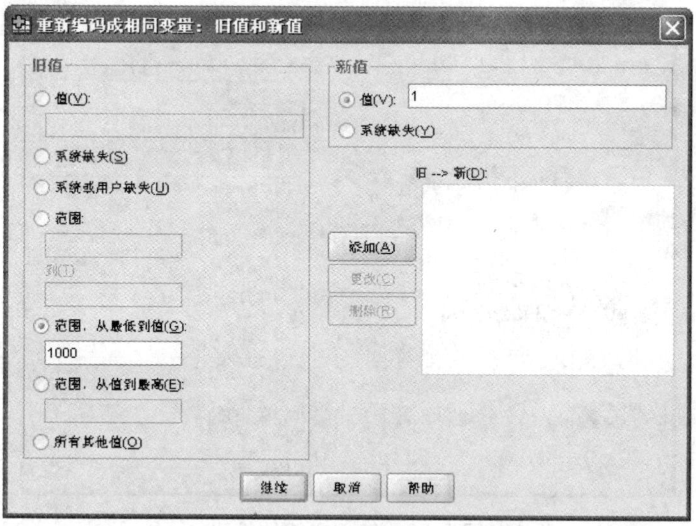

图 5.61 “重新编码成相同变量：旧值和新值”对话框

图 5.61 中左边包括以下几个选项。

“旧值”：要重新编码的值。可对单个值、值范围和缺失值重新编码，不可为字符串变量选择系统缺失值和范围，因为这两个概念都不适用于字符串变量。范围包括其端点和范围内的任何用户缺失值。

① “值”：要重新编码为新值的单个旧值。该值必须具有与所重新编码的变量相同的数据类型(数值或字符串)。

② “系统缺失”：在以下各种情况下由程序指定的值，未根据用户已指定的格式类型定义数据中的值，数值字段为空，或者未定义从转换命令生成的值。数值型的系统缺失值显示为句号。字符串变量不能具有系统缺失值，因为任何字符在字符串变量中均是合法的。

③ “系统或用户缺失”：满足以下条件的观察值，其值定义为用户缺失值，或者未知且被指定了系统缺失值(以句点“.”表示)。

④ “范围”：值的包含范围。不适用于字符串变量。包含范围内的所有用户缺失值。

⑤ “所有其他值”：未包含在“旧→新”列表上其中一个规范中的所有剩余值。这在“旧→新”列表上显示为“ELSE”。

图 5.61 右边包括以下几个选项。

① “新值”：由每个旧值或值范围重新编码获得的单个值。可输入一个值或指定系统缺失值。

a. “值”：一个或多个旧值将要重新编码的值。该值必须具有与旧值相同的数据类型(数值或字符串)。

b. “系统缺失”：将指定的旧值重新编码为系统缺失值。系统缺失值不用在计算中，并且许多过程中都排除带系统缺失值的个案。不适用于字符串变量。

② “旧→新”：将用于对变量重新编码的指定值列表，可以在列表中添加、更改和删除指定值。列表将基于指定的旧值按下列顺序自动排序：单值、缺失值、范围和其他值。如果更改列表中的重新编码指定，则过程自动对列表重新排序(如果必要)以保持此顺序。

本例中，选择“范围，从最低到值”选项，并在其下文本框中输入数字“1 000”，在“新值”选项中选择“值”选项，并在其右文本框中输入数字“1”，单击【添加】按钮，得到如图 5.62 所示的对话框。

这样就完成了第一个值的编码，即“1：1 000 元以下”。

(4) 下面进行第二个值的编码，即“2：1 000～1 500 元”，具体如图 5.63、图 5.64 所示。

(5) 最后，进行第三个值的编码，即“3：1 500 元以上”，具体如图 5.65、图 5.66 所示。

(6) 经过上述步骤，已完成了签约月薪这个变量的重新编码的定义，单击【继续】按钮，返回原来的“重新编码到相同的变量中”对话框，再单击【确定】按钮，得到新的数据视图如图 5.67 所示。

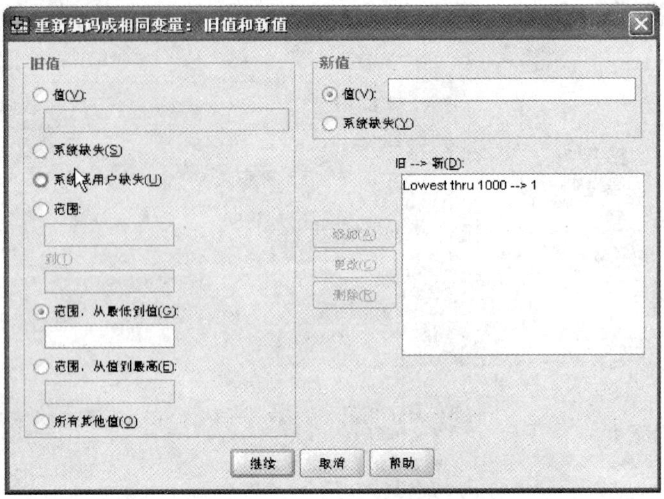

图 5.62　第一个值的编码

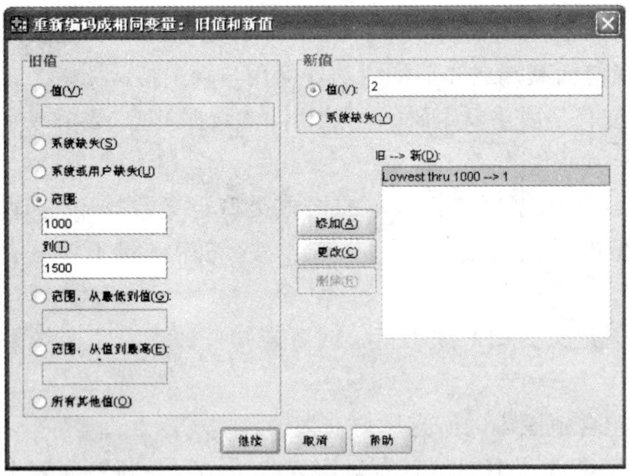

图 5.63　第二个值的编码步骤一

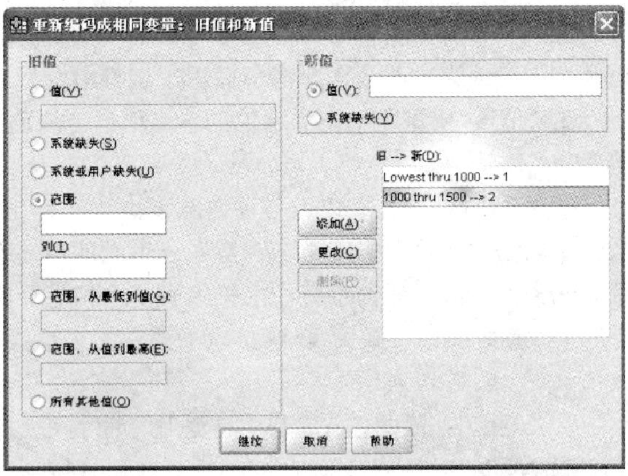

图 5.64　第二个值的编码步骤二

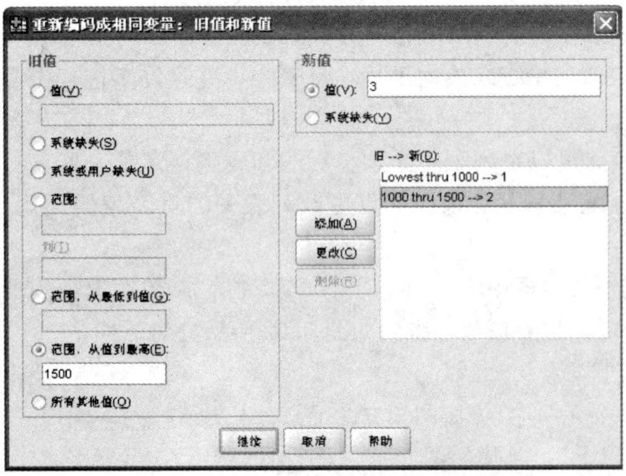

图 5.65　第三个值的编码步骤一

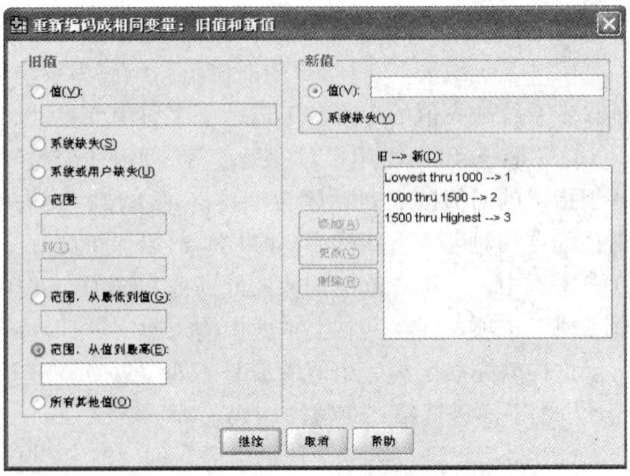

图 5.66　第三个值的编码步骤二

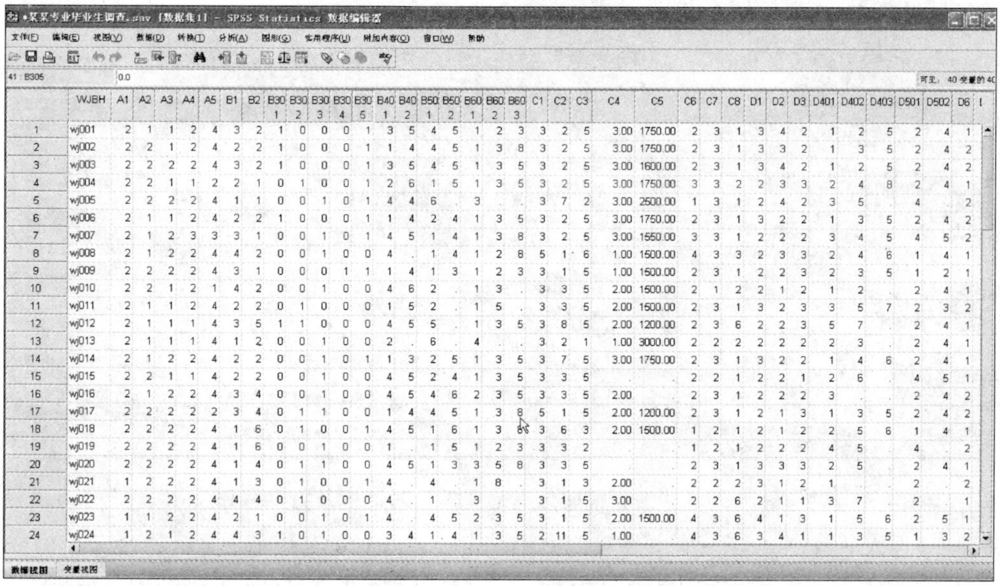

图 5.67　结果数据(3)

(7) 值标签定义。由图 5.67 可以看到，变量 C4 的取值已全部改变，其取值为“1、2 或 3”，由于这时的值 1、2 或 3 已有了全新的含义，因此需对变量的值标签进行定义，单击【变量视图】按钮，在变量视图里看到，变量 C4 的值标签未进行定义，由于 C4 的取值已发生变化，因此对其取值进行定义如图 5.68 所示。

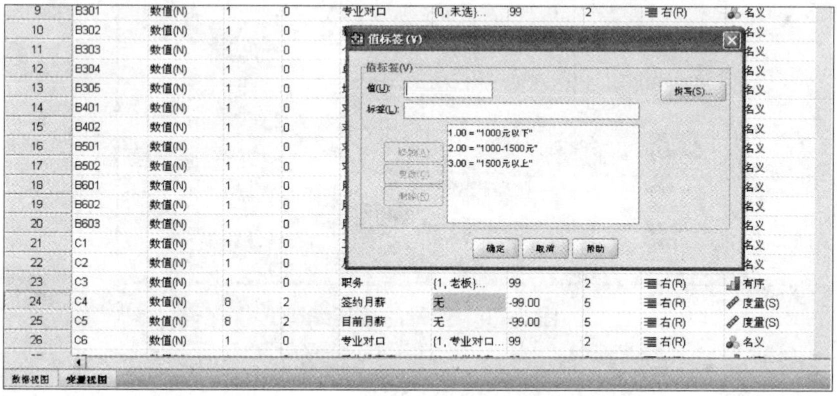

图 5.68　变量 C4 的重新定义

至此可以发现，对于“重新编码为相同变量”功能而言，由于对原变量的取值重新进行了编码，因此原变量的取值已全部改变，也就是说也相应地丢失了该变量的原始数据，这对于问卷分析而言并不是一个很好的选择，为了保持问卷的原数据，一般不要轻易采用“重新编码为相同变量”功能进行变量的重新编码。

5.3.7　重新编码为不同变量

使用“重新编码为不同变量”对话框可以重新指派现有变量的值或将现有值的范围拼并为新变量的新值，而原变量取值保持不变。

【例 5-16】“某某专业毕业生调查”原始数据中，签约月薪“C4”为数值型变量，试将其编码为不同的变量，编码方式为“1：1 000 元以下”、“2：1 000～1 500 元”、“3：1 500 元以上”。

解：菜单操作如下。

(1) 打开“某某专业毕业生调查”原始数据。

(2) 选择“转换”→“重新编码为不同变量”命令，打开对话框如图 5.69 所示。

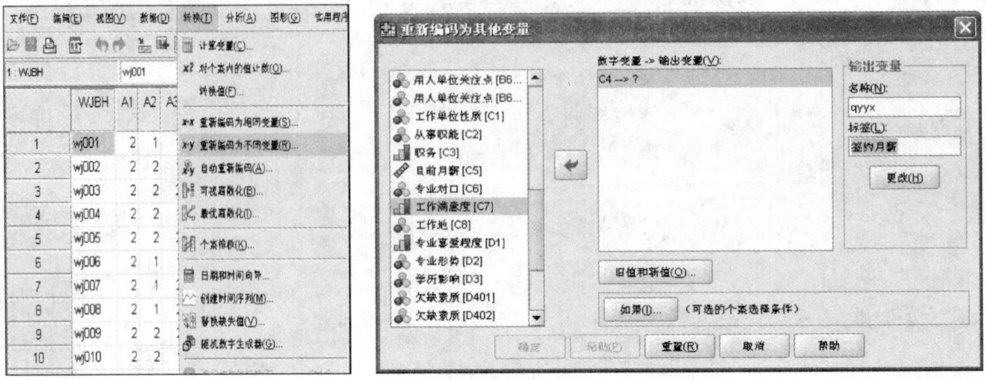

图 5.69 “重新编码为其他变量”对话框及打开操作

将变量 C4 选入“数字变量→输出变量”框中，在“输出变量”框中，名称栏输入新的变量名称“qyyx”，标签栏输入变量标签“签约月薪”。这时，尽管已定义输出变量(即新变量)的名称和标签，但在“数字变量→输出变量”框中，显示的是“C4→?”，其含义是 C4 转换为新的变量名还没有定义。为此，在输入变量的名称和标签后，要单击【更改】按钮，得到如图 5.70 所示的对话框。

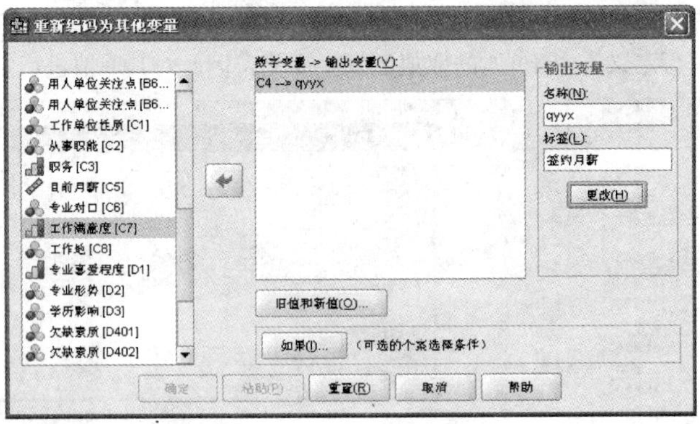

图 5.70 变量的重新编码

这时，在“数字变量→输出变量”框中，显示的是“C4→qyyx”，表明已完成了新变量的命名。下面是对新变量“qyyx”的取值进行定义。

(3) 单击【旧值和新值】按钮，进行旧值和新值的定义，定义结果如图 5.71 所示。

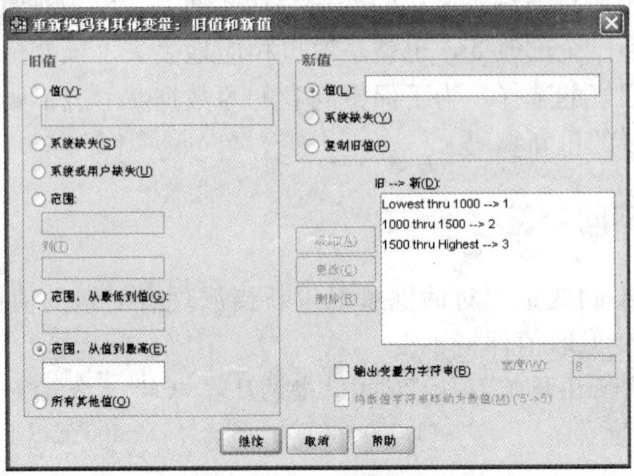

图 5.71 新变量的定义

(4) 经过上述步骤，已完成了签约月薪这个变量的重新编码的定义，单击【继续】按钮，返回原来的“重新编码为其他变量”对话框，再单击【确定】按钮，得到新的数据视图如图 5.72 所示。

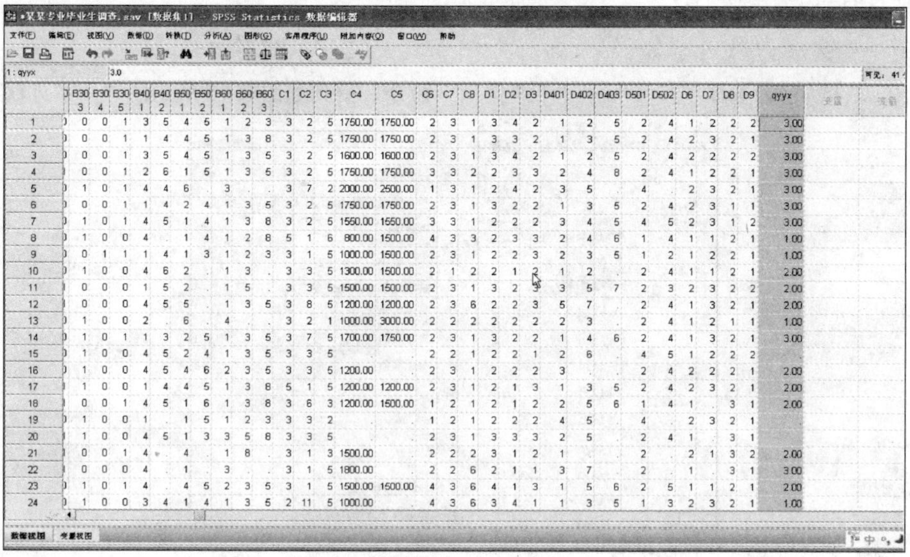

图 5.72　结果数据(4)

(5) 值标签定义。在数据视图中可以看到，原变量 C4 的取值并没有发生变化，数据视图的最右边新添了一列变量“qyyx”，但这时，其取值的含义还未定义，为此，单击【变量视图】按钮，进行变量“qyyx”的值标签的定义，如图 5.73 所示。

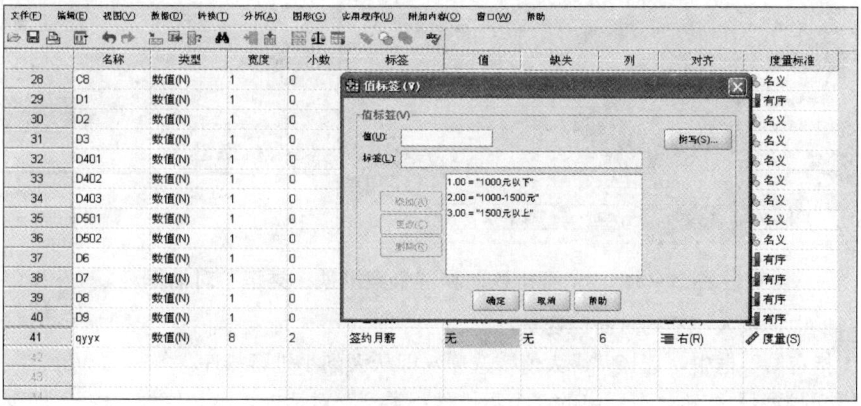

图 5.73　新变量的值标签定义

至此完成了将 C4 重新编码为不同的变量，并给新变量的取值作了值标签的定义。

5.3.8　个案排秩

“秩”(Rank)是数理统计学中的一个重要概念，是非参数统计中常用的统计量。观测量的秩，其意义是将观测值 X_1，X_2，…，X_n，按从小到大的次序或者从大到小的次序排列后，第 i 个观测值 X_i 如果在第 R_i 位上，就称 R_i 为 X_i 在观测值 X_1，X_2，…，X_n 中的秩。

直观上看，秩就是对观测量排序后指定的“名次”。例如观测量的值依次为 3.2，1.5，0.3，−5.5，2.5，它们按从小到大的次序排序后为−5.5，0.3，1.5，2.5，3.2，各观测的秩分别为 5，3，2，1，4。

【例 5-17】“××专业毕业生调查”原始数据中，对所有被调查者的签约月薪从大到小进行排名次。并且，对目前月薪按男生和女生分别按从大到小进行排名次(即计算各女生的目前月薪在全部女生中的排名，各男生的目前月薪在全部男生中的排名)。

解：菜单操作如下。

(1) 打开“××专业毕业生调查”原始数据。

(2) 如图 5.74 所示，选择“转换”→“个案排秩”命令，得到如图 5.75 所示的“个案排秩”对话框。

图 5.74　转换菜单的子菜单

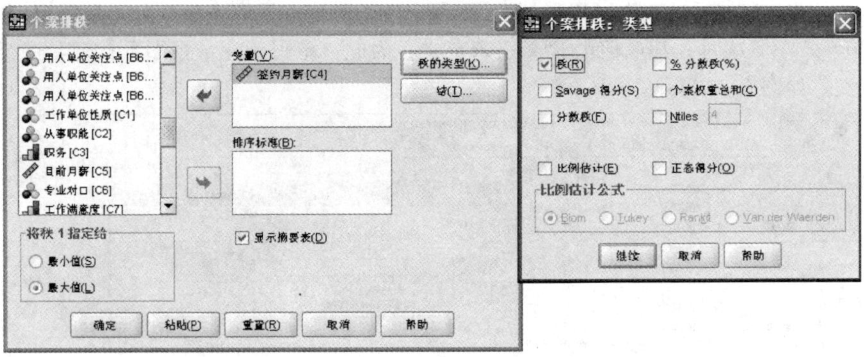

图 5.75　“个案排秩”和“个案排秩：类型”对话框

①“变量”框中，选入“签约月薪”变量。

②“将秩 1 指定给”框中，选择“最大值”选项，即从大到小进行排序。

③ 单击【秩的类型】按钮，在弹出的“个案排秩：类型”对话框，默认值为“秩”，即按变量值大小排序的一般秩。

该选框提供了主要的秩类型，如秩(一般的秩)、Savage 得分(指数分布规律计算的秩)、分数秩(分数形式的秩，等于一般的秩除以有效观测量的加权数)、%分数秩(百分比形式的秩，等于普通的秩除以有效观测量数再乘以 100%)、个案权重总和(加权观测量总数)、Ntiles(基于百分位组的秩)，每一组包含的个案数大致相同。例如，4 个 Ntile 会将秩 1 指定给第 25 个百分位以下的个案，将秩 2 指定给第 25 个与第 50 个百分位之间的个案，将秩 3 指定给第 50 个与第 75 个百分位之间的个案，将秩 4 指定给第 75 个百分位以上的个案。

此外，还有采用“比例估计”(估计与特定秩对应的分布的累积比例)和“正态得分”(与累计分布比例相对应的 Z 分数)两种方式来排秩，当选择这两种方式的秩时，会激活下面的 4 个选项。这些选项将选择进行上述两种比例评估方法的公式。Blom 是系统默认选项，计算公式为 $(r-3/8)/(w+1/4)$，其中 w 是个案权重的总和，r 是秩。Tukey 公式为 $(r-1/3)/(w+1/3)$，其中 r 为秩，w 为个案权重的总和。Rankit 计算公式为 $(r-1/2)/w$，其中 w 是观察次数，r 是秩，范围是从 $1\sim w$。Van der Waerden 公式为 $r/(w+1)$，其

中 w 是个案权重的合计，r 是秩，范围从 1～w。这 4 个公式只能选其一。通常选择默认项就可以了。操作完毕，单击【继续】按钮回到主菜单。

④【结】按钮用于定义对相同秩的处理方式。单击该按钮进入下一界面，如图 5.76 所示。

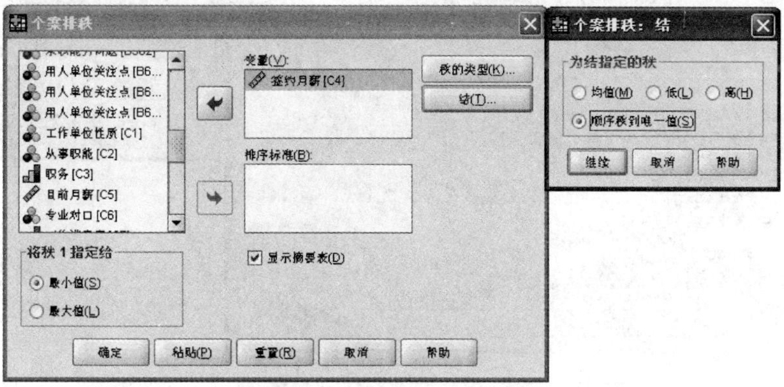

图 5.76　相同秩的处理

在“个案排秩：结”对话框中，这些选项是当出现同秩变量时新形成变量的秩的取值，可以取均值(平均秩次)、低(最小值)、高(最大值)、顺序秩到唯一值(当做一个连续的记录处理)，默认值为取均值。这 4 个选项也是只能选其一的。本例选择“顺序秩到唯一值”(即允许并列排名)选项。

表 5－19 显示了不同方法是如何将秩指定给同数的值的。

表 5－19　不同方法排秩的比较(秩 1 指定给最小值)

值	均值	低	高	序列
10	1	1	1	1
15	3	2	4	2
15	3	2	4	2
15	3	2	4	2
16	5	5	5	3
20	6	6	6	4

(3) 选择完毕，单击【继续】按钮回到主界面，并单击【确定】按钮，完成对所有被调查者的签约月薪从大到小进行排名次。结果如图 5.77 所示。

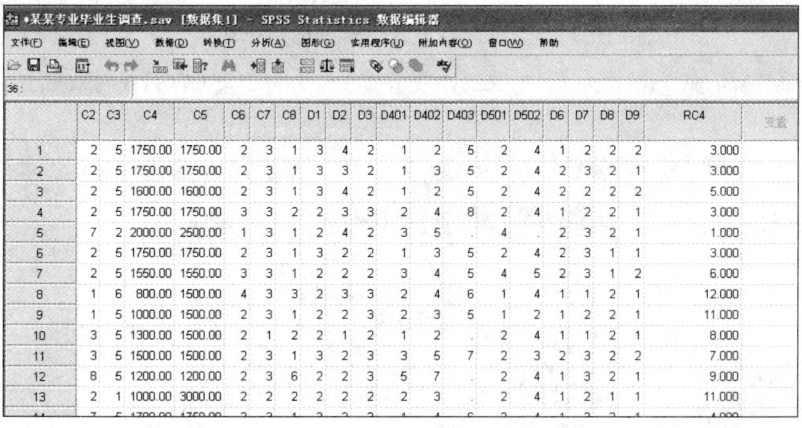

图 5.77　重新排列后的数据

在原文件中，增加了新生成变量，变量名为 RC4，表示该变量为对变量 C4 的进行排秩所得的变量。

(4) 下面，完成对目前月薪按男生和女生分别按从大到小进行排名次。选择“转换”→“个案排秩”命令，得到如图 5.78 所示的对话框，并进行设置。

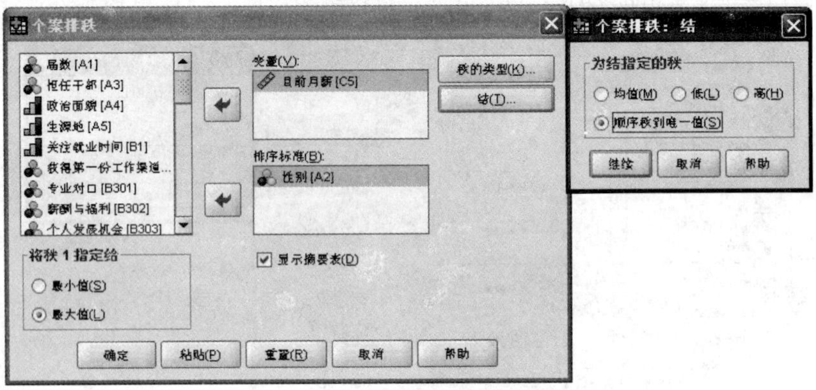

图 5.78　按性别排列的操作

①“变量”框中，选入“目前月薪”变量。

②“排序标准”框中，选入“性别”变量。

③“将秩 1 指定给”框中，选择“最大值”选项，即从大到小进行排序。

④“秩的类型”采用默认值，“结”选择“顺序秩到唯一值”(即允许并列排名)选项。

单击【确定】按钮，完成对目前月薪按男生和女生分别按从大到小进行排名次，结果如图 5.79 所示。

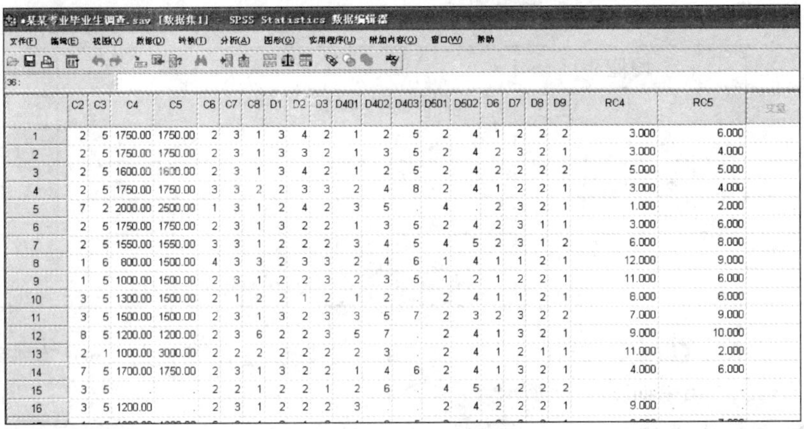

	C2	C3	C4	C5	C6	C7	C8	D1	D2	D3	D401	D402	D403	D501	D502	D6	D7	D8	D9	RC4	RC5	变量
1	2	5	1750.00	1750.00	2	3	1	3	4	2	1	2	5	2	4	1	2	2	2	3.000	6.000	
2	2	5	1750.00	1750.00	2	3	1	3	3	2	1	3	5	2	4	2	3	2	1	3.000	4.000	
3	2	5	1600.00	1600.00	2	3	1	3	4	2	1	2	5	2	4	2	2	2	2	5.000	5.000	
4	2	5	1750.00	1750.00	3	3	2	2	3	3	2	4	8	2	4	1	2	2	1	3.000	4.000	
5	7	2	2000.00	2500.00	1	3	1	2	4	2	3	5	.	4	.	2	3	2	1	1.000	2.000	
6	2	5	1750.00	1750.00	2	3	1	3	2	2	1	3	5	2	4	2	3	1	1	3.000	6.000	
7	2	5	1550.00	1550.00	3	3	1	2	2	2	3	4	5	4	5	2	3	1	2	6.000	8.000	
8	1	6	800.00	1500.00	4	3	3	2	3	3	2	4	6	1	4	1	1	2	1	12.000	9.000	
9	1	5	1000.00	1500.00	2	3	1	2	2	3	2	3	5	1	2	1	2	2	1	11.000	6.000	
10	3	5	1300.00	1500.00	2	1	2	2	1	2	1	2	.	2	4	1	1	2	1	8.000	6.000	
11	3	5	1500.00	1500.00	2	3	1	3	2	3	3	5	7	2	3	2	3	2	2	7.000	9.000	
12	8	5	1200.00	1200.00	2	3	6	2	2	3	5	7	.	2	4	1	3	2	1	9.000	10.000	
13	2	1	1000.00	3000.00	2	2	2	2	2	2	2	3	.	2	4	1	2	1	1	11.000	2.000	
14	7	5	1700.00	1750.00	2	3	1	3	2	2	1	4	6	2	4	1	3	2	1	4.000	6.000	
15	3	5	.	.	2	2	1	2	2	1	2	6	.	4	5	1	2	2	2	.	.	
16	3	5	1200.00	.	2	3	1	2	2	2	3	.	.	2	4	2	2	2	1	9.000	.	

图 5.79　按性别及月薪排列的数据结果

原文件中增加了新生成变量，变量名为 RC5，表示该变量为对变量 C5(目前月薪)的按性别分开进行排秩所得的变量。

为看到更直观的数据，可对个案进行排序：选择“数据”→“排序个案”命令，得到如图 5.80 所示的对话框。

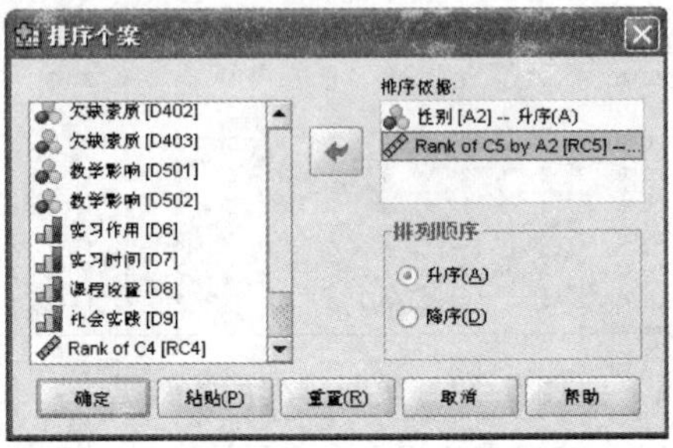

图 5.80　个案的排序

在排序依据中，先选择按“性别”排序，然后再选择变量“RC5”，单击【确定】按钮，得到结果如图5.81所示。

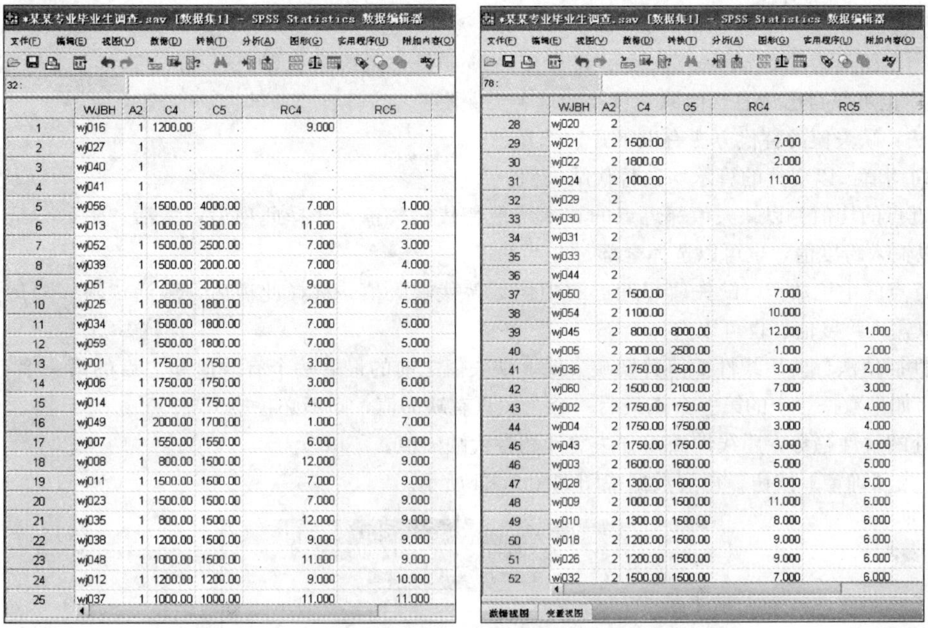

图 5.81　按性别排序的结果

可以看出，现在已完成了对所有被调查者的签约月薪从大到小排名次，并且，对目前月薪按男生和女生分别按从大到小进行排名次。

5.3.9　替代缺失值

在统计分析过程中，经常需要将带有缺失值的选项排除在分析数据以外。但是有的时候，尤其是进行时间序列分析时，更不能将缺失值项排除在外，这都需要依据科学的原则对缺失值进行处理。“替代缺失值”提供了替换缺失值的功能，替换完毕将产生一个新的变量。

【例 5-18】“某某专业毕业生调查”原始数据中，对所有目前月薪变量的缺失值进行替换。

解：菜单操作如下。

(1) 打开“某某专业毕业生调查”原始数据。

(2) 选择“转换”→“替换缺失值”命令，打开“替换缺失值”对话框，如图5.82所示。

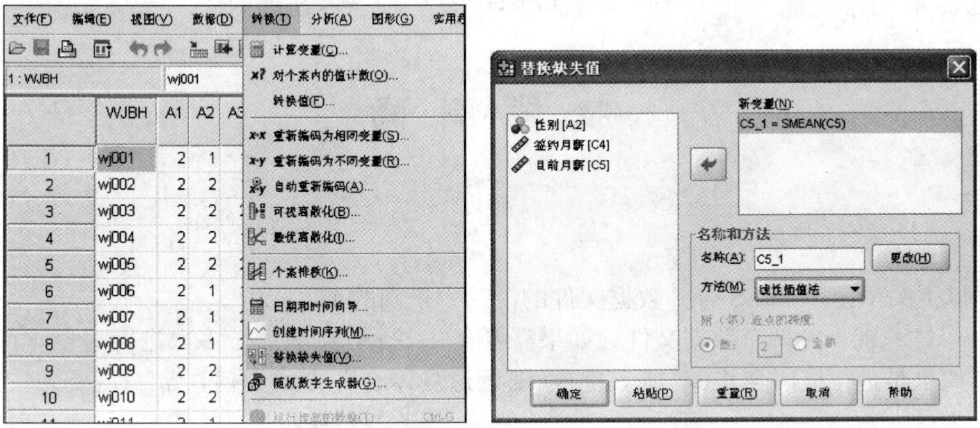

图 5.82　“替换缺失值”对话框及打开操作

(3) 在“新变量”框中，选入“C5 _ 1=SMEAN(C5)”变量。

(4) 在“名称和方法”选项中，输入新变量名称及缺失值的替代方法。本例缺失值的替代方法选择“线性插值法”项。

① 名称：所选变量经缺失值替代后将产生一新变量，系统会自动产生新变量名，为原变量名后加“ _ 1”。用户也可以自己命名，但原变量及变量名仍保留。

② 方法：缺失值的替代方法有以下几种选择。

a. 序列均值：以变量的算术均数替代缺失值。

b. 临近点的均值：以缺失值邻近点的算术均数替代缺失值，选择此项后，激活“附(邻)近点的跨度”选项，可以输入跨度值，也可以选择全部。

c. 临近点的中位数：以缺失值邻近点的中位数替代缺失值，选择此项后，激活“附(邻)近点的跨度”选项，可以输入跨度值，也可以选择全部。

d. 线性插值法：使用线性插值替换缺失值。缺失值之前的最后一个有效值和之后的第一个有效值用来作为插值。如果数据集中的第一个或最后一个个案具有缺失值，则不必替换。

e. 点处的线性趋势：用线性回归方法估计和替代缺失值。

(5) 单击【确定】按钮，得到数据视图如图 5.83 所示。

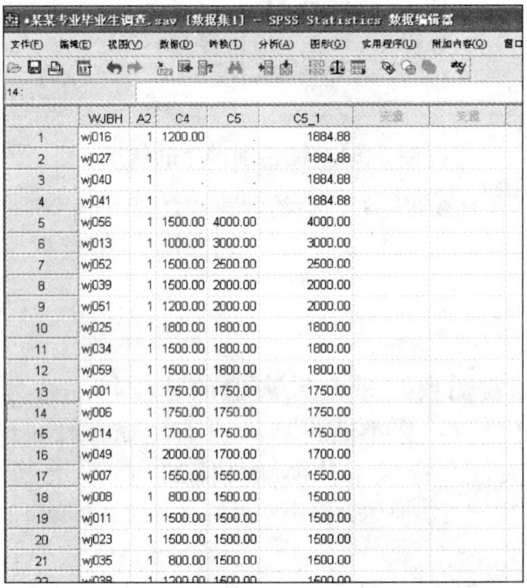

	WJBH	A2	C4	C5	C5_1
1	wj016	1	1200.00	.	1884.88
2	wj027	1	.	.	1884.88
3	wj040	1	.	.	1884.88
4	wj041	1	.	.	1884.88
5	wj056	1	1500.00	4000.00	4000.00
6	wj013	1	1000.00	3000.00	3000.00
7	wj052	1	1500.00	2500.00	2500.00
8	wj039	1	1500.00	2000.00	2000.00
9	wj051	1	1200.00	2000.00	2000.00
10	wj025	1	1800.00	1800.00	1800.00
11	wj034	1	1500.00	1800.00	1800.00
12	wj059	1	1500.00	1800.00	1800.00
13	wj001	1	1750.00	1750.00	1750.00
14	wj006	1	1750.00	1750.00	1750.00
15	wj014	1	1700.00	1750.00	1750.00
16	wj049	1	2000.00	1700.00	1700.00
17	wj007	1	1550.00	1550.00	1550.00
18	wj008	1	800.00	1500.00	1500.00
19	wj011	1	1500.00	1500.00	1500.00
20	wj023	1	1500.00	1500.00	1500.00
21	wj035	1	800.00	1500.00	1500.00
22	wj038	1	1200.00	1600.00	1600.00

图 5.83　结果数据(5)

图 5.83 中，新的变量“C5 _ 1”即为对变量 C5 进行缺失值替换后的新变量。

技 能 测 试

一、选择题

1. 以下关于使用 SPSS 合并数据文件的说法中正确的是(　　)。

A. 一次只能合并两个数据文件，如果需要合并多个，则只能分多次进行

B. 如果是进行横向合并(增加变量)，则无论具体合并方式如何，都一定要先按照关键词排序

C. 合并前需要先打开其中一个数据文件

D. 合并后会自动保存新生成的数据文件，因此会将当前文件自动覆盖

2. 只能把研究对象分类，即只能决定研究对象是同类或是不同类的，具有=与≠的数学属性，例如：性别、民族等变量，该类变量是(　　)。

A. 定类变量　　B. 定序变量　　C. 定距变量　　D. 定比变量

3. 问卷的回收率至少为(　　)。

A. 50%　　B. 60%　　C. 70%　　D. 80%

4. 问卷审核时，下列(　　)情况下，问卷是不能被接受的。

A. 只有少数内容没填　　B. 问卷回收日期还在访问时限之内

C. 问卷答案几乎没有变化　　D. 问卷态度调查题的选项回答有变化

5. 问卷中如果漏选了个人特征的问题，通常(　　)处理。

A. 作为有效问卷　　B. 作为有问题问卷

C. 作为废卷　　D. 既可以作为有效问卷也可以作为废卷

6. SPSS 的变量定义中，下列(　　)情况是不允许的。

A. 变量名的首字符是字母　　B. 变量名的首字符是汉字

C. 变量名中含有“?”　　D. 变量名中不含有“?”

7. SPSS 的变量定义中，下列(　　)情况是不允许的。

A. 变量名的最后一个字符是字母　　B. 变量名的最后一个字符是汉字

C. 变量名的最后一个字符是“圆点”　　D. 变量名的最后一个字符是数字

8. 若对数据文件进行了拆分处理，则拆分处理(　　)。

A. 取消拆分处理前一直有效　　B. 关闭 SPSS 后也有效

C. 更改拆分变量后仍有效　　D. 消拆分处理后还有效

9. 使用“重新编码为不同变量”这个功能，则(　　)。

A. 原变量取值改变　　B. 原变量取值不变

C. 新变量取值和原变量取值都改变　　D. 新变量与原变量取值相同

10. 若对数据文件进行了选择个案的操作，那么以后的统计分析对(　　)进行分析。

A. 选中的个案　　B. 所有个案　　C. 未选中的个案　　D. 最后一个个案

二、判断题

1. SPSS 中“数据拆分”将一个数据文件拆分为两个或若干个独立的数据文件。(　　)

2. 若对数据文件进行了“数据拆分”处理，拆分处理一直有效，直到取消拆分处理或更改拆分变量后，才会有新的变化。(　　)

3. 关闭 SPSS，则“数据拆分”失效。(　　)

4. 若对数据文件进行了选择个案的操作，那么以后的统计分析将只是对这些被选中的个案进行分析，如果想要对所有的个案进行分析，那么需重新进行选择个案操作，并选择“全部个案”选项。(　　)

5. 对于“重新编码为相同变量”功能而言，由于对原变量的取值重新进行了编码，因此原变量的取值已全部改变。(　　)

三、实训题

1. 根据下表数据，在 SPSS 中按如下要求进行变量定义，并录入数据。

学号	性别	生日	身高/cm	体重/kg	英语成绩	数学成绩	生活费/元
200201	男	1982.01.12	156.42	47.54	75	79	345.00
200202	男	1982.06.05	155.73	37.83	78	76	435.00
200203	男	1982.05.17	144.6	38.66	65	88	643.50
200204	男	1982.08.31	161.5	41.68	79	82	235.50
200205	男	1982.09.17	161.3	43.36	82	77	867.00
200206	女	1982.12.21	158	47.35	81	74	
200207	女	1982.10.18	161.5	47.44	77	69	1 233.00
200208	女	1982.07.06	162.76	47.87	67	73	767.80
200209	女	1982.06.01	164.3	33.85	64	77	553.90
200210	女	1982.09.12	144	33.84	70	80	343.00
200211	男	1981.10.13	157.9	49.23	84	85	453.80
200212	男	1981.12.6	176.1	54.54	85	80	843.00
200213	男	1981.11.21	168.55	50.67	79	79	657.40
200214	男	1981.09.28	164.5	44.56	75	80	1 863.90
200215	男	1981.12.08	153	58.87	76	69	462.20
200216	女	1981.10.07	164.7	44.14	80	83	476.80
200217	女	1981.09.09	160.5	53.34	79	82	
200218	女	1981.09.14	147	36.46	75	97	452.80
200219	女	1981.10.15	153.2	30.17	90	75	244.70
200220	女	1981.12.02	157.9	40.45	71	80	253.00

要求：

(1) 定义变量名，对性别设值标签“男=0；女=1”。

(2) 正确设定变量类型。其中学号设为数值型；日期型统一用“mm/dd/yyyy”型号；生活费用货币型。

(3) 变量值宽统一为10，身高与体重、生活费的小数位为2，其余为0。

2. 根据要求，在SPSS中进行变量定义，录入数据，然后按要求进行操作。

(1) 进行变量定义，录入以下数据文件，保存为“数据1.sav”。

序号	性别	职称	在公司工作的时间	年龄	工资
1	男	2	5	30	2 000
2	女	2	4	25	1 900
3	女	2	5	28	2 000
4	男	1	1	25	1 500
5	男	3	8	35	3 000
6	男	2	3	29	1 850
7	男	3	10	34	3 200
8	女	2	8	30	1 950
9	女	1	3	27	1 600
10	女	4	15	38	4 200

(2) 进行变量定义，变量名和类型与(1)相同，并录入以下数据文件，保存为“数据 2. sav”。

序号	性别	职称	在公司工作的时间	年龄	工资
11	男	3	8	35	3 000
12	男	2	5	32	2 000
13	女	1	2	25	1 550
14	女	2	9	30	2 100
15	女	3	14	34	3 500
16	女	1	3	26	1 600
17	男	4	10	36	4 000
18	女	3	9	34	3 150
19	男	2	6	28	1 800
20	男	2	2	28	1 800

(3) 将数据 2 合并到数据 1，合并后的数据文件另存为“数据 3. sav”。(操作方法：选择“数据”→“合并文件”→“添加个案”命令。)

(4) 对合并后的数据文件，将工资进行重新编码，2 000 以下(含 2 000)编码为 1，2 000～3 000 编码为 2，3 000～4 000 编码为 3，4 000 以上编码为 4，重编码的变量名称为“工资等级”。(操作方法：选择“转换”→“重新编码为不同变量”命令。)

(5) 对合并后的数据文件，求出各职工刚进入公司时的年龄，保存为变量名称“初入年龄”。(操作方法：选择“转换→计算变量”命令。)

(6) 试按各职员的工资数进行排秩，排秩要求工资最高的排为第一，相同数额取平均等级。(操作方法：选择“转换→个案排秩”命令。)

(7) 试按各职员的工资数分性别进行排序，要求先排男性，后排女性，同一性别按工资从高到低排列。

第6章 市场调查的数据分析

纸上得来终觉浅，绝知此事要躬行。——陆游

能力目标

- ⊙ 能利用 SPSS 进行单变量频数分析和描述统计分析
- ⊙ 能利用 SPSS 进行多变量的交叉表分析
- ⊙ 能利用 SPSS 进行多选题频数分析和交叉表分析
- ⊙ 能检验两个变量间的相关性

知识目标

- ⊙ 单变量频数分析
- ⊙ 单变量描述统计分析
- ⊙ 多变量交叉表分析
- ⊙ 多选题频数分析
- ⊙ 多选题交叉表分析
- ⊙ 参数检验
- ⊙ 卡方检验

任务目标

对于单选题可以直接进行频数分析和分类汇总。对于多选题则应首先定义多分类变量变量集，然后才能进行频数分析和交叉表分析。对于连续性的变量还可以进行点估计和区间估计。对于连续性变量，如果变量服从正态分布，则对单一样本可以用单样本 t 检验来检验其总体的均值是否等于某个值；可以利用两个独立样本 t 检验来检验两个总体的均值是否相等；对于配对样本可以检验同样的个体，其前后两次的测量有无显著差异。如果要检验两个或以上的总体的均值是否相等，则需运用单因素方差分析。此外，卡方检验用于检验分类变量间有无相关。

本章任务是，利用得到的某某专业毕业生调查数据，进行单变量的描述性统计分析、多变量的交叉表分析、多选题的频数分析、多选题的交叉表分析等。

6.1 SPSS与描述统计分析

【任务情景】描述统计分析可以使分析者掌握数据的总体特征，把握数据的总体分布形态，其结果重于数学描述，但不具有推断性质。描述统计分析的结论对今后进一步的数据建模，将起到重要的指导和参考作用。

对数据的描述统计分析通常包括以下的分析。

频数分析(Frequencies 过程)：编制单个变量的频数分布表。

描述统计分析(Descriptives 过程)：计算单个变量的描述统计量以及不同分组下的描述统计量。

其他探索性分析(Explore 过程)：用于对数据概况不清时的探索性分析。

交叉表分析(Crosstabs 过程)：编制多变量的交叉频数分布表，完成计数资料和等级资料的统计描述和一般的统计检验，常用的χ^2检验也在其中完成。

数据的多选分析(Multiple Response 过程)：用于对多选题的描述统计分析。

其中，频数分析(Frequencies 过程)、描述统计分析(Descriptives 过程)和其他探索性分析(Explore 过程)用于单变量数据的描述性分析。交叉表分析(Crosstabs 过程)用于多变量数据的描述性分析。数据的多选分析(Multiple Response 过程)用于多选题的描述性分析。

6.1.1　单变量的描述性分析

单变量数据分析的方法很多，主要有：频数分析、描述统计分析和探索性分析。

1. 频数分析

频数分析是问卷分析中最常用的方法，它不仅可以产生详细的频数表，还可以按要求给出某百分位点的数值，以及常用的条图、圆图等统计图。

频数分析适用于对单选题、排序题进行频数分析。

【例 6-1】“某某专业毕业生调查”原始数据中，对性别和目前月薪变量进行频数分析。

解：菜单操作如下。

(1) 打开“某某专业毕业生调查”原始数据。

(2) 如图 6.1 所示，选择“分析→描述统计→频率”命令，进入频率分析界面。

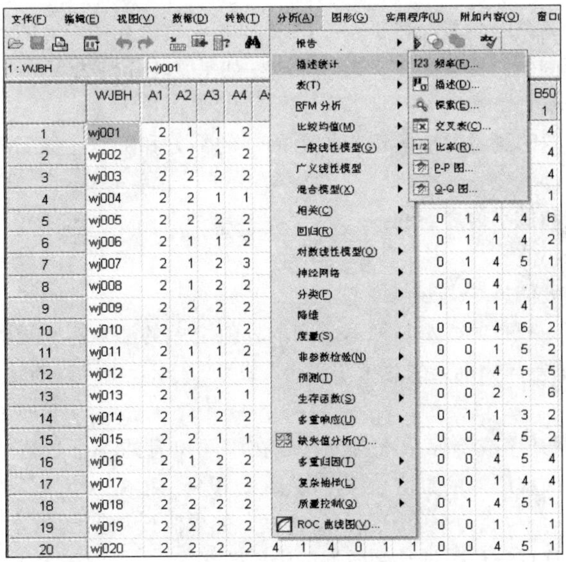

图 6.1　“频率”对话框的打开操作

(3) 在“变量”框中，选入变量“性别［A2］”和“目前月薪［C5］”，如图 6.2 左侧对话框所示。

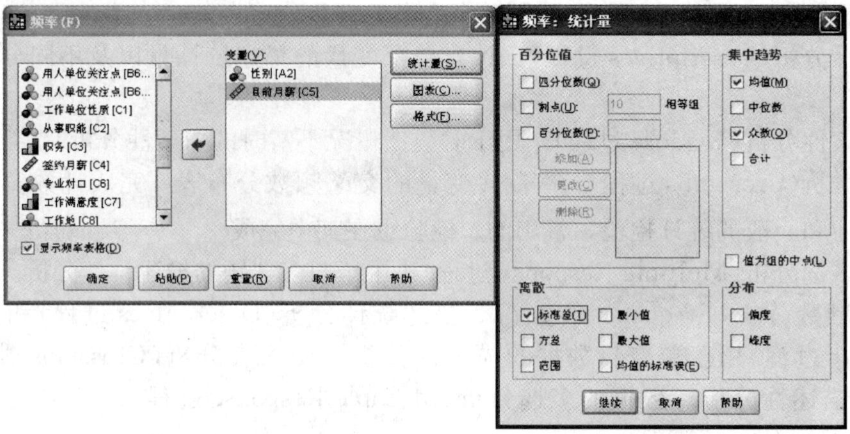

图 6.2 “频率”和“频率：统计量”对话框

对话框底部有一项“显示频率表格”复选框，SPSS 默认选择此项。选择此项后，输出结果将显示频数分布表，否则不显示频数分布表。

(4) 单击【统计量】按钮，选择相应的统计量。本例选择“均值”、“众数”、“标准差”，如图 6.2 右侧对话框所示。

在“频率：统计量”对话框中，用户可以选择所要统计的统计量。对话框中各选项的具体意义如下。

①“百分位值”栏。

四分位数：上四分位数与下四分位数。

割点：选择此项，在后面的文本框中输入数值，假设为 N(N 为在 2～100 之间的整数)，则计算并显示 N 分位数。

百分位数：选择此项，在后面的文本框中输入数值，可以有选择地显示百分位数。在文本框中可以输入 0～100 之间的数，输入后，单击【添加】按钮，将对应的百分位数添加到方框内的列表框中，利用【更改】按钮和【删除】按钮，可以对列表框中的选项进行修改和删除。

②“离散”栏。

标准差：对围绕均值的离差的测量。在正态分布中，68% 的个案在均值的一倍标准差范围内，95% 的个案在均值的两倍标准差范围内。例如，在正态分布中，如果平均年龄为 45，标准差为 10，则 95% 的个案将处于 25 到 65 之间。

方差：对围绕均值的离差的测量，值等于与均值的差的平方和除以个案数减一。度量方差的单位是变量本身的单位的平方。

范围：数值变量最大值和最小值之间的差。

最小值：数值变量的最小值。

最大值：数值变量的最大值。

均值的标准误：取自同一分布的样本与样本之间的均值之差的测量。它可以用来粗略地将观察到的均值与假设值进行比较(即如果差与标准误的比值小于－2 或大于＋2，则可以断定两个值不同)。

③“集中趋势”栏。

均值、中位数(一组数据升序或降序依次排列，处在中间位置的一个数值或最中间两个数据的平均数值)、众数(一组数据中出现次数最多的数值)、合计。

“集中趋势”栏下方有一个“值为组的中点”复选框，如果假设数据已经分组，而且数据取值为初始分组的中点，选择此项，将计算百分位数统计和数据的中位数。

④“分布”栏。

峰度(Kurtosis)：表征概率密度分布曲线在平均值处峰值高低的特征数。等于 3 表示数据呈正态分布；

大于 3 峰度过度，直观表现为比正态分布陡峭；小于 3 峰度不足，直观表现为比正态分布平坦。实际应用中将所得数值减 3 分析，即等于 0 表示数据呈正态分布。

偏度(Skewness)：表征概率分布密度曲线相对于平均值不对称程度的特征数。等于 0 表示数据呈正态分布；大于 0 右偏，直观表现为右边的尾部相对于左边的尾部要长；小于 0 左偏，直观表现为左边的尾部相对于右边的尾部要长。

(5) 单击【图表】按钮，可进行图表类型的选择，弹出“频率：图表”对话框，如图 6.3 所示。

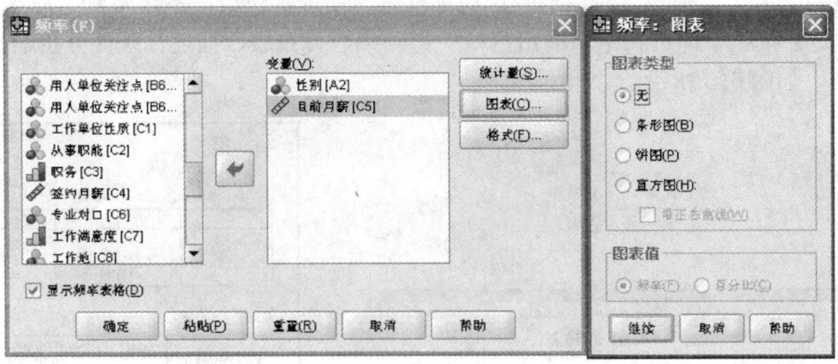

图 6.3 “频率”和“频率：图表”对话框

①“图表类型”栏：无(系统默认选项)、条形图、饼图、直方图。

如果选择输出“直方图”，可以选择是否在输出的直方图中添加正态分布曲线。如果需要输出正态分布曲线，则可勾选“带正态曲线”复选框。

②“图表值”栏：可选择图形中分类值的表现形式。

频率：如果图表类型是直方图，则直方图的纵轴为频数；如果图表类型是饼图，则饼图中每块表示该组观测值的频数。

百分比：如果图表类型是直方图，则直方图的纵轴为百分比；如果图表类型是饼图，则饼图中每块表示该组的观测量数占总数的百分比。

(6) 单击【格式】按钮，打开“频率：格式”对话框，如图 6.4 所示。

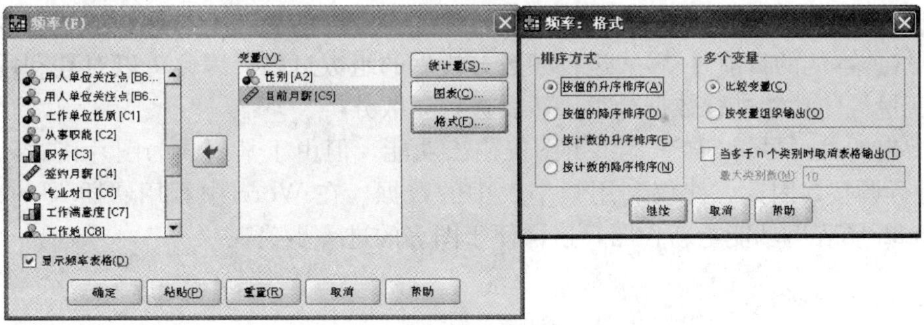

图 6.4 “频率”和“频率：格式”对话框

在该对话框中，用户可以设置频率分布表的输出格式。对话框中各选项的意义如下。

①“排序方式”栏：用户可以选择频数分布表中数值及其对应频率的排列顺序。

按值的升序排序：系统默认选项，频数分布表中将按照数值从小到大排列。

按值的降序排序：频数分布表中将按照数值从大到小排列。

按计数的升序排序：频数分布表中将按照计数从小到大排列。

按计数的降序排序：频数分布表中将按照计数从大到小排列。

如果用户在“频率：图表”对话框中选择输出直方图，频数分布表将按照数值顺序排列。

②“多个变量”栏：当“频率”主对话框的“变量”列表框中有多个变量时，利用“多个变量”栏可以

设置表格的显示方式。

比较变量：系统默认选项，SPSS将所有变量的描述统计的结果显示在同一张表格中，方便用户进行比较分析。

按变量组织输出：SPSS将对应每个变量分别输出单独的描述统计表格。

在“频率：格式”对话框的底端，有一个“最大类别数”文本框。通过输入数值，确定频数表输出的方位，但输出数据的组数不得大于窗口中输入的数值。分类数最大参数的默认值是10。

一般情况下，对“频率：格式”对话框的选项都默认为系统默认值，不作调整。

(7) 单击【确定】按钮，即可在结果输出窗口中得到频数分布表、描述性统计分析输出表格和用户选择的对应的输出图形，如图6.5所示。

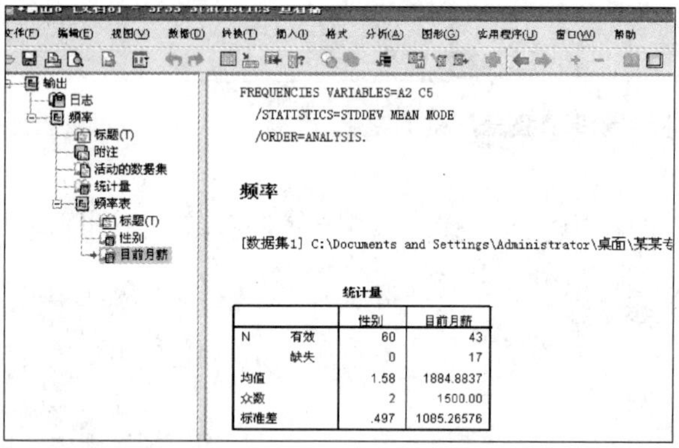

频率表

性别

		频率	百分比	有效百分比	累积百分比
有效	男	25	41.7	41.7	41.7
	女	35	58.3	58.3	100.0
	合计	60	100.0	100.0	

目前月薪

		频率	百分比	有效百分比	累积百分比
有效	1000.00	1	1.7	2.3	2.3
	1200.00	3	5.0	7.0	9.3
	1500.00	17	28.3	39.5	48.8
	1550.00	1	1.7	2.3	51.2
	1600.00	2	3.3	4.7	55.8
	1700.00	1	1.7	2.3	58.1
	1750.00	6	10.0	14.0	72.1
	1800.00	3	5.0	7.0	79.1
	2000.00	2	3.3	4.7	83.7
	2100.00	1	1.7	2.3	86.0
	2500.00	3	5.0	7.0	93.0
	3000.00	1	1.7	2.3	95.3
	4000.00	1	1.7	2.3	97.7
	8000.00	1	1.7	2.3	100.0
	合计	43	71.7	100.0	
缺失	系统	17	28.3		
合计		60	100.0		

图6.5 输出结果(1)

从上述结果可知，系统在未特别指定的情形下，频数分布表是按照原始数值逐一作频数分布的，这与日常需要的等距分组且组数保持在8～15组的要求不符。从本例可以看出，对于有些变量(如本例的目前月薪)，进行频数分析后的组数过多，因此可以对其利用“重新编码为不同变量”的功能进行数据分类，然后进行频数分析。

需要指出的是，尽管SPSS提供了图表输出功能，但由于其格式为图片格式，不便于在Word中进行调整，因此，建议利用频率表中的数据，在Word中利用“插入→对象→Microsoft Graph图表”功能重新作图，这样便于图表的进一步美观。

2. 描述统计分析

描述统计分析是对数据进行基础性的描述，通过得出的数据的平均值(Mean)、和(Sum)、标准差(Std Deviation)、最大值(Max)、最小值(Min)、方差(Variance)、全距(Range)、均值标准误差(S. E. Mean)、峰度(Kurtosis)、偏度(Skewness)等统计量，来估计原始数据的集中程度、离散状况和分布情况。

【例6-2】“某某专业毕业生调查”原始数据中，试利用SPSS对“签约月薪”和“目前月薪”这两个变量进行描述统计分析，计算签约平均月薪及标准差、目前平均月薪及标准差。再分别计算男性和女性的签约平均月薪及标准差、目前平均月薪及标准差。

解：菜单操作如下。

(1) 打开“某某专业毕业生调查”原始数据。

（2）如图 6.6 所示，单击“分析→描述统计→描述”，进入描述统计分析界面，如图 6.7 左侧对话框所示。

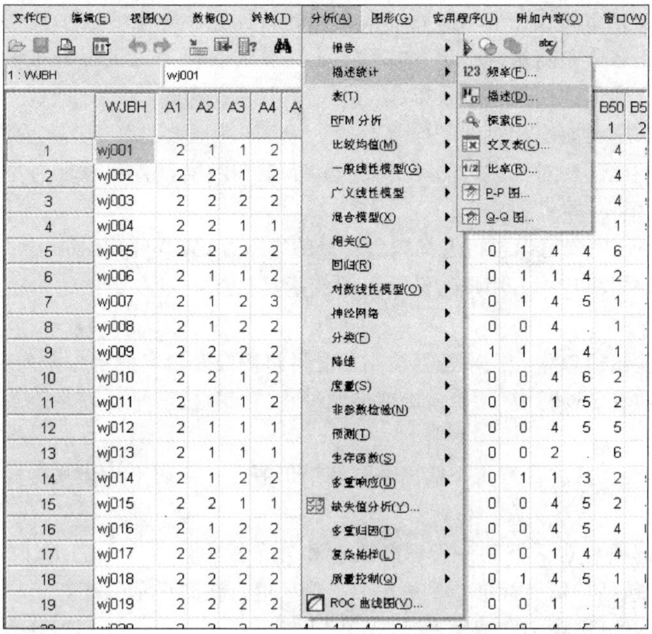

图 6.6　描述统计分析菜单

图 6.7　“描述性”和“描述：选项”对话框

在该主对话框中，选择“签约月薪”和“目前月薪”这两个变量进入右边的“变量”列表框中。

对话框底部有一个“将标准化得分另存为变量”复选框，选择该项，将对“变量”列表框中被选中变量的数据进行标准化，然后将标准化的结果保存到新变量中。新变量的变量名为原变量的变量名前面添加字母“z”，并被添加在数据编辑窗口中变量的最后一列。

数据标准化的计算公式为：$z=\dfrac{x-\mu}{\sigma}$，通过标准化，可以将均值为 μ、标准差为 σ 的原变量转化成均值为 0、标准差为 1 的新变量。

单击【选项】按钮，将打开“描述：选项”对话框，如图 6.7 右侧对话框所示。

在该对话框中，用户可以选择所要统计的统计量和图表输出方式。对话框中各选项的具体意义如下。

① 在对话框中最上面一行是均值和合计。

②“离散”栏中的统计量包括：标准差、方差、范围(极差)、最大值、最小值、均值的标准误。

③“分布”栏中的统计量包括以下两个。

峰度：表征概率密度分布曲线在平均值处峰值高低的特征数。等于 3 表示数据呈正态分布；大于 3 峰度过度，直观表现为比正态分布陡峭；小于 3 峰度不足，直观表现为比正态分布平坦。实际应用中将所得数值减 3 分析，即等于 0 表示数据呈正态分布。

偏度：表征概率分布密度曲线相对于平均值不对称程度的特征数。等于 0 表示数据呈正态分布；大于 0 右偏，直观表现为右边的尾部相对于左边的尾部要长；小于 0 左偏，直观表现为左边的尾部相对于右边的尾部要长。

④“显示顺序”栏中，用户可以自行选择输出变量的排序方式，包括以下 4 个。

变量列表：在结果输出窗口中，用户选择输出的变量将按照变量在数据编辑窗口中原来的排列顺序进行排列。

字母顺序：在结果输出窗口中，用户选择输出的变量将按照变量名的字母排列顺序进行排列。

按均值的升序排序：SPSS 将计算每个输出变量的平均值，并按照平均值从小到大对输出变量的顺序进行排列。

按均值的降序排序：SPSS 将计算每个输出变量的平均值，并按照平均值从大到小对输出变量的顺序进行排列。

用户可在“描述：选项”对话框第一行、离散栏和分布栏中，选中所需统计的统计量(可多项选择)。SPSS 默认的描述统计量包括均值、标准差、最小值、最大值。在“显示顺序”一栏里，用户只能选择一种变量排序方式，SPSS 的默认选项为“变量列表”。

进行选择后，单击【继续】按钮，即可返回“描述性”主对话框。

(3) 单击【确定】按钮，即可在结果输出窗口中得到描述性统计分析结果输出表格。本例输出结果如图 6.8 所示。

描述

[数据集1] C:\Documents and Settings\Administrator\桌面\某某专业毕业生调查.sav

描述统计量

	N	极小值	极大值	均值	标准差
签约月薪	49	800.00	2000.00	1394.8980	305.03499
目前月薪	43	1000.00	8000.00	1884.8837	1085.26576
有效的 N（列表状态）	43				

图 6.8　输出结果(2)

从结果可以看出，所有学生签约时的平均月薪为 1 395 元，标准差为 305 元，目前平均月薪为 1 885 元，标准差为 1 085 元。可以看出签约时大家月薪差异不大，但工作一定时间后，工资水平差异较大。

(4) 分别计算男性和女性的签约平均月薪及标准差、目前平均月薪及标准差。

由于录入数据时男女数据是混合在一起的，所以在统计之前要将两组学生的数据拆分，再进行统计处理。

① 数据拆分。选择“数据→拆分文件”命令，弹出“分割文件”对话框，激活“按组组织输出”选项，从左侧选择“性别”变量进入“分组方式”栏目，最后激活“按分组变量排序文件”选项，如图 6.9 所示。然后单击【确定】按钮。

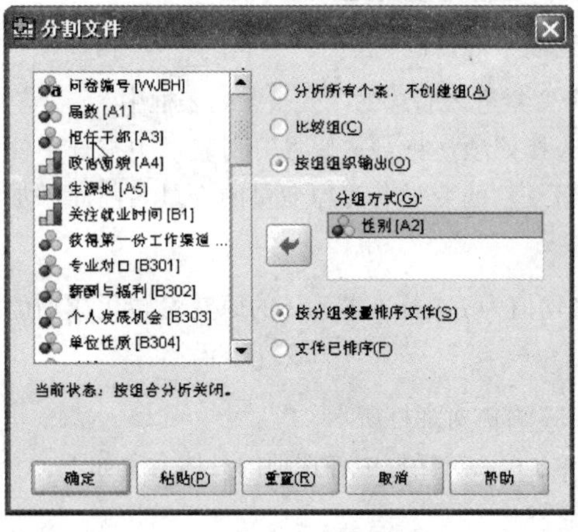

图 6.9　数据拆分

② 进行描述统计，计算男性与女性的签约平均月薪及标准差、目前平均月薪及标准差。

选择“分析→描述统计→描述”命令，弹出“描述性”

对话框，从左侧将“签约月薪”和“目前月薪”变量选入“变量”栏中，如图 6.10 所示。

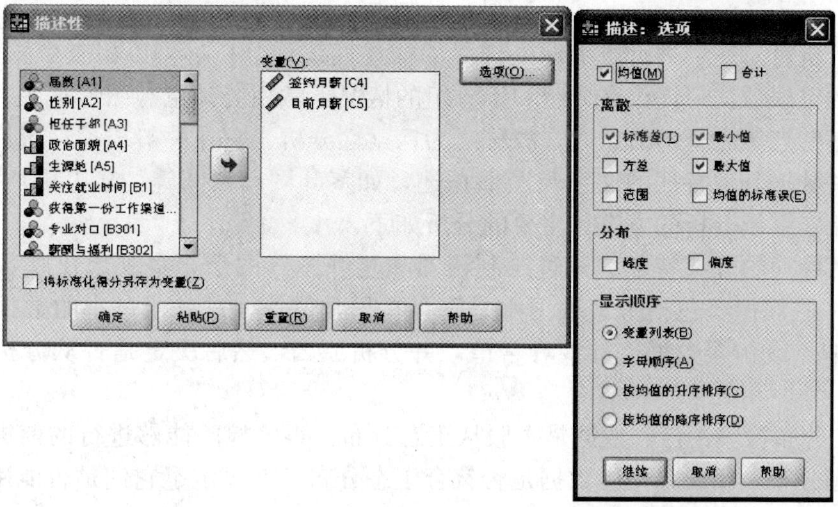

图 6.10　“描述性”和“描述：选项”对话框

③ 在“描述：选项”对话框中进行相应设定后，单击【确定】按钮，提交运行，输出结果如图 6.11 所示。

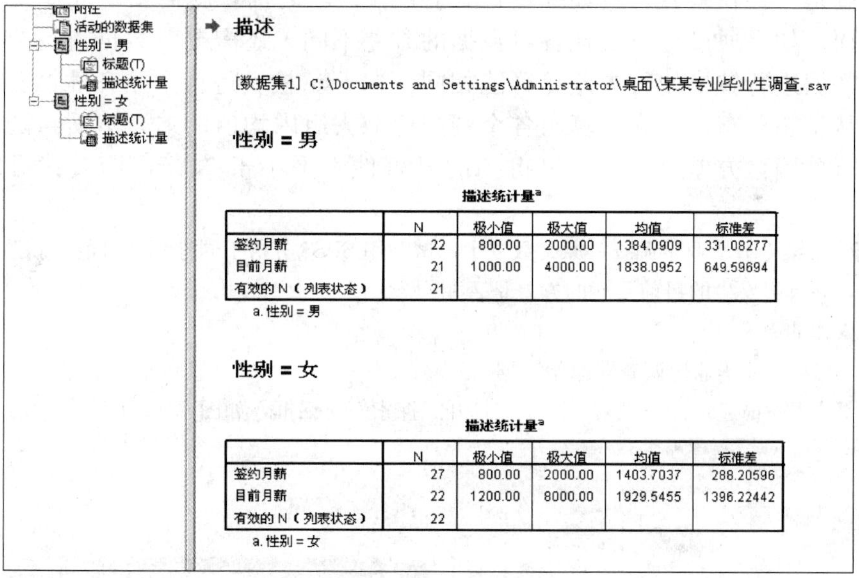

描述统计量[a]

	N	极小值	极大值	均值	标准差
签约月薪	22	800.00	2000.00	1384.0909	331.08277
目前月薪	21	1000.00	4000.00	1838.0952	649.59694
有效的 N（列表状态）	21				

a. 性别 = 男

描述统计量[a]

	N	极小值	极大值	均值	标准差
签约月薪	27	800.00	2000.00	1403.7037	288.20596
目前月薪	22	1200.00	8000.00	1929.5455	1396.22442
有效的 N（列表状态）	22				

a. 性别 = 女

图 6.11　输出结果(3)

从输出结果看，男生的平均签约月薪和目前平均月薪分别为 1 384 元和 1 838 元，标准差分别为 331 元和 649 元，女生的平均签约月薪和目前平均月薪分别为 1 403 元和 1 929 元，标准差分别为 289 元和 1 396 元。那么，男女生的平均签约月薪是否有差异呢？目前平均月薪是否也有差异呢？这些问题在描述统计分析中不能作肯定的回答，要回答这类问题需要借助推论统计分析来进行，此处暂不涉及，具体可参考本书其他相关内容。

【特别提示】由于本例对数据进行了拆分，该拆分处理将一直有效，直到取消拆分处理或更改拆分变量后，才会有新的变化。因此千万别忘了进行消除拆分处理。

3. 探索性分析

探索性分析可对变量进行更为深入详尽的描述性统计分析，可以检查数据是否有错误、剔除奇异值和错误数据；提供在分组和不分组的情况下常用统计量与图形；主要用于对资料的性质、分布特点等完全不清楚时，故称之为探索性分析。它在一般描述性统计指标的基础上，增加有关数据其他特征的文字与图形描述，如茎叶图、箱图等，显得更加详细、全面，有助于用户制定继续分析的方案。主要的分析如下。

(1) 观察数据的分布特征：通过绘制箱图和茎叶图等图形，直观地反映数据的分布形式和数据的一些规律，包括考察数据中是否存在异常值等。过大或过小的数据均有可能是奇异值、影响点或错误数据。寻找异常值，并分析原因，然后决定是否从分析中删除这些数据。

(2) 正态分布检验：检验数据是否服从正态分布。很多检验能够进行的前提是总体数据分布服从正态分布，因此，检验数据是否符合正态分布，就决定了它们是否能用只对正态分布数据适用的分析方法。如果得到的显著性水平(Significance)小于0.05，那么就可以拒绝数据服从正态分布的假设。

(3) 方差齐性检验：用Levene方差齐性检验比较各组数据的方差是否相等，以判定数据的离散程度是否存在差异。例如在进行独立的t检验之前，就需要事先确定两组数据的方差是否相同。如果通过分析发现各组数据的方差不同，还需要对数据进行方差分析，那么就需要对数据进行转换使得方差尽可能相同。Levene检验进行方差齐性检验时，不强求数据必须服从正态分布，它先计算出各个观测值减去组内均值的差，然后再通过这些差值的绝对值进行单因素方差分析。如果得到的显著性水平小于0.05，那么就可以拒绝方差相同的假设。

【例6-3】“某某专业毕业生调查”原始数据中，试利用SPSS分析不同性别“目前月薪”变量分布是否服从正态分布，并且男女生的目前月薪的方差是否相同。

解： 菜单操作如下。

(1) 打开“某某专业毕业生调查”原始数据。

(2) 选择“分析→描述统计→探索”命令，打开“探索”对话框，如图6.12所示。

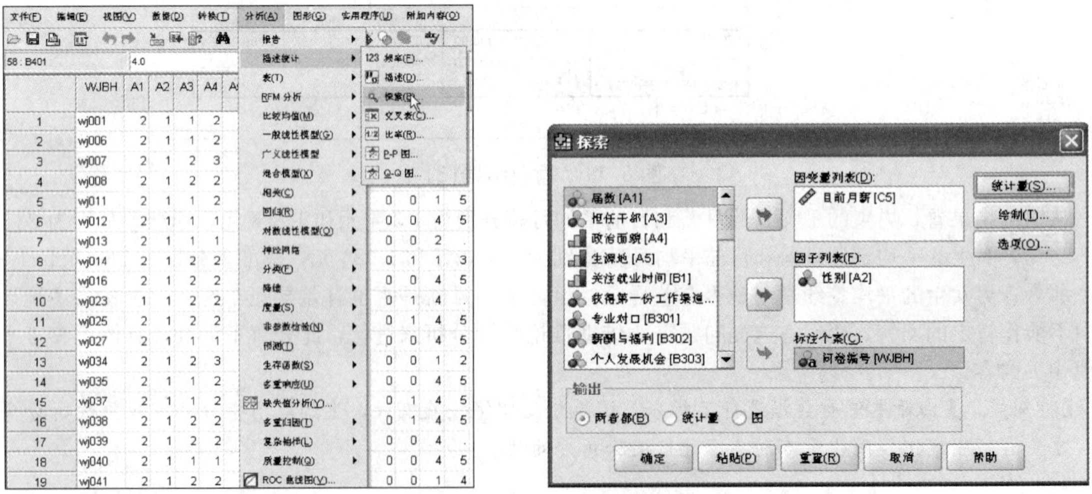

图6.12 “探索”主对话框

在“探索”对话框中，左边的变量列表为原变量列表，通过单击按钮可选择一个或者几个变量进入右边的“因变量列表”框、“因子列表”框和“标注个案”列表框。因变量是用户所研究的目标变量；因子变量是影响因变量的因素；标注个案是区分每个个案的变量，如雇员的ID、学号等。

本例，将“目前月薪”变量选入“因变量列表”，将“性别”变量选入“因子列表”框中，同时将“问卷编号”变量选入“标注个案”列表框中(当然也可不选择)。

【特别提示】如果有多个分组变量进入“因子列表”列表框中，那么会以分组变量的各种取值进行组合分组。如两个分组变量各有2种取值，那么输出的结果就会有4种组合分组。

在对话框下端的“输出”栏中有3个选项。

① 两者都：默认选项，表示同时输出描述统计量的统计表格和图形。选择此项将激活右边的【统计量】和【绘制】按钮。

② 统计量：表示只输出统计表格，不输出图表。选择此项将激活右边的【统计量】按钮，【绘制】按钮不被激活。

③ 图：表示只输出图表，不输出统计表格。选择此项将激活右边的【绘制】按钮，【统计量】按钮不被激活。

(3) 单击【统计量】按钮，打开“探索：统计量”对话框，如图6.13所示。

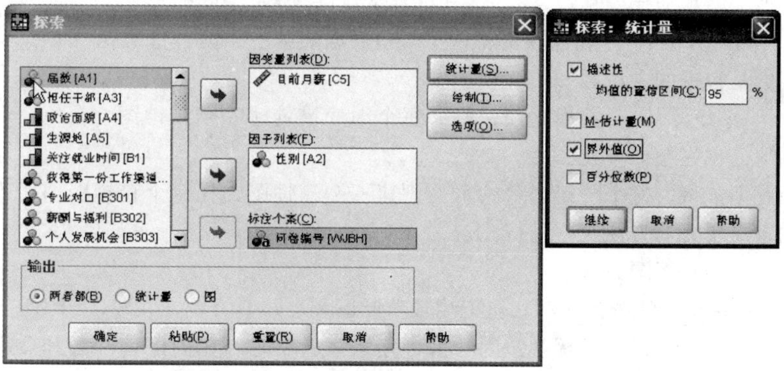

图6.13　“探索：统计量”对话框

在该对话框中，4个选择项分别如下。

① 描述性：选择此项，将生成描述性统计表格。表中显示样本数据的描述统计量，包括平均值、中位数、5%调整平均数、标准误差、方差、标准差、最大值、最小值、组距、四分位数、峰度、偏度及峰度和偏度的标准误差。此项为默认选项，在下面的“均值的置信区间”文本框中，用户还可输入数值指定均值的置信区间的置信度，系统默认的置信度为95%。

② M-估计量：选择此项，将计算并生成稳健估计量。M估计在计算时对所有观测量赋予权重，随观测量距分布中心的远近而变化，通过给远离中心值的数据赋予较小的权重来减小异常值的影响。

③ 界外值：选择此项，将输出分析数据中的5个最大值和5个最小值作为异常嫌疑值。

④ 百分位数：选择此项，将计算并显示指定的百分位数，包括5%、10%、25%、50%、75%、90%和95%等。

“探索：统计量”对话框中的4个选项为复选框，用户可进行多项选择，单击【继续】按钮，即可返回“探索”主对话框。

本例选择“描述性”和“界外值”。

(4) 单击【绘制】按钮，打开“探索：图”对话框，如图6.14所示。

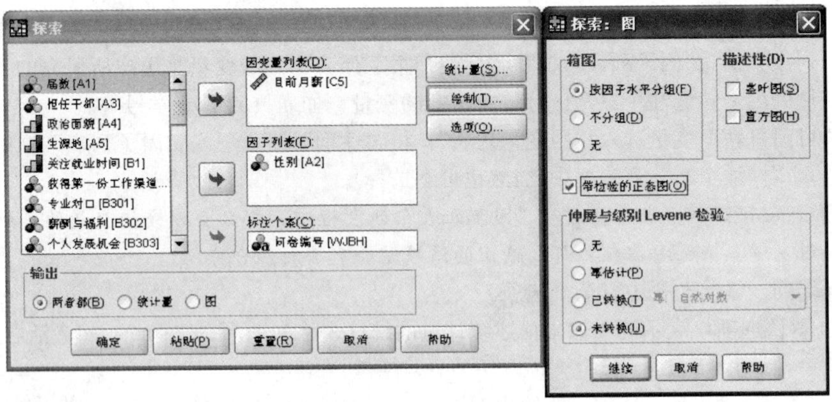

图 6.14 “探索：图”对话框

“探索：图”对话框中有如下 4 个选择组。

①“箱图”栏：箱图，又称箱锁图。如果用户在“探索”主对话框的“因变量列表”框中输入了多个变量名，则在此选择组中进行选择，可确定箱锁图的生成方式。箱锁图中，底部的水平线段是数据的最小值(异常点除外)，顶部的水平线段是数据的最大值(异常点除外)，中间矩形箱子的底所在的位置是数据的第一个四分位数(即 25%分位数)，箱子顶部所在位置是数据的第三个四分位数据(即 75%分位数)，箱子中间的水平线段刻画的是数据的中位数(即 50%分位数)。

按因子水平分组(系统默认)：选择此项，将为每个因变量创建一个箱锁图，在每个箱锁图内根据分组变量的不同水平的取值创建箱形单元。

不分组：选择此项，将为每个分组变量的水平创建一个箱锁图，在每个箱锁图内用不同的颜色区分不同因变量所对应的箱形单元，方便用户进行比较。

无：选择此项，不创建箱图。

②“描述性”栏：选择该组内的选项，可以生成茎叶图和(或)直方图。在箱图组内选择的选项不同，则生成的茎叶图和直方图也不相同。选择“按因子水平分组”选项时，在创建茎叶图和(或)直方图时，首先会根据因变量的不同进行分类，为每一个因变量对应的不同分组变量的不同水平创建一个茎叶图和(或)直方图；选择“不分组”选项时，在创建茎叶图和(或)直方图时，则首先根据不同分组变量水平的不同，为每一个因变量创建一个茎叶图和(或)直方图。

茎叶图(系统默认)：茎叶图主要由 3 个部分组成，即频率、茎和叶，在图中按从左到右的顺序依次排列，在图的底端，注明了茎的宽度和每一叶所代表的观测量数。茎叶图中，茎表示数据的整数部分，叶表示数据的小数部分(小数位数只有一位，频数的数值有多大，则对应的小数就有多少个)，将茎和叶的数值组合起来再乘以茎宽，便是该数据的值。由于茎叶图不仅仅能表示数据的频数分布，还能近似地表示数据的大小，因此它比直方图表达的信息更全面。

直方图：直接绘制直方图。

③ 带检验的正态图：显示正态概率和反趋势正态概率图，显示用于检验正态性的 Kolmogorov-Smirnov 统计量。如果指定的是非整数权重，则在加权样本大小位于 3～50 之间时，计算 Shapiro-Wilk 统计量。对于无权重或整数权重，在加权样本大小位于 3～5 000 之间时，计算该统计量。但建议当样本含量 $n \leqslant 2\ 000$ 时，结果以 Shapiro-Wilk(W 检验)为准，当样本含量 $n > 2\ 000$ 时，结果以 Kolmogorov-Smirnov(D 检验)为准。本例由于要检验正态性，因此需勾选此项。如果得到的显著性水平小于 0.05，那么就可以拒绝数据服从正态分布的假设。

④“伸展与级别 Levene 检验”栏：当选择了分组变量时，绘制分布-水平图，并进行方差齐性检验和数据转换，同时输出回归直线的斜率及方差齐性的 Levene 检验，但如果没有指定分组变量，则此选项无效。如果得到的显著性水平小于 0.05，那么就可以拒绝方差相同的假设。

无：不进行 Levene 检验，系统默认。选择此项，SPSS 将不产生回归直线的斜率和方差齐性检验。

幂估计：对每组数据产生一个中位数的自然对数及 4 个分位数的自然对数的散点图。

已转换：变换原始数据，用户可在后面的参数框中选择数据变换类型。

未转换：不变换原始数据时选择此项。本例选择此项。

用户在“探索：图”对话框中进行选择后，单击【继续】按钮，即可返回“探索”主对话框。

本例，“箱图”栏选择按因子水平分组，“描述性”栏不选择，勾选“带检验的正态图”复选框，“伸展与级别 Levene 检验”栏选择未转换进行方差齐性检验。

(5) 单击【选项】按钮，打开“探索：选项”对话框，如图 6.15 所示。

在该对话框中，可选择缺失值的处理方式，SPSS 提供了 3 种处理方式。

① 按列表排除个案(系统默认)：选择此项，对所有的分析过程剔除分组变量和因变量中所有带有缺失值的观测量数据。

② 按对排除个案：同时剔除带缺失值的观测量及与缺失值有成对关系的观测量。在当前分析过程中用到的变量数据中剔除带有缺失值的观测量数据，在其他分析过程中可能包含缺失值。

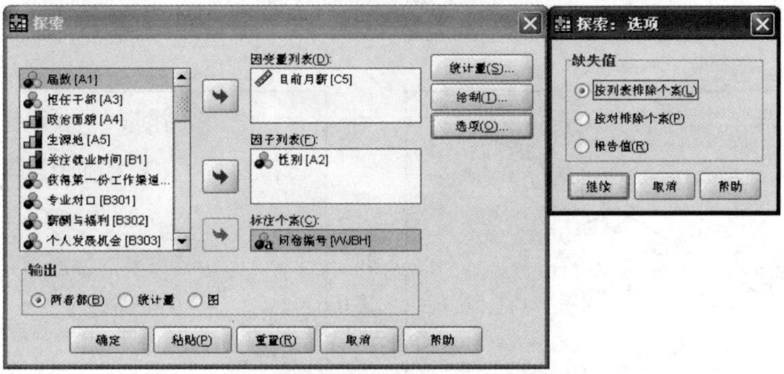

图 6.15　“探索：选项”对话框

③ 报告值：选择此项，将分组变量的缺失值单独分为一组，在输出频数表的同时输出缺失值。

用户在“探索：选项”对话框中进行选择后，单击【继续】按钮，即可返回“探索”主对话框。

(6) 单击【确定】按钮，即可在结果输出窗口中得到探索分析过程的数据概述、基本统计描述表、极端值列表、正态分布检验、方差齐性检验、茎叶图、直方图、箱锁图、正态分布 Q－Q 图、离散正态分布 Q－Q 图等图表。本例输出结果如图 6.16 所示。

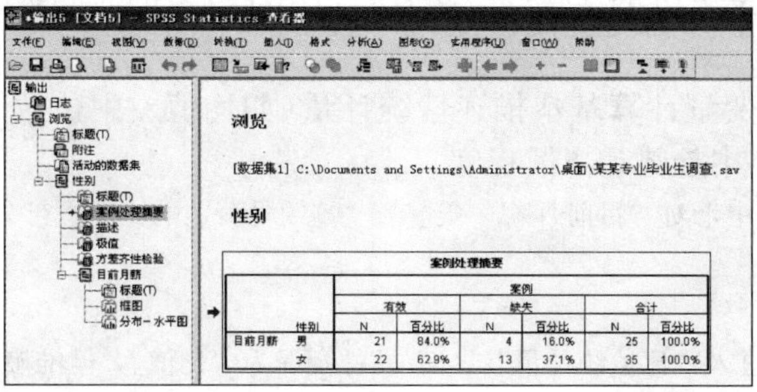

案例处理摘要

		案例					
		有效		缺失		合计	
	性别	N	百分比	N	百分比	N	百分比
目前月薪	男	21	84.0%	4	16.0%	25	100.0%
	女	22	62.9%	13	37.1%	35	100.0%

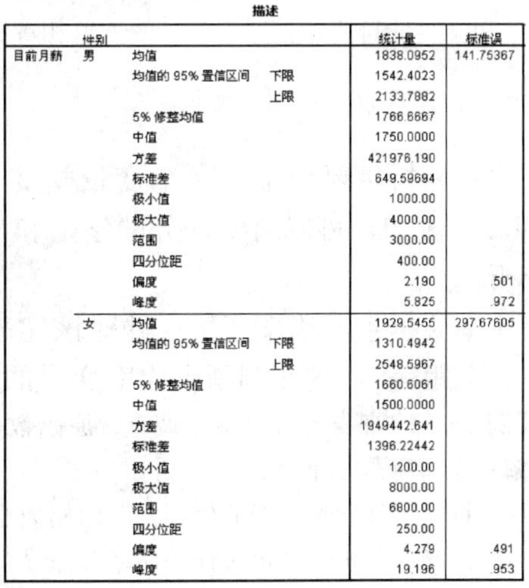

描述

	性别			统计量	标准误
目前月薪	男	均值		1838.0952	141.75367
		均值的 95% 置信区间	下限	1542.4023	
			上限	2133.7882	
		5% 修整均值		1766.6667	
		中值		1750.0000	
		方差		421976.190	
		标准差		649.59694	
		极小值		1000.00	
		极大值		4000.00	
		范围		3000.00	
		四分位距		400.00	
		偏度		2.190	.501
		峰度		5.825	.972
	女	均值		1929.5455	297.67605
		均值的 95% 置信区间	下限	1310.4942	
			上限	2548.5967	
		5% 修整均值		1660.6061	
		中值		1500.0000	
		方差		1949442.641	
		标准差		1396.22442	
		极小值		1200.00	
		极大值		8000.00	
		范围		6800.00	
		四分位距		250.00	
		偏度		4.279	.491
		峰度		19.196	.953

图 6.16　输出结果(4)

极值

性别				案例号	问卷编号	值
目前月薪	男	最高	1	24	wj056	4000.00
			2	7	wj013	3000.00
			3	23	wj052	2500.00
			4	17	wj039	2000.00
			5	22	wj051	2000.00
		最低	1	15	wj037	1000.00
			2	6	wj012	1200.00
			3	20	wj048	1500.00
			4	16	wj038	1500.00
			5	14	wj035	1500.00[a]
	女	最高	1	51	wj045	8000.00
			2	29	wj005	2500.00
			3	47	wj036	2500.00
			4	60	wj060	2100.00
			5	26	wj002	1750.00[b]
		最低	1	58	wj057	1200.00
			2	33	wj017	1200.00
			3	59	wj058	1500.00
			4	57	wj055	1500.00
			5	55	wj053	1500.00[a]

a. 下限值表中仅显示一部分具有值 1500.00 的案例。

b. 上限值表中仅显示一部分具有值 1750.00 的案例。

正态性检验

		Kolmogorov-Smirnov[a]			Shapiro-Wilk		
	性别	统计量	df	Sig.	统计量	df	Sig.
目前月薪	男	.285	21	.000	.759	21	.000
	女	.369	22	.000	.400	22	.000

a. Lilliefors 显著水平修正

方差齐性检验

		Levene 统计量	df1	df2	Sig.
目前月薪	基于均值	.833	1	41	.367
	基于中值	.108	1	41	.744
	基于中值和带有调整后的 df	.108	1	26.756	.745
	基于修整均值	.211	1	41	.648

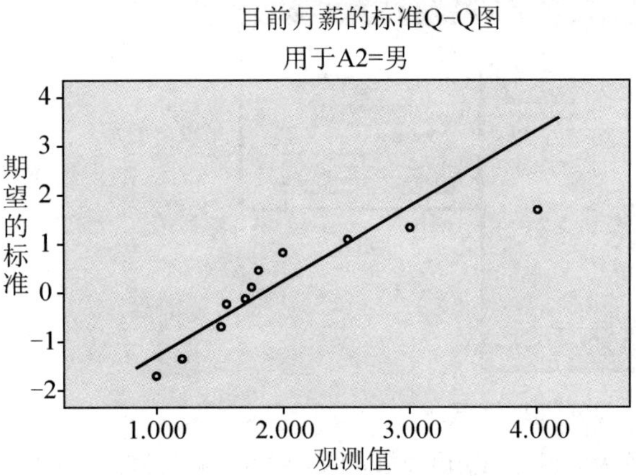

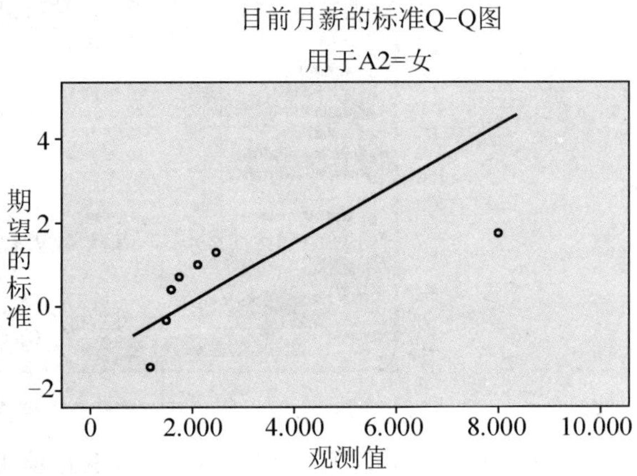

图 6.16 输出结果(4)(续)

此外，还给出了按性别分类的反趋势正态 Q－Q 图和目前月薪的茎叶图。

从正态性检验看，男生和女生的目前月薪变量并不服从正态分布(sig 的值均小于 0.05)。

从方差齐性检验看，基于均值、基于中值以及其他两种方式的显著性水平 sig 均大于 0.05，因此不能拒绝男生和女生的目前月薪这个变量的方差相等的假设，即男生和女生的目前月薪的方差是相同的。

4. 比率分析

比率分析主要用于对两个变量间变量值的比率变化进行描述分析，适用于定距型变量(Scale)。例如，可以对受处分的学生和没受处分的学生的上网时间与用计算机的时间进行比率分析。

比率分析生成比率变量，并对该比率变量计算基本描述性统计量(如均值、中位数、标准差、全距等)，进而刻画出比率变量的集中趋势和离散程度。

【例 6－4】“某某专业毕业生调查”原始数据中，对“目前月薪”变量与“签约月薪”的比率进行分析。

解：菜单操作如下。

(1) 打开“某某专业毕业生调查”原始数据。

(2) 选择“分析→描述统计→比率”命令，进入“比值统计量”界面(软件翻译为“比值”，但准确的术语应是“比率”)，如图 6.17 所示。

图 6.17　“比值统计量”主对话框

在该主对话框中，左边的变量列表为原变量列表，通过单击 按钮可选择一个或者几个变量进入右边的“分子”变量列表框、“分母”变量列表框和“组变量”列表框中。进行不同组间的比率比较时，需要将变量分组，将变量选择到“组变量”列表框中后，可以选择将变量按照分组变量进行升序或者降序排列。

“比值统计量”对话框的左下角有如下两个复选框。

① 显示结果(系统默认)。

② 将结果保存到外部文件：如果选择该项，【文件】按钮被激活，单击【文件】按钮可将输出结果保存至用户指定的位置。

该对话框的右下角是【统计量】按钮，单击它将打开“比率统计量：统计量”对话框。

(3) 单击【统计量】按钮，打开“比率统计量：统计量”对话框，如图 6.18 所示。

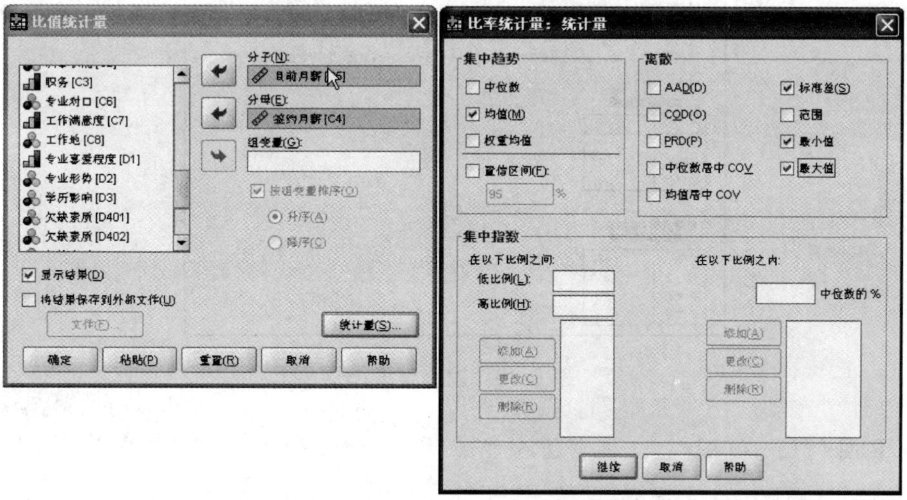

图 6.18　“比率统计量：统计量”对话框

在该对话框中，用户可以选择比率变量计算基本描述性统计量(如均值、中位数、标准差、范围等)，并描述比率变量的集中趋势和离散程度。对话框中各选项的具体意义如下。

①“集中趋势”栏：它包括中位数，均值，权重均值(Weighted Mean)(两变量均值的比)，置信区间

(Confidence Intervals)(默认置信区间的置信度为 95%)。

②“离散”栏包括以下几项。

AAD(Average Absolute Deviation，平均绝对离差)，其计算公式如下

$$\text{AAD}=\frac{\sum R_i - M}{N}$$

其中，R_i是比率数，M是比率变量的中位数，N为样本数。

COD(Coefficient of Dispersion，离散系数)，其计算公式如下

$$\text{COD}=\frac{\frac{\sum |R_i - \bar{R}|}{N}}{M}$$

PRD(Price-related Differential，相关价格微分)：比率均值与加权比率均值的比。

中位数居中 COV(Median Centered COV)：计算公式如下

$$\text{COV}=\frac{\frac{\sum (R_i - M)^2}{N}}{M}$$

均值居中 COV(Mean Centered COV)：通常意义下的变异系数，即标准差除以均值。

③“集中指数”栏包括以下几项。

在以下比例之间：通过在低比例和高比例后面的文本框中输入数值，可以控制比率的范围。输入后，单击【添加】按钮，将对应的比率范围添加到方框内的列表框中，利用【更改】按钮和【删除】按钮，可以对列表框中的选项进行修改和删除。

在以下比例之内：通过在中位数的%前面的文本框中输入数值，可以控制比率相对于中位数的范围。输入后，单击【添加】按钮，将对应的比率限制条件添加到方框内的列表框中，利用【更改】按钮和【删除】按钮，可以对列表框中的选项进行修改和删除。

用户在本对话框中进行选择后，单击【继续】按钮，即可返回“比值统计量”主对话框。

(4) 在“比值统计量”主对话框中单击【确定】按钮，可在输出窗口中得到分组描述结果和比率分析结果等图表。针对本例的选择，其结果如图 6.19 所示。

▸ 比率统计

[数据集1] C:\Documents and Settings\Administrator\桌面\某某专业毕业生调查.sav

案例处理摘要

	计数
总数	43
排除的	17
总计	60

目前月薪 / 签约月薪的比率统计量

均值	1.470
极小值	.850
极大值	10.000
标准差	1.399

图 6.19　输出结果(5)

5. P-P 图和 Q-Q 图

P-P 图是根据变量的累积比例与指定分布的累积比例之间的关系所绘制的图形。通过 P-P 图可以检验数据是否符合指定的分布。当数据符合指定分布时，P-P 图中各点近似呈一条直线。如果 P-P 图中各点不呈直线，但有一定规律，可以对变量数据进行转换，使转换后的数据更接近指定分布。

Q-Q图同样可以用于检验数据的分布，所不同的是，Q-Q图是用变量数据分布的分位数与所指定分布的分位数之间的关系曲线来进行检验的。

由于P-P图和Q-Q图的用途完全相同，只是检验方法存在差异，SPSS中用于作出P-P图的对话框和用于作出Q-Q图的对话框完全一致，下面将对两者统一加以说明。

【例6-5】“某某专业毕业生调查”原始数据中，检验“目前月薪”变量是否服从正态分布。

解：菜单操作如下。

(1) 打开“某某专业毕业生调查”原始数据。

(2) 选择“分析→描述统计→P-P图(或Q-Q图)”命令，打开“P-P图(或Q-Q图)”对话框，如图6.20(或图6.21)所示。

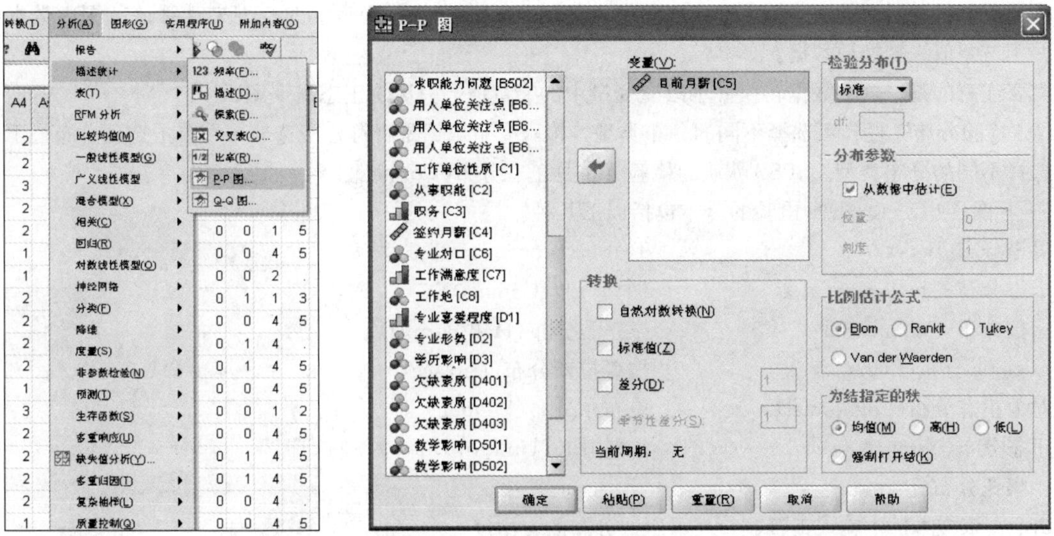

图6.20　“P-P图”对话框

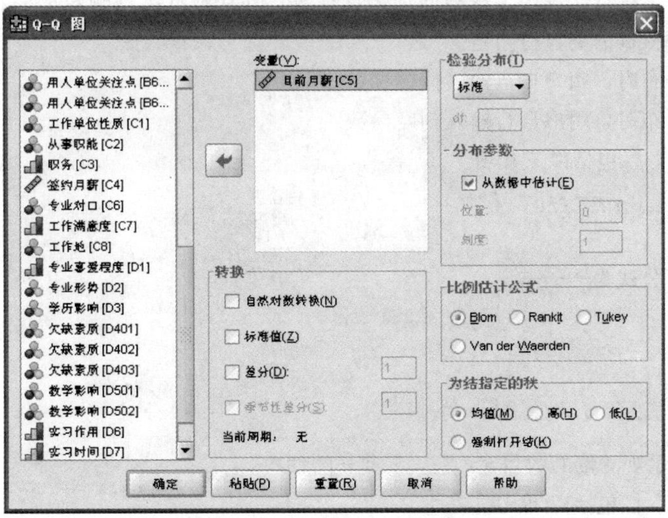

图6.21　“Q-Q图”对话框

在“P-P图”或“Q-Q图”对话框中，最左边的变量列表为原变量列表，通过单击按钮可选择一个或者几个变量进入位于对话框中间的“变量”列表框中。根据这些变量数据可创建P-P图或Q-Q图，并进行分布检验。

“P－P图”或“Q－Q图”对话框的中下方和右方有5个选项栏，选项栏中各选项的意义如下。

①“转换”栏包括以下几项。

自然对数转换：选择此项，对当前变量的数据取自然对数，即将原有变量转换成以自然数e为底的对数变量。

标准值：选择此项，将当前变量的数据转换为标准值，即转换后变量数据的均值为0，方差为1。

差分：选择此项，对当前变量的数据进行差分转换，即利用变量中连续数据之间的差值来转换数据。选择此项以后，后面的文本框变为可用，在其中输入一个正整数，以确定转换的差分度，默认值为1。

季节性差分：用于确定指明计算时间序列的季节差分。只有在对当前变量的数据序列定义了周期(通过主菜单中的【数据】菜单中的【定义日期】选项定义)以后才可用，如果当前周期为0，将不能计算季节差分。选择此项，在后面的文本框中输入正整数，然后根据该正整数所确定的范围来计算该范围内数据的差值，并用该差值来转换原数据。

需要注意的是，这些数据转换并不改变变量中的变量值，只影响正态概率图。

②“检验分布”栏：可选择不同的分布类型，检验变量数据是否符合所选分布。单击选项分布栏下的箭头可选择不同的分布类型。SPSS默认的检验分布是正态分布(Normal)。

P－P图(或Q－Q图)可检验的分布包括以下几种。

贝塔分布(Beta)

卡方分布(Chi-square)

指数分布(Exponential)

Logistic分布(Logistic)

对数正态分布(Lognormal)

正态分布(Normal)

帕累托分布(Pareto)

T分布(Student t)

伽马分布(Gamma)

半正态分布(Half-normal)

拉普拉斯分布(Laplace)

威布尔分布(Weibull)

均匀分布(Uniform)

dt：在该文本框中输入正整数，表示所选分布的自由度。

③“分布参数”栏：在该栏中可输入所选分布类型的参数，选择的分布不同，参数输入窗口也不同。

从数据中估计：为系统默认选项。选择此项，系统将自动从数据中推测数据分布的参数，否则就要在该选项下方的参数框中根据需要自行指定。

位置：选择正态分布时，用户自行输入位置参数。

刻度：选择正态分布时，用户自行输入刻度参数。

④“比例估计公式”栏包括以下几项。

Blom方法：计算公式为$\frac{r-3/8}{n+1/4}$。

Rankit方法：计算公式为$\frac{r-1/2}{n}$。

Tukey方法：计算公式为$\frac{r-1/3}{n+1/3}$。

Van der Waerden方法：计算公式为$\frac{r}{n+1}$。

以上公式中，n表示观测量的数目，r是从1到n的秩次。

⑤“为结指定的秩”栏包括以下几项。

均值：用连接值的平均秩指定顺序。

高：用连接值的最大秩指定顺序。

低：用连接值的最小秩指定顺序。

强制打开结：忽略观测量权重的影响。

本例对“目前月薪”变量的正态分布检验的P－P图如图6.22所示。

模型描述

模型名称		MOD_1
序列或顺序	1	目前月薪
转换		无
非季节性差分		0
季节性差分		0
季节性期间的长度		无周期性
标准化		未应用
分布	类型	正态
	位置	估计
	标度	估计
部分排序估计方法		Blom
为结指定秩		同数的值的秩均值

正在应用来自 MOD_1 的模型指定。

个案处理摘要

		目前月薪
序列或顺序长度		60
图中的缺失值数	用户缺失	0
	系统缺失	17

个案未进行加权。

估计的分布参数

		目前月薪
正态分布	位置	1884.8837
	标度	1085.26576

个案未进行加权。

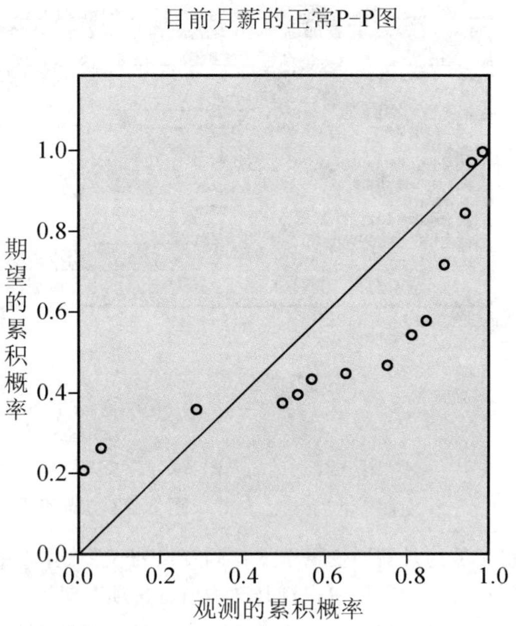

图 6.22　输出结果(6)

6.1.2　多变量的描述性分析

1. 多变量的均值过程

与描述统计分析相比，若仅仅计算单一组别的均数和标准差，均值过程并无特别之处；但若用户要求按指定条件分组计算均数和标准差，如分性别同时分年龄计算各组的均数和标准差，则用均值过程更显简单快捷。

【例 6-6】“某某专业毕业生调查”原始数据中，试利用 SPSS 对“签约月薪”进行描述统计分析，计算不同性别的签约时平均月薪及标准差、最大月薪和最小月薪。

解： 菜单操作如下。

(1) 打开“某某专业毕业生调查”原始数据。

(2) 选择“分析→比较均值→均值”命令，进入均值界面，如图 6.23 所示。

图 6.23　均值设置界面

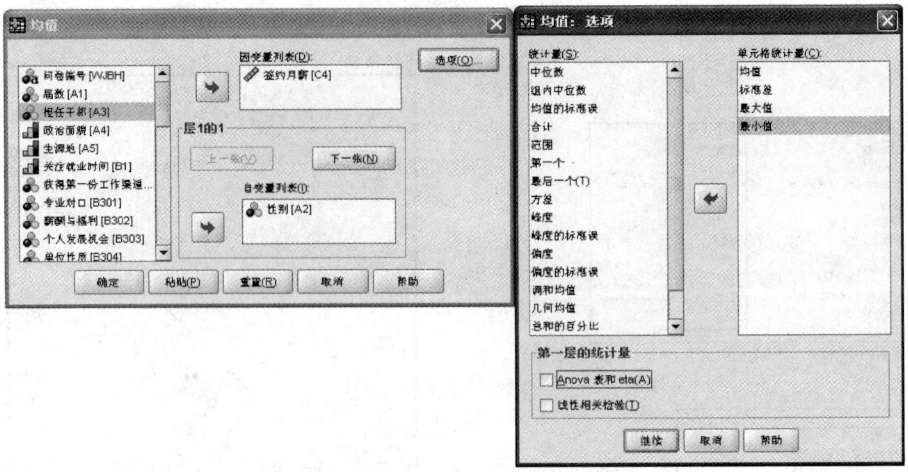

图 6.23　均值设置界面(续)

(3) 将“签约月薪”变量选入“因变量列表”栏，“性别”变量作为分组变量选入“自变量列表”栏中。

(4) 单击【选项】按钮，打开“均值：选项”对话框，可从左边的“统计量”栏选入相应的统计量进入右边的“单元格统计量”栏中，本例选入均值、标准差、最大值、最小值。

“第一层的统计量”栏包括以下选项。

Anov 表和 eta(A)：对第一层的分组变量进行单因素方差分析，并计算用于度量变量相关程度的 eta 值。方差分析相关内容见本书其他章节。

线性相关检验：检验线性相关性，实际上就是上面的单因素方差分析。

(5) 单击【继续】按钮返回主对话框，再单击【确定】按钮，得到结果如图 6.24 所示。

案例处理摘要

	案例					
	已包含		已排除		总计	
	N	百分比	N	百分比	N	百分比
签约月薪 * 性别	49	81.7%	11	18.3%	60	100.0%

报告

签约月薪

性别	均值	标准差	极大值	极小值
男	1384.0909	331.08277	2000.00	800.00
女	1403.7037	288.20596	2000.00	800.00
总计	1394.8980	305.03499	2000.00	800.00

图 6.24　输出结果(7)

2. 多变量的交叉表分析

1) 交叉表的类型

通过频数分析，只能了解单个变量的数据分布情况。但在实际分析中，还需要掌握多个变量在不同取值情况下的数据分布情况，从而进一步深入分析事物(变量)之间的相互影响和关系，这就需要做交叉表分析，又称为交叉列联表分析或列联表分析。

例如，有如下问句：

A1、(调查员记录)被调查者届数：1. 2006 届　2. 2007 届

A2、(调查员记录)被调查者性别：1. 男　2. 女

C7、对目前的工作满意程度：1. 非常满意　2. 满意　3. 一般　4. 不满意　5. 非常不满意

通过频数分析，可以了解学生对当前工作的满意程度。为了进一步分析，希望了解一下，不同届数的人是否会对回答这道题(C7)有较大的影响，这里有两个变量参与分析(A1、C7)，这样就得到一个二维交叉表，见表 6－1。

表 6－1　两变量交叉表

	非常满意	满意	一般	不满意	非常不满意	合计
2006 届						
2007 届						
合计						

再进一步，希望了解不同届数、不同性别的学生对回答这道题(C7)的答案是否产生较大影响，参与分析的变量就有 3 个(A1、A2、C7)，这样就得到一个多维交叉表，见表 6－2。

表 6－2　三变量交叉表

		非常满意	满意	一般	不满意	非常不满意	合计
2006 届	男						
	女						
2007 届	男						
	女						
合计							

在表 6－1 中，“届数”和“工作满意度”这两个变量分别称为交叉表的行变量(Row)和列变量(Column)。

在表 6－2 中，届数称为交叉表的层控制变量(Layer)，“性别”变量为行变量，“工作满意度”为列变量。

2) 交叉表的独立性分析

通过观察交叉表，可以大致了解个案在相应行、列变量以及控制变量的取值分布情况。但是行、列变量之间是否有联系，即是否相关呢？下面以实际例子来说明。

【例 6－7】“某某专业毕业生调查”原始数据中，考虑不同性别下不同届数的人对目前工作的满意状况的分布，并判断性别与工作满意状况是否相关。

解：菜单操作如下。

(1) 打开“某某专业毕业生调查”原始数据。

(2) 选择“分析→描述统计→交叉表”命令，进入交叉表界面，如图 6.25 所示。

一个行变量和一个列变量可以形成一个二维交叉表，再指定一个分组变量作为层控制变量就形成三维交叉表。指定多个行、列、层控制变量，就会形成一个复杂的多维交叉表。

(3) 在源变量框中选择一个或多个分变量送入“行”文本框，作为分布表中的行变量。本例选入“届数”变量。

(4) 在源变量框中选择一个或多个分变量送入“列”文本框，作为分布表中的列变量。本例选入“工作满意度”变量。

(5) 选择一个层控制变量进入“层”框中。该变量决定频数分布表的层。单击【下一张】按钮，可指定另外一个层控制变量。单击【上一张】按钮可以改变前次确定的层控制变量。本例选入“性别”作为第 1 层的控制变量。

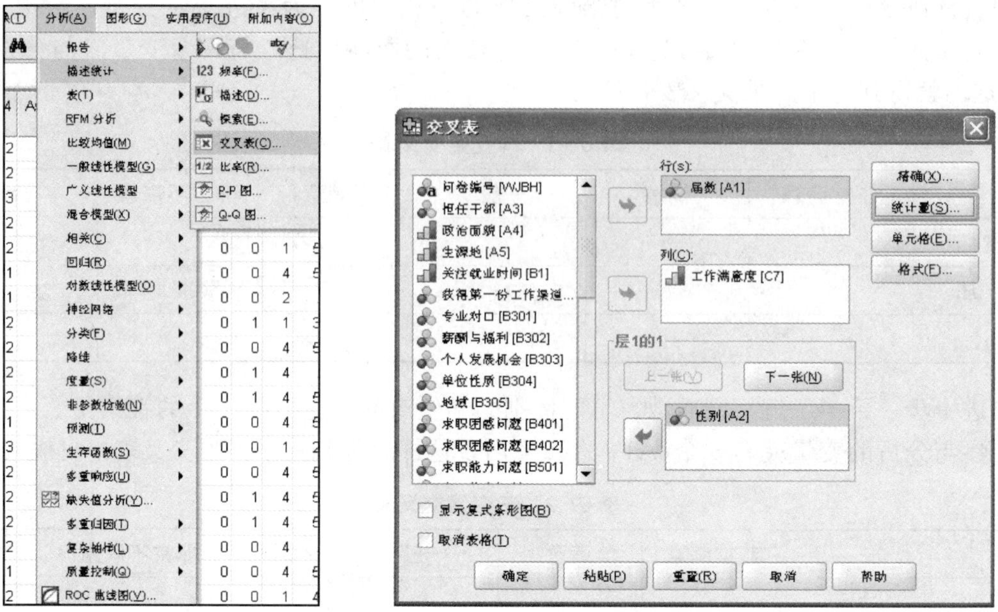

图 6.25　交叉表分析主对话框

(6) 显示复式条形图：复式条形图可帮助汇总个案组的数据。对于在“行”下指定的变量的每个值，均有一个聚类条形图。定义每个聚类内的条形图的变量就是在“列”下指定的变量。对于此变量的每个值，均有一组不同颜色或图案的条形图。如果在“列”或“行”下指定多个变量，则为每个双变量组合生成一个复式条形图。

(7) 取消表格：只输出统计量，不输出交叉表。

(8) 单击【统计量】按钮，打开对话框，如图 6.26 所示。

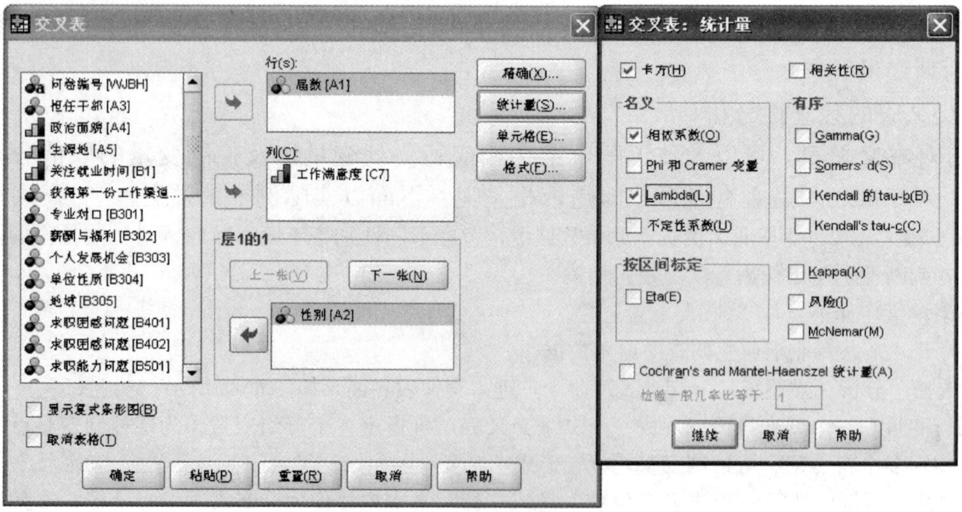

图 6.26　选择统计量对话框

① 卡方：输出 4 种卡方检验结果。

皮尔逊卡方检验(Pearson 卡方)：检验的假设是行、列变量相互独立(两个分类变量间的相关性检验)。当自由度大于 1，单元格频数大于 5 时，检验效果较好，是常用的检验方法。

似然比卡方检验(Likelihood-ratio 卡方)：可用于对数线性模型。

2×2 交叉表的费雪精确检验(Fisher's exact test)：当样本量小于 20 或有单元格中的期望频数小于 5 时，

使用 Fisher 精确检验将取得很好的效果。

2×2 交叉表的耶茨校正卡方检验(Yete's corrected chi-square test)：其值为卡方值的校正值，校正值总是小于卡方值。

② 相关性：输出 Pearson 和 Spearman 相关系数。

Pearson 相关系数表示两个定距变量间的线性相关程度，Spearman 相关系数表示两个有序变量之间秩的关联程度。数值范围均在－1～1 之间。0 表示不存在线性关系。符号表示相关方向。

③“名义”栏：两个名义变量之间相关性检验的统计量。

相依系数：相依系数是描述两个属性之间关联性高低的统计量，根据卡方公式修改而得，其数值在 0～1 之间。0 值表示行列变量之间没有关联；其值接近 1，表示行列变量之间有很强的关联性。值的大小与行列数目的多少有关。

Phi 和 Cramer 变量：同相依系数一样，Φ 系数和 Crammer 变量刻画两个属性间关联程度。根据卡方计算公式修改而得，其值可以达到 1。值越接近 1，表示行列变量之间的关联性越强。

Lambda：当用自变量预测因变量时，该检验反应预测误差。Lambda 系数等于 1，表明自变量完全预测因变量。Lambda 系数等于 0，表明自变量不能预测因变量。

不定性系数：表示使用一个变量的值来预测其他变量的值可能发生的错误程度。其值越接近其上限 1，表明从第一个变量获得的有关第二个变量的值的信息越多。越接近其下限 0，表明从第一个变量获得的有关第二个变量的值的信息越少。程序计算对称与不对称两种不确定性系数。

本例，由于性别为名义变量，工作满意度为定序变量，但将工作满意度变量看做名义变量，则可选择“名义”栏中的相关统计量，本例选择“相依系数”和“Lambda”。

④“有序”(Ordinal)栏：两个有序变量之间相关性检验的统计量。

Gamma：两个有序变量之间关联的对称检验，该检验值范围在－1～1 之间。Gamma 的绝对值接近 1，表明两个变量间高度关联；Gamma 值接近 0，表明两个变量间的关联性很低。对二维交叉表，提供零阶 Gamma 值。对三维或高维交叉表，提供条件 Gamma 值。

Somer'd：两个有序变量之间关联性的检验，其数值范围－1～1。Somer'd 的绝对值接近 1，表明两个变量间高度关联；接近 0，表明两个变量间低度关联。Somer'd 检验是 Gamma 的非对称检验扩展，两者之间的不同仅在于不依赖自变量配对的成对数据的含量。

Kendall 的 tau-b：秩变量或等级变量关联性的非参数检验，计算过程包括结，结即秩相同的观测量。系数的符号表明两者之间关系的方向。Kendall's tau-b 的绝对值表明相关性，绝对值越大表示相关性越高。值的范围在 1～－1 之间，只有在正方形表格中其值才有可能为 1 或－1。

Kendall's tau-c：秩变量关联性的非参数检验，不考虑结的影响。其值在 1～－1 之间，符号表明两者之间关系的方向，Kendall's tau-c 的绝对值表明相关性，绝对值越大表示相关性越高。如果交叉表边界频数相等，那么 Kendall 的 tau-b 和 Kendall's tau-c 所得的值基本一致。

⑤ Kappa：输出 Cohen 的 Kappa 系数。用来检验对同一对象的两种评价的一致性，它仅适用于具有相同分类值和相同分类数量的变量交叉表，如 2×2 表。1 表示两者具有完全的一致性，0 表示两者没有共同点。

⑥ 风险：计算 relative risk(相对危险度)和 odds ratio(比数比)，表明事件的发生和某因素之间的关联性，例如检验心脏病是否与吸烟有关。如果置信区间小于或等于 1，则不能确认事件的发生和因素暴露存在关联；如果大于 1，说明两者之间有关联。当导致某种事件发生的因素非常稀少时，可以使用 odds ratio 统计量进行检验。

⑦ McNemar：两个二值变量相关性的非参数检验。在“试验前后”的设计中，变化值符合卡方分布。对检验由于实验干扰而产生的变化十分有效。

⑧“按区间标定”栏：一个为名义变量，另一个为定距变量的检验。计算两个 Eta 统计量，一个描述行变量，另外一个描述列变量。Eat 值的范围在 0～1 之间，0 表示行列变量之间没有关联性，接近 1 表示行列变量之间存在很高的关联性。

⑨ Cochran's and Mantel-Haenszel 统计量：两个二值变量间独立性检验的统计量。在此框中设置相对风险检验的零假设值，默认值为 1，可以输入一个正数。

(9) 单击【精确】按钮，打开“精确检验”对话框，如图 6.27 所示。

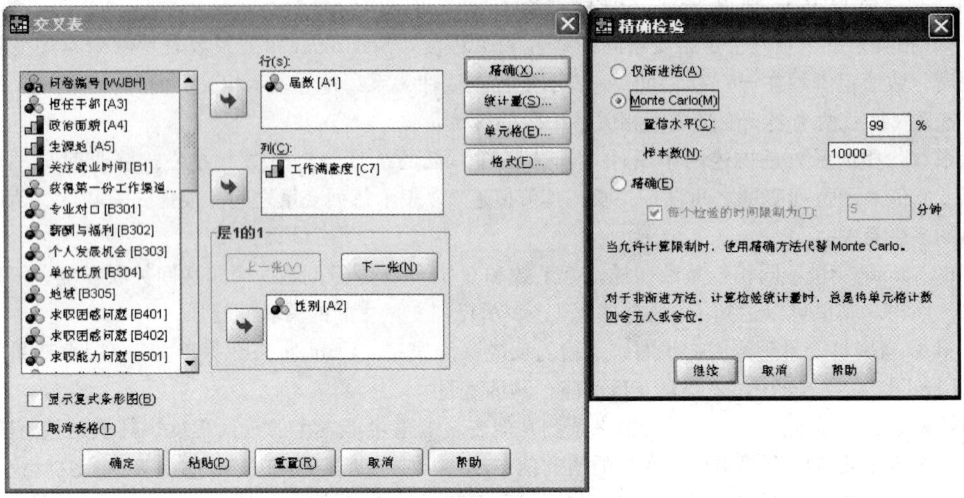

图 6.27　精确检验对话框

① 仅渐进法：显著水平值适用于具有渐近分布的大样本数据(样本量大于 30)。一般情况下如果其显著水平小于 0.05，就认为有统计意义。

② Monte Carlo：统计量的精确显著水平的无偏估计，适用于小样本(样本量小于 30)。Monte Carlo 方法不要求渐近分布的假设，可获得精确显著水平值。

“置信水平”文本框：置信度，输入 0.01～99.9 置信区间值，系统默认 99%。根据样本与总体均值进行计算。一般情况下常用的值为 90、95、99。

“样本数”文本框：输入 1～1 000 000 000 之间的样本量数值，用以计算 Monte Carlo 统计量。样本越大，计算得到的确切性显著水平越可靠，但计算过程耗时也越多。

③ 精确：观测结果概率，适用于小样本(样本量小于 30)，此值如果小于 0.05 被认为行、列变量间存在关系。

④ 勾选“每个检验的时间限制为”复选框，在参数框中输入 1～9 999 999 999 间的值作为进行精确检验的最大运行时间。若实际的计算时间超过 30 分钟，最好使用 Monte Carlo 方式。

本例中，由于 2006 届的学生仅有 6 例(读者可对届数变量进行频数分析)，因此，不能选择“仅渐进法”，而宜采用“Monte Carlo”法或“精确”法，本例采用 Monte Carlo 法，置信水平输入 99(默认)，样本数输入 10 000(默认)。

(10) 主对话框中，单击【单元格】按钮，打开“交叉表：单元显示”对话框，如图 6.28 所示。

①“计数”栏，指定计数选项。

观察值：交叉表中显示观测的频数，这是默认选项。

期望值：如果行、列变量在统计意义上相互独立，显示期望频数。

②“百分比”栏，指定输出的百分比。

行：行百分比，即单元格频数占所在行观测量总数的百分比。

列：列百分比，即单元格频数占所在列观测量总数的百分比。

总计：单元格中频数占全部观测量总数的百分比。

本例中，选择对行进行百分比输出。

③“残差”栏，输出残差。

未标准化：非标准化残差，单元格中的观测值减期望值。

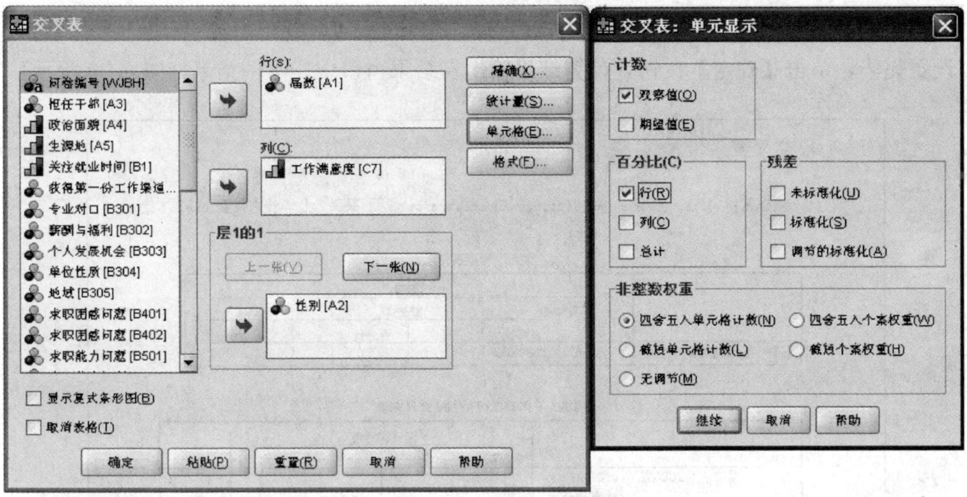

图 6.28 显示单元格对话框

标准化：均值为 0，标准差为 1 的标准化残差。残差除以它的标准误差，也称为皮尔逊残差。

调节的标准化：调整的标准化残差。

④“非整数权重”栏，选择非整数权重处理方法。单元格中的频数一般是整数，但是如果由值带有小数的变量加权，单元格的计数值可能出现小数。

四舍五入单元格计数：照常使用观测量权重，但是单元格中累计权重要在计算统计量之前四舍五入。

四舍五入个案权重：在加权计算之前对权重值四舍五入。

截短单元格计数：照常使用观测量权重，但是单元格中累计权重要在计算统计量之前截取整数部分。

截短个案权重：在加权之前对权重值截取整数部分。

无调节：不对单元格数值进行调整。

(11) 单击【格式】按钮，打开“交叉表：表格格式”对话框，如图 6.29 所示。确定表格中从左到右频数的排列顺序。

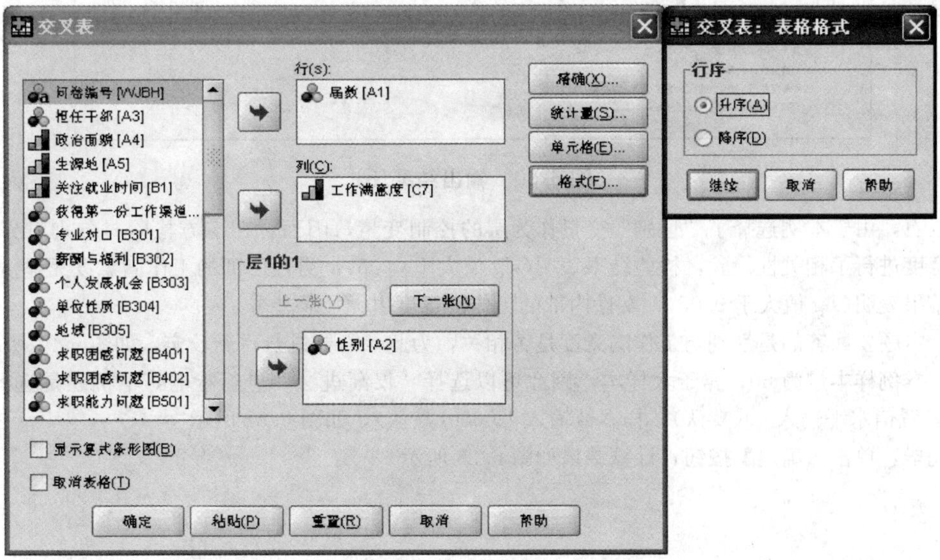

图 6.29 格式对话框

升序：以升序显示变量频数，这是默认选项。

降序：从左到右以降序方式显示变量频数。

(12) 设置完毕，单击【确定】按钮，计算结果输出在结果窗口中。本例结果如图 6.30 所示。

▶ 交叉表

[数据集1] C:\Documents and Settings\Administrator\桌面\某某专业毕业生调查.sav

案例处理摘要

	案例					
	有效的		缺失		合计	
	N	百分比	N	百分比	N	百分比
届数 * 工作满意度 * 性别	60	100.0%	0	.0%	60	100.0%

届数* 工作满意度* 性别 交叉制表

				工作满意度				合计
性别				非常满意	满意	一般	不满意	
男	届数	2006届	计数		0	2	0	2
			届数 中的 %		.0%	100.0%	.0%	100.0%
		2007届	计数		4	18	1	23
			届数 中的 %		17.4%	78.3%	4.3%	100.0%
	合计		计数		4	20	1	25
			届数 中的 %		16.0%	80.0%	4.0%	100.0%
女	届数	2006届	计数	0	1	3		4
			届数 中的 %	.0%	25.0%	75.0%		100.0%
		2007届	计数	1	10	20		31
			届数 中的 %	3.2%	32.3%	64.5%		100.0%
	合计		计数	1	11	23		35
			届数 中的 %	2.9%	31.4%	65.7%		100.0%

卡方检验

					Monte Carlo Sig.(双侧)			Monte Carlo Sig.(单侧)		
						99% 置信区间			99% 置信区间	
性别		值	df	渐进 Sig. (双侧)	Sig.	下限	上限	Sig.	下限	上限
男	Pearson 卡方	.543[a]	2	.762	1.000[b]	1.000	1.000			
	似然比	.935	2	.627	1.000[b]	1.000	1.000			
	Fisher的精确检验	1.293			1.000[b]	1.000	1.000			
	线性和线性组合	.162[c]	1	.687	1.000[b]	1.000	1.000	.712[b]	.700	.724
	有效案例中的 N	25								
女	Pearson 卡方	.248[d]	2	.884	1.000[b]	1.000	1.000			
	似然比	.363	2	.834	1.000[b]	1.000	1.000			
	Fisher的精确检验	.904			1.000[b]	1.000	1.000			
	线性和线性组合	.223[e]	1	.637	1.000[b]	1.000	1.000	.537[b]	.524	.550
	有效案例中的 N	35								

a. 5 单元格(83.3%) 的期望计数少于 5。最小期望计数为 .08。

b. 基于 10000 采样表，启动种子为 329836257。

c. 标准化统计量是 -.402。

d. 4 单元格(66.7%) 的期望计数少于 5。最小期望计数为 .11。

e. 标准化统计量是 -.472。

图 6.30　输出结果(8)

从结果看，由于本例选择了“性别”变量作为层的控制变量，因而，在卡方检验时分别对男性和女性的工作满意度进行了相关性检验，检验结果表明(sig 值大于 0.05)，男性内部的工作满意度无显著差异。同样，检验结果表明(sig 值大于 0.05)，女性内部的工作满意度也无显著差异。

然而，本题要回答的是性别与工作满意度是否相关，为此，需要进行重新设定，如图 6.31 所示。

此外，本例样本量为 60，属于大样本，因此可以选择“仅渐进法”进行检验，本例还是选择“Monte Carlo”法，置信水平输入 99(默认)，样本数输入 10 000(默认)，如图 6.32 所示。

设置完毕，单击【确定】按钮，计算结果如图 6.33 所示。

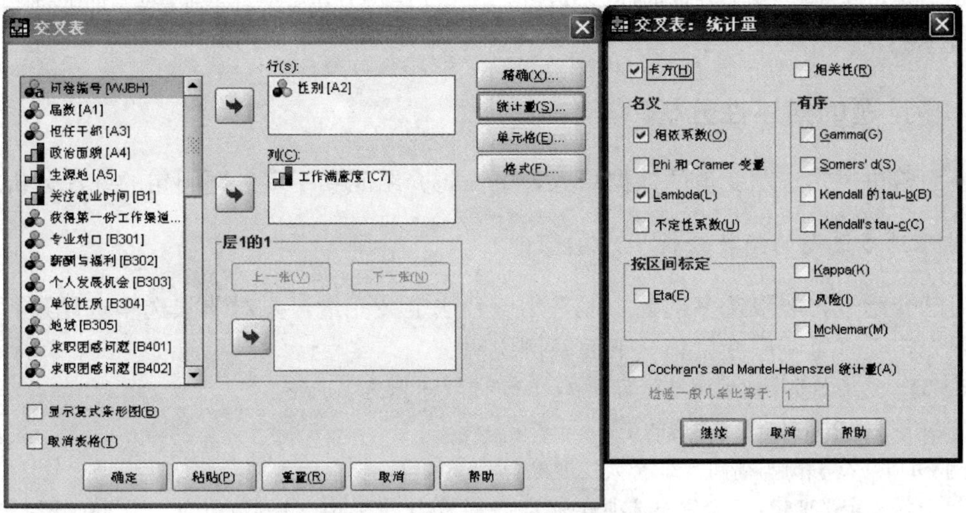

图 6.31　交叉表控制变量的设定

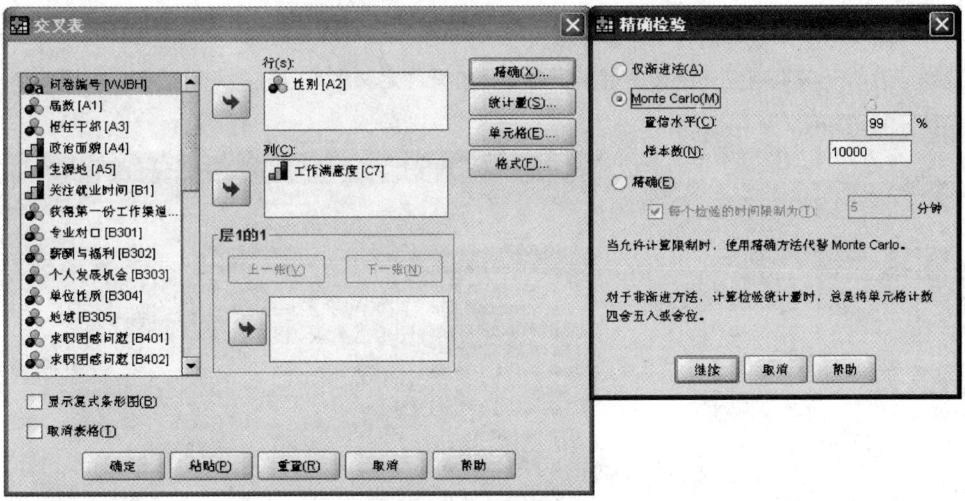

图 6.32　检验法的设定

性别＊工作满意度 交叉制表

			工作满意度				合计
			非常满意	满意	一般	不满意	
性别	男	计数	0	4	20	1	25
		性别 中的 %	.0%	16.0%	80.0%	4.0%	100.0%
	女	计数	1	11	23	0	35
		性别 中的 %	2.9%	31.4%	65.7%	.0%	100.0%
合计		计数	1	15	43	1	60
		性别 中的 %	1.7%	25.0%	71.7%	1.7%	100.0%

卡方检验

				Monte Carlo Sig.(双侧)			Monte Carlo Sig.(单侧)		
					99% 置信区间			99% 置信区间	
	值	df	渐进 Sig. (双侧)	Sig.	下限	上限	Sig.	下限	上限
Pearson 卡方	3.918[a]	3	.270	.198[b]	.188	.208			
似然比	4.705	3	.195	.198[b]	.188	.208			
Fisher的精确检验	3.712			.198[b]	.188	.208			
线性和线性组合	3.457[c]	1	.063	.077[b]	.070	.083	.052[b]	.046	.057
有效案例中的 N	60								

a. 4 单元格(50.0%) 的期望计数少于 5。最小期望计数为 .42。

b. 基于 10000 采样表，启动种子为 1451419960。

c. 标准化统计量是 -1.859。

图 6.33　输出结果(9)

这时，从输出结果看，检验结果表明(sig 值均大于 0.05)，工作满意度与性别无关，即不同性别的工作满意度无显著差异。

6.1.3　多选题的描述性分析

在前面曾讲过多选题变量的数据录入，下面将介绍问卷中多选题问句的统计分析方法。

1. 非限选多选题的频数分析

前面已介绍过，非限选多选题一般采用二分法定义变量，要对非限选多选题进行频数分析，必须先定义多重响应变量集，下面举例说明。

【例 6-8】“某某专业毕业生调查”问卷中，B3 问句为非限选多选题。

B3、在求职过程中，你优先考虑的是：(可多选)　□□

1. 专业对口　2. 薪酬与福利　3. 个人发展机会　4. 单位性质　5. 地域

采用二分法来定义变量，5 个答案选项分别作为一个单独的变量，分别赋值为“0”和“1”，“0”代表没有被选中，“1”代表被选中，现要求对该问句进行频数分析。

解：菜单操作如下。

(1) 打开“某某专业毕业生调查”原始数据。

(2) 选择“分析→多重响应→定义变量集”命令，打开“定义多重响应集”对话框，如图 6.34 所示。

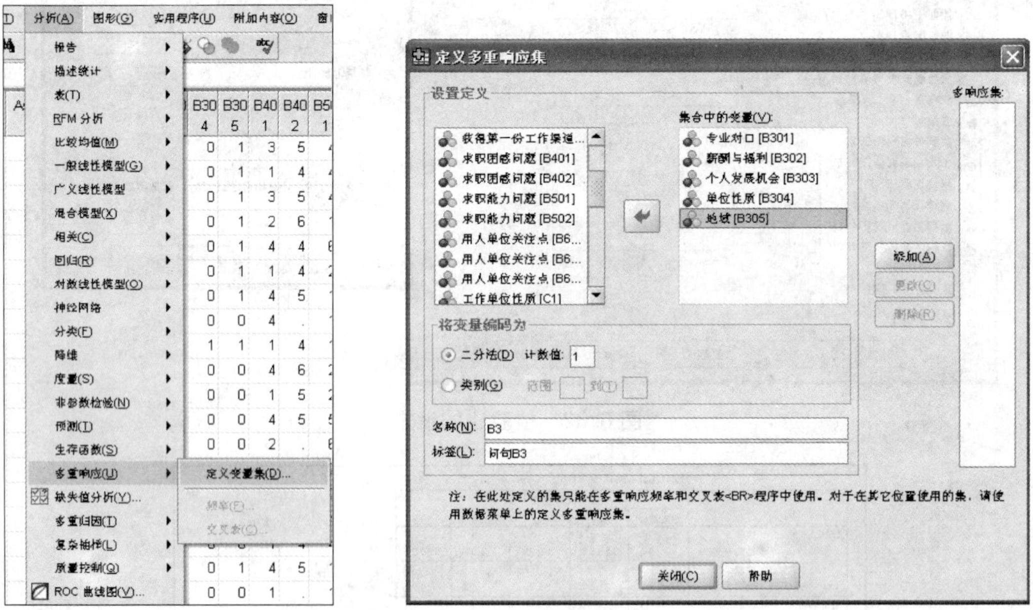

图 6.34　“定义多重响应集”对话框

①“集合中的变量”栏：用于选入属于同一个多选题的问句选项，本例选入变量 B301～B305。

②“将变量编码为”栏：当用二分法定义变量时选择“二分法”，如果 1 代表选中，则“计数值”输入 1。如果在录入问卷时，用 2 代表选中，则此处输入 2。对于非限选多选题采用的是二分法，因此选择此项。

③ 名称：每个多重响应集必须指定一个唯一的变量名称，名称最多可以有 7 个字符。不能使用以下保留名称：casenum、sysmis、jdate、date、time、length 和 width。多重响应集的名称仅在用于多重响应过程时存在，在其他过程中不能使用多重响应集名称。另外还可以输入多重响应集的描述性变量标签，标签最长可以有 40 个字符。本例由于 B3 问句为多选题，为便于理解，输入 B3 作为多重响应集的名称。

④ 标签：可以给多重响应集变量(本例为 B3)指定一个变量标签，本例输入“问句 B3”。

(3) 单击【添加】按钮，即完成变量 B301～B305 的变量集定义，在多响应集栏出现了多重响应集变量“＄B3”如图 6.35 所示。

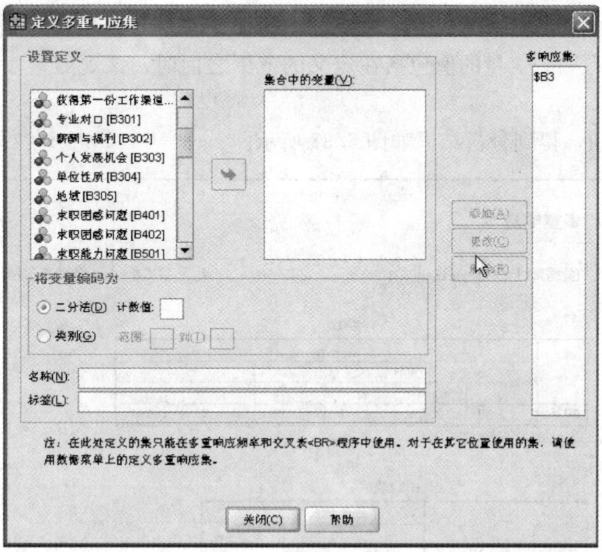

图 6.35　变量集的定义

同样，可以在本窗口继续定义其他的多选题的多响应变量集的变量定义。

(4) 添加成后，单击【关闭】按钮，下面即可对多选题进行频数分析，具体方法是选择“分析→多重响应→频率”命令，结果如图 6.36 所示。

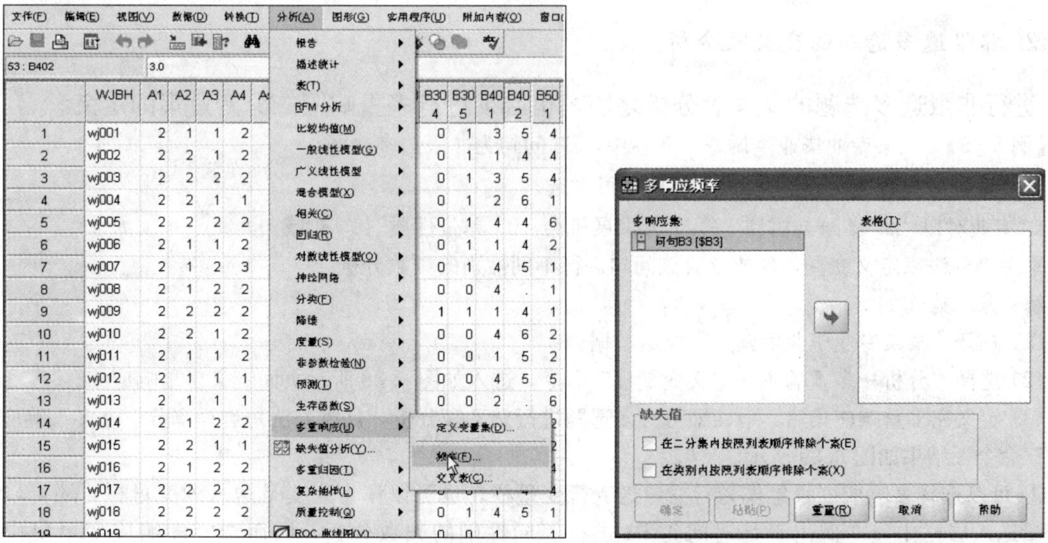

图 6.36　多响应变量集的频数分布分析对话框

(5) 将变量“＄B3”选入“表格”栏中，并选择处理缺失值的方法，缺失值有两种处理方法。

① 在二分集内按照列表顺序排除个案：只有当多响应变量集的所有组成变量是二分变量时才可以选择此项缺失值处理方法。如果多响应变量集中的变量没有一个变量包括计数值，这样的观测量被认为是缺失的，系统默认的是只剔除这样的观测量。如果观测量的变量集中的某些变量(不是所有变量)是缺失值，例

如至少有一个变量包括计数值，该观测量就会计入频数分布表中。选择此项，检查组成多响应变量集的任意一个变量和观测量，如果某个变量有缺失值，该缺失值所属的观测量要从分析中剔除。选择此项，数据的利用率要高些。

② 在类别内按照列表顺序排除个案：只有当多响应变量集的所有组成变量是分类变量时才可以选择此项缺失值处理方法。选择此项，检查组成多响应变量集的任意一个变量和观测量，当一个观测量的组成多响应分类集的所有变量没有一个变量的值包括在定义的范围之内时，该观测量才被认为是缺失的，要从分析中剔除。

(6) 单击【确定】按钮，得到分析结果如图 6.37 所示。

➡ **多重响应**

[数据集1] C:\Documents and Settings\Administrator\桌面\某某专业毕业生调查.sav

个案摘要

	个案					
	有效的		缺失		总计	
	N	百分比	N	百分比	N	百分比
$B3[a]	60	100.0%	0	.0%	60	100.0%

a. 值为 1 时制表的二分组。

$B3 频率

		响应		
		N	百分比	个案百分比
问句B3[a]	专业对口	13	12.6%	21.7%
	薪酬与福利	19	18.4%	31.7%
	个人发展机会	41	39.8%	68.3%
	单位性质	8	7.8%	13.3%
	地域	22	21.4%	36.7%
总计		103	100.0%	171.7%

a. 值为 1 时制表的二分组。

图 6.37　多响应二分变量集的频数分布表

2. 非限选多选题的交叉表分析

进行非限选多选题的交叉表分析之前，也必须进行多重响应二分变量集的定义。

【例 6-9】“某某专业毕业生调查”问卷中，B3 问句为非限选多选题。

B3、在求职过程中，你优先考虑的是：(可多选)　□□

1. 专业对口　2. 薪酬与福利　3. 个人发展机会　4. 单位性质　5. 地域

采用二分法来定义变量，现要求对该问句进行不同性别的频数分析。

解：菜单操作如下。

(1) 打开“某某专业毕业生调查”原始数据。

(2) 选择“分析→多重响应→定义变量集”命令，进入如图 6.38 所示页面定义多重响应集。

(3) 定义完多重响应集后，下面即可对多选题进行交叉表分析，具体方法是选择“分析→多重响应→交叉表”命令，结果如图 6.39 所示。

① 可以选择多响应变量集作为行变量送入行变量栏，也可以作为列变量送入列变量栏，还可以作为层变量送入层栏中。本例由于是对问句 B3 进行不同性别的频数分析，因而选择多响应变量集作为列变量。

② 可以选择基本变量作为交叉表的行、列、层变量送入相应的变量栏中。对基本变量无论在交叉表中处于什么位置，当选择并送入相应的栏中后需要定义它们在交叉表中出现的取值范围。本例将“性别”变量选入行变量栏中，这时【定义范围】按钮激活，在“最小值”栏中输入所选择变量的分类的最小值，在“最大值”栏中输入分类的最大值。最小值和最大值的选择可以不包括全部分类值。范围之内的分类值将出现在交叉表中。本例输入最小值 1，最大值 2，单击【继续】按钮返回主界面，如图 6.40 所示。

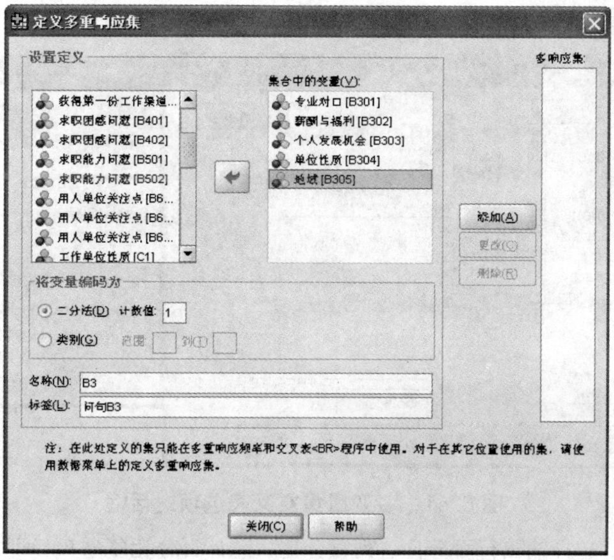

图 6.38　“定义多重响应集”对话框

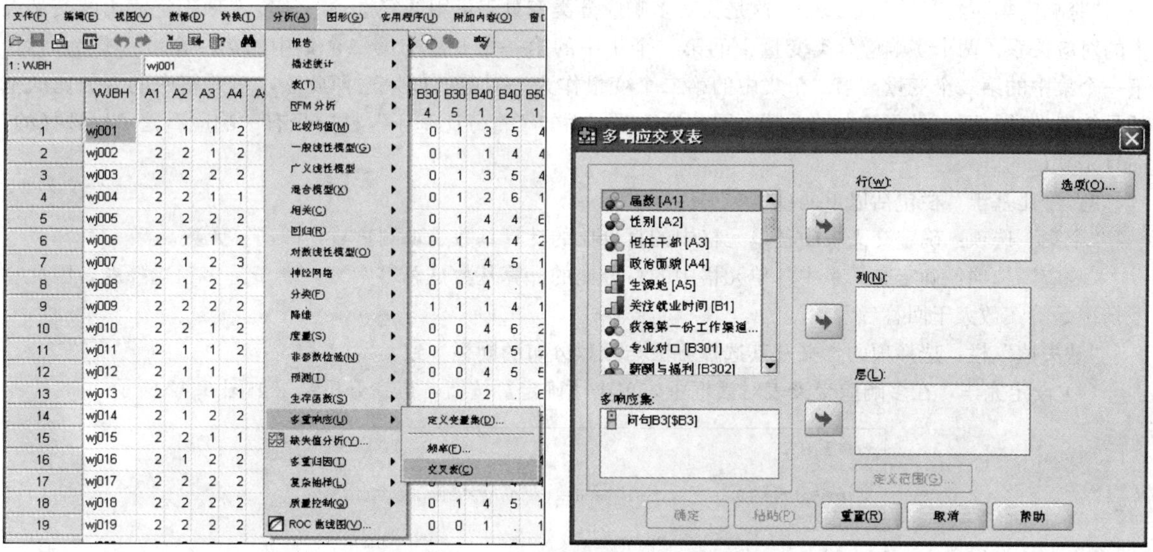

图 6.39　多响应变量集交叉表对话框

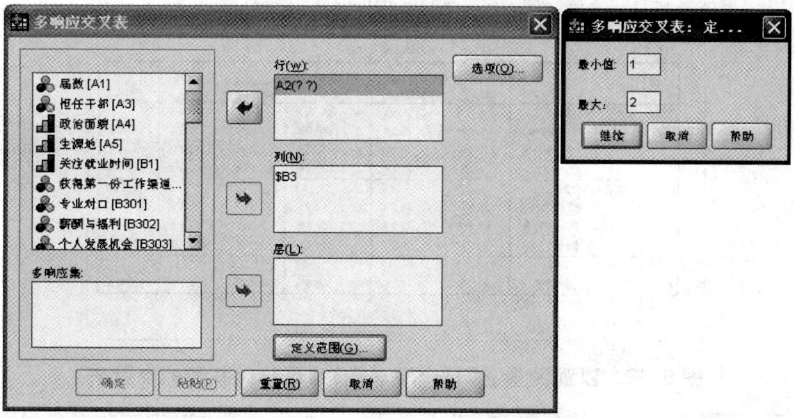

图 6.40　“定义范围”子对话框的定义

③ 单击【选项】按钮打开选项对话框，如图 6.41 所示，指定输出选项。

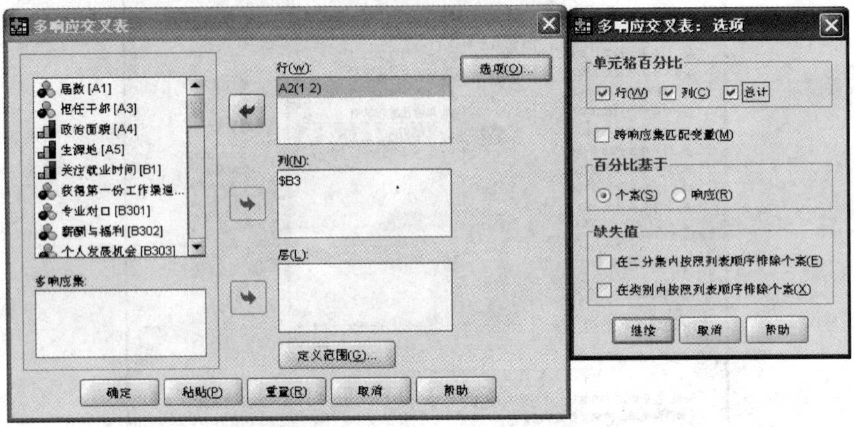

图 6.41　多变量集交叉表选项对话框

“单元格百分比”栏：选择输出行百分比、列百分比、总计百分比复选项，即在交叉表的单元格内显示哪些统计量。

“跨响应集匹配变量”复选框：这是仅对多响应分类变量集可用的复选项。该复选项确定输出的交叉表中的对应关系。两个多响应分类变量中的第一个集中的第一个变量与第二个集中的第一个变量作为一对，第一个集中的第二个变量与第二个集中的第二个变量作为一对等。如果选择此项，单元格中的百分比的基数是答案总数，而不是回答者的总数。因此该选项下面的“百分比基于”栏中只有“响应”是可以选择的，而且是默认的。

“百分比基于”栏包括以下两项。

“个案”选项：确定交叉表中各单元格中的百分比的计算基数是观测量数，即回答人数。

“响应”选项：确定交叉表中各单元格中的百分比的计算基数是总答案数。由于是多项选择题，因此一般情况是答案数大于回答者人数。

“缺失值”栏：选择项的含义及其选择方法与频数分布的同栏一致。

(4) 设定完毕，在多响应交叉表对话框中，单击【确定】按钮，得到分析结果如图 6.42 所示。

→ 多重响应

[数据集1] C:\Documents and Settings\Administrator\桌面\某某专业毕业生调查.sav

个案摘要

	个案					
	有效的		缺失		总计	
	N	百分比	N	百分比	N	百分比
A2*$B3	60	100.0%	0	.0%	60	100.0%

A2*$B3 交叉制表

			问句B3[a]					总计
			专业对口	薪酬与福利	个人发展机会	单位性质	地域	
性别	男	计数	5	7	19	1	9	25
		A2 内的 %	20.0%	28.0%	76.0%	4.0%	36.0%	
		$B3 内的 %	38.5%	36.8%	46.3%	12.5%	40.9%	
		总计的 %	8.3%	11.7%	31.7%	1.7%	15.0%	41.7%
	女	计数	8	12	22	7	13	35
		A2 内的 %	22.9%	34.3%	62.9%	20.0%	37.1%	
		$B3 内的 %	61.5%	63.2%	53.7%	87.5%	59.1%	
		总计的 %	13.3%	20.0%	36.7%	11.7%	21.7%	58.3%
总计		计数	13	19	41	8	22	60
		总计的 %	21.7%	31.7%	68.3%	13.3%	36.7%	100.0%

百分比和总计以响应者为基础。

a. 值为 1 时制表的二分组。

图 6.42　以观测量总数(个案总数)为百分比基数的交叉表

图 6.42 是以观测量总数为百分比基数的输出交叉表，表中每个单元格中的数据自上而下为：该单元格

的频数、行百分比、列百分比、总百分比。

以“专业对口”这一列为例，第一个单元格数值为 5，表示专业对口的男性人数为 5 人，占男性总人数 25 人的 20.0%，38.5%则表示专业对口的男性人数(5 人)占专业对口总人数(13 人)的比重，8.3%则表示专业对口的男性人数(5 人)占所有总人数(60 人)的比重。

最右边一列“总计”列：第一个单元格中的第一个数值是该行观测量总数，第二个数值是该行观测量总数占总观测量数的百分比。例如男性人数为 25 人，注意因为容许多项选择，这 25 个并不等于该行中各单元格频数之和(5+7+19+1+9=41)。25 人占总人数 60 人的 41.7%。

最下面一行“总计”行：第一个单元格中的第一个数值是该列观测量总数，第二个数值是该列观测量总数占总观测量数的百分比。例如专业对口的人数为 13 人，这 13 个人占总人数 60 人的 21.7%。要注意，交叉表中的列变量是多响应二分变量集，因此“计数”这一行各列总和不等于总观测量数 60，而是等于总答案数 103(13+19+41+8+22)；“总计的%”这一行的各列数值总和自然也不是 100%，而是总答案数除以总观测量数的商，大于 100%。

右下角的单元格中显示的是观测量总数(60)，并表示以该数值为 100%计算各百分比。

表的下面给出了“百分比和总计以响应者为基础”，这是查看这个交叉表结果的要点。

(5) 如果在设定时，在多响应交叉表对话框中，“百分比基于”栏选择了“响应”单选项，则单击【确定】按钮，得到分析结果如图 6.43 所示。

图 6.43 是以答案总数为百分比基数的输出交叉表，表中每个单元格中的数据自上而下为：该单元格的频数、行百分比、列百分比、总百分比。

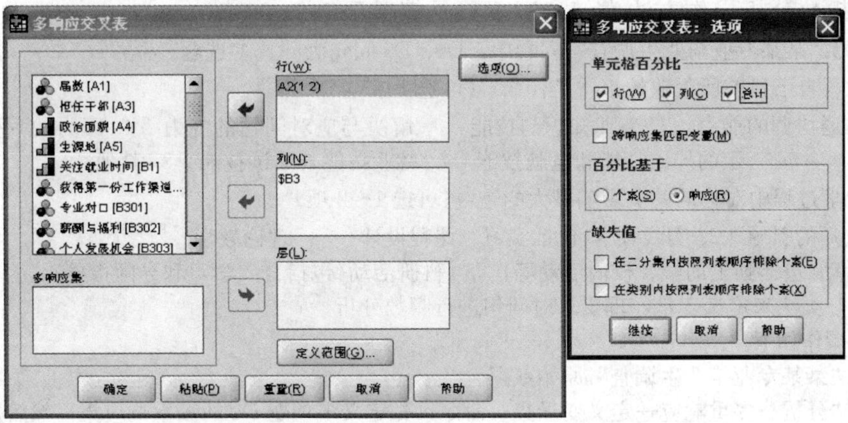

多重响应

[数据集1] C:\Documents and Settings\Administrator\桌面\某某专业毕业生调查.sav

个案摘要

	个案					
	有效的		缺失		总计	
	N	百分比	N	百分比	N	百分比
A2*$B3	60	100.0%	0	.0%	60	100.0%

A2*$B3 交叉制表

			B3[a]					总计
			专业对口	薪酬与福利	个人发展机会	单位性质	地域	
性别	男	计数	5	7	19	1	9	41
		A2 内的 %	12.2%	17.1%	46.3%	2.4%	22.0%	
		$B3 内的 %	38.5%	36.8%	46.3%	12.5%	40.9%	
		总计的 %	4.9%	6.8%	18.4%	1.0%	8.7%	39.8%
	女	计数	8	12	22	7	13	62
		A2 内的 %	12.9%	19.4%	35.5%	11.3%	21.0%	
		$B3 内的 %	61.5%	63.2%	53.7%	87.5%	59.1%	
		总计的 %	7.8%	11.7%	21.4%	6.8%	12.6%	60.2%
总计		计数	13	19	41	8	22	103
		总计的 %	12.6%	18.4%	39.8%	7.8%	21.4%	100.0%

百分比和总计以响应为基础。

a. 值为 1 时制表的二分组。

图 6.43　以答案总数为百分比基数的交叉表

以“专业对口”这一列为例，第一个单元格数值为5，表示专业对口的男性人数为5人，占男性选择答案总数41的12.2%，38.5%则表示专业对口的男性人数(5人)占专业对口总人数(13人)的比重。4.9%则表示专业对口的男性人数(5人)占所有总答案数(103)的比重。

最右边一列“总计”列：各单元格上边的数值是各行频数之和，下边的数值是各行频数之和占总答案数103的百分比。例如男性的总答案数为41(5+7+19+1+9)，占总选择数103的39.8%。

最下面一行“总计”行：该行数值是各种选择(各列)的总频数，和各列总频数占总选择数103的百分比。例如专业对口的人数为13人，这13个人占总选择数103的12.6%。要注意，由于交叉表中的列变量是多响应二分变量集，因此“计数”这一行各列总和是等于总答案数103(13+19+41+8+22)；“总计的%”这一行的各列数值总和也等于100%。

右下角的单元格中显示的是总答案数(103)，并表示以该数值为100%计算各百分比。

表的下面给出了“百分比和总计以响应为基础”，这是查看这个交叉表结果的要点。

用户可以根据对各项的上述解释，观察交叉表，得出必要的结论。

注意：使用多响应变量集交叉表分析的功能也可以做单选题间的交叉表，但其功能不如“描述统计”二级菜单中的“交叉表”项的分析功能强。如果希望进行卡方检验，或得到表明分布情况的图形，分析原变量的频数分布和得到交叉表，还是应该使用“描述统计”二级菜单中的“交叉表”项的交叉表分析功能。

3. 限选多选题的频数分析

前面已介绍过，限选多选题一般采用多重分类法来定义变量，要对限选多选题进行频数分布，必须先定义多响应分类变量集。多响应分类变量集的频数分析的操作方法与多响应二分变量集的频数分析操作方法类似，以下只是简单示例。

【例6-10】“某某专业毕业生调查”问卷中，D4、D5问句为限选多选题。

D4、你觉得自己目前所欠缺的素质是什么？(可选1～3项) □□□

1. 与人沟通协调的能力 2. 专业知识与技能 3. 解决与应对问题的能力 4. 压力的耐受性 5. 工作经验与社会阅历 6. 一定的外语技能和电脑技能 7. 就业技能与面试技能 8. 其他

D5、在教学过程中对你的就业影响最大的是：(可选1～2项) □□

1. 任课教师的引导 2. 实践教学(包括实习、课程设计) 3. 理论教学

4. 社会活动(包括勤工助学、校内活动等) 5. 科研活动(包括自我学习和导师指导)

采用多重分类法来定义变量，现要求对问句进行频数分析。

解：菜单操作如下。

(1) 打开“某某专业毕业生调查”原始数据。

(2) 选择“分析→多重响应→定义变量集”命令，先定义多项题D4的多重响应集，然后定义多项题D5的多重响应集，分别如图6.44和图6.45所示。

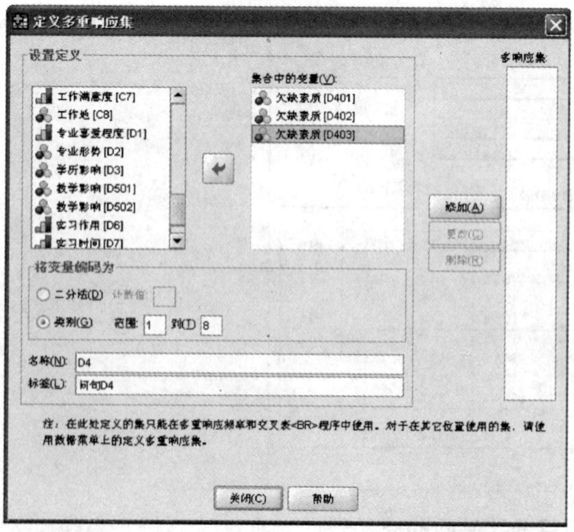

图6.44 多项题D4的多重响应集定义

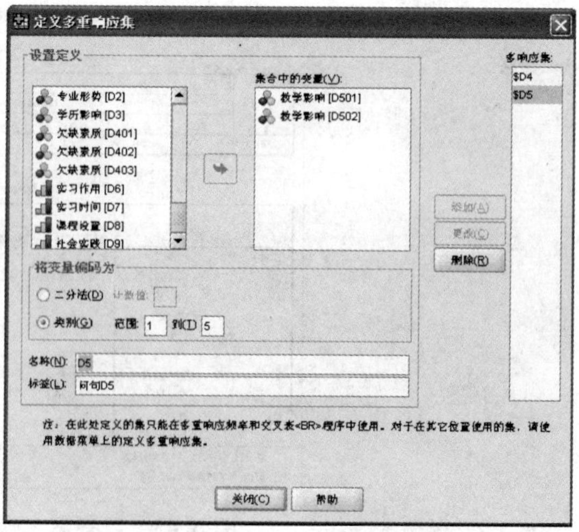

图6.45 多项题D5的多重响应集定义

(3) 定义完多重响应集后，下面即可对多选题进行频数分析，具体方法是选择“分析→多重响应→频率”命令，结果如图 6.46 所示。

$D4 频率

		响应 N	响应 百分比	个案百分比
问句D4[a]	与人沟通协调的能力	22	14.3%	36.7%
	专业知识与技能	18	11.7%	30.0%
	解决与应对问题的能力	30	19.5%	50.0%
	压力的耐受性	19	12.3%	31.7%
	工作经验与社会阅历	41	26.6%	68.3%
	一定的外语技能和电脑技能	12	7.8%	20.0%
	就业技能与面试技能	10	6.5%	16.7%
	其它	2	1.3%	3.3%
总计		154	100.0%	256.7%

a. 組

$D5 频率

		响应 N	响应 百分比	个案百分比
问句D5[a]	任课教师的引导	10	9.4%	16.7%
	实践教学(（包括实习、课程设计）	42	39.6%	70.0%
	理论教学	6	5.7%	10.0%
	社会活动（包括勤工助学、校内活动等）	38	35.8%	63.3%
	科研活动	10	9.4%	16.7%
总计		106	100.0%	176.7%

a. 組

图 6.46 频数分析结果

4. 限选多选题的交叉表分析

限选多选题的交叉表分析与非限多选题的交叉表分析类似，首先要定义限选多选题的多重响应变量集，然后再进行交叉表分析，以下只是简单示例。

【例 6-11】“某某专业毕业生调查”问卷中，D4、D5 问句为限选多选题。

D4、你觉得自己目前所欠缺的素质是什么？(可选 1～3 项) □□□

1. 与人沟通协调的能力 2. 专业知识与技能 3. 解决与应对问题的能力 4. 压力的耐受性 5. 工作经验与社会阅历 6. 一定的外语技能和电脑技能 7. 就业技能与面试技能 8. 其他

D5、在教学过程中对你的就业影响最大的是：(可选 1～2 项) □□

1. 任课教师的引导 2. 实践教学(包括实习、课程设计) 3. 理论教学

4. 社会活动(包括勤工助学、校内活动等) 5. 科研活动(包括自我学习和导师指导)

采用多重分类法来定义变量，现要求对问句按性别进行交叉表分析。

解： 菜单操作如下。

(1) 打开“某某专业毕业生调查”原始数据。

(2) 选择“分析→多重响应→定义变量集”命令，先定义多项题 D4 的多重响应集，然后定义多项题 D5 的多重响应集，分别如例 6-10 中的图 6.44 和图 6.45 所示。

(3) 定义完多重响应集后，下面即可对多选题进行交叉表分析，具体方法是选择“分析→多重响应→交叉表”命令，进行相应设置，如图 6.47 所示。

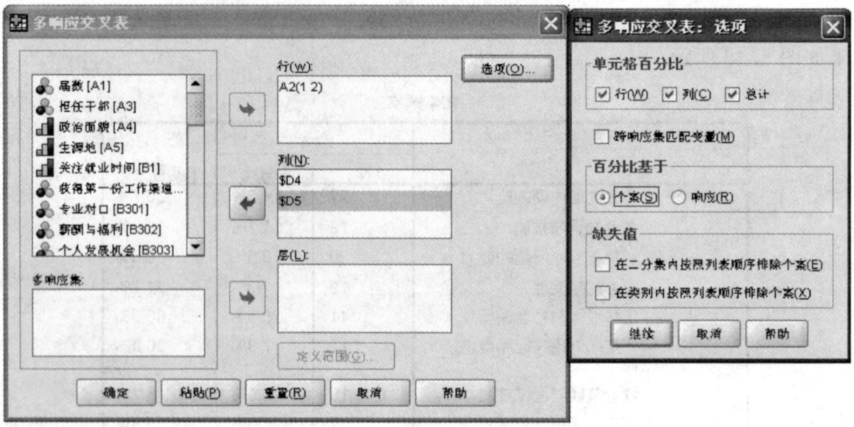

图 6.47　交叉表的分析

单击【确定】按钮，结果如图 6.48 所示。

A2*$D4 交叉制表

			问句D4[a]								
			与人沟通协调的能力	专业知识与技能	解决与应对问题的能力	压力的耐受性	工作经验与社会阅历	一定的外语技能和电脑技能	就业技能与面试技能	其它	总计
性别	男	计数	8	9	10	11	15	6	5	0	25
		A2 内的 %	32.0%	36.0%	40.0%	44.0%	60.0%	24.0%	20.0%	.0%	
		$D4 内的 %	36.4%	50.0%	33.3%	57.9%	36.6%	50.0%	50.0%	.0%	
		总计的 %	13.3%	15.0%	16.7%	18.3%	25.0%	10.0%	8.3%	.0%	41.7%
	女	计数	14	9	20	8	26	6	5	2	35
		A2 内的 %	40.0%	25.7%	57.1%	22.9%	74.3%	17.1%	14.3%	5.7%	
		$D4 内的 %	63.6%	50.0%	66.7%	42.1%	63.4%	50.0%	50.0%	100.0%	
		总计的 %	23.3%	15.0%	33.3%	13.3%	43.3%	10.0%	8.3%	3.3%	58.3%
总计		计数	22	18	30	19	41	12	10	2	60
		总计的 %	36.7%	30.0%	50.0%	31.7%	68.3%	20.0%	16.7%	3.3%	100.0%

百分比和总计以响应者为基础。

a. 组

A2*$D5 交叉制表

			问句D5[a]					
			任课教师的引导	实践教学(（包括实习、课程设计）	理论教学	社会活动（包括勤工助学、校内活动等）	科研活动	总计
性别	男	计数	1	21	3	19	3	25
		A2 内的 %	4.0%	84.0%	12.0%	76.0%	12.0%	
		$D5 内的 %	10.0%	50.0%	50.0%	50.0%	30.0%	
		总计的 %	1.7%	35.0%	5.0%	31.7%	5.0%	41.7%
	女	计数	9	21	3	19	7	35
		A2 内的 %	25.7%	60.0%	8.6%	54.3%	20.0%	
		$D5 内的 %	90.0%	50.0%	50.0%	50.0%	70.0%	
		总计的 %	15.0%	35.0%	5.0%	31.7%	11.7%	58.3%
总计		计数	10	42	6	38	10	60
		总计的 %	16.7%	70.0%	10.0%	63.3%	16.7%	100.0%

百分比和总计以响应者为基础。

a. 组

图 6.48　交叉表分析输出结果

6.2　SPSS 与推论统计分析

【任务情景】在市场调查中，由于通常都采用抽取一定的样本作为研究对象，这样，就存在样本的特征数量能否反映总体特征的问题，也存在着两种不同的样本的数量标志的参数是否存在差异的问题，这就必须对样本数据进行定量分析与推断，在统计学中称为“推论统计”。推论统计是根据样本数据去推断总体数量特征的方法。它是在对样本数据进行描述的基础上，去推断总体的未知数量特征。常见的推论统计有参数估计、假设检验和相关分析等。

6.2.1　参数估计

参数估计包括点估计与区间估计。

1. 点估计

如在服从正态分布的总体中随机抽取样本，可以直接用样本均值来估计总体均值，用样本标准差来估计总体标准差。该方法虽然简单易行，但未考虑抽样误差，而抽样误差在抽样研究中又是客观存在的、不可避免的，会随不同的样本对总体参数作出不同的点估计。

2. 区间估计

区间估计即按一定的概率(可信度)估计未知的总体参数可能所在的范围(或称可信区间)的估计方法。区间估计是在随机抽取样本后，考虑抽样误差存在的情况下的估计方法，较为准确可靠。统计学上通常用95%(或99%)可信区间表示总体参数有95%(或99%)的概率在某一范围，可根据资料的条件选用不同的方法。下面以总体均数的95%可信区间为例，介绍其计算公式。σ 已知时按正态分布原理计算，σ 未知时按 t 分布的原理计算。

(1) σ 已知时。由 u 分布可知，正态曲线下有95%的 u 值在±1.96之间，即：

$$P(-1.96 \leqslant u \leqslant +1.96)=0.95$$
$$P(-1.96 \leqslant (\bar{x}-\mu)/\sigma_{\bar{x}} \leqslant +1.96)=0.95$$
$$P(\bar{x}-1.96\sigma_{\bar{x}} \leqslant \mu \leqslant \bar{x}+1.96\sigma_{\bar{x}})=0.95$$

故总体均数 μ 的95%可信区间为

$$(\bar{x}-1.96\sigma_{\bar{x}},\ \bar{x}+1.96\sigma_{\bar{x}}) \qquad (6-1)$$

(2) σ 未知，但 n 足够大(如 $n>100$)时。由 t 分布可知，当自由度越大，t 分布越逼近 u 分布，此时 t 曲线下有95%的 t 值在±1.96之间，即：

$$P(-1.96 \leqslant t \leqslant +1.96)=0.95$$
$$P(-1.96 \leqslant (\bar{x}-\mu)/s_{\bar{x}} \leqslant +1.96)=0.95$$
$$P(\bar{x}-1.96s_{\bar{x}} \leqslant \mu \leqslant \bar{x}+1.96s_{\bar{x}})=0.95$$

故总体均数 μ 的95%可信区间为

$$(\bar{x}-1.96s_{\bar{x}},\ \bar{x}+1.96s_{\bar{x}}) \qquad (6-2)$$

(3) σ 未知且 n 小时。某自由度的 t 曲线下有95%的 t 值在 $\pm t_{0.05,\upsilon}$ 之间，即：

$$P(-t_{0.05,\upsilon} < t < t_{0.05,\upsilon})=0.95$$
$$P(-t_{0.05,\upsilon} < (\bar{x}-\mu)/s_{\bar{x}} < t_{0.05,\upsilon})=0.95$$
$$P(\bar{x}-t_{0.05,\upsilon}s_{\bar{x}} < \mu < \bar{x}+t_{0.05,\upsilon}s_{\bar{x}})=0.95$$

故总体均数 μ 的95%可信区间为

$$(\bar{x}-t_{0.05,\upsilon}s_{\bar{x}},\ \bar{x}+t_{0.05,\upsilon}s_{\bar{x}}) \qquad (6-3)$$

3. 利用SPSS进行点估计与区间估计

【例6-12】根据“某某专业毕业生调查”原始数据，说明该专业毕业生总体的目前月薪估计值是多少，其95%的置信区间是多少。

解：菜单操作如下：

(1) 打开“某某专业毕业生调查”原始数据。

(2) 选择“分析→描述统计→探索”命令，进入“探索”界面，如图6.49和图6.50所示。

图6.49　“探索”对话框的打开操作

图 6.50 “探索”主对话框

单击【统计量】按钮，选择“描述性”复选框，均值的置信区间设为 95%，单击【继续】按钮，返回主对话框，再单击【确定】按钮，结果如图 6.51 所示。

➜ **浏览**

[数据集1] C:\Documents and Settings\Administrator\桌面\某某专业毕业生调查.sav

案例处理摘要

	案例					
	有效		缺失		合计	
	N	百分比	N	百分比	N	百分比
目前月薪	43	71.7%	17	28.3%	60	100.0%

描述

			统计量	标准误
目前月薪	均值		1884.8837	165.50148
	均值的 95% 置信区间	下限	1550.8882	
		上限	2218.8792	
	5% 修整均值		1711.1111	
	中值		1550.0000	
	方差		1177801.772	
	标准差		1085.26576	
	极小值		1000.00	
	极大值		8000.00	
	范围		7000.00	
	四分位距		300.00	
	偏度		4.640	.361
	峰度		24.931	.709

图 6.51 输出结果(10)

可以看出，该专业毕业生总体的目前月薪估计值是 1 885 元，其 95%的置信区间为 [1 551，2 219]。

6.2.2 参数检验

参数检验和非参数检验均属于假设检验，是指以样本统计量来验证假设的总体参数是否成立，借以决定采取适当行动的统计方法。假设是指对总体参数作出的假设，这种假设可能正确，也可能错误，假设检验就是要对假设的正确与否作出判断。在市场调查中，许多问题往往需要经过检验，才能得出正确的结论。

在进行假设检验时，如果总体的分布形式已知，仅需对总体的未知参数(总体均值、总体成数等)进行假设检验，则称之为参数假设检验。如果总体分布形式未知，或者解决的问题不符合参数假设检验条件时，通常采用非参数假设检验。

参数检验与非参数检验的最大区别是，参数检验对资料的分布类型有要求(如要求正态分布)，而非参数检验则对分布类型无要求，所以它对资料的分布类型没有要求。但是在可以进行参数检验的条件下，一般不选择非参数检验，因为非参数检验时利用的信息量减少，会降低检验效能，即无法拒绝原本不成立的无效假设，增大了二类错误的概率。

在 SPSS 中，进行参数检验主要包括在“分析”菜单下的“比较均值”子菜单下的“单样本 T 检验”、“独立样本 T 检验”和“比较样本 T 检验”，以及“非参数检验”子菜单下的“卡方检验”、“二项式检验”、“游程检验”、“1 样本 K－S 检验”、“2 个独立样本检验”、“K 个独立样本检验”、“2 个相关样本检验”和“K 个相关样本检验”。这里，只介绍参数检验。

1. 单样本 t 检验

检验单个总体的均值是否异于某个值。由于采用抽样得到一个样本，并且是以样本均值去估计总体均值的，比如用 60 个学生的签约月薪均值(样本均值)去估计所有毕业生的签约月薪均值(总体均值)，事实上，总体均值是未知的，那么，尽管样本中 60 个人的签约月薪均值为 1 395 元，但总体的签约月薪究竟是多少，是否可能是 1 500 元呢？如果样本中签约月薪变量服从正态分布，那么就可以用 t 检验去检验总体的均值是否显著异于 1 500 元。因此，单样本 t 检验用于检验单个变量的均值是否与给定的常数(指定的检验值)之间存在显著差异，并且要求样本来自正态分布总体。

单样本 t 检验，在 SPSS 中与之对应的是比较均值子菜单里的单样本 T 检验。

【例 6－13】 根据“某某专业毕业生调查”原始数据，检验该专业毕业生总体的签约月薪均值是否达到 1 500 元。

解：菜单操作如下：

(1) 打开“某某专业毕业生调查”原始数据。

(2) 检验“签约月薪”这个变量是否服从正态分布。为此，需采用探索性分析(也可以采用非参数检验中的单样本 K－S 检验数据是否服从正态分布)，选择“分析→描述统计→探索”命令，进入“探索”界面，如图 6.52 所示。

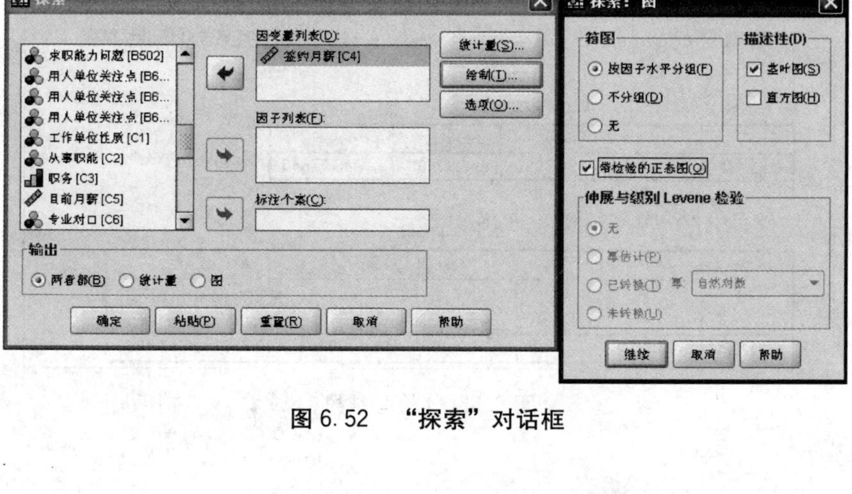

图 6.52　“探索”对话框

选入“签约月薪”变量，单击【绘制】按钮，勾选“带检验的正态图”复选框，单击【继续】按钮，返回主界面，再单击【确定】按钮，结果如图 6.53 所示。

正态性检验

	Kolmogorov-Smirnov[a]			Shapiro-Wilk		
	统计量	df	Sig.	统计量	df	Sig.
签约月薪	.186	49	.000	.952	49	.047

a. Lilliefors 显著水平修正

图 6.53　正态性检验结果

建议当样本量 n≤2 000 时，结果以 Shapiro-Wilk(W 检验)为准，当样本量 n>2 000 时，结果以 Kolmogorov-Smirnov(D 检验)为准。从 W 检验结果看，sig=0.47<0.05，拒绝签约月薪服从正态分布的假设。但由于 sig 值比较接近 0.05，为了本例可继续分析，就认为签约月薪服从正态分布(事实上，用单样本 K-S 检验结果是服从正态分布的)。

(3) 由于签约月薪服从正态分布，下面可以进行 t 检验，具体方法是，单击“分析→比较均值→单样本 T 检验”，进入“单样本 T 检验”对话框，如图 6.54 所示。

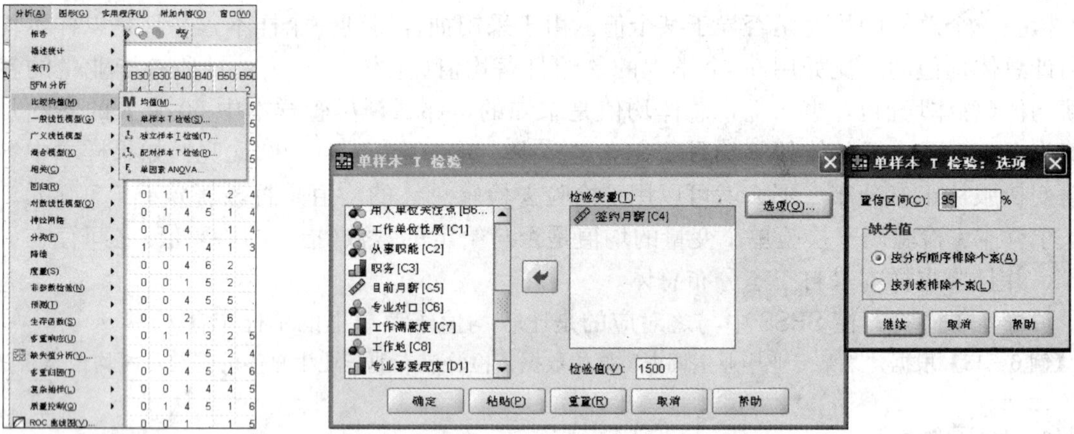

图 6.54　单样本 T 检验变量选择对话框

将“签约月薪”选入“检验变量”栏，在“检验值”文本框中输入“1 500”，再单击【选项】按钮，进行置信区间设置，然后单击【继续】按钮返回，再单击【确定】按钮，得 t 检验结果如图 6.55 所示。

➜ **T检验**

[数据集1] C:\Documents and Settings\Administrator\桌面\某某专业毕业生调查.sav

单个样本统计量

	N	均值	标准差	均值的标准误
签约月薪	49	1394.8980	305.03499	43.57643

单个样本检验

	检验值 = 1500					
					差分的 95% 置信区间	
	t	df	Sig.(双侧)	均值差值	下限	上限
签约月薪	-2.412	48	.020	-105.10204	-192.7183	-17.4858

图 6.55　t 检验结果

检验结果，如果 Sig>0.05 则无差异，反之则有差异，本例 Sig=0.02<0.05，因此拒绝总体签约月薪均值为 1 500 元的假设，即总体签约月薪显著异于 1 500。事实上，由于差分的 95%的置信区间为 [-192.7, -17.5]，因此可以看出，总体均值的 95%置信区间为 [1 500 - 192.7, 1 500 - 17.5]，即 [1 307.3, 1 482.5]。

2. 两独立样本 t 检验

检验两个独立总体的均值是否相同。假设有两个班级，其学生的身高均服从正态分布，现在想知道这两个班学生的平均身高是否相同，为此，可以对两个班分别抽取各自的样本，当然两个样本的量可以不相同，例如第一班抽取 20 人，第二班抽取 30 人。由于两个班的身高均服从正态分布，并且两个样本的抽取也是各自进行的(即相互独立的)，因而，可以通过抽取的两个样本的均值比较来检验总体上这两个班的平均身高是否相同。

采用独立样本进行 t 检验必须满足 3 个条件：①随机抽样，所有样本都是随机地从各自的总体中抽取的；②正态分布，每个样本来自的总体必须满足正态分布，比如男生总体和女生总体的身高都各自服从正态分布；③方差齐性，进行两总体均值是否相等比较时，必须要求两总体方差相等，比如男女生尽管平均身高不同，但身高的波动程度(即方差)是相等的。

两独立样本 t 检验，在 SPSS 中与之对应的是比较均值子菜单里的独立样本 T 检验。

【例 6-14】 根据"某某专业毕业生调查"原始数据，检验该专业毕业生男生与女生的签约月薪均值有无显著差异。

解： 菜单操作如下。

(1) 打开"某某专业毕业生调查"原始数据。

(2) 检验"签约月薪"这个变量是否服从正态分布。为此，需采用探索性分析(也可以采用非参数检验中的单样本 K-S 检验数据是否服从正态分布)，这已在前面分析过，"目前月薪"这个变量服从正态分布。

(3) 做两独立样本的 t 检验，单击"分析→比较均值→独立样本 T 检验"，弹出独立样本 T 检验对话框，分别如图 6.56 和图 6.57 所示。

图 6.56　"独立样本 T 检验"对话框的打开操作

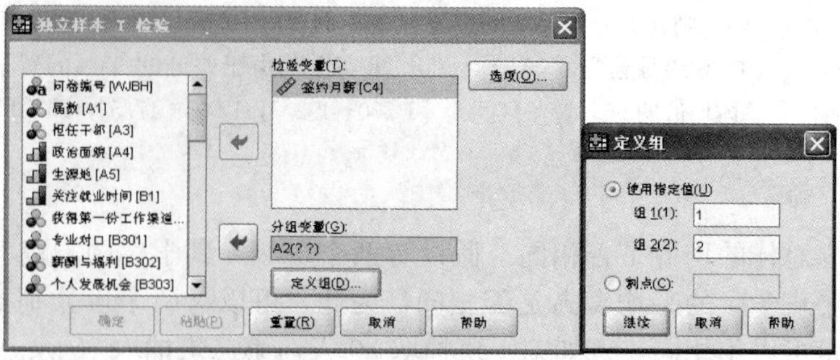

图 6.57 定义组的设置

将“签约月薪”变量选入“检验变量”栏，将“性别”变量选入“分组变量”栏，单击【定义组】按钮，可将变量 A2 的值划分成两组：“使用指定值”选项，如果变量 A2 的取值只有两种，可在此分别输入各组的 A2 取值；“割点”选项，如果 A2 的取值数为 3 种或以上，这时需指定一个分割点，将 A2 分为两大组。

本例“组 1”参数输入“1”(男生组)，“组 2”参数输入“2”(女生组)，设男生组的签约月薪的总体均值(注意是总体均值而不是样本均值)为 $\overline{X}_1$ 元，女生组的签约月薪的总体均值为 $\overline{X}_2$ 元，则均值比较的是 $\overline{X}_1-\overline{X}_2$ 的值是否显著异于 0。反之，如果组 1 输入“2”，组 2 输入“1”，则均值比较的是 $\overline{X}_2-\overline{X}_1$ 的值是否显著异于 0。

(4) 单击【继续】按钮，返回主对话框，然后单击【确定】按钮，得到结果如图 6.58 所示。

T检验

[数据集1] C:\Documents and Settings\Administrator\桌面\某某专业毕业生调查.sav

组统计量

	性别	N	均值	标准差	均值的标准误
签约月薪	男	22	1384.0909	331.08277	70.58708
	女	27	1403.7037	288.20596	55.46526

独立样本检验

		方差方程的 Levene 检验		均值方程的 t 检验						
									差分的 95% 置信区间	
		F	Sig.	t	df	Sig.(双侧)	均值差值	标准误差值	下限	上限
签约月薪	假设方差相等	.660	.421	-.222	47	.826	-19.61279	88.49105	-197.63382	158.40823
	假设方差不相等			-.218	42.004	.828	-19.61279	89.77155	-200.77857	161.55298

图 6.58 输出结果(11)

上述结果中，独立样本检验表分为两大部分。

第一部分为 Levene's 方差齐性检验，用于判断两总体方差是否齐，这里的检验结果为 F=0.660，sig=0.421>0.05，因此不能拒绝“假设方差相等”的假设，即两个总体的方差是齐性的，故选取该行的检验结果，而不能采用“假设方差不相等”的检验结果。

第二部分则分别给出两组所在总体方差齐和方差不齐时的 t 检验结果，由于前面的方差齐性检验结果为方差齐，第二部分就应选用方差齐时的 t 检验结果，即上面一行列出的 t=－0.222，df=47，sig=0.826>0.05。从而最终的统计结论为按 $\alpha=0.05$ 水准，接受两个总体均值相等的假设，即认为男女生在签约时的平均月薪是没有显著差异的。表的最后面还附有一些其他指标，如两组均数的置信区间等。

由于本例“组 1”参数输入“1”(男生组)，“组 2”参数输入“2”(女生组)，置信区间［－197.6，159.4］的含义是，有 95%的把握认为，男女生签约时月薪的均值的差异值在此区间内，由于该区间包含 0，因此可以说男女生签约时的平均月薪是没有差异的。反之，如果该区间最小值大于 0，如［50，100］，则有 95%的把握认为，在平均签约月薪上，男生至少高于女生 50 元，但不会高于 100 元；反之，如果该区间最大值小于 0，如［－100，－50］，则有 95%的把握认为，在平均签约月薪上，男生至少低于女生 50 元，但不会低于 100 元以上。

3. 两配对样本 t 检验

检验配对样本的总体均值是否相同。配对样本是指同一样本进行前后两次测量所获得的两组数据。例如，想知道某种减肥茶有没有效果，就可以把多名服用者使用前的体重和使用后的体重比较。

两配对样本 t 检验，实质是比较这两组数据的均值是否相同，即首先通过这两组数据，求得对应的差值，然后用 t 检验判断这些差值的均值是否为 0。在 SPSS 中与之对应的是比较均值子菜单里的配对样本 t 检验。该过程用于进行配对设计的差值均数与总体均值 0 比较的 t 检验，其功能实际上是和单样本 t 检验过程相重复的(等价于检验总体均值为 0 的情况)，但两配对样本 t 检验使用的数据输入格式和前者不同，因此仍然有存在的价值。

【例 6-15】 某班的教学中采用了新的教学方法，进行前测和后测试验，随机抽取 8 名学生作样本，见表 6-3，分析两次测试是否有差异，从而判断实验结果。

表 6-3 新旧教学方法测试数据表

编号	旧方法	新方法	编号	旧方法	新方法
1	11	15	5	13	15
2	14	14	6	12	13
3	12	15	7	15	14
4	10	14	8	14	16

解： 操作步骤如下。

(1) 录入数据。定义变量“编号”、“旧方法”和“新方法”，录入数据。

(2) 统计分析。

① 选择“分析→比较均值→配对样本 T 检验”命令，打开“配对样本 T 检验”对话框，分别单击“旧方法”和“新方法”变量，按箭头按钮使成对变量进入“成对变量”框中的“Variable1”和“Variable2”下面，如图 6.59 所示。

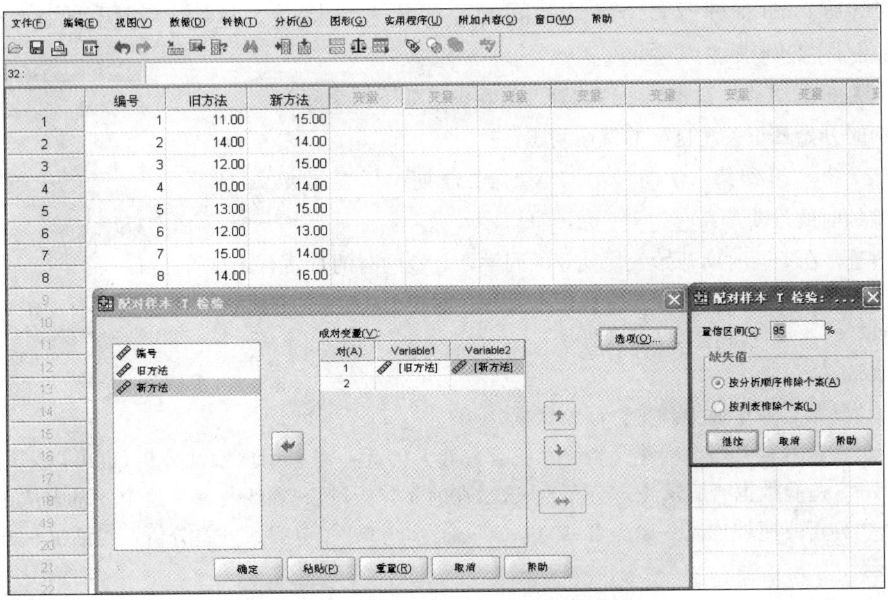

图 6.59 配对样本 T 检验的操作

单击【选项】按钮，进行置信区间设置和缺失值设置，单击【继续】按钮返回。

② 单击【确定】按钮，提交运行，输出结果如图 6.60 所示。

T检验

[数据集2]

成对样本统计量

		均值	N	标准差	均值的标准误
对 1	旧方法	12.6250	8	1.68502	.59574
	新方法	14.5000	8	.92582	.32733

成对样本相关系数

		N	相关系数	Sig.
对 1	旧方法 & 新方法	8	.137	.746

成对样本检验

		成对差分					t	df	Sig.(双侧)
					差分的 95% 置信区间				
		均值	标准差	均值的标准误	下限	上限			
对 1	旧方法 - 新方法	-1.87500	1.80772	.63913	-3.38629	-.36371	-2.934	7	.022

图 6.60　输出结果(12)

从图 6.62 中看出，显著性概率 Sig(双侧)＝0.022＜0.05，因而拒绝配对样本均值之间无差异的假设，从而认为配对样本之间存在显著差异，即新方法与旧方法之间存在显著差异。证明该教学方法适合教学要求，能够促进学生提高成绩。由于本例将旧方法选入“Variable1”，新方法选入“Variable2”，因而表中给出的差分的 95％置信区间是旧方法与新方法的差分(旧方法-新方法)的置信区间，由于其上限小于 0，因此旧方法的效果要低于新方法。

4. 单因素方差分析

检验两个及以上独立样本的总体均值是否相同。单因素方差分析，用于检验几个(2 个或 2 个以上)独立的组，是否来自均值相同的总体。t 检验法适用于样本平均数与总体平均数及两样本平均数间的差异显著性检验，但在生产和科学研究中经常会遇到 2 个或以上组的均值是否相同的问题，即需进行多个平均数间的差异显著性检验。这时，若仍采用 t 检验法就不适宜了，以下用实例来加以说明。

【例 6－16】根据“某某专业毕业生调查”问卷中有如下两个问句。

B1、你何时开始真正关注自己的就业问题？ □

1. 一年级　2. 二年级第一学期　3. 二年级第二学期　4. 三年级

C4、你签约时的月薪是：________元 □

现在想知道，在不同时期开始关注就业的同学，其签约时的月薪有无显著差异。

解：由前面分析可知，签约月薪服从正态分布，问句 B1 有 4 个答案，因此相当于有 4 个组。现在要比较这 4 个组的平均签约月薪有无显著差异。

菜单操作如下。

(1) 打开“某某专业毕业生调查”原始数据。

(2) 检验“签约月薪”这个变量是否服从正态分布。为此，需采用探索性分析(也可以采用非参数检验中的单样本 K－S 检验数据否服从正态分布)，这已在前面分析过，“签约月薪”这个变量服从正态分布。

(3) 选择“分析→比较均值→单因素 ANOVA”命令，打开“单因素方差分析”对话框，分别如图 6.61 和图 6.62 所示。

“因变量列表”栏：选择一个或多个因变量进入“因变量列表”框中(可选入多个因变量，但要求这些变量互不相关)。本例选择“签约月薪”。

“因子”栏：选择一个自变量进入“因子”框中(只能选入一个分类变量)。本例选择“关注就业时间”。

图 6.61　“单因素方差分析”对话框的打开操作

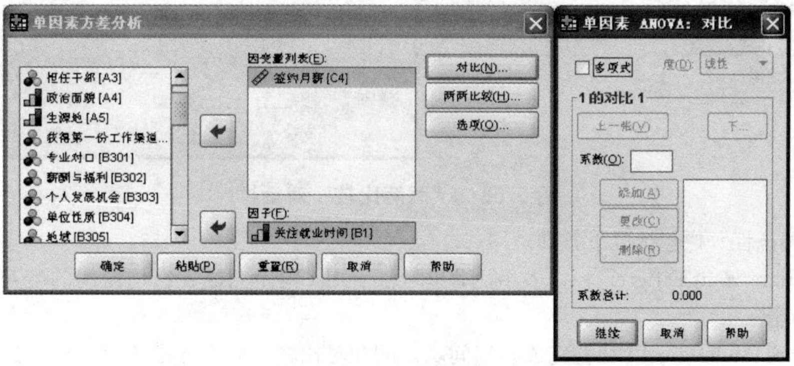

图 6.62　“单因素方差分析”主对话框

单击【对比】按钮，打开“单因素 ANOVA：对比”对话框，该对话框用于设置均值的多项式比较。

均值的多项式比较是包括两个或更多个均值的比较。例如要求计算“1.1×mean1－1×mean2”的值，检验的假设 H0：第一组均值的 1.1 倍与第二组的均值相等。单因素方差分析过程允许进行高达 5 次的均值多项式比较。多项式的系数需要由读者自己根据研究的需要输入。具体的操作步骤如下。

① 勾选“多项式”复选框，该操作激活其右面的“度”下拉列表框。

② 单击“度”下拉列表框右面的向下箭头展开阶次菜单，可以选择线性、二次、三次、四次、五次多项式。

③ 为多项式指定各组均值的系数。方法是在“系数”文本框中输入一个系数，单击【添加】按钮，“系数”文本框中的系数进入下面的方框中。依次输入各组均值的系数，在方形显示框中形成一列数值。因子变量分为几组，输入几个系数，多出的无意义。如果多项式中只包括第一组与第四组的均值的系数，必须把第二个、第三个系数输入为 0 值。如果只包括第一组与第二组的均值，则只需要输入前两个系数，第三、四个系数可以不输入。

可以同时建立多个多项式。一个多项式的一组系数输入结束，激活【下一张】按钮，单击该按钮后“系数”文本框中清空，准备接受下一组系数数据。

如果认为输入的几组系数中有错误，可以分别单击【上一张】或【下一张】按钮前后翻找出错的一组数据。单击出错的系数，该系数显示在文本框中，可以在此进行修改，修改后单击【更改】按钮在系数显示框中出现正确的系数值。当在系数显示框中选中一个系数时，同时激活【删除】按钮，单击该按钮将选中的系数清除。

④ 单击【上一张】或【下一张】按钮显示输入的各组系数检查无误后，单击【继续】按钮确认输入的系数并返回到主对话框。要取消刚刚的输入，单击【取消】按钮；需要查看系统的帮助信息，单击【帮助】按钮。

本例不作多项式比较的选择，选择缺省值。

(4) 设置多重比较。在主对话框里单击【两两比较】按钮，将打开如图 6.63 所示的多重比较对话框。该对话框用于设置多重比较和配对比较。方差分析一旦确定各组均值间存在差异显著，多重比较检测可以求出均值相等的组；配对比较可找出和其他组均值有差异的组，并输出显著性水平为 0.95 的均值比较矩阵，在矩阵中用星号表示有差异的组。

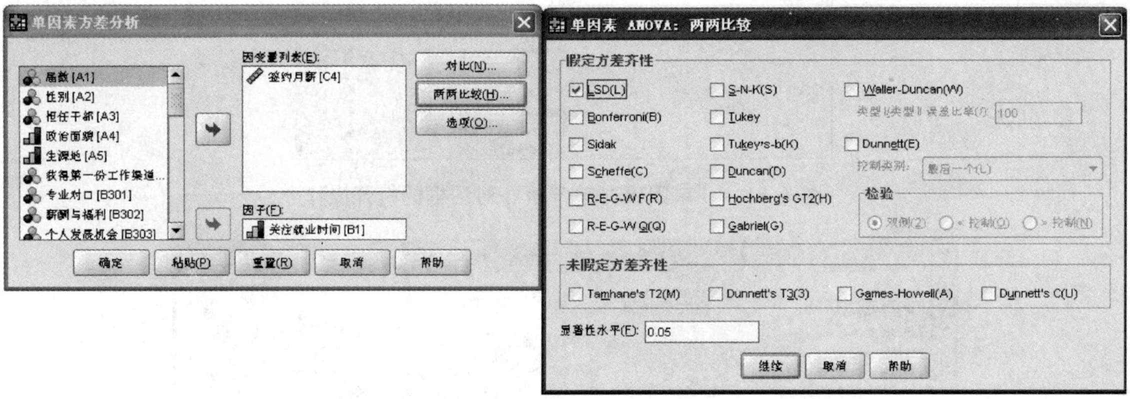

图 6.63 "两两比较"对话框

①"假定方差齐性"栏包括以下各项。

LSD(Least-Significant Difference)：最小显著差数法，用 t 检验完成各组均值间的配对比较，对多重比较误差率不进行调整。

Bonferroni(LSDMOD)：用 t 检验完成各组间均值的配对比较，但通过设置每个检验的误差率来控制整个误差率。

Sidak：计算 t 统计量进行多重配对比较。可以调整显著性水平，比 Bofferroni 方法的界限要小。

Scheffe：对所有可能的组合进行同步进入的配对比较。这些选择项可以同时选择若干个，以便比较各种均值比较方法的结果。

R-E-G-WF(Ryan-Einot-Gabriel-Welsch F)：用 F 检验进行多重比较检验。

R-E-G-WQ(Ryan-Einot-Gabriel-Welsch range test)：正态分布范围进行多重配对比较。

S-N-K(Student-Newmnan-Keuls)：用 Student Range 分布进行所有各组均值间的配对比较。如果各组样本含量相等或者选择了"Harmonic average of all groups"，即用所有各组样本含量的调和平均数进行样本量估计时还用逐步过程进行齐次子集(差异较小的子集)的均值配对比较。在该比较过程中，各组均值从大到小按顺序排列，最先比较最末端的差异。

Tukey(Tukey's Honestly Signicant Difference)：用 Student-Range 统计量进行所有组间均值的配对比较，用所有配对比较误差率作为实验误差率。

Tukey's-b：用 Stndent Range 分布进行组间均值的配对比较。其精确值为前两种检验相应值的平均值。

Duncan(Duncan's Multiple Range Test)：新复极差法(SSR)，指定一系列的"Range"值，逐步进行计算比较得出结论。

Hochberg's GT2：用正态最大系数进行多重比较。

Gabriel：用正态标准系数进行配对比较，在单元数较大时，这种方法较自由。

Waller-Duncan：用 t 统计量进行多重比较检验，使用贝叶斯逼近。

Dunnett：指定此选择项，进行各组与对照组的均值比较。默认的对照组是最后一组。选择了该项就激活下面的“控制类别”下拉列表框。展开下拉列表，可以重新选择对照组。

②“检验”栏，该框中列出了3种区间，分别为：双侧——双边检验；控制——左边检验；控制——右边检验。

③“未假定方差齐性”栏。当各组的方差不齐性时，检验各均值间是否有差异的方法有4种可供选择：Tamhane's T2、Dunnett's T3、Games-Howell、Dunnett's C。

④“显著性水平”文本项，各种检验的显著性概率临界值，默认值为0.05，可由用户重新设定。

本例选择“LSD”法进行比较，检验的显著性概率临界值0.05。

(5) 设置输出统计量。单击【选项】按钮，打开“选项”对话框，如图6.64所示。

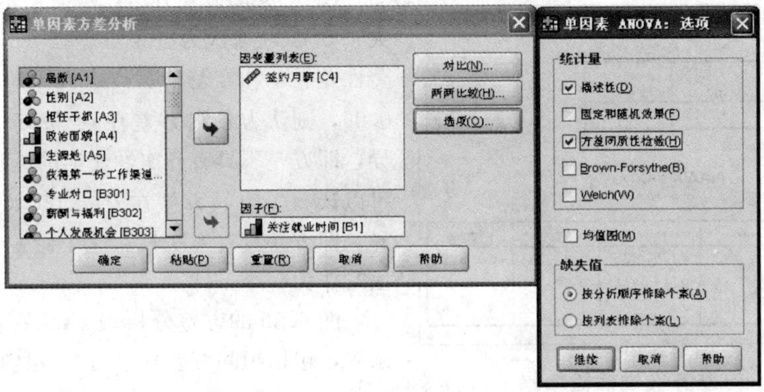

图6.64　输出统计量的设置

选择要求输出的统计量，并按要求的方式显示这些统计量。在该对话框中还可以选择对缺失值的处理要求。各组选择项的含义如下。

①“统计量”栏：该栏用于选择输出统计量。

描述性：要求输出描述统计量。选择此项输出观测量数目、均值、标准差、标准误差、最小值、最大值、各组中每个因变量的95%置信区间。

固定和随机效果：固定和随机描述统计量。

方差同质性检验：要求进行方差齐次性检验，并输出检验结果。用“Levene lest ”检验，即计算每个观测量与其组均值之差，然后对这些差值进行一维方差分析。

Brown-Forsythe：布朗检验。

Welch：韦尔奇检验。

均值图：即均数分布图，根据各组均数描绘出因变量的分布情况。

②“缺失值”栏：用于选择缺失值处理方法。

按分析顺序排除个案：被选择参与分析的变量含缺失值的观测量，从分析中剔除。

按列表排除个案：对含有缺失值的观测量，从所有分析中剔除。

以上选择项选择完成后，单击【继续】按钮确认选择并返回上一级对话框；单击【取消】按钮作废本次选择；单击【帮助】按钮，显示有关的帮助信息。

本例选择要求输出描述统计量和进行方差齐次性检验，缺失值处理方法选系统缺省设置。

(6) 提交执行。设置完成后，在“单因素方差分析”对话框中单击【确定】按钮，SPSS就会根据设置进行运算，并将计算结果输出到SPSS结果输出窗口中。

(7) 结果与分析。本例结果如图6.65所示。

图6.65描述统计量，给出了分组的样本含量N、均值、标准差、标准误、95%的置信区间、极小值和极大值。

描述

签约月薪

	N	均值	标准差	标准误	均值的95% 置信区间 下限	上限	极小值	极大值
一年级	4	1425.0000	434.93295	217.46647	732.9246	2117.0754	1000.00	2000.00
二年级第一学期	18	1463.8889	211.99719	49.96822	1358.4652	1569.3126	1000.00	1750.00
二年级第二学期	19	1373.6842	315.06984	72.28198	1221.8254	1525.5430	800.00	2000.00
三年级	8	1275.0000	402.66966	142.36522	938.3597	1611.6403	800.00	1800.00
总数	49	1394.8980	305.03499	43.57643	1307.2817	1482.5142	800.00	2000.00

图 6.65　描述结果

方差齐性检验

签约月薪

Levene 统计量	df1	df2	显著性
2.819	3	45	.050

ANOVA

签约月薪

	平方和	df	均方	F	显著性
组间	212854.607	3	70951.536	.751	.528
组内	4253369.883	45	94519.331		
总数	4466224.490	48			

图 6.66　方差齐次性检验结果

图 6.66 的方差齐次性检验结果，如果显著性概率大于 0.05，则认为各组方差在α=0.05 水平上没有显著性差异，即方差具有齐次性。如果显著性概率小于 0.05，则认为各组方差在α=0.05 水平上有显著性差异，即方差不具有齐次性。本例，显著性概率为 0.05，可以认为各组的方差在α=0.05 水平上没有显著性差异，即方差具有齐次性。这个结论在选择多重比较方法时作为一个条件。

图 6.66 的方差分析表(ANOVA)：第 1 列是方差来源，包括组间变差“组间”；组内变差“组内”和总变差“总数”。第 2 列是离差平方，组间离差平方和为 212 854.607，组内离差平方和为 4 253 369.883，总离差平方和为 4 466 224.490，是组间离差平方和与组内离差平方和相加之和。第 3 列是自由度 df，组间自由度为 3，组内自由度为 45，总自由度为 48。第 4 列是“均方”，是第 2 列与第 3 列之比，组间均方为70 951.536，组内均方为 94 519.331。第 5 列是 F 值 0.751(组间均方与组内均方之比)。第 6 列是 F 值对应的概率值，针对假设 H0：组间均值无显著性差异(即 4 个组的平均签约月薪无显著性差异)计算的 F 值为 0.751，对应的概率值 p 为 0.528，由于 $p=0.528>0.05$，因此接受原假设，即认为这 4 个组的平均签约月薪没有显著差异，即平均签约月薪与何时开始关注就业问题没有必然联系。

LSD 法进行多重比较如图 6.67 所示，从图 6.66 结论已知该例子的方差具有齐次性，因此 LSD 方法适用。第 1 栏的第 1 列“(I)关注就业时间”为基准列，第 2 列“(J)关注就业时间”是比较列。第 2 栏是基准列平均数减去比较列平均值的差值。第 3 栏是差值的标准误。第 4 栏是差值检验的显著性水平，在 α=0.05 水平上，本例各组之间的签约月薪均值没有显著性差异(显著性概率均大于 0.05)。第 5 栏是差值的 95%置信范围的下限和上限。

多重比较

因变量:签约月薪

	(I) 关注就业时间	(J) 关注就业时间	均值差 (I-J)	标准误	显著性	95% 置信区间 下限	上限
LSD	一年级	二年级第一学期	-38.88889	169.94383	.820	-381.1733	303.3956
		二年级第二学期	51.31579	169.12875	.763	-289.3270	391.9586
		三年级	150.00000	188.26776	.430	-229.1907	529.1907
	二年级第一学期	一年级	38.88889	169.94383	.820	-303.3956	381.1733
		二年级第二学期	90.20468	101.12258	.377	-113.4666	293.8760
		三年级	188.88889	130.63686	.155	-74.2273	452.0050
	二年级第二学期	一年级	-51.31579	169.12875	.763	-391.9586	289.3270
		二年级第一学期	-90.20468	101.12258	.377	-293.8760	113.4666
		三年级	98.68421	129.57476	.450	-162.2927	359.6612
	三年级	一年级	-150.00000	188.26776	.430	-529.1907	229.1907
		二年级第一学期	-188.88889	130.63686	.155	-452.0050	74.2273
		二年级第二学期	-98.68421	129.57476	.450	-359.6612	162.2927

图 6.67　多重比较结果

6.2.3 卡方检验

在交叉表里已介绍到了卡方检验，但是交叉表里的卡方适用于数据还未分组的原始数据，然后通过交叉表得到分组数据并进行卡方检验。

对于已经分组得到的二维表，这时如果想知道这二维表的行、列变量是否相关，就需要专门用χ^2检验。

如要研究消费者对某种产品是否有“颜色”的偏好，可以将200位消费者按购买不同颜色的产品分类，得到各颜色购买者的人数(二维表)。根据这些样本数据来判断样本所属的总体分布与某一设定分布是否有显著差异，所谓设定分布可以是读者熟悉的理论分布，如正态分布、均匀分布等，也可以是任何想象的分布。零假设 H_0 是：样本所属总体其分布形态与设定分布无显著差异。在进行检验时需要构造下面的χ^2统计量：

$$\chi^2=\sum_{i=1}^{k}\frac{(O_i-E_i)^2}{E_i} \tag{6-4}$$

式中：k 是样本分类的个数，O_i 表示实际观察到的频数，E_i 表示设定频数，即理论频数。可见，如果观察频数与设定频数越接近，则χ^2值越小，根据皮尔逊定理，当 n 充分大时，χ^2统计量渐近服从于 $k-1$ 个自由度的χ^2分布。可以计算出χ^2统计量，判断有两种方法。

一是依据χ^2分布表，给出所对应的概率值，如果该概率值小于或等于给定的显著性水平 α，则拒绝 H_0，即样本所属的总体分布形态与设定的分布存在显著差异；如果该概率值大于给定的显著性水平 α，则不能拒绝 H_0，即没有理由认为样本所属的总体分布形态与设定分布有显著差异。

二是依据χ^2分布表，给出 α 所对应的临界值χ^2_α，如果χ^2统计量大于或等于临界值，则拒绝 H_0，认为样本所属的总体分布形态与设定分布存在显著差异；如果χ^2统计量小于临界值，则不能拒绝 H_0。

由于奠定检验基础的皮尔逊定理要求样本充分大，所以在搜集资料时必须要保证样本容量不小于50，同时二维表中每个单元中的期望频数不能太小，如果第一次分类时有单元中的频数小于5，则需要将它与相邻的组进行合并，如果20%的单元理论频数 f_e 小于5，则不能用χ^2检验了。

1. 单变量卡方检验

【例6-17】某香水公司将推出一种新产品，在产品上市前邀请了210名潜在客户对3种款式的香水进行评估，请他们选出最喜欢的一种，结果见表6-4，问能否判断A、B、C 3种受欢迎程度有显著差异？

表6-4 潜在客户对3种款式香水的评价

款式	A	B	C
选择人数	90	45	75

解：H_0：3种款式受欢迎程度基本相同

H_1：3种款式受欢迎程度有显著差异

在 H_0下，$E_0=(90+45+75)/3=70$

$$\chi^2=\sum_{i=1}^{k}\frac{(O_i-E_i)^2}{E_i}=15$$

$$查表，\chi_{\alpha}^{2}(n-1)=\chi_{0.05}^{2}(3-1)=5.99$$

$$\chi^{2}>\chi_{\alpha}^{2}(n-1)$$

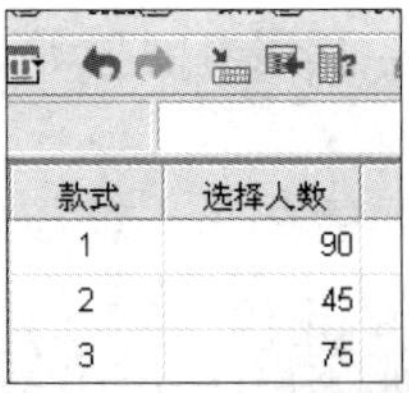

图 6.68　数据文件

拒绝 H_0，即 3 种款式受欢迎程度有显著差异。

本例中的表格数据为已分组的交叉表数据，这时不能再用交叉表菜单下的卡方检验功能，要在 SPSS 中实现卡方检验，应重新进行变量定义，并采用非参数检验下面的卡方检验子菜单来完成。具体步骤如下。

(1) 建立数据文件，如图 6.68 所示。

(2) 指定频数变量。选择“数据→加权个案”命令，在打开的“加权个案”对话框中，将“选择人数”送入“频率变量”框中，如图 6.69 所示；单击【确定】按钮。

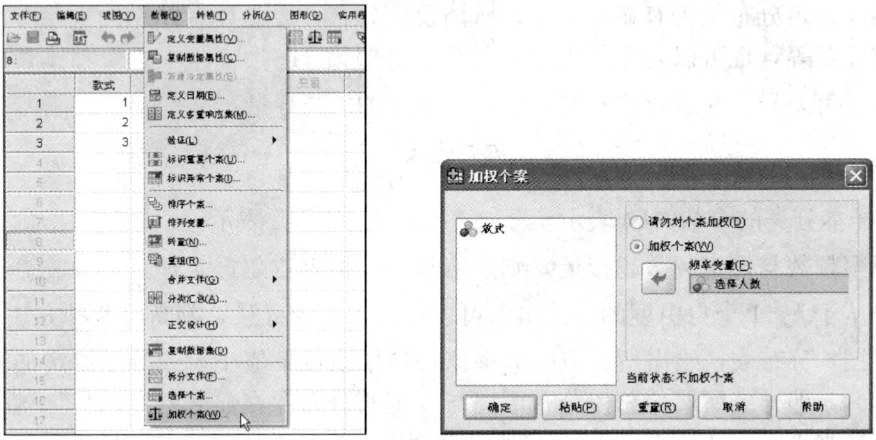

图 6.69　频率变量的设置

(3) 进行卡方检验。选择“分析→非参数检验 →卡方”命令，打开“卡方检验”对话框，如图 6.70 所示。

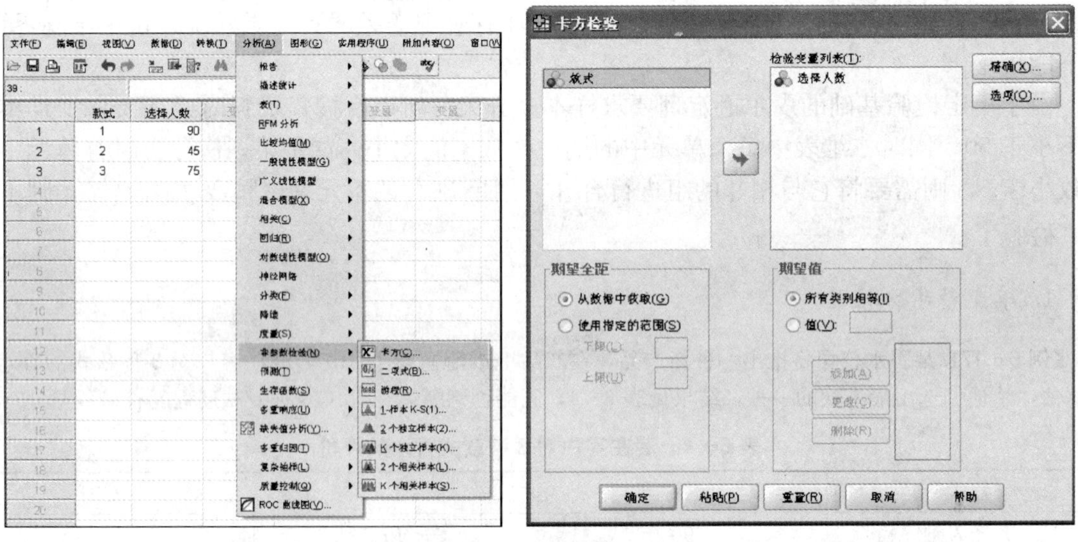

图 6.70　卡方检验菜单

将“选择人数”变量送入“检验变量列表”框中；在下面的“期望值”栏中，由于本例 3 个类别的期望值相同，所以选择默认的“所有类别相等”单选按钮(所有类别期望值相等)，如果各个类别的期望值不同，将选择下面的“值”单选按钮，输入各个类别所对应的期望值；单击【确定】按钮。计算结果见图 6.71所示。

频率

选择人数

	观察数	期望数	残差
45	45	70.0	-25.0
75	75	70.0	5.0
90	90	70.0	20.0
总数	210		

检验统计量

	选择人数
卡方	15.000ª
df	2
渐近显著性	.001

a. 0 个单元 (.0%) 具有小于 5 的期望频率。单元最小期望频率为 70.0。

图 6.71　χ^2 检验结果(1)

$\chi^2=15.000$，$P=0.001<0.05$，故拒绝原假设，即可以认为 A、B、C 3 种款式受欢迎程度是有显著差异的。

在指定了频率变量“选择人数”后，本例也可以将“款式”变量送入“检验变量列表”框中，如图 6.72 所示，计算结果如图 6.73所示。

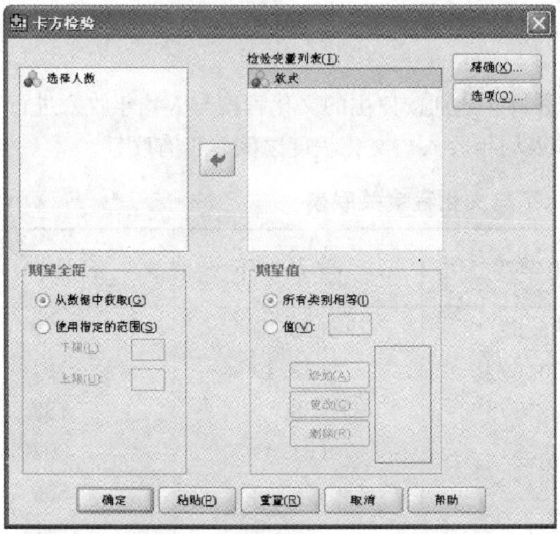

图 6.72　卡方检验对话框

频率

款式

	观察数	期望数	残差
1	90	70.0	20.0
2	45	70.0	-25.0
3	75	70.0	5.0
总数	210		

检验统计量

	款式
卡方	15.000ª
df	2
渐近显著性	.001

a. 0 个单元 (.0%) 具有小于 5 的期望频率。单元最小期望频率为 70.0。

图 6.73　χ^2 检验结果(2)

2. 双变量卡方检验

在市场调查分析研究中，往往有许多两变量交叉分类的数据列表，那么这两个变量或两种分类标准之间是否有联系，如果没有联系，则称两变量间是独立的。两变量之间是否有联系，可采用χ^2检验法。

双变量情形主要用于交叉表的变量特征影响分析。

H_0：两个变量特征相互无影响

H_1：两个变量特征相互显著差异

一般而言，选择显著水平 $\alpha=0.05$，

$$\text{统计量}\chi^2=\sum_{i=1}^{h}\sum_{j=1}^{m}\frac{(O_{ij}-E_{ij})^2}{E_{ij}}=\sum_{i=1}^{h}\sum_{j=1}^{m}\frac{\left(n_{ij}-\dfrac{n_i n_j}{n}\right)^2}{\dfrac{n_i n_j}{n}} \tag{6-5}$$

其中 O_{ij} 是样本资料的计数，E_{ij} 是在 H_0 为真的情况下的理论数(期望值)。

【例 6-18】 两家电视收视率调查公司分别对晚间八点档作电话调查得到的两个样本资料见表 6-5，要求检验两家公司调查的结果是否有差异($\alpha=0.05$)。

表 6-5　两家电视收视率调查公司的样本资料

公司	A 视	B 视	C 视	未开机	合计 n_i
甲公司	83	75	74	40	272
乙公司	73	68	60	32	233
合计 n_j	156	143	134	72	505

解：$\alpha=0.05$　自由度 $(2-1)\times(4-1)=3$

(1) 各格的理论人数：$E_{ij}=\dfrac{n_i n_j}{n}$，分别为

$$\begin{matrix} 84 & 77 & 72 & 39 \\ 72 & 66 & 62 & 33 \end{matrix}$$

(2) 计算检验统计量 χ^2。

$$\chi^2=\sum_{i=1}^{h}\sum_{j=1}^{m}\frac{(O_{ij}-E_{ij})^2}{E_{ij}}=\frac{(83-84)^2}{84}+\frac{(75-77)^2}{77}+\cdots+\frac{(32-33)^2}{33}=0.314\ 4$$

(3) $\alpha=0.05$，自由度 $=3$，查表得临界值 $\chi^2_{0.95(3)}=7.81>0.314\ 4$，故差异不显著，表示两公司调查的收视率结果可能没有显著的差异。

【例 6-19】 某市调查公司利用 1 386 户家计调查资料，分别按户主的文化程度与人均年收入进行交叉分类，其数据见表 6-6(括号内为理论次数)。要求检验人均年收入与文化程度之间是否有联系。

表 6-6　居民收入水平与文化程度关联表　　单位：人

文化程度 / 收入水平	大学以上	中学	小学及以下	合计(n_i)
4 000 以下	93(77.1)	19(26.6)	18(26.3)	130
4 000～5 000	114(97.3)	27(33.6)	23(33.1)	164
5 000～6 000	110(111.5)	39(38.5)	39(38.0)	188
6 000～7 000	178(180.3)	56(62.3)	70(61.4)	304
7 000 以上	327(335.8)	143(122.9)	130(121.2)	600
合计 n_j	822	284	280	1 386

解：$n=1\ 386$　$r=5$　$c=3$　$(r-1)(c-1)=8$

(1) 求每一格的理论次数 E_{ij}，如：

$$E_{11}=\frac{130\times 822}{1\ 386}=77.1 \qquad E_{12}=\frac{130\times 284}{1\ 386}=26.6$$

依此类推，计算结果见表 6-6 括号内。

(2) 计算统计量 χ^2。

$$\chi^2=\frac{(93-77.10)^2}{77.10}+\frac{(114-97.3)^2}{97.3}+\cdots+\frac{(130-121.2)^2}{21.2}=23.51$$

(3) 作 χ^2 检验。若显著水平 $\alpha=0.05$，根据自由度 8，查表 $\chi^2_{0.95(8)}=15.507$。由于 $\chi^2>\chi^2_{0.95}$，因此，两个变量之间不是独立的，而是有联系的。

交叉表中的卡方检验使用数据为个案数据的情形下的，即数据未分组的情况下可以采用交叉表进行卡方检验，在本例数据已分组的情况下，则不能直接使用交叉表，而需重新定义，具体的操作方法如下。

(1) 建立数据文件，如图 6.74 所示。

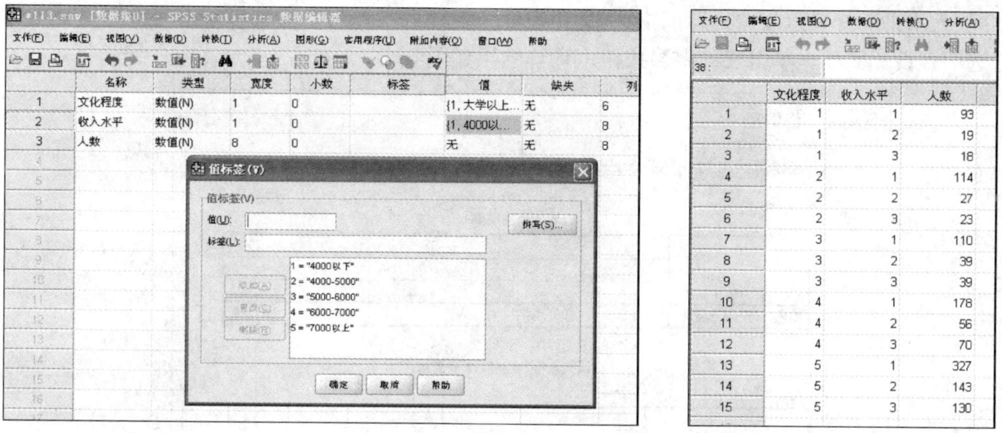

图 6.74 数据文件

(2) 指定频数变量。选择“数据→加权个案”命令，在打开的“加权个案”对话框中，将“人数”送入“频率变量”框中，如图 6.75 所示，单击【确定】按钮。

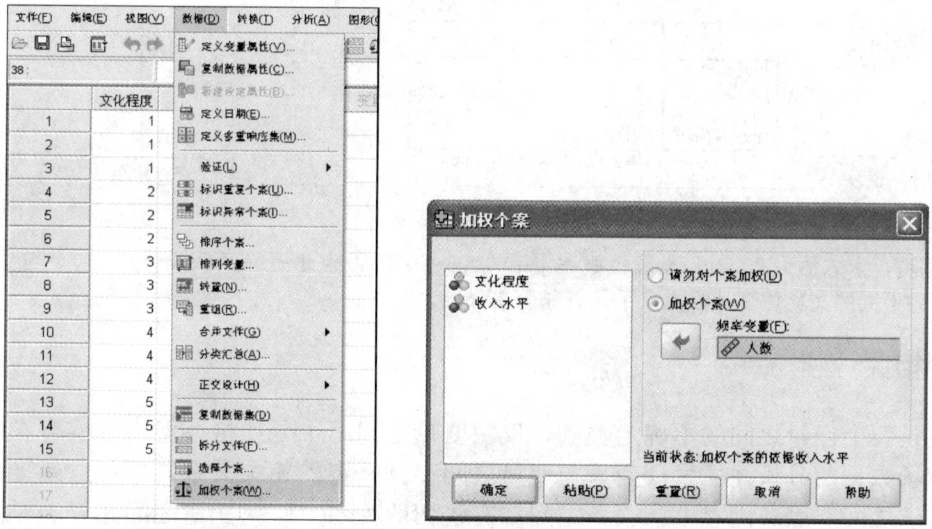

图 6.75 频率变量的设置

(3) 进行卡方检验。选择“分析→描述统计 →交叉表”命令，打开“交叉表”对话框，如图 6.76 所示。

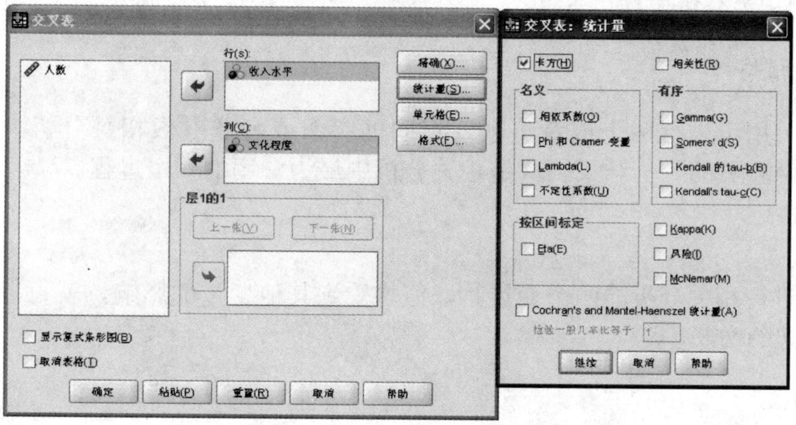

图 6.76 交叉表主对话框

将“收入水平”变量送入“行”框中；“文化程度”变量送入“列”框中，单击【统计量】按钮，选择“卡方”选项；设置完毕，单击【确定】按钮。计算结果如图 6.77 所示。

交叉表

[数据集0] C:\Documents and Settings\Administrator\桌面\113.sav

案例处理摘要

	案例					
	有效的		缺失		合计	
	N	百分比	N	百分比	N	百分比
收入水平 * 文化程度	1386	100.0%	0	.0%	1386	100.0%

收入水平 * 文化程度 交叉制表

计数

		文化程度					合计
		大学以上	中学	小学及以下	4	5	
收入水平	4000以下	93	114	110	178	327	822
	4000-5000	19	27	39	56	143	284
	5000-6000	18	23	39	70	130	280
合计		130	164	188	304	600	1386

卡方检验

	值	df	渐进 Sig.(双侧)
Pearson 卡方	23.510[a]	8	.003
似然比	24.051	8	.002
线性和线性组合	15.906	1	.000
有效案例中的 N	1386		

a. 0 单元格(.0%) 的期望计数少于 5。最小期望计数为 26.26。

图 6.77　输出结果(13)

从结果看，卡方值为 23.51，显著性概率 $p=0.003<0.05$，因此拒绝原假设(收入水平与文化程度无关)，即认为不同的文化程度其收入水平是有显著差异的。

6.2.4　相关分析

相关是两个变量之间的不确定关系，反映变量之间不十分严格，但却确实存在的依存关系。对市场数据的分析往往发现变量与变量之间存在一定的相关关系，例如：某产品的价格和社会需求之间，服务满意度与服务之间都有密切的关系。研究变量之间相互关系密切程度的分析即为相关分析。相关分析在市场研究中的应用相当广泛，开展许多其他分析之前，往往需要对变量间的相关性进行预先分析。

SPSS 中的相关分析包括以下 3 个。

1. 双变量相关

双变量相关用于进行两个或者多个变量间的参数或者非参数相关分析，如果是多个变量，则给出两两相关的分析结果，这是相关分析中最为常用的一个过程。

2. 偏相关

如果需要进行相关分析的两个变量其取值均受到其他变量的影响，就可以利用偏相关分析对其他变量进行分析。

3. 距离相关

调用此过程可对同一变量内部各观察单位间的数值或各个不同变量间进行距离相关分

析，前者可用于检测观测值的接近程度，后者则常用于考察预测值对实际值的拟合优度。该过程在实际应用中用的非常少。

以下主要就双变量相关进行分析。

【例 6-20】根据“某某专业毕业生调查”原始数据，检验该专业毕业生签约月薪、目前月薪、性别、工作满意度之间的相关性。

解： 菜单操作如下。

(1) 打开“某某专业毕业生调查”原始数据。

(2) 选择“分析→相关→双变量”命令，进入双变量相关界面，如图 6.78 所示。

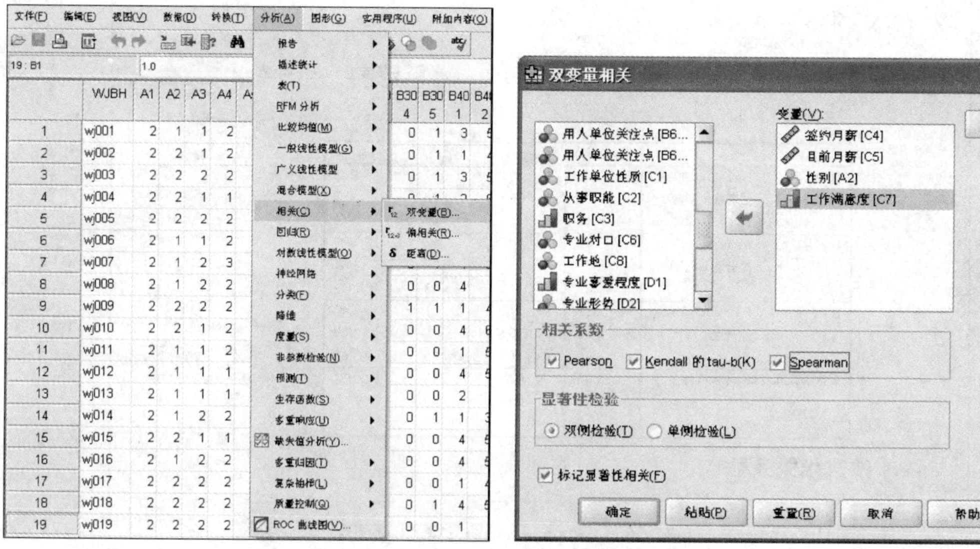

图 6.78　“双变量相关”对话框及打开操作

选入“签约月薪、目前月薪、性别、工作满意度”4 个变量进入“变量”列表框，相关系数选择 Pearson、Kendall 的 tau-b、Spearman，单击【确定】按钮。

“相关系数”栏中包括以下各项。

Pearson：两个连续变量都服从正态分布，且呈线性相关时，使用 Pearson 积差相关系数。

Kendall 的 tau-b：等级相关系数，取值范围在－1～1 之间。Kendall 的 tau-b 等级相关的适用条件有两个。

① 两个变量的变量值是以等级次序表示的资料。

② 一个变量的变量值是等级数据，另一个变量的变量值是等距或比率数据，且其两总体不是正态分布，样本容量 n 不一定大于 30。

Spearman：等级相关系数，是利用两变量的秩次大小作线性相关分析，对原始变量的分布不作要求，属于非参数统计方法，适用范围要广些。对于服从 Pearson 相关系数的数据亦可计算 Spearman 相关系数，但统计效能要低一些。Spearman 等级相关的适用条件有两个。

① 两个变量的变量值是以等级次序表示的资料。

② 一个变量的变量值是等级数据，另一个变量的变量值是等距或比率数据，且其两总体不是正态分布，样本容量 n 不一定大于 30。

从 Spearman 等级相关适用条件中可以看出，等级相关的应用范围要比积差相关广泛，它的突出优点是对数据的总体分布、样本大小都不作要求，但缺点是计算精度不高。

总之，若非等间距测度的连续变量因为分布不明，可用等级相关，也可用 Pearson 相关，对于完全等级离散变量必用等级相关。

当资料不服从双变量正态分布或总体分布型未知或原始数据是用等级表示时，宜用 Spearman 或 Kendall 相关。

若不恰当使用，可能得相关系数偏小或偏大结论而考察不到不同变量间存在的密切关系。对一般连续变量的情况默认数据是服从正态分布的，故用 Pearson 分析方法。

由于相关分析是针对两变量或者多变量之间是否存在相关关系的分析方法，因此要根据变量不同特征选择不同的相关性的度量方式。问卷分析中多数用的变量都属于分类变量，要采用 Spearman 相关系数。其中可以用卡方检验，其是对两变量之间是否具有显著性影响的分析方法。

本例的输出结果如图 6.79 所示。

相关性

[数据集1] C:\Documents and Settings\Administrator\桌面\某某专业毕业生调查.sav

相关性

		签约月薪	目前月薪	性别	工作满意度
签约月薪	Pearson 相关性	1	-.142	.032	.005
	显著性（双侧）		.363	.826	.972
	N	49	43	49	49
目前月薪	Pearson 相关性	-.142	1	.043	-.023
	显著性（双侧）	.363		.786	.884
	N	43	43	43	43
性别	Pearson 相关性	.032	.043	1	-.242
	显著性（双侧）	.826	.786		.062
	N	49	43	60	60
工作满意度	Pearson 相关性	.005	-.023	-.242	1
	显著性（双侧）	.972	.884	.062	
	N	49	43	60	60

非参数相关系数

[数据集1] C:\Documents and Settings\Administrator\桌面\某某专业毕业生调查.sav

相关系数

			签约月薪	目前月薪	性别	工作满意度
Kendall 的 tau_b	签约月薪	相关系数	1.000	.371**	.019	-.001
		Sig.（双侧）	.	.002	.878	.991
		N	49	43	49	49
	目前月薪	相关系数	.371**	1.000	-.152	-.010
		Sig.（双侧）	.002	.	.263	.943
		N	43	43	43	43
	性别	相关系数	.019	-.152	1.000	-.229
		Sig.（双侧）	.878	.263	.	.074
		N	49	43	60	60
	工作满意度	相关系数	-.001	-.010	-.229	1.000
		Sig.（双侧）	.991	.943	.074	.
		N	49	43	60	60
Spearman 的 rho	签约月薪	相关系数	1.000	.448**	.022	-.006
		Sig.（双侧）	.	.003	.880	.967
		N	49	43	49	49
	目前月薪	相关系数	.448**	1.000	-.173	-.011
		Sig.（双侧）	.003	.	.268	.946
		N	43	43	43	43
	性别	相关系数	.022	-.173	1.000	-.232
		Sig.（双侧）	.880	.268	.	.074
		N	49	43	60	60
	工作满意度	相关系数	-.006	-.011	-.232	1.000
		Sig.（双侧）	.967	.946	.074	.
		N	49	43	60	60

**. 在置信度（双测）为 0.01 时，相关性是显著的。

图 6.79 输出结果(14)

在上面的结果中，在相关性中给出的是 Pearson 相关系数表，变量间两两的相关系数是用方阵的形式给出的。每一行和每一列的两个变量对应的格子中就是这两个变量相关分析结果，分别是相关系数、显著性 P 值和样本数 N。由于这里分析了 4 个变量，因此给出的是 4×4 的方阵。本例由于签约月薪和目前月薪为连续变量，如果二者都服从正态分布，则需选择 Pearson 相关系数，其 Pearson 相关系数为－0.142，显著性 p＝0.363＞0.05，因此接受原假设，即二者不相关。

但在本例中，如图 6.80 所示，单样本 K－S 检验或探索性分析可知，签约月薪服从正态分布，而目前月薪不服从正态分布，因此不能选择 Pearson 相关系数来考虑二者的相关性，应选择 Spearman 相关系数或 Kendall 相关系数。

从 Spearman 相关系数或 Kendall 相关系数看，签约月薪与目前月薪的相关系数的显著性水平 p＜0.05，拒绝相关系数为零的原假设，即相关系数均显著异于 0，并且相关系数均为正数，说明目前月薪与签约月薪呈正相关。

由于性别和工作满意度均为名义变量或有序变量，因此，均以 Spearman 相关系数或 Kendall 相关系数为判断标准。

单样本 Kolmogorov-Smirnov 检验

		签约月薪	目前月薪
N		49	43
正态参数[a,b]	均值	1394.8980	1884.8837
	标准差	305.03499	1085.26576
最极端差别	绝对值	.186	.322
	正	.126	.322
	负	-.186	-.268
Kolmogorov-Smirnov Z		1.301	2.111
渐近显著性(双侧)		.068	.000

a. 检验分布为正态分布。

b. 根据数据计算得到。

图 6.80 检验结果

6.2.5 判别分析

判别分析是在已知研究对象分成若干类型(或组别)并已取得各种类型的一批已知样品的观测数据的基础上，根据某些准则建立判别式，然后对未知类型的样品进行判别分类。判别分析是判别样品所属类型的一种统计方法，其应用之广可与回归分析媲美。在市场预测中，可以根据以往调查所得的种种指标，判别下季度产品是畅销、平常或滞销；也可利用多种指标，判断某个顾客是否为新产品的潜在购买者和可能的消费者。

【例 6－21】为研究舒张期血压和血浆胆固醇对冠心病的作用，某医师测定了 50～59 岁冠心病人 15 例和正常人 16 例的舒张压和胆固醇指标，结果见表 6－7，试作判别分析，建立判别函数以便在临床中用于筛选冠心病人。

表 6－7 冠心病人和正常人的舒张压和胆固醇指标

编号	冠心病人组 舒张压 kPa x1	冠心病人组 胆固醇 mmol/L x2	编号	正常人组 舒张压 kPa x1	正常人组 胆固醇 mmol/L x2
1	9.86	5.18	1	10.66	2.07
2	13.33	3.73	2	12.53	4.45
3	14.66	3.89	3	13.33	3.06
4	9.33	7.10	4	9.33	3.94
5	12.80	5.49	5	10.66	4.45
6	10.66	4.09	6	10.66	4.92
7	10.66	4.45	7	9.33	3.68
8	13.33	3.63	8	10.66	2.77
9	13.33	5.96	9	10.66	3.21
10	13.33	5.70	10	10.66	5.02
11	12.00	6.19	11	10.40	3.94
12	14.66	4.01	12	9.33	4.92
13	13.33	4.01	13	10.66	2.69
14	12.80	3.63	14	10.66	2.43
15	13.33	5.96	15	11.20	3.42
			16	9.33	3.63

解：(1) 建立数据文件。舒张压、胆固醇的变量名分别以 x1、x2 表示，将冠心病人资料和正常人资料合并，一同输入。再定义一变量名：病人类型，用于区分冠心病人资料和正常人资料，即冠心病人资料的病人类型值均为 1，正常人资料的病人类型值均为 2，如图 6.81 和图 6.82 所示。

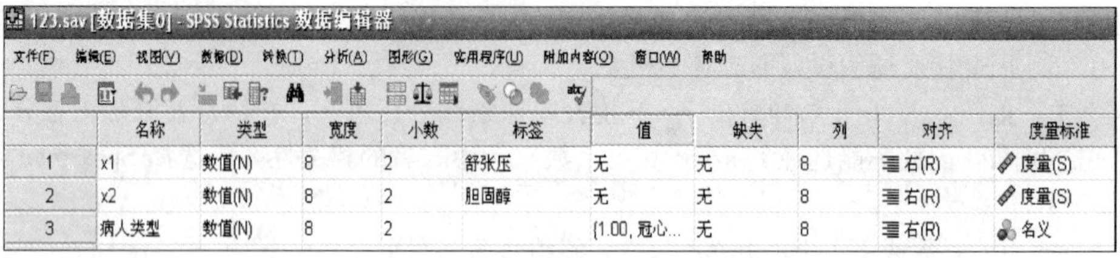

	名称	类型	宽度	小数	标签	值	缺失	列	对齐	度量标准
1	x1	数值(N)	8	2	舒张压	无	无	8	右(R)	度量(S)
2	x2	数值(N)	8	2	胆固醇	无	无	8	右(R)	度量(S)
3	病人类型	数值(N)	8	2		{1.00, 冠心...	无	8	右(R)	名义

图 6.81　数据文件的建立

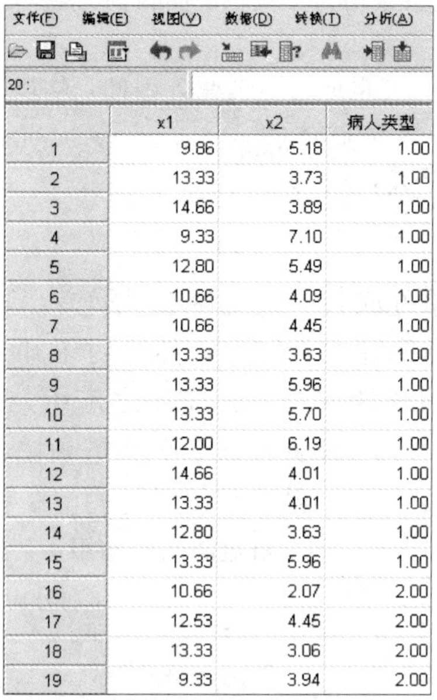

	x1	x2	病人类型
1	9.86	5.18	1.00
2	13.33	3.73	1.00
3	14.66	3.89	1.00
4	9.33	7.10	1.00
5	12.80	5.49	1.00
6	10.66	4.09	1.00
7	10.66	4.45	1.00
8	13.33	3.63	1.00
9	13.33	5.96	1.00
10	13.33	5.70	1.00
11	12.00	6.19	1.00
12	14.66	4.01	1.00
13	13.33	4.01	1.00
14	12.80	3.63	1.00
15	13.33	5.96	1.00
16	10.66	2.07	2.00
17	12.53	4.45	2.00
18	13.33	3.06	2.00
19	9.33	3.94	2.00

图 6.82　数据资料

(2) 选择“分析→分类→判别”命令，打开“判别分析”对话框。从对话框左侧的变量列表中选择变量“病人类型”，进入“分组变量”框，并单击“定义范围”按钮，在打开的“判别分析：定义范围”对话框中，定义判别原始数据的类别区间，在 Minimum 处输入 1，在 Maximum 处输入 2。

(3) 从对话框左侧的变量列表中选 x1、x2，使之进入“自变量”框，作为判别分析的基础数据变量，如图 6.83 所示。

图 6.83　“判别分析”对话框中自变量的设置

(4) 单击“统计量”按钮，打开“判别分析：统计量”对话框，在“描述性”栏中选“均值”项，对各组的各变量作均数与标准差的描述；在“函数系数”栏中选 Fisher 项，如图 6.84 所示。

(5) 单击“分类”按钮，打开“判别分析：分类”对话框，在“输出”栏勾选“个案结果”复选框，对原始资料根据建立的判别方程作逐一回代重判别，同时勾选“摘要表”复选框，对这种回代判别结果进行总结评价，如图 6.85 所示。

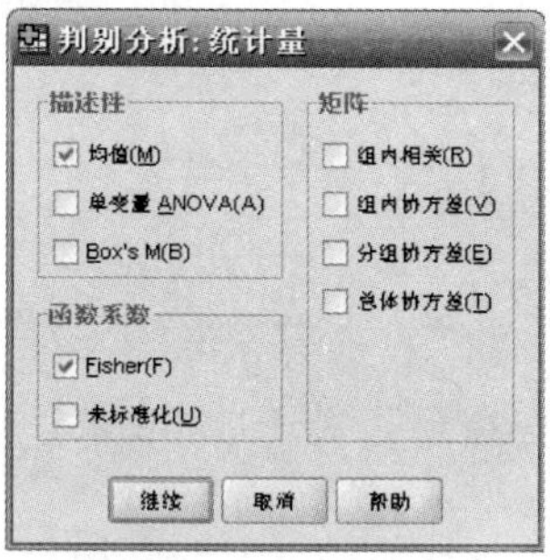

图 6.84 “判别分析：统计量”对话框的设置

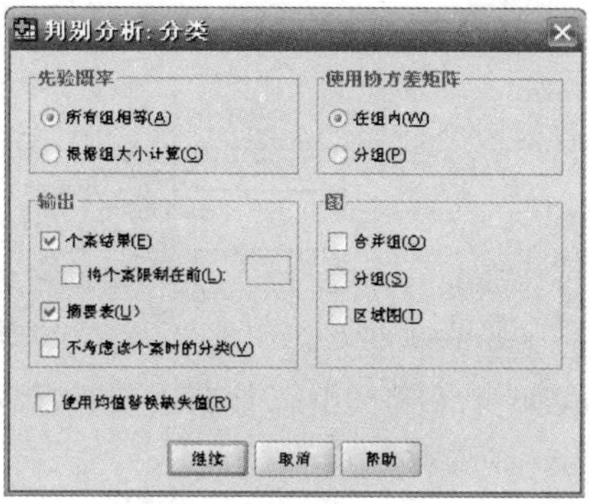

图 6.85 “判别分析：分类”对话框的设置

(6) 单击 OK 按钮，得到输出结果，如图 6.86 所示。同时得到判别函数如图 6.87 所示。

分类结果[a]

		病人类型	预测组成员		合计
			冠心病人	正常人	
初始	计数	冠心病人	12	3	15
		正常人	3	13	16
	%	冠心病人	80.0	20.0	100.0
		正常人	18.8	81.3	100.0

a：已对初始分组案例中的 80.6%进行了正确分类。

图 6.86 输出结果

分类函数系数

	病人类型	
	冠心病人	正常人
舒张压	8.418	7.043
胆固醇	8.181	6.457
(常量)	-73.191	-49.948

图 6.87 判别函数

Fisher 判别函数如下：

冠心病人＝－73.191＋8.418×舒张压＋8.181×胆固醇

正常人＝－49.948＋7.043×舒张压＋6.457×胆固醇

假设现在张三的舒张压为 9.42，胆固醇为 4.85，则代入上述表达式计算得到的结果如下：

冠心病人＝－73.191＋8.418×舒张压 ＋8.181×胆固醇＝45.065

正常人＝－49.948＋7.043×舒张压＋6.457×胆固醇＝47.714

上述中冠心病人的值最大，故判断张三为冠心病人。

技 能 测 试

一、单选题

1. 下图所示，若为了测量集中趋势，可以在(　　)前打“√”。

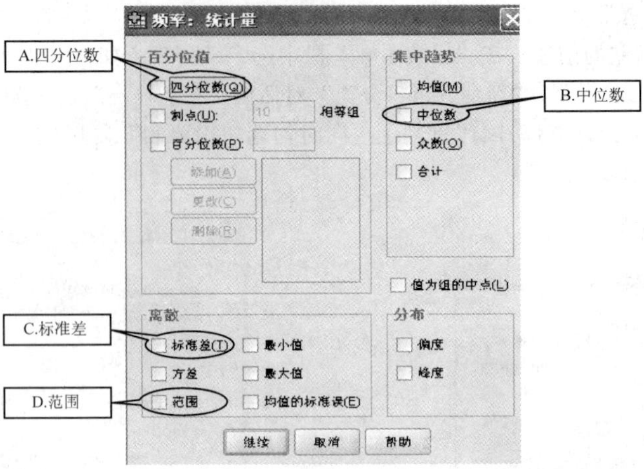

2. 假如身高服从正态分布，要检验某个班级的平均身高是否等于1.65米，现抽取25个人的样本，则应采取(　　)。

A. 单样本t检验　　B. 两独立样本t检验

C. 两配对样本t检验　　D. 卡方检验

3. 假如身高服从正态分布，要检验两个班级的平均身高是否相等，现从两个班中各自抽取25人和30人，测得身高数据，则应采取(　　)。

A. 单样本t检验　　B. 两独立样本t检验

C. 两配对样本t检验　　D. 卡方检验

4. 采用两台身高测量仪分别对10个人的身高作了两次测量，先要检验这两台身高测量仪的测量结果有无显著差异，则应采取(　　)。

A. 单样本t检验　　B. 两独立样本t检验

C. 两配对样本t检验　　D. 卡方检验

5. 当数据为未分组的原始数据，则要检验两个分类变量是否相关，在SPSS中应采用(　　)功能进行分析。

A. 交叉表　　B. 卡方检验　　C. 判别分析　　D. 单样本t检验

6. 当原始数据经过分组后得到已分组的数据，则要检验两个分类变量是否相关，在SPSS中应采用(　　)功能进行分析。

A. 交叉表　　B. 卡方检验　　C. 判别分析　　D. 单样本t检验

7. 区间估计应采用SPSS中“分析”菜单下的子菜单“描述统计”下的(　　)分析功能。

A. 频率　　B. 比率　　C. 探索　　D. P-P图

8. SPSS中，采用二分法定义多选题问句时，要对该多选题进行频数分析，则(　　)。

A. 直接选择“分析→描述统计→频数”命令

B. 先定义多响应变量集，再选择“分析→描述统计→频率”命令

C. 先定义多响应变量集，再选择“分析→多重响应→频率”命令

D. 直接选择“分析→多重响应→频率”命令

9. SPSS中，采用多重分类法定义多选题问句时，要对该多选题进行频数分析，则(　　)。

A. 直接选择“分析→描述统计→频数”命令

B. 先定义多响应变量集，再选择“分析→描述统计→频率”命令

C. 先定义多响应变量集，再选择“分析→多重响应→频率”命令

D. 直接选择“分析→多重响应→频率”命令

10. SPSS中，不管是二分法或多重分类法定义的多选题问句，要对该多选题进行交叉表分析，则(　　)。

A. 直接选择“分析→描述统计→交叉表”命令

B. 先定义多响应变量集，再选择“分析→描述统计→交叉表”命令

C. 先定义多响应变量集，再选择“分析→多重响应→交叉表”命令

D. 直接选择“分析→多重响应→交叉表”命令

二、判断题

1. 在SPSS中，对分类变量进行频数分析时，可以一次性选入多个变量。(　　)

2. 多变量的交叉表分析适用于未分组的原始数据。(　　)

3. 卡方检验适用于已分组的数据。(　　)

4. 检验两个班级的平均身高是否相等，可以用配对样本t检验。(　　)

5. 进行多选题的频数或交叉表分析，无需定义多重响应集。(　　)

三、实训题

1. 有人为研究刑事案件发生地点与涉案人员性别的关系专门进行了一次调查。随机抽取150项刑事案件，将其按性别和案件发生地进行了分类，结果如下表所示。试问，在0.05的显著性水平下，是否可以得出案发地点与涉案人员性别相关的结论？

性别	工作单位	家里	其他地方	合计
男	60	20	10	90
女	20	30	10	60
合计	80	50	20	150

2. 某项调查的原始资料如下：

调查对象编号	性别	月收入(元)
1	女	350
2	女	470
3	男	320
4	男	280
5	男	560
6	男	650
7	女	480
8	女	430
9	男	520
10	男	550
11	女	450
12	女	350
13	男	420
14	女	410
15	女	470

续表

调查对象编号	性别	月收入(元)
16	男	510
17	男	540
18	男	580
19	女	560
20	男	630
21	女	580
22	女	460
23	男	560
24	男	380
25	男	390

试根据上述数据解答：

(1) 整理按性别分组的调查人数分组表，并计算不同性别调查对象所占比重。

(2) 整理按月收入分组的调查人数组距分组表(组距为 100)，并计算不同水平月收入调查对象所占比重。

3. 为了评比某种型号的电池质量，分别从 A、B、C 3 个工厂生产的同种型号电池中各随机地抽取 5 只电池为样本，经试验得到其寿命(小时)如下：

样品	A1	A2	A3	A4	A5
工厂 A	40	48	38	42	45
工厂 B	36	34	30	28	32
工厂 C	39	40	43	50	50

假设电池寿命服从正态分布，试在显著性水平 $\alpha=0.05$ 下，检验电池的平均寿命有无显著差异。

4. 为了解学生活动能力与智商间是否有关，作了 10 名学生的抽样调查，结果如下：

学生	活动能力名次	智商
A	1	110
B	2	110
C	3	105
D	4	95
E	5	120
F	6	94
G	7	100
H	8	105
I	9	105
J	10	110

问：学生活动能力与智商是否有显著差异($\alpha=0.05$)?

5. 让 10 个失眠患者分别服用甲、乙两种安眠药，观察延长睡眠时间的情况，得到如下配对数据：

甲药延时量 1.90，0.80，1.10，0.10，−0.10，4.40，5.50，1.60，4.60，3.40

乙药延时量 0.70，−1.60，−0.20，−1.2，−0.10，3.40，3.70，0.80，0.00，2.20

在显著检验性水平 $\alpha=0.05$ 下，试用配对样本的 T 检验过程，检验两种药物的疗效有无显著差异。

6. 某日从两台机器加工的同一种零件中分别抽取 10 个和 9 个样品，测量其尺寸(单位：cm)如下：

甲机器：6.25，5.78，6.45，6.00，5.88，5.76，6.00，5.85，5.94，5.79

乙机器：6.08，6.25，5.94，5.94，5.79，6.03，5.85，6.10，5.93

据以往的经验，甲、乙机器生产的零件尺寸均服从正态分布。设显著性水平 $\alpha=0.05$，问两台机器生产的零件尺寸的均值有无显著差异?

7. 一工厂的两个化验员每天同时从工厂的冷却水中取样，测量一次水中的含氯量(ppm)，下面列出 10 天的记录：

化验员 A：1.15，1.86，0.75，1.82，1.14，1.65，1.90，0.89，1.12，1.09

化验员 B：1.00，1.90，0.90，1.80，1.20，1.70，1.95，1.87，1.69，1.92

设各化验员的化验结果服从正态分布，试选用适当的检验过程，检验两个化验员测量的结果之间是否有显著差异($\alpha=0.05$)。

8. 乘式割草机制造商希望发现一种把城市中家庭分成可能购买割草机和不太可能购买割草机两类的方法。在一个城市的家庭数据中随机抽取 12 个拥有者和 12 个非拥有者家庭作为样本。这些数据见下表：

观测点	收入 (千美元)	草地面积 (千平方英尺)	所有者＝1 非所有者＝2
1	60	18.4	1
2	85.5	16.8	1
3	64.5	21.6	1
4	61.5	20.8	1
5	87	23.6	1
6	110.1	19.2	1
7	108	17.6	1
8	82.8	22.4	1
9	69	20	1
10	93	20.8	1
11	51	22	1
12	81	20	2
13	75	19.6	2
14	52.8	20.8	2
15	64.8	17.2	2
16	43.2	20.4	2
17	84	17.6	2
18	49.2	17.6	2
19	59.4	16	2
20	66	18.4	2
21	47.4	16.4	2
22	33	18.8	2
23	51	14	2
24	63	14.8	2

现有一个收入为 65 千美元，草地面积为 15 千平方英尺的家庭，问该家庭是否可能购买割草机?

第 7 章　市场调查报告的撰写

君子不以言举人，不以人废言。——孔子

能力目标

- 能撰写市场调查报告
- 能判断一个调查报告的质量的高低

知识目标

- 掌握调查报告的结构
- 掌握调查报告的写作技巧

任务目标

市场调查报告的结构一般由标题、目录、引言、正文、结论和建议、附件等几部分组成。本项目任务目标是，利用第 6 章的数据分析结果，依据市场调查方案，进行调查报告的撰写工作；要求依据数据分析结果，形成条理分明、逻辑清晰、图文并茂、文字生动、装订精美的调查报告；能根据客户的要求，将调查报告内容制作成简洁生动的 PPT，并能进行流畅的解说。

7.1　市场调查报告的撰写步骤与结构

【任务情景】通过文字、图表等形式将调查结果、研究结论、行动建议等简洁明快而又全面详细地表现出来，以使客户和后来的研究者对所调查的市场现象和所关心的问题有系统的认识，而且方便阅读，是市场调查报告的根本要旨。表面上报告撰写似乎仅仅是将调查研究成果用文字形式表现出来而已，但对调查报告的字斟句酌也体现出研究者不断深入、渐趋缜密、愈加妥善的思考。从某种意义上说，能否提交一份高质量的调查报告，不仅反映了调查机构和研究者群体的能力，还直接关乎整个调查项目的成败。

7.1.1　调查报告的撰写步骤

当根据调查的目的、资料的性质、读者对象等因素确定了所撰写报告类型后，就可以按照下述步骤进行调查报告的写作了。

1. 确立主题

调查报告的主题就是调查报告所要表达的中心问题，是整个调查报告的灵魂。明确而适当的主题的确立是整个调查报告撰写过程顺利开展的前提。在一般情况下，调查报告的主题就是该项调查的主题，即调查报告所要反映的中心问题也就是整个调查的中心问题，两者往往是一致的。例如，进行一项以青年结婚消费问题为中心的社会调查，其调查报告的主题就是青年结婚消费的状况、特点及问题。在这种情况下，要确立调查报告的主题并不困难。但在有些时候，可能会由于某些原因使得调查报告的主题不能与调查的主题统一起来。例如，当一项调查的内容很多，涉及的范围和领域很广，一份调报告难以容纳全部内容时，就需要从中选择部分内容形成调查报告，并确立相应的调查报告主题。显然，这时的调查报告主题比起调查的主题来，范围就缩小了。有的时候，由于某些因素的影响，使得调查所得的资料与调查最初的目的之间存在一定的差距，无法说明事先预定的调查主题，此时也要根据实际的资料和结果重新确立调查报告的主题。

2. 拟定提纲

主题确立后，不可马上动笔写调查报告，而应先构思好调查报告的整体架构，并进一步将这种框架转变为具体的写作提纲。如果说主题是调查报告的灵魂，那么提纲就是调查报告的骨架。

写作提纲的主要作用是理清思路，明确调查报告内容，安排好调查报告的整体结构，为实际写作打下基础。拟定写作提纲的方法是对调查报告的主题进行分解，并将分解后的每一部分进一步具体化。例如，拿前面所举的青年结婚消费问题调查的例子来说，可先将“青年结婚消费问题”这一主题分解成“青年结婚消费的现状”、“青年结婚消费的特点”、“青年结婚消费的趋势”、“青年结婚消费中存在的主要问题”、“正确引导青年结婚消费的建议”等几个大的部分，然后将每一部分的内容具体化。例如，将第一部分内容具体化为：①结婚消费的数值；②结婚消费的内容和形式；③结婚消费费用的来源；④当事人的职业、文化程度等背景与消费形式间的关系等。

3. 选择材料

一项调查所得资料与调查报告所用的材料并不是一回事。调查资料往往都与调查主题有关，但不一定都与调查报告的主题紧密相关。或者说，并非所有的调查资料都能成为撰写调查报告时所用的材料。因此，在写调查报告前必须对所用的材料进行选择。这种选择首先应以写作提纲的范围和要求为依据，即应按照调查报告的“骨架”来进行，这样才能保证所选取的材料与调查报告的主题密切相关。其次还要坚持精练、典型、全面的原则，做到既不漏掉一些重要的材料，又使所用的材料具有最大的代表性和最强的说服力。

调查报告所用的材料通常包括两方面的内容：一种是从调查中得到的各种数据、表格、事例等客观材料；另一种是在这些客观材料的基础上通过分析、综合、概括所形成的观点、认识、建议等主观材料。两者相互联系、互相依赖，共同构成填充调查报告“骨架”和“血肉”。

4. 撰写调查报告

前 3 步工作完成后就已有了一个结构分明、材料齐备的调查报告雏形，剩下所要做的就是用适当的文字把它们流畅地组织在一起。

撰写时通常要从头到尾一气呵成，而不要经常地在一些小的环节上停下来推敲修改，以免耽误过多时间。这样做的好处是便于整个调查报告紧紧围绕所确立的主题来展开，使得调查报告在整体思想、体系结构、内容形式、行文风格等方面都前后一致，浑然一体。当调查报告全文写完后，再反复地从头阅读、审查和推敲每一个部分，认真地修改好每一个细节，使得调查报告不断丰富和完善。

7.1.2 调查报告的结构

市场调查报告的结构一般由标题、目录、引言、正文、结论和建议、附件等几部分组成。

1. 标题

标题包括市场调查题目、报告日期、委托方、调查方，一般应打印在扉页上。

1）单标题

（1）公文式标题，由调查单位、调查内容和文种 3 部分组成，如《××省农业厅关于农业机械销售情况的市场调查》；也可以由调查内容和文种组成，如《本市居民 VCD 影碟机的拥有量及需求趋势调查》；还可以由调查时间、范围、调查事由和文种组成，如《关于 19××年××市助动自行车市场的调查报告》。

（2）新闻报道式标题。此标题活泼醒目，直接指出调查对象的状况或直接表述调查的结果，或昭示调查中形成的观点。新闻报道式标题有两种形式。

①“表明观点式”的标题，是直接阐明作者的观点、看法，或对事物的判断、评价的标题。如《对当前巨额结余购买力不可忽视》等调查报告的标题。

②“提出问题式”的标题，是以设问、反问等形式，突出问题的焦点和尖锐性，吸引读者阅读，促使读者思考。如《××牌产品为什么滞销?》等形式的标题。

以上两种标题的形式各有所长，它们既表明了作者的态度，又揭示了主题，具有很强的吸引力，但从标题上不易看出调查的范围和调查对象。因此，这种形式的标题又可分为正标题和副标题，并分作两行表示，即双标题形式。

2）双标题

双标题形式的调查报告采用正、副标题形式，一般正标题表达调查的主题，副标题则具体表明调查的单位和问题。如《“上帝”眼中的〈北京青年报〉——〈北京青年报〉读者调查总体研究报告》。

2. 目录

提交调查报告时，如果调查报告的内容、页数较多，为了方便读者阅读，应当使用目录或索引的形式列出报告所分的主要章节和附录，并注明标题、有关章节号码及页码。一般来说，目录的篇幅不宜超过一页。

3. 引言

引言即前言，它作为市场调查报告的开头语，作用在于让读者对报告的内容、调查的意义获得初步印象。这一部分应明确调查的时间、地点、对象、范围、方法、目的，也可以表明基本观点或得出的结论，主要包括 3 方面内容。

（1）简要说明调查目的，即简要地说明调查的由来和委托调查的原因。

(2) 介绍调查对象和调查内容，包括调查时间、地点、对象、范围、调查要点及所要解答的问题。

(3) 简要介绍调查研究的方法。例如，某调查工作技术报告“执行情况”部分如下：

本次抽样采用二阶段抽样方法，根据第四次人口普查数据，在第一阶段中使用PPS抽样方法从××地区随机抽出20个居民会，第二阶段从每个居委会中使用SRS方法随机抽出50个居民户。抽样置信度为5%。

抽样及入户调查由国际公认的调查网认证通过。

问卷设计与后期数据处理及技术分析报告由××技术公司完成。抽样与入户调查由××城调查队负责完成。调查进行日期从199×年×月×日至×日。

问卷设计为封闭式，共81个问题。入户调查采用调查员询问代填方式。问卷总数1 001份，收回997份。

抽样基本情况：抽样的男女比例与总体一致，年龄分布呈正态分布；被调查所占比例最多的行业为国有企业、事业单位以及政府机关；所有的被调查者中有84.45%的人享受公费医疗；被调查者中39%的人收入在200～400元之间，45%的人收入在400～800元之间，文化程度大专以上的人收入与文凭有关。79.7%的人均已婚并有小孩。

4. 正文

正文包括研究目的、调研方法、结果。

(1) 研究目的。在报告正文的开头，调研人员首先应当简明扼要地指出该项调研活动的目的和范围，以便阅读者准确把握调研报告所叙述的内容。

(2) 调研方法。如何阐明所用的调研方法是一件不太轻松的事，因为对技术问题的解释必须能为读者所理解。在这里对所使用的一些材料不必详细列出，详细的材料可以放到目录中。调研方法部分要阐明以下几个方面：

① 调研设计：说明所开展的项目是属于探索性调研或因果性调研，以及为什么适用于这一特定类型调研。

② 资料收集方法：所收集的是初级资料，亦或次级资料。结果的取得是通过调查、观察，还是实验；所用调查问卷或观察记录表应编入附录。

③ 抽样方法：目标总体是什么，抽样框如何确定，是什么样的样本单位，它们如何被选取出来。对以上几个问题的回答根据及相应的运算需在附录中列明。

(3) 结果。结果在正文中占较大篇幅。这部分报告应按某种逻辑顺序提出紧扣调研目的的一系列项目发现。发现结果可以以叙述形式表述，以使得项目更为可信，但不可过分吹嘘。在讨论中可以配合一些总结性的表格和图像，这样可以更加形象化，然而详细和深入分析的图表宜放到附录中。

5. 结论和建议

结论和建议是撰写综合的分析报告的主要目的。这部分包括对引言和正文部分所提出的主要内容的总结，提出如何利用已证明和正文部分所提出的主要内容的总结，提出如何利用已证明为有效的措施和解决某一具体问题可供选择的方案与建议。结论和建议与正文部分的论述要紧密对应，不可以提出无论据的结论，也不要没有结论性意见的论证。

6. 附件

附件是指调查报告正文包含不了或没有提及，但与正文有关必须附加说明的部分。它是对正文报告的补充或更详尽的说明。

7.2 市场调查报告的写作技巧

【任务情景】 市场调查研究报告的写作技巧主要包括表达、表格和图形表现等方面的技巧，这里只着重说明表达技巧。表达技巧主要包括叙述、说明、议论、语言运用4个方面的技巧。

7.2.1 叙述的技巧

市场调查的叙述主要用于开头部分，以交代事情的来龙去脉，表明调查的目的和根据、调查的过程和结果。此外，主体部分还要叙述调查的情况。市场调查研究报告常用的叙述技巧有概括叙述、顺序叙述、省略主体叙述。

1. 概括叙述

叙述有概括叙述和详细叙述之分。市场调查研究报告主要应用概括叙述，将调查过程和结果概略交代，不纠缠于事件的细枝末节。概括叙述属于“浓缩型”的快节奏的陈述，文字简洁明快，富于整体感与全局感，恰好适合市场调查研究报告应快速及时反映市场变化的需要。

2. 顺序叙述

市场调查研究报告中，在交代调查的目的、对象、经过和结论时，往往按时间、空间、逻辑或其他自然顺序进行，以达到次序井然、首尾呼应的效果。

3. 省略主体叙述

市场调查研究报告的叙述主体本是撰写报告的调查研究机构，但为行文简便以及强化市场调查研究的中立客观色彩，增加权威与专业感觉，一般避免使用“我们”或调查机构的名称作主语。

7.2.2 说明的技巧

市场调查研究报告常用的说明技巧有数字说明、分类说明、对比说明、举例说明。

1. 数字说明

市场调查研究特别是定量调查离不开数字，所以市场调查研究报告喜欢用数据说话，使用大量数据，以增强调查报告的精确性和可信度。

2. 分类说明

市场调查中所获材料杂乱无章，根据主旨表达的需要，可将材料按一定标准分为几类。

例如，将调查来的基本情况按问题性质归纳成几类，或按不同层次分为几类，每类前以小标题按提要句的形式表述。

3. 对比说明

市场调查研究报告中有关情况、数字的说明往往采用对比形式，以便全面深入地反映实际情况。进行对比时，必须确保事物间的可比性，确保具有同一标准的前提存在。

4. 举例说明

为说明现实情况或某个主张论点，市场调查研究报告撰写者往往会采用先列举具体、典型事例或理由的“证明”，然后给出结论的方法。

7.2.3 议论的技巧

市场调查研究报告常用的议论技巧有：归纳论证和局部论证。

1. 归纳论证

市场调查研究报告是在占有大量材料之后，通过发现真相和规律，从而得出结论，由此形成论证过程。这一过程主要采用议论方式，从具体事实中归纳出结论。

2. 局部论证

市场调查研究报告不同于议论文，不可能形成全篇论证，只是在情况分析、对未来预测中作局部论证。如对市场情况从几个方面作分析，每一方面形成一个论证过程，用数据、情况等作论据去证明其结论，形成局部论证。

7.2.4 语言运用的技巧

语言运用的技巧包括用词方面和句式方面的技巧。

1. 用词方面

市场调查研究报告中数词用得多，因为市场调查离不开数字，很多问题要用数字说明。可以说，数词在市场调查研究报告中以其特有的优势，越来越显示出其重要作用。

市场调查研究报告中介词用得也很多，主要用于交代调查目的、对象、根据等方面，如“为、对、根据、从、在”等介词。

此外，还应多用规范的专业术语，如“市场渗透率”、“企业优势”、“市场机会”等。为使语言表达准确，撰写者还需熟悉市场有关专业术语。

2. 句式方面

市场调查研究报告多用陈述句，陈述调查过程、调查到的市场情况，表示肯定或否定判断。祈使句多用在提议部分，表示某种期望，但提议并非皆用祈使句，也可用陈述句。

7.3 市场调查报告撰写中要注意的问题

【任务情景】撰写出一个好的市场调查研究报告并不容易，一方面报告本身是调查研究质量和结果的集中体现，另一方面报告也反映着调查机构的水平、经验以及撰写者的知识水平和文字素养。

在撰写调查报告时，要特别注意以下几个方面的问题。

1. 确定报告读者类型

调查报告有多种类型，如摘要报告和详细报告等。阅读对象可能是客户企业的高级管理者，可能是客户聘请的专家学者，也可能是客户企业的中层或专业人士以及调查机构本身的高级负责人，也就是说，要根据具体的对象来考虑报告的风格、内容和长度。

2. 规划报告的汇报方式

必须注意到，一些汇报软件(如 PPT)正在迅速地改变着汇报与报告的原有形式，与几年前相比，汇报和报告已经变得更有趣、更有效和更有说服力——这些软件当初原为组织和演示汇报而开发，但现在已开始反过来影响书面报告的准备方式和展示形式。现代书面报告与旧式书面报告的差别越来越大，变得越来越像汇报演示。

现代书面报告的新特征主要有：①尽量少使用文字；②适当利用所谓的“声音刺激”向客户传递信息；③广泛使用项目图表；④广泛使用图表来说明结论。

3. 口头报告/汇报的准备

在很多情况下，需要将市场调查结果向管理层或委托单位作口头报告，这种汇报可以达到多重目的：①将有关人士聚集一起，搜集各种不同意见，可能从中获得一些意外的发现，为完善书面报告提供线索；②针对用户事先提出的问题进行现场说明和即时回答，实现与客户的沟通；③讲解书面报告，帮助听众理解书面报告并接纳书面报告；④介绍一些书面报告之外的专业知识或未言明的考虑。

由于很多管理决策的领导对调研项目的第一印象和最后印象是根据口头报告形成的，而口头报告惯例上总是由项目主持者来做，因此口头报告的重要性不言而喻。

要确保口头报告成功，必须做周全充分的准备，特别是在以下 4 个主要方面：

(1) 汇报提要。为每位听众准备一份关于汇报议程和主要结论的提要，最好同时预留出足够的空间以便记录或评述。

(2) 辅助工具。投影机、幻灯机或高架投影机等都是最常见的视觉辅助工具，由于现在越来越多的人拥有手提电脑或普通电脑，使用诸如 Freelance 之类电子视觉辅助工具放映的汇报软件即使在我国也已经相当普遍。有了这些现代化设备，摘要、结论和建议都可制成可视材料，既方便报告人讲解，又方便听众理解；依靠这些手段还可显示信息量丰富、但不好口头表达的电子数据和图表。

(3) 报告摘要。为每位听众准备一份书面的报告摘要，这样有助于听众在听取口头汇报前就能浏览主要内容，提前思考并提出问题，促使讨论更热烈、更有针对性。

(4) 书面报告的复印件。书面报告是调查研究结果的一种物质载体。报告人在口头汇报中省略了报告中的许多细节，所以应准备一些书面报告以备感兴趣者索取。

由于通常事先就能知道出席会议的客户人员有哪些，所以报告人可“以客户为导向”，充分考虑听众的偏好、态度、教育背景和时间等因素。另外由于习惯上要留出时间供听众提问，并对此开展讨论，所以对可能的问题以及不易理解的数字、词语和概念也要有所准备。

在准备口头汇报的过程中，调研者应时刻注意以下几个问题：

(1) 数据的真正含义是什么？

(2) 从数据中能获得什么？

(3) 在现有的条件下，企业应怎样对数据做出反应？

(4) 如何能使这些信息得到更有效的运用？

(5) 问题是否得到了正确的界定？

(6) 调查研究方法是否适合解决当前的问题？

(7) 使用的抽样程序是否适当？

(8) 收集资料的方式是否合理？

(9) 分析工具是否正确？

(10) 从统计资料结果推出结论的过程符合逻辑吗？

(11) 建议与结论间的关系合乎逻辑吗？

(12) 如果采纳建议后果将会怎样？

(13) 陈述的趣味性和感染力如何？

4. 简明扼要

报告应该是精练的，任何不必要的东西和一切不必要的词句都应省略或删除。市场调查的价值不是用重量来衡量的，而是以质量、简洁与有效的计算来度量的。但矫枉过正，为了简洁而牺牲完整翔实的做法也不可取。

5. 行文流畅，易读易懂

报告应当易读易懂，叙述要有逻辑性，使读者能够很容易地弄懂报告各部分内容的内在联系。尽量使用简短的、直接的、清楚的句子，把事情说清楚要比用“正确的”但含糊难懂的词语表达要好。

为了检查报告是否易读易懂，可以考虑请几个外行阅读报告并提出意见，并反复修改再呈交给客户。

6. 内容力求客观

调查报告的突出特点是用事实说话，应以客观的态度来撰写报告。在文体上最好用第三人称或非人称代词，如“作者发现……”、“笔者认为……”、“据发现……”、“资料表明……”等语句。行文时，应以向读者报告的语气撰写，不要表现出力图说服读者同意某种观点或看法。读者关心的是调查的结果和发现，而不是个人主观的看法。

同时，报告应当准确地给出项目的研究方法、调研结果的结论，不能有任何迎合客户或管理决策部门期望的倾向。

7. 引用资料详加注释

这一点是多数人容易忽视的问题之一。通过注释，指出资料的来源，既可以供读者查证，同时也是对他人研究成果的尊重。注释应详细准确，如被引用资料的作者姓名、书刊名称、所属页码、出版单位和时间等。

8. 格式规范、外观专业

最后呈交的报告应当是高度专业、高度规范化的东西：印刷格式整齐而不呆板，字体的大小、空白的预留恰到好处，而且纸张质量、打印装订都要够水准。经验证明，所有这一切对报告的可读性和评价都会有很大的影响。

报告的外观是十分重要的。在客户眼里，“滴水见太阳”，干净整齐、组织得很好的有专业水平的报告一定比那些匆匆忙忙赶出来的外观粗糙的报告要可信、有价值。撰写者一定要清楚，粗糙的外观或任何不经意的失误和遗漏都可能产生严重后果。

范　例

中小学教师心理素质状况调查与研究

摘　要：本研究的目的是调查与教师心理素质有关的因素，并研究相关的影响条件，试图为提高教师培训工作的质量提供一些参考意见。

关键词：心理素质；调查研究；调查问卷

1. 引言

我国的素质教育改革已经进行了许多年，有关中小学生的素质教育的实践与推广方面也有大量的资料可以借鉴。可是，有关教师的心理素质方面的资料却很少。偶尔能找到一些教师心理健康状况的调查，但也只是作一些粗略的统计，没有太多进一步的调查与研究。教师肩负着培养下一代的责任，教师的心理素质对学生素质的培养尤为重要。

调查工作主要是对中小学校的教师和校长进行在职培训。本研究的目的是调查与教师心理素质有关的因素，并研究相关的影响条件，试图为提高教师培训工作的质量提供一些参考意见。同时，本研究还希望通过对教师心理素质这一研究领域的细微探讨，引起同行们对这一应用领域更多的关注。

2. 研究方法

2.1　调查对象

调查共发放问卷 250 份，回收有效问卷 197 份，有效回收率 78.8%。调查对象主要是在教育学院接受脱产或短期培训的学员，他们是来自广西各个市、县、乡的学校的教师和校长。样本构成见表 7-1。

表 7-1　样本构成($N=197$)

项目	定义	人数	项目	定义	人数	项目	定义	人数	项目	定义	人数
性别	男	127	班主任	是	70	职称	初级	83	年级	是	16
	女	70		否	127		中级	83	组长	否	181
							高级	31			
年龄	20～25	67	工作单位	幼儿园	3	学历	高中	3	校长	是	89
	26～30	32		小学	35		中专	49	或教	否	108
	31～35	38		中学	158		大专	106	导主		
	26～40	28		大学	1		本科	39	任		
	41 以上	32									

2.2 问卷的编制

参阅文献，设计一些与心理素质有关的因素，如创造性、自信心、情绪调节、人际关系、责任心等，再参照国内外有关心理方面的量表，经过选择、修订与补充设计出一套有48道题的问卷，将此问卷在一个随机选取的小样本(40人)中进行初测。根据因素分析的结果，删除量表中共同度低的测题，获得了28道题，检验其结构效度为63%，分半信度为0.75。因素分析获得4个因子，分别是创新精神、自信心、人际关系和情绪调适。

2.3 数据分析

采用SPSS对调查数据进行统计分析。

3. 结果与分析

3.1 对创新精神、自信心、人际关系及情绪调适等方面有影响的变量

对学员的性别、年龄、职称、工作单位、班主任、年级组长、校长或教导主任及学历等变量进行逐步选择法多元回归分析，结果见表7-2。表7-2列出了对创新精神、自信心、人际关系、情绪调适各因子以及量表总积分有显著性影响的变量，其余变量不具显著性，没有进入回归方程。

表7-2 对各因子有影响的变量的分析指数

因子	达显著性的变量	*B*	*β*	*t*	*F*
创新精神	学历	0.882 48	0.173 27	2.457 (p=0.014 9)	6.035 5 (p=0.014 9)
自信心	性别	−0.816 55	−0.149 20	−2.107 (p=0.036 4)	4.439 4 (p=0.036 4)
人际关系	班主任	1.616 96	0.213 32	3.049 (p=0.002 6)	9.296 38 (p=0.002 6)
情绪调适	校长或教导主任	−3.599 56	−0.334 70	−4.960 (p=0.000 0)	24.601 12 (p=0.000 0)
四因子总积分	校长或教导主任	−5.629 11	−0.287 70	−4.195 (p=0.000 0)	17.596 3 (p=0.000 0)

表中显示，对创新精神有显著影响的变量是学历；对自信心有显著影响的变量是性别；对人际关系有显著影响的变量是班主任；对情绪调适有显著影响的变量是校长或教导主任；对四因子总积分有显著影响的变量是校长或教导主任。

3.2 学历与各因子及总积分的显著性检验

对学历中的中专组、大专组及本科组进行各因子及总积分的显著性检验，因为高中组人数太少，这里没有对它进行检验。结果见表7-3、表7-4和表7-5。

表7-3 中专组(n=49)和大专组(n=106)的显著性检验

因子	组别	*M*	*SD*	*t*	*p* 值
创新精神	中专组	29.612 2	4.030	−2.00	0.048*
	大专组	30.886 8	3.533		
自信心	中专组	17.673 5	2.657	0.17	0.863
	大专组	17.594 3	2.654		
人际关系	中专组	23.224 5	3.596	1.46	0.145
	大专组	22.226 4	4.095		
情绪调适	中专组	32.551 0	5.752	−1.22	0.225
	大专组	33.660 4	5.031		
四因子总积分	中专组	103.061 2	11.285	−0.75	0.454
	大专组	104.367 9	9.482		

(“*”表示差异显著 $p<0.05$，“**”表示 $p<0.01$)(下同)

表中显示，中专组与大专组在创新精神方面存在显著性差异($p<0.05$)。在自信心、人际关系、情绪调适以及总积分方面不存在显著性差异。

表 7-4 中专组($n=49$)和本科组($n=39$)的显著性检验

因子	组别	*M*	*SD*	*t*	*p* 值
创新精神	中专组	29.612 2	4.030	−2.73	0.008**
	本科组	31.743 6	3.076		
自信心	中专组	17.673 5	2.657	−1.30	0.196
	本科组	18.359 0	2.170		
人际关系	中专组	23.224 5	3.596	−0.08	0.938
	本科组	23.282 1	3.252		
情绪调适	中专组	32.551 0	5.752	−1.57	0.120
	本科组	34.461 5	5.572		
四因子总积分	中专组	103.061 2	11.285	−2.24	0.028*
	本科组	107.846 2	7.979		

表中显示，中专组与本科组在创新精神($p<0.01$)、总积分($p<0.05$)方面存在显著性差异，其他方面差异不显著。

表 7-5 大专组($n=106$)和本科组($n=39$)的显著性检验

因子	组别	*M*	*SD*	*t*	*p* 值
创新精神	大专组	30.886 8	3.533	−1.34	0.183
	本科组	31.743 6	3.076		
自信心	大专组	17.594 3	2.654	−1.61	0.109
	本科组	18.359 0	2.170		
人际关系	大专组	22.226 4	4.095	−1.45	0.149
	本科组	23.282 1	3.252		
情绪调适	大专组	33.660 4	5.031	−0.83	0.410
	本科组	34.461 5	5.572		
四因子总积分	大专组	104.367 9	9.482	−2.04	0.043*
	本科组	107.846 2	7.979		

表中显示，大专组与本科组在总积分($p<0.05$)方面存在显著性差异，其他因子差异不显著。

3.3 性别与各因子及总积分的显著性检验

对性别中的男性与女性进行各因子及总积分的显著性检验，结果见表 7-6。

下表显示，男性与女性在创新精神($p<0.01$)、自信心($p<0.05$)、情绪调适($p<0.05$)以及总积分($p<0.01$)方面存在显著性差异，只是在人际关系方面差异不显著。

表 7-6 男性($n=127$)与女性($n=70$)的差异显著性检验

因子	组别	*M*	*SD*	*t*	*p* 值
创新精神	男性	31.133 9	3.488	1.99	0.048*
	女性	30.071 4	3.762		
自信心	男性	18.102 4	2.481	2.11	0.036*
	女性	17.285 7	2.814		
人际关系	男性	22.732 3	3.864	0.43	0.667
	女性	22.485 7	3.810		

续表

因子	组别	*M*	*SD*	*t*	*p* 值
情绪调适	男性	34.149 7	4.975	2.36	0.019*
	女性	32.285 7	5.859		
四因子总积分	男性	106.118 1	9.015	2.79	0.006**
	女性	102.128 6	10.579		

3.4 班主任与各因子及总积分的显著性检验

对班主任中“是班主任”与“不是班主任”进行各因子及总积分的显著性检验，结果见表7-7。

表7-7 是班主任($n=70$)与不是班主任($n=127$)的差异显著性检验

因子	组别	*M*	*SD*	*t*	*p* 值
创新精神	是	31.171 4	3.208	1.20	0.232
	不是	30.527 6	3.813		
自信心	是	17.700 0	2.866	−0.44	0.657
	不是	17.874 0	2.494		
人际关系	是	21.585 7	3.903	−2.93	0.004**
	不是	23.228 3	3.687		
情绪调适	是	32.914 3	5.912	−1.11	0.267
	不是	33.803 1	5.036		
四因子总积分	是	103.371 4	9.807	−1.42	0.157
	不是	105.433 1	9.698		

表中显示，“是班主任”与“不是班主任”在人际关系($p<0.01$)方面存在极显著性差异，其他方面差异不显著。

3.5 校长或教导主任与各因子及总积分的显著性检验

对“是校长或教导主任”与“不是校长或教导主任”进行各因子及总积分的显著性检验，结果见表7-8。

表7-8 对校长或教导主任“是”($n=89$)与“不是”($n=108$)的显著性检验

因子	组别	*M*	*SD*	*t*	*p* 值
创新精神	是	31.382 0	3.591	2.23	0.027*
	不是	30.240 7	3.576		
自信心	是	18.056 2	2.451	1.18	0.238
	不是	17.611 1	2.758		
人际关系	是	22.887 6	3.915	0.81	0.421
	不是	22.444 4	3.777		
情绪调适	是	35.460 7	4.343	4.96	0.000**
	不是	31.861 1	5.596		
四因子总积分	是	107.786 5	8.510	4.19	0.000**
	不是	102.157 4	10.028		

表中显示，“是校长或教导主任”与“不是校长或教导主任”在创新精神($p<0.05$)、情绪调适($p<0.01$)、总积分($p<0.01$)方面存在显著性差异，在自信心与人际关系方面差异不显著。

4. 讨论

教师肩负着培养下一代的责任，教师的心理素质对学生素质的培养起着非常重要的作用。本研究通过对学校的教师和校长进行调查，从创新精神、自信心、人际关系、情绪调适等方面研究学校教师和校长的心理素质状况。

研究结果显示，创新精神方面与教师们的学历有关。中专组与大专组存在显著性差异，中专组与本科组存在极显著的差异，而大专组与本科组差异不显著。这也验证了前人的研究：创新性高的人大凡都有高智商，而大凡能读大学的人一般都有中等偏上的智商水平。因此，选择大专或本科以上学历的人从事中小学的教学工作或许对学生的创新教育更有帮助。

对教师性别的调查结果显示，在创新精神、自信心、情绪调适等方面存在着男女性别的显著性差异。男性在上述因素的得分普遍高于女性。这一结果有待进一步地分析。

在人际关系方面，达到显著性的变量是“班主任”。调查数据显示，“是”与“不是”班主任在人际关系方面存在极显著的差异，而且“是班主任”在得分上低于“不是班主任”的，难道班主任在人际关系方面的情况反而不如其他人吗？这一结果有待做进一步地研究。

在情绪调适方面，达到显著性的变量是“校长或教导主任”。对“是”与“不是”校长或教导主任的差异显著性检验结果显示，校长们还在创新精神方面与普通教师存在显著性差异。由于本研究抽取的校长主要是男性，因此这是否也影响了各因子在性别检验上的差异，导致在性别检验中出现男性得分普遍高于女性？这一结果有待进一步研究。

在所有因子的总积分上，“是”与“不是”校长或教导主任存在极显著的差异，而且校长们的积分普遍高于普通教师。这一结果说明校长们具有更好的心理素质，在创新精神、自信心、人际关系以及情绪调适等方面处于更良好的状态。

上述的研究结果说明校长们具有更良好的心理素质。因此，进一步研究校长们的心理素质并加以完善，设计一些有效的心理素质培训计划及方法，对广大教师进行培训，是从事教师培训工作的人员值得思考的问题。

5. 结论

（1）创新精神方面，大专组、中专组与本科组存在显著性差异，前面两组比较，后一组有更高的得分。

（2）校长或教导主任与普通教师相比，在情绪调适与创新精神方面具有显著性差异，并在各因子及总积分上普遍高于普通教师。

（资料来源：《心理科学》2003 年第 5 期）

技 能 测 试

一、选择题

1. 通过文字、数据分析、图表等形式将调查结果表现出来的是（　　）。

A. 调研报告　　B. 消费者调研数据　C. 内部部门总结　　D. 外部部门指导意见

2. 关于编写市场调查报告的语言要求有（　　）。

A. 篇幅应该足够长　　B. 语言应该精确、凝练

C. 可以面面俱到　　D. 杜绝晦涩难懂的语句和陈词滥调

3. 调查报告内容的基本要素不包括（　　）。

A. 基本情况　　B. 分析与结论　　C. 看法与建议　　D. 希望与要求

4. 调查报告的正文包括研究目的、调研方法和（　　）。

A. 结果　　B. 目录　　C. 标题　　D. 引言

5. 撰写市场调查报告的第一步是(　　)。

A. 选择数据资料　　B. 起草表达　　C. 谋篇构思　　D. 修改定稿

6. 标题包括市场调查题目、报告日期、委托方和(　　)，一般应打印在扉页上。

A. 附件　　B. 正文　　C. 结论　　D. 调查方

7. 市场调查研究报告常用的叙述技巧有：概括叙述、顺序叙述和(　　)。

A. 引导式叙述　　B. 议论式　　C. 说明式　　D. 省略主体叙述

8. 《关于19××年××市助动自行车市场的调查报告》这一标题由调查时间、范围、调查事由和(　　)组成。

A. 委托方　　B. 调查方　　C. 文种　　D. 报告日期

9. 引言主要包括3方面内容，即调查目的、调查对象和调查内容、(　　)。

A. 调查问卷　　B. 调查研究的方法　　C. 调查结论　　D. 调查费用

10. 市场调查研究报告常用的说明技巧有：数字说明、分类说明、对比说明和(　　)。

A. 归纳论证　　B. 局部论证　　C. 顺序叙述　　D. 举例说明

二、判断题

1. 市场调查报告只写明调查到的情况和数据即可。(　　)

2. 调查报告可以用提问的方式写标题。(　　)

3. 市场营销调研成果不需要通过文字、数据分析、图表等形式将调查结果表现出来。(　　)

4. 市场调研报告需要灵活掌握报告格式、详略程度等。(　　)

5. 市场调查报告中的结论是能够把研究结果有效地传达给读者的某一种或一系列的陈述，而不是一定经过统计分析得出的数字。(　　)

三、实训题

根据下述材料，按市场调查报告的写作要求，写一篇完整的市场调查报告。

为了解某市(简称A市)旅游市场的消费行为和需求状况，对A市的旅游消费市场进行调查。调查发现，在休假时人们最喜欢的活动是外出旅游，占被调查者的23.4%，其他依次为看书读报、看电视、串门聊天和娱乐健身、业余学习、逛街购物、打牌玩麻将与其他，分别占19.8%、16.7%、9.5%、8.6%、4.2%、2.7%和5.5%。这说明，外出旅游已经逐渐成为人们假期休闲的主流。

调查显示，一年出游4次及以上的被调查者占5%，出游3次的占9%，出游2次的占38.7%，出游1次的占34.1%，基本不出游的占13.1%。从以上数据可以看出，一年内出游多次的人数比例略高于基本不出游的人数比例。由此可见，旅游市场存在着巨大的消费能力和潜力。

旅游花费的多少是人们生活水平高低的标志之一。在所有调查对象中，年旅游花费在500元以下的占19.8%；500～1 000元的占25.2%；1 000～2 000元的占24.6%；2 000～4 000元的占23%；4 000～7 000元的占5%；7 000元以上的占2.3%。被调查者月收入为：1 000元以下占35.6%；1 000～1 500元占41.3%；1 500～2 000元占14.9%；2 000～3 000元占5.9%；3 000～4 000元占1.8%；4 000元以上者占0.5%。这些数据反映了不同阶层居民的旅游消费水平。

在出游时间上，调查显示：12.2%的人选择周末；17.6%的人选择暑假；2.7%选择元旦；13%选择春节；选择“五一”和国庆节者分别占18.9%和19.4%；其他占16.2%。粗略看来，人们对出游时间的选择比较理性，有利于避免节假日旅游过度拥挤的现象。调查比例也符合不同时间段的出游特点：周末和元旦由于时间短，比较适合各种短途旅行；春节、“五一”和国庆时间较长且人们的假期统一，适合团体出游和长途旅行；暑假则多为学生和教师出游。基于此，各旅游景点如能按不同假期细分不同目标市场，并针对具体目标市场制定出相应的促销活动，定能把握极好的商机。

对人们出游逗留时间的调查显示，28.8%的人是1～3天；36.9%的人是3～7天；10.4%的人是7～15天；15天以上的仅占2.7%；而21.2%的人选择了依假期来定。可见，目前假期制度对大多数人的出游时间长短还是有一定影响的。

有关旅游主要方式的调查发现，42.8%与友人结伴同游；22.1%与家人同游；16.7%参加旅行团；10.4%由单位组织；6.8%独自出游；1.2%的人选择其他方式。目前，我国的旅游市场呈现团体旅游者逐渐下降、散客旅游者不断上升的趋势，旅行社可以根据此项数据所反映出的消费者需求，推出各种更受欢迎的旅游线路，或者尽量为消费者提供“超级市场式”的自选旅游项目，使他们有充分的挑选组合空间。

调查显示，人们近期将选择的旅游形式，排在前两位的是个性化旅游或几人的自助式旅游，分别占42.8%和39.3%。其后依次为：度假式旅游占23.9%；两人式蜜月游占14.4%：探险式旅游占6.8%；其他方式占12.2%。

人们出门旅游目的排在前两位的为放松自己、释放工作学习压力和增长见识，分别占42.3%和33.3%；然后依次为与家人或朋友度假、度蜜月、游玩占14%；探险、挑战自己占3.6%：艺术采风、摄影创作占2.3%；购物、品尝美食占1.8%；开会出差顺便一游占0.5%；其他占2.2%。

第8章 截面数据预测

敏于事而慎于言。——孔子

能力目标

- ⊙ 能利用各种专业人士的主观估计，进行相关预测
- ⊙ 能利用线性关系进行预测
- ⊙ 能进行市场占有率预测

知识目标

- ⊙ 主观概率预测法
- ⊙ 线性回归法及其参数估计
- ⊙ 德尔菲法
- ⊙ 马尔柯夫预测法的原理、计算方法

任务目标

市场预测是在对影响市场供求变化的诸因素进行调查研究的基础上，运用科学的方法，对未来市场商品供应和需求的发展趋势以及有关的各种因素的变化，进行分析、估计和判断。市场预测方法可以归纳为定性预测和定量预测两大类。定性预测是依靠预测者的专业知识和经验，来分析判断事物未来发展的趋势，经常采用的方法有德尔菲法、主观概率法、经验判断法等。定量预测，是指在数据资料充分的基础上，运用数学方法，有时还要结合计算机技术，对事物未来的发展趋势进行数量方面的估计与推测，如线性回归法、马尔柯夫预测法、移动平均法、指数平滑法、非线性回归法等。截面数据就是同一时间点上各个主体的数据，本章任务目标是，针对截面数据的性质，掌握相应的预测方法。

8.1 主观概率预测法

【任务情景】在实际预测中，经常有预测人员凭借自己的业务知识、经验和综合分析的能力，运用已掌握的历史资料和直观资料，对事物发展的趋势、方向和重大转折点作出估计和预测。这是一种不依托数学模型的预测方法，主观概率预测就是利用专业的个人经验对未来的各种可能给出主观判断，并在此基础上进行预测。

在社会和自然界中，某一类事件在相同的条件下可能发生也可能不发生，这类事件称为随机事件。不同的随机事件发生的可能性大小是不同的，在这种情况下，就产生了概率。概率就是用来表示随机事件发生可能性大小的一个量。例如，市场上某种新商品的销售状态就

是不确定的随机事件，有畅销、平销或滞销3种可能性，而出现畅销、平销或滞销的可能性，用系数或百分数表示，就是一种概率。概率分为主观概率和客观概率两种。

主观概率是指根据市场趋势分析者的主观判断而确定的事件的可能性的大小，反映个人对某件事的信念程度。所以主观概率是对经验结果所作主观判断的度量，即可能性大小的确定，也是对个人信念的度量。主观概率也必须符合概率论的基本定理。

(1) 所确定的概率必须大于或等于0，而小于或等于1。

(2) 经验判断所需全部事件中各个事件概率之和必须等于1。

主观概率是一种心理评价，判断中具有明显的主观性。对同一事件，不同人对其发生的概率判断是不同的。主观概率的测定因人而异，受人的心理影响较大，谁的判断更接近实际，主要取决于市场趋势分析者的经验、知识水平和对市场趋势分析对象的把握程度。

在实际中，主观概率与客观概率的区别是相对的，因为任何主观概率总带有客观性。市场趋势分析者的经验和其他活信息是市场客观情况的具体反映，因此不能把主观概率看成为纯主观的东西。另一方面，任何客观概率在测定过程中也难免带有主观因素，因为实际工作中所取得的数据资料很难达到(大数)规律的要求。所以，在现实中，既无纯客观概率，又无纯主观概率。

【例8-1】 某企业根据市场销售的历史和现状，对市场下一年的经营情况及可能出现的自然状态，分别提出估计值和概率，见表8-1。

表8-1　主观概率预测法表　　单位：台

预测人员	估计值						期望值
	最高值	概率	最可能值	概率	最低值	概率	
1	2 500	0.3	2 200	0.5	2 000	0.2	2 250
2	2 450	0.2	2 200	0.6	1 900	0.2	2 190
3	2 400	0.2	2 180	0.6	1 800	0.2	2 140
4	2 380	0.1	2 100	0.7	1 900	0.2	2 000
5	2 300	0.2	2 000	0.6	1 700	0.2	2 000

(1) 假设5个预测人员的权重一样，试预测下一年的销售量。

(2) 假设1号和2号人员较大权数是3，3号和4号的权数是2，5号是1，试预测下一年的销售量。

解： (1) 计算各预测人员的销售量的预测期望值，计算方法为：

$$最高估计值\times概率+最可能值\times概率+最低估计值\times概率$$

如1号市场分析人员的期望值为：

$$2\,500\times0.3+2\,200\times0.5+2\,000\times0.2=2\,250(台)$$

从表8-1中可以看出每个人每次概率均是大于0小于1，所有事件概率之和等于1。

由于5个预测人员的权重一样，用算术平均法求出下一年的销售量为：

$$(2\,250+2\,190+2\,140+2\,000+2\,000)/5=2\,116(台)$$

(2) 如果1号和2号人员较大权数是3，3号和4号的权数是2，5号是1，则用加权平均法求出加权平均值作为调整的方案，下一年的销售量预测值为：

$$\frac{2\,250\times3+2\,190\times3+2\,140\times2+2\,000\times2+2\,000\times1}{3+3+2+2+1}=2\,145(台)$$

上述不同的计算方法得出的市场下一年的销售量结果不同，需要根据实际情况进行调整，或以某一个预测值作为最后的预测结果，或者以一区间估计值作为市场预测结果。

尽管主观概率预测法是凭主观经验估测的结果，但在市场趋势分析中它仍有一定的实用价值，它为市场趋势分析者提出明确的市场趋势分析目标，提供尽量详细的背景材料，使用简明易懂的概念和方法，以帮助市场趋势分析者判断和表达概率。同时，假定市场趋势分析期内市场供需情况比较正常，营销环境不出现重大变化，长期从事市场营销活动的人员和有关专家的经验和直觉往往还是比较可靠的。这种市场趋势分析方法简便易行，但必须防止任意、轻率地由一两个人拍脑袋估测，要加强严肃性、科学性，提倡集体的思维判断。

8.2　一元线性回归法

【任务情景】一元回归分析预测法是利用预测目标(因变量 y)与影响因素(自变量 x)之间的相关关系，通过建立回归模型，由影响因素的数值推算预测目标的数值。一般要求方程拟合性能好，即所有点都比较靠近直线。

一元线性回归模型是一个因变量 y 和一个自变量 x 之间的线性回归方程，要采用一元线性回归模型，首先要确定因变量 y 和自变量 x 之间是否存在线性关系，即首先要进行线性相关分析，然后才能运用一元线性回归模型进行拟合。一元线性回归预测的步骤如下。

8.2.1　进行相关分析

在决定是否采用一元线性回归模型前，首先需要进行相关分析，以判断因变量和自变量之间是否具有线性关系。所谓的相关分析，就是对变量间的相关关系进行分析和研究。这一过程主要包括两个方面：一是确定变量间有无相关关系，这是相关分析也是回归分析的前提；二是确定相关关系的密切程度，这是相关分析的主要目的和主要内容。相关分析可用散点图分析，相关关系的密切程度通常用相关系数或相关指数来衡量。

相关系数计算公式为

$$r=\frac{\sum(x-\overline{x})\sum(y-\overline{y})}{\sqrt{\sum(x-\overline{x})^2}\sqrt{\sum(y-\overline{y})^2}} \tag{8-1}$$

式中：r——相关系数；

x——自变量的值；

$\overline{x}$——自变量的平均值；

y——因变量的值；

$\overline{y}$——因变量的平均值。

需要指出的是这里因变量和自变量都需要是定距变量。

判断线性相关性的强弱。$0\leqslant|r|<0.3$，称为微弱相关；$0.3\leqslant|r|<0.5$，称为低度相关；$0.5\leqslant|r|<0.8$，称为显著相关；$0.8\leqslant|r|<1$ 称为高度相关。一般要求显著相关或高度相关。

一般而言，取显著性水平 $\alpha=0.05$，参数为 $n-2$。查相关系数临界值表得：$r_{0.05(n-2)}$，若 $r>r_{0.05(n-2)}$，说明因变量 y 与自变量 x 存在很强的相关关系，这时就可以采用一元线性回归模型进行预测。

8.2.2　建立一元线性回归模型

如果因变量(y)与某一个主要影响因素(自变量)之间存在着较为密切的线性相关关系，

则可用一元线性回归模型来描述它们之间的数量关系。

$$\hat{y}=a+bx \tag{8-2}$$

通常采用最小二乘法估计，求解 a、b 参数的标准方程组为

$$\sum y = na + b\sum x \tag{8-3}$$

$$\sum xy = a\sum x + b\sum x^2 \tag{8-4}$$

得到

$$b = \frac{n\sum x_i y_i - \sum x_i \sum y_i}{n\sum x_i^2 - (\sum x_i)^2} \tag{8-5}$$

$$a = \frac{\sum y_i - b\sum x_i}{n} = \bar{y} - b\bar{x} \tag{8-6}$$

8.2.3 进行实际预测

运用通过检验的回归方程，将需要预测的自变量 x 代入方程并计算，即可得到所求的预测值。

【例 8-2】 据经验，企业的商品销售额与广告费用支出之间具有相关关系。某企业 1998—2007 年的商品销售额和广告费用支出资料见表 8-2。该企业预计 2008 年的广告费支出为 35 万元，要求在 95%的确信度下，通过分析所掌握的数据，预测下年商品销售额。

表 8-2 某企业商品销售额与广告费支出

年份	广告费 x_i/万元	商品销售额 y_i/百万元	xy	x^2	y^2
1998	4	7	28	16	49
1999	7	12	84	49	144
2000	9	17	153	81	289
2001	12	20	240	144	400
2002	14	23	322	196	529
2003	17	26	442	289	676
2004	20	29	580	400	841
2005	22	32	704	484	1 024
2006	25	35	875	625	1 225
2007	27	40	1 080	729	1 600
合计	157	241	4 508	3 013	6 777

解： 第一，进行相关分析。

$$r = \frac{n\sum xy - \sum x \sum y}{\sqrt{n\sum x^2 - (\sum x)^2}\sqrt{n\sum y^2 - (\sum y)^2}}$$

$$= \frac{10\times 4\,508 - 157\times 241}{\sqrt{10\times 3\,013 - (157)^2}\sqrt{10\times 6\,777 - (241)^2}} = 0.999\,4$$

取显著性水平 $\alpha=0.05$，参数为 $n-2=8$。查相关系数临界值表得：$r_{0.05(8)}=0.632$，因为 $r>r_0$，说明广告费与商品销售额存在很强的正相关关系。

第二，建立回归方程。

回归方程为 $\hat{y}=a+bx$，其中关键是求参数 a 与 b 的值。根据表 8-2 中资料，利用最小平方法可以求出 a 与 b 的值。

$$b=\frac{n\sum xy-\sum x\sum y}{n\sum x^2-\left(\sum x\right)^2}=\frac{10\times 4\ 508-157\times 241}{10\times 3\ 013-(157)^2}=1.321$$

$$a=\frac{\sum y}{n}-b\frac{\sum x}{n}=\frac{241}{10}-1.321\times\frac{157}{10}=3.36$$

所求回归方程为 $\hat{y}=3.36+1.321x$。

第三，进行预测。先进行点预测，2008 年的广告费预计支出 35 万元。将其代入方程，有 $\hat{y}=3.36+1.321\times 35=49.595$(百万元)，即 2008 年的商品销售额可达到 49.595 百万元。

8.2.4 Excel 在一元线性回归分析中的应用

【例 8-3】试建立国民生产总值(GDP)和股票市值(见表 8-3)之间的一元线性回归方程。

表 8-3　GDP 与市价总值

年份	GDP/亿元	市价总值/亿元
1993	34 634	3 531
1994	46 759	3 691
1995	58 478	3 474
1996	67 885	9 842
1997	74 772	17 529
1998	79 553	19 506
1999	82 054	26 471
2000	89 404	48 091
2001	95 933	43 522
2002	102 398	38 329
2003	116 694	42 458

解：第一步，计算相关系数，确定是否采用线性回归模型。

(1) 用 CORREL 函数生成两个数值系列的相关系数，选择“工具→数据分析”命令，如图 8.1 所示。

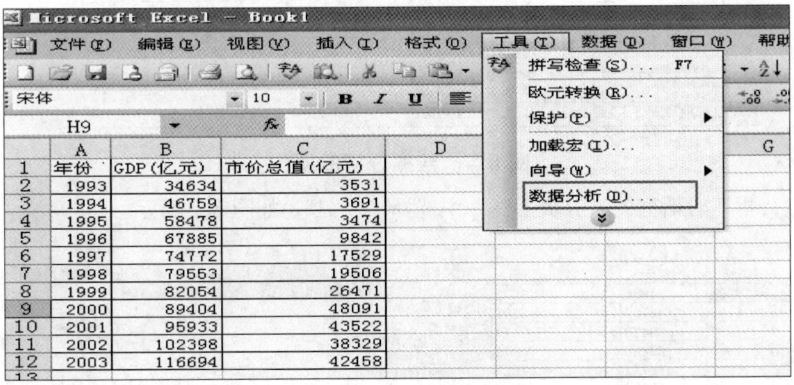

图 8.1　数据分析操作

(2) 在“数据分析”对话框的“分析工具”中选择“相关系数”，如图 8.2 所示。

(3) 在“输入区域”、“输出区域”文本框中分别输入数据区域。结果为虚框，如图 8.3 所示。

看出相关系数为 0.89，两者高度线性相关，因此可以进行线性回归分析。

第二步，建立一元线性回归模型。

(1) 选择“工具→数据分析”命令，如图 8.4 所示。

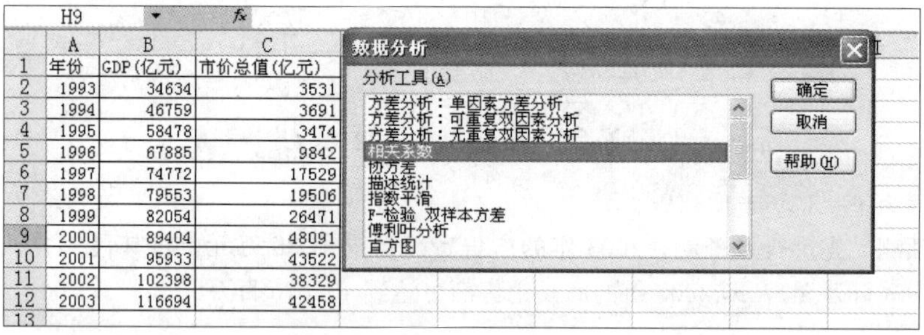

图 8.2 数据分析工具的设置

图 8.3 相关系数文本框数据区域的设置

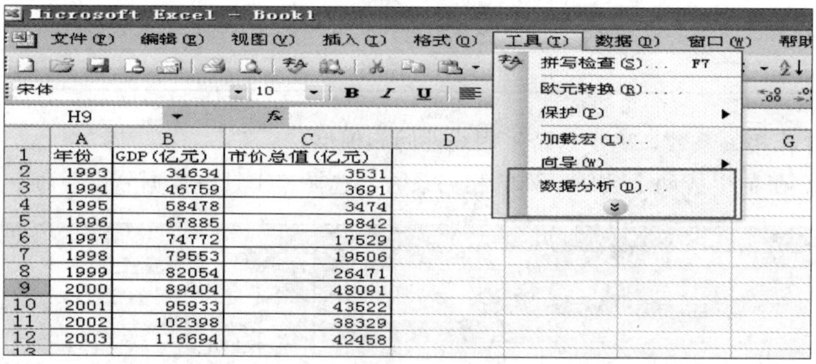

图 8.4 数据分析的操作

(2) 在“数据分析”对话框的“分析工具”中选择“回归”，如图 8.5 所示。

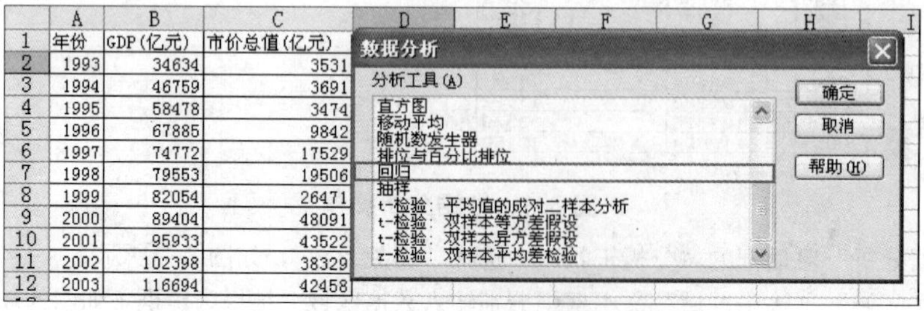

图 8.5 分析工具的设置

(3) 在“输入区域”、“输出区域”文本框中分别输入数据区域，如图 8.6 所示。

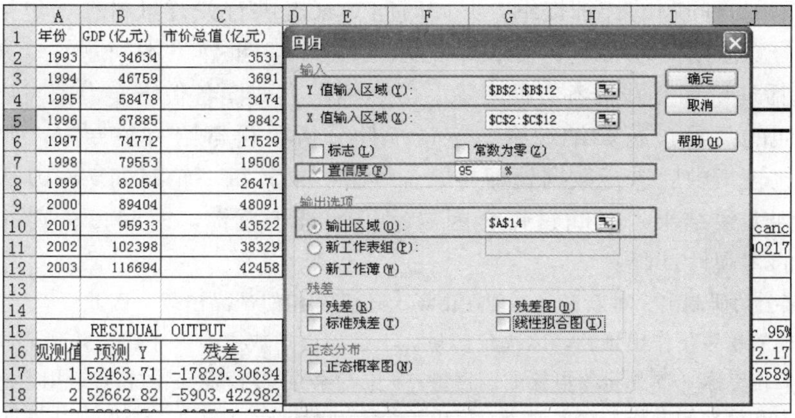

图 8.6　回归文本框数据区域的设置

(4) 结果如图 8.7 所示。

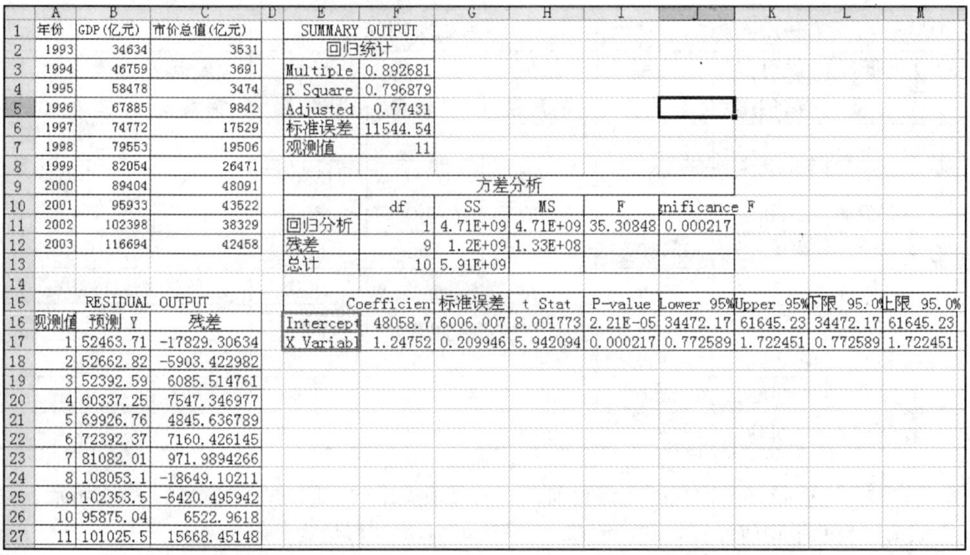

年份	GDP(亿元)	市价总值(亿元)
1993	34634	3531
1994	46759	3691
1995	58478	3474
1996	67885	9842
1997	74772	17529
1998	79553	19506
1999	82054	26471
2000	89404	48091
2001	95933	43522
2002	102398	38329
2003	116694	42458

RESIDUAL OUTPUT

观测值	预测 Y	残差
1	52463.71	-17829.30634
2	52662.82	-5903.422982
3	52392.59	6085.514761
4	60337.25	7547.346977
5	69926.76	4845.636789
6	72392.37	7160.426145
7	81082.01	971.9894266
8	108053.1	-18649.10211
9	102353.5	-6420.495942
10	95875.04	6522.9618
11	101025.5	15668.45148

SUMMARY OUTPUT

回归统计	
Multiple	0.892681
R Square	0.796879
Adjusted	0.77431
标准误差	11544.54
观测值	11

方差分析

	df	SS	MS	F	gnificance F
回归分析	1	4.71E+09	4.71E+09	35.30848	0.000217
残差	9	1.2E+09	1.33E+08		
总计	10	5.91E+09			

	Coefficien	标准误差	t Stat	P-value	Lower 95%	Upper 95%	下限 95.0%	上限 95.0%
Intercept	48058.7	6006.007	8.001773	2.21E-05	34472.17	61645.23	34472.17	61645.23
X Variabl	1.24752	0.209946	5.942094	0.000217	0.772589	1.722451	0.772589	1.722451

图 8.7　分析结果

图中，在“cofficient”所在列中，“Intercept”对应于线性回归方程中的常数项 a，“X Variable”对应于线性回归方程自变量 x 的系数 b，得到一元线性回归方程如下

$$\hat{y}=48\,058.7+1.247x$$

8.3　德尔菲法

【任务情景】德尔菲是古希腊城名，相传城中阿波罗圣殿能预卜未来，因而命名。德尔菲法是 20 世纪 60 年代初美国兰德公司的专家们为避免集体讨论存在的屈从于权威或盲目服从多数的缺陷提出的一种定性预测方法。为消除成员间相互影响，参加的专家可以互不了解，它运用匿名方式反复多次征询意见和进行背靠背的交流，以充分发挥专家们的智慧、知识和经验，最后汇总得出一个能比较反映群体意志的预测结果。

德尔菲法的一般工作程序如下：①确定调查目的，拟订调查提纲。首先必须确定目标，拟订出要求专家回答问题的详细提纲，并同时向专家提供有关背景材料，包括预测目的、期限、调查表填写方法及其他希望、要求等说明。②选择一批熟悉本问题的专家，一般至少为20人左右，包括理论和实践等各方面专家。③以通信方式向各位选定专家发出调查表，征询意见。④对返回的意见进行归纳综合、定量统计分析后再寄给有关专家，如此往复，经过三、四轮意见比较集中后进行数据处理与综合得出结果。每一轮时间7～10天，总共约一个月左右即可得到大致结果，时间过短会因专家很忙难于反馈，时间过长则外界干扰因素增多，影响结果的客观性。

【例8-4】 某公司研制出一种新产品，现在市场上还没有相似产品出现，因此没有历史数据可以获得。但公司需要对可能的销售量作出预测，以决定产量。于是该公司成立专家小组，并聘请业务经理、市场专家和销售人员等8位专家，预测全年可能的销售量。8位专家通过对新产品的特点、用途进行的介绍，以及对人们的消费能力和消费倾向作的深入调查，提出了个人判断，经过3次反馈得到结果见表8-4，试对销售量作出预测。

表8-4　德尔菲法的销售量预测　　单位：千件

专家编号	第一次判断			第二次判断			第三次判断		
	最低销售量	最可能销售量	最高销售量	最低销售量	最可能销售量	最高销售量	最低销售量	最可能销售量	最高销售量
1	500	750	900	600	750	900	550	750	900
2	200	450	600	300	500	650	400	500	650
3	400	600	800	500	700	800	500	700	800
4	750	900	1 500	600	750	1 500	500	600	1 250
5	100	200	350	220	400	500	300	500	600
6	300	500	750	300	500	750	300	600	750
7	250	300	400	250	400	500	400	500	600
8	260	300	500	350	400	600	370	410	610
平均数	345	500	725	390	550	775	415	570	770

解：(1) 在预测时，最终一次判断是综合前几次的反馈做出的，因此一般取最后一次判断为依据。如果按照9位专家第三次的平均值计算，则预测这个新产品的平均销售量为

$$\frac{415+570+770}{3}=585(\text{千件})$$

(2) 将最可能销售量、最低销售量和最高销售量分别按0.50、0.20和0.30的概率加权平均，则预测平均销售量为

$$570\times0.50+415\times0.20+770\times0.30=599(\text{千件})$$

(3) 用中位数计算，可将第三次判断按预测值高低排列如下：

最低销售量：　300　370　400　500　550

最可能销售量：　410　500　600　700　750

最高销售量：　600　610　650　750　800　900　1 250

中间项的计算公式为$\frac{n+1}{2}$(n为项数)。

最低销售量的中位数为第三项，即400。

最可能销售量的中位数为第三项，即600。

最高销售量的中位数为第四项，即750。

将最可能销售量、最低销售量和最高销售量分别按0.50、0.20和0.30的概率加权平均，则预测平均销售量为

$$600\times0.50+400\times0.20+750\times0.30=605\text{（千件）}$$

需要说明的是，如果数据分布的偏态较大，一般使用中位数，以免受个别偏大或偏小的判断值的影响；如果数据分布的偏态比较小，一般使用平均数，以便考虑到每个判断值的影响。

8.4　马尔柯夫预测法

【任务情景】现代市场信息复杂多变，一个企业在激烈的市场竞争环境下要生存和发展就必须对其产品进行市场预测，从而减少企业参与市场竞争的盲目性，提高科学性。然而，市场对某产品的需求受多种因素的影响，其特性是它在市场流通领域中所处的状态。这些状态的出现是一个随机现象，具有随机性。为此，利用随机过程理论的马尔柯夫(Markov)模型来分析产品在市场上的状态分布，进行市场预测，从而科学地组织生产，减少盲目性，以提高企业的市场竞争力和其产品的市场占有率。

8.4.1　马尔柯夫预测法原理

事物的发展状态总是随着时间的推移而不断变化的。在一般情况下，人们要了解事物未来的发展状态，不但要看到事物现在的状态，还要看到事物过去的状态。马尔柯夫认为，还存在另外一种情况，人们要了解事物未来的发展状态，只需知道事物现在的状态，而与事物以前的状态毫无关系。例如，A 产品明年是畅销还是滞销，只与今年的销售情况有关，而与往年的销售情况没有直接的关系。后者的这种情况就称为马尔柯夫过程，前者的情况就属于非马尔柯夫过程。

马尔柯夫过程的重要特征是无后效性。事物第 n 次出现的状态，只与其第 $n-1$ 次的状态有关，与它以前的状态无关。举一个通俗例子说：池塘里有 3 片荷叶和一只青蛙，假设青蛙只在荷叶上跳来跳去。若现在青蛙在荷叶 A 上，那么下一时刻青蛙要么在原荷叶 A 上跳动，要么跳到荷叶 B 上或荷叶 C 上。青蛙究竟处在何种状态上，只与当前状态有关，而与以前位于哪一片荷叶上并无关系。这种性质，就是无后效性。

马尔柯夫链是与马尔柯夫过程紧密相关的一个概念。马尔柯夫链指出事物系统的状态由过去转变到现在，再由现在转变到将来，一环接一环像一根链条，而作为马尔柯夫链的动态系统将来是什么状态，取什么值，只与现在的状态、取值有关，而与它以前的状态、取值无关。因此，运用马尔柯夫链只需要最近或现在的动态资料便可预测将来。马尔柯夫预测法就是应用马尔柯夫链来预测市场未来变化状态。

例如，在考虑市场占有率过程中影响占有率的大量随机性因素后，可以认为这一过程充满着控制、反馈、反复，这与马尔柯夫链的过渡类状态有着相似之处，因此可将市场占有率问题认为是一个随机性马尔柯夫过程，即从一个时刻 t 到下一个时刻的状态变化是随机的。在群体数目较大或扩散时间 t 的单位选取较大时，假定群体数目的变化在时间上是连续的，可以建立一个随机过程模型研究。

根据有关数据统计，依据随机变量市场占有率数据，对$(0, +\infty)$进行适当划分，计算得转移概率 p_{ij}，通过 $p_{ij}=P(X_1=j|X_0=i)$，可以得到 $P=(p_{ij}, i, j\in E)$，然后计算 $P^{(m)}=P^m=P\times P\times\cdots\times P$。由此可构建市场占有率预测模型，即 m 阶的马尔柯夫链 $\{I_m: n\geqslant0\}$的转移矩阵。

$$P^{(m)}=\begin{pmatrix} p_{11} & p_{12} & \cdots & p_{1n} \\ p_{21} & p_{22} & \cdots & p_{2n} \\ \vdots & \vdots & \cdots & \vdots \\ p_{n1} & p_{n2} & \cdots & p_{nn} \end{pmatrix}^m = P^m \tag{8-7}$$

得到 m 阶的转移概率，就可以得到 m 个周期后的市场占有率的转移矩阵。

假设初始市场占有率为 $S^{(0)}=(P_1^{(0)},\ P_2^{(0)},\ \cdots,\ P_n^{(0)})$，则 m 个周期之后的市场占有率为 $S^{(m)}=S^{(0)}\cdot P^m=S^{(m-1)}\cdot P$，即得

$$S^{(m)}=S^{(m-1)}P=S^{(0)}P^m=(p_1^{(0)},\ p_2^{(0)},\ \cdots,\ p_n^{(0)})\begin{pmatrix} p_{11} & p_{12} & \cdots & p_{1n} \\ p_{21} & p_{22} & \cdots & p_{2n} \\ \vdots & \vdots & \cdots & \vdots \\ p_{n1} & p_{n2} & \cdots & p_{nn} \end{pmatrix}^m \tag{8-8}$$

如果按公式(8-8)继续逐步求市场占有率，会发现，当 m 大到一定的程度，$S^{(m)}$ 将不会有多少改变，即有稳定的市场占有率，设其稳定值为：$S=(p_1,\ p_2,\ \cdots,\ p_n)$，且满足 $p_1+p_2+\cdots+p_n=1$。

如果市场的顾客流动趋向长期稳定下去，则经过一段时期以后的市场占有率将会出现稳定的平衡状态，即顾客的流动不会影响市场的占有率，而且这种占有率与初始分布无关。按照实际意义，可以近似地看待最终的市场占有率，得出计算式

$$\begin{cases} S = SP \\ \sum_{i=0}^{n} P_k = 1 \end{cases} \tag{8-9}$$

一般 n 个状态后的稳定市场占有率(稳态概率)$S=(p_1,\ p_2,\ \cdots,\ p_n)$可通过解方程组

$$\begin{cases} (p_1,p_2,\cdots,p_n) = (p_1,p_2,\cdots,p_n)\begin{pmatrix} p_{11} & p_{12} & \cdots & p_{1n} \\ p_{21} & p_{22} & \cdots & p_{2n} \\ \vdots & \vdots & \cdots & \vdots \\ p_{n1} & p_{n2} & \cdots & p_{nn} \end{pmatrix} \\ \sum_{k=1}^{n} p_k = 1 \end{cases} \tag{8-10}$$

求得最终稳态时的市场占有率 P，而(8-10)式的前 n 个方程中只有 $n-1$ 个是独立的，可任意删去一个。

8.4.2 应用 Excel 进行马尔柯夫预测

【例 8-5】 设某地区市场上主要销售 A、B、C 3 种品牌的牙膏，每月 3 种品牌牙膏的销售总量通常保持在 20 000 支左右。其中 5 月份 A、B、C 3 种品牌牙膏的销售量分别为 8 500 支、6 500 支、5 000 支。假定 5 月份在该地区几个大型商场，对购买这 3 种品牌牙膏的 500 名顾客进行过随机调查，调查结果是：在购买 A 品牌牙膏的 200 名顾客中，打算 6 月份仍购买 A 品牌的有 140 人，转购买 B 品牌的有 40 人，转购买 C 品牌的有 20 人；在购买 B 品牌牙膏的 150 名顾客中，打算 6 月份仍购买 B 品牌的有 100 人，转购买 A 品牌的有 30 人，转购买 C 品牌的有 20 人；在购买 C 品牌牙膏的 150 名顾客中，打算 6 月份仍购买 C 品牌的有 120 人，转购买 A 品牌的有 15 人，转购买 B 品牌的有 15 人。若以后各月顾客在这 3 个品牌之间的保留率、转出率与此相同，且估计今后一段时间这 3 种品牌牙膏都不会退出该市场，也没有新品牌牙膏在此市场销售。要求预测：

(1) 6、7 月份各月 3 种品牌牙膏的市场占有率和销售量。

(2) 达到市场均衡状态的 3 种品牌牙膏的市场占有率和销售量。

解：(1) 划分状态和计算初始状态概率。

由于该地区牙膏市场主要由 3 个品牌的产品占领，因此有 3 种状态存在。设状态 1 为购买 A 品牌牙膏，状态 2 为购买 B 品牌牙膏，状态 3 为购买 C 品牌牙膏。

5 月份各品牌的市场占有率为初始状态概率，则：

$$S_1^{(0)}=\frac{8\ 500}{20\ 000}=0.425\quad S_2^{(0)}=\frac{6\ 500}{20\ 000}=0.325\quad S_3^{(0)}=\frac{5\ 000}{20\ 000}=0.25$$

初始状态概率向量为 $S^{(0)}=(0.425\quad 0.325\quad 0.25)$。

(2) 确定一步转移概率矩阵。

将根据市场调查资料计算的各状态转移频率作为其转移概率的近似值，则：

$$P_{11}=\frac{140}{200}=0.7\qquad P_{12}=\frac{40}{200}=0.2\qquad P_{13}=\frac{20}{200}=0.1$$

$$P_{21}=\frac{30}{150}=0.2\qquad P_{22}=\frac{100}{150}=0.67\qquad P_{23}=\frac{20}{150}=0.13$$

$$P_{31}=\frac{15}{150}=0.1\qquad P_{32}=\frac{15}{150}=0.1\qquad P_{33}=\frac{120}{150}=0.8$$

因此，一步转移概率矩阵为

$$P=\begin{bmatrix}0.7 & 0.2 & 0.1\\ 0.2 & 0.67 & 0.13\\ 0.1 & 0.1 & 0.8\end{bmatrix}$$

矩阵中，每一行元素表示各品牌牙膏顾客的保留率和转出率；每一列元素表示各品牌牙膏顾客的保留率和转出率。

(3) 利用马尔柯夫预测模型进行预测。

预测 6 月份 3 种品牌牙膏的市场占有率($k=1$)。

$$S^{(1)}=(S_1^{(1)},\ S_2^{(1)},\ S_3^{(1)})=S^{(0)}P$$

$$=(0.425\quad 0.325\quad 0.25)\begin{bmatrix}0.7 & 0.2 & 0.1\\ 0.2 & 0.67 & 0.13\\ 0.1 & 0.1 & 0.8\end{bmatrix}=(0.387\ 5\quad 0.327\ 8\quad 0.284\ 7)$$

上述矩阵相乘可在 Excel 中进行，具体计算过程如下：

设 A 为 $m\times k$ 的矩阵，即 m 行和 k 列的矩阵，记为 $A_{m\times k}$；B 为 $k\times n$ 的矩阵，即 k 行和 n 列的矩阵，记为 $B_{k\times n}$；矩阵 A 与 B 相乘记为 C，即 $C_{m\times n}=A_{m\times k}\times B_{k\times n}$。

上面 $S^{(1)}$ 的计算相当于 $S_{1\times 3}^{(1)}=C_{1\times 3}=A_{1\times 3}\times B_{3\times 3}$，在 Excel 中分别输入 A 与 B，如图 8.8 所示。

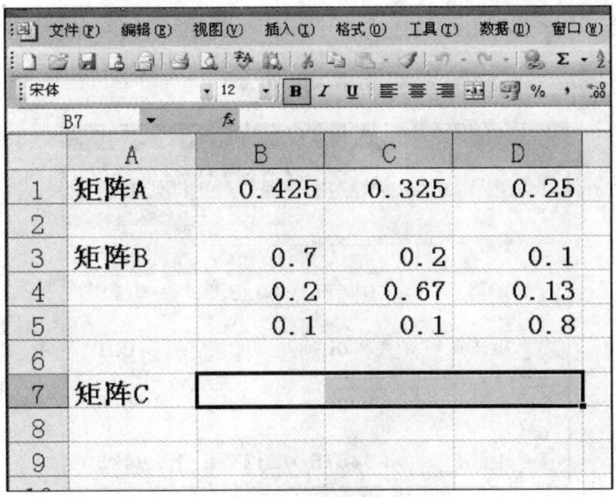

图 8.8　Excel 中矩阵的输入

由于 A 与 B 相乘得到的矩阵 C 为 1 行 3 列的矩阵，因此在输入计算公式时，首先用鼠标拖出 1 行 3 列的单元格区域。

在公式栏中输入公式，具体可选择菜单栏的“插入→函数”命令，打开“插入函数”对话框，如图 8.9 所示。

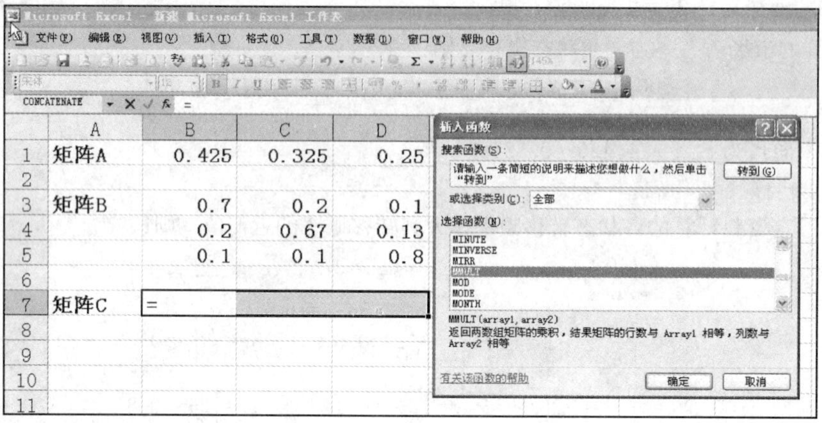

图 8.9 Excel 中函数的选择

在“或选择类别”下拉列表框中选择“全部”，并在“选择函数”栏中找到函数 MMULT，单击【确定】按钮，打开“函数参数”对话框，如图 8.10 所示。

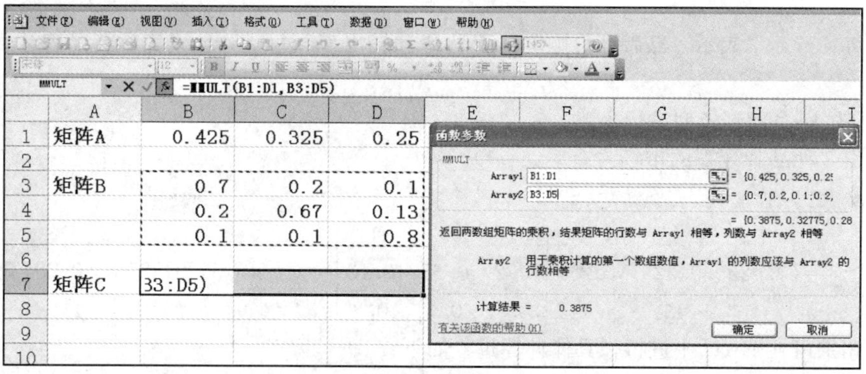

图 8.10 函数参数的设置

在 Array1 参数栏用鼠标从 B1 拖到 D1，即选择矩阵 A。在 Array2 参数栏用鼠标从 B3 拖到 D5，即选择矩阵 B。

这时千万不能直接单击【确定】按钮，而应该先按住 Ctrl 键，再按住 Shift 键，最后再按 Enter 键，即同时按住“Ctrl+Shift+Enter”键。本例结果如图 8.11 所示。

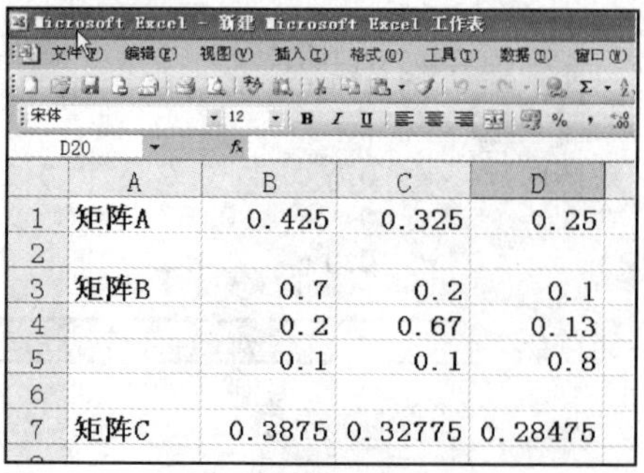

图 8.11 计算结果

预测 7 月份 3 种品牌牙膏的市场占有率($k=2$)

$$S^{(2)}=(S_1^{(2)},\ S_2^{(2)},\ S_3^{(2)})=S^{(1)}P$$

$$=(0.3875\quad 0.3278\quad 0.2847)\begin{bmatrix}0.7 & 0.2 & 0.1\\ 0.2 & 0.67 & 0.13\\ 0.1 & 0.1 & 0.8\end{bmatrix}=(0.3653\quad 0.3256\quad 0.3091)$$

即 A、B、C 3 种品牌牙膏 6 月份的市场占有率分别为 38.75%、32.78%和 28.47%；7 月份的市场占有率分别为 36.53%、32.56%和 30.91%。相应的，6、7 月份各品牌牙膏销售量预测值如下：

6 月份 A：20 000×38.75%=7 750(支)

B：20 000×32.78%=6 556(支)

C：20 000×28.47%=5 694(支)

7 月份 A：20 000×36.53%=7 306(支)

B：20 000×32.56%=6 512(支)

C：20 000×30.91%=6 182(支)

(4) 求稳定状态下的各品牌牙膏的市场占有率。

由以上计算可以看出，随着时间的推移，A、B 品牌牙膏的市场占有率趋于下降，C 品牌牙膏的市场占有率趋于上升。由于顾客在品牌之间不断转入、转出，经过较长时间后，各品牌市场占有率将趋于稳定。

各品牌稳定状态的市场占有率为

$$\begin{cases}(p_1,p_2,\cdots,p_n)=(p_1,p_2,\cdots,p_n)\begin{pmatrix}p_{11} & p_{12} & \cdots & p_{1n}\\ p_{21} & p_{22} & \cdots & p_{2n}\\ \vdots & \vdots & \cdots & \vdots\\ p_{n1} & p_{n2} & \cdots & p_{nn}\end{pmatrix}\\ \sum_{k=1}^{n}p_k=1\end{cases}$$

即

$$\begin{cases}(p_1,p_2,p_3)=(p_1,p_2,p_3)\begin{pmatrix}0.7 & 0.2 & 0.1\\ 0.2 & 0.67 & 0.13\\ 0.1 & 0.1 & 0.8\end{pmatrix}\\ \sum_{k=1}^{3}p_k=1\end{cases}$$

$$\begin{cases}p_1=0.7p_1+0.2p_2+0.1p_3\\ p_2=0.2p_1+0.67p_2+0.13p_3\\ p_3=0.1p_1+0.13p_2+0.8p_3\\ p_1+p_2+p_3=1\end{cases}$$

解得

$$\begin{cases}p_1=0.3272\\ p_2=0.3086\\ p_3=0.3642\end{cases}$$

即在稳定状态下，A、B、C 3 种牙膏市场占有率分别为 32.72%、30.86%和 36.42%。

相应的，三种品牌牙膏的稳态销售量预测值如下：

A：20 000×32.72%=6 544(支)

B：20 000×30.86%=6 172(支)

C：20 000×36.42%=7 284(支)

从上计算结果看，A、B 品牌牙膏的市场占有率呈逐步下降趋势，作为其企业管理者应该清醒地认识到，如果不调整目前的营销策略，改进产品质量、性能和包装，调整产品价格，加强广告宣传等，就有可能逐步丧失其在市场竞争中的优势地位，甚至有被逐出市场的危险。

技能测试

一、选择题

1. 用德尔菲法进行预测，成败的关键是(　　)。

A. 确定预测对象　B. 选择专家　C. 设计调查表　D. 预测结果的统计整理

2.(　　)是预测者根据自己的实践经验和判断分析能力，对某种事件在未来发生的可能性的估计数值。

A. 主观概率　B. 客观概率　C. 条件概率　D. 相对概率

3.(　　)是根据市场预测的目的和要求，由预测组织者向有关专家提供与市场预测有关的资料，并收集汇总专家对未来市场所做的判断预测值的方法。

A. 德尔菲法　B. 专家意见调查法　C. 专家会议法　D. 指标扩散法

4. 采用主观概率预测法进行市场预测，各事件的概率必须在(　　)。

A. 0～1 之间　B. －1～1 之间　C. 0～0.5 之间　D. －1～0 之间

5. 某公司经理对下个月销售额作出估计，最低值为 3 万元，最高值为 7 万元，最可能值为 5 万元，使用三点估计法预测下个月的销售额为(　　)万元。

A. 10　B. 5　C. 7　D. 3

6. 利用德尔菲法预测某品牌彩电投放某市场后头一年的销售量，15 位专家最后一轮对最高销售量的分析预测值见下表，则利用算术平均法，可得该市场头年销售量的最高值为(　　)台。

推断数(台)	1 000	900	800	700	600
专家人数(人)	2	3	5	3	2

A. 267　B. 800　C. 1 000　D. 900

7. 德尔菲预测法和传统专家意见法相比，最大的特点是(　　)。

A. 匿名性　B. 反馈性　C. 量化性　D. 综合性

8. 已知 y 对 x 的回归直线方程 $y=a+15x$，且 $\bar{x}=4$，$\bar{y}=80$，那么当 $x=10$ 时，y 的预测值为(　　)。

A. 170　B. 80　C. 150　D. 320

9. 最小二乘准则是指使(　　)达到最小值的原则确定样本回归方程。

A. $\left|\sum_{t=1}^{n}(Y_t-\hat{Y}_t)\right|$　B. $\sum_{t=1}^{n}|Y_t-\hat{Y}_t|$　C. $\max|Y_t-\hat{Y}_t|$　D. $\sum_{t=1}^{n}(Y_t-\hat{Y}_t)^2$

10. 马尔柯夫链的一个重要特点是(　　)。

A. 有前效性　B. 有后效性　C. 无前效性　D. 无后效性

二、判断题

1. 主观概率是预测者根据自己的实践经验和判断分析能力，对某种事件在未来发生的结果的估计数值。(　　)

2. 在研究市场现象的数量依存关系时，一般将被预测的市场现象称为自变量。（　　）

3. 市场现象之间所存在的数量依存关系大多都表现为相关关系。（　　）

4. 市场调查预测具有不确定性，企业没必要破费进行调研。（　　）

5. 市场预测的方法主要有定性预测和定量预测两大类。（　　）

三、实训题

1. 某商场为预测某商品需求，分别请经理、营业员和统计员对下年销售量(千件)预测，整理出下表：

预测者	预测情况					
	最高值	概率	最可能值	概率	最低值	概率
经 理	27	0.3	25	0.6	20	0.1
营业员	26	0.2	24	0.5	18	0.3
统计员	25	0.2	23	0.7	20	0.1

经分析，给各预测者权数分别为经理 0.2、营业员 0.4、统计员 0.4。试预测该商场下年某商品需求量(千件)。

2. 以下是某企业 3 位正副经理的预测值情况，他们分别作出了销售最高额和最低额及其概率估计值。根据下表计算各位经理预测值的期望值及简单算术平均的综合预测值。

经理	估计值			
	最高额	概率	最低额	概率
甲	28	0.9	26	0.1
乙	29	0.7	25	0.3
丙	27	0.8	24	0.2

3. 假设某地区住宅建筑面积与建造成本的有关资料如下：

建筑地编号	建筑面积(万平方米)x	建造成本(万元)y
1	4	14.8
2	2	12.8
3	3	13.3
4	5	15.4
5	4	14.3
6	5	15.9

根据上表资料：

(1) 建立建筑面积与建造成本的回归方程。

(2) 解释回归系数的经济意义。

(3) 估计当建筑面积为 4.5 万平方米时，建造成本可能为多少。

4. 根据下表，建立该地区 15 户城市居民平均每人全年购买商品支出对平均每人全年生活费收入的线性回归方程。

住户序号	平均每人全年生活费收入(元)	平均每人全年购买商品支出(元)
1	880	615
2	985	867
3	1 132	815
4	1 268	1 027
5	1 389	1 250
6	1 527	1 031
7	1 628	1 335
8	1 742	1 271
9	1 814	1 615
10	2 017	1 675
11	2 172	1 749
12	2 264	1 634
13	2 414	1 975
14	2 516	1 861
15	2 748	1 974

5. 某县某服装店的销售额与该县服装社会零售额历史统计资料如下(单位：百万元)。

年　份	商店销售额	服装社会零售额
1995	2.4	26
1996	2.7	29
1997	3.0	32
1998	3.4	37
1999	3.8	41

已知该县 2000 年服装社会需求额预测值为 45 百万元，试采用线性回归方程，预测该店 2000 年销售额。

6. 现有 A、B 两种品牌的味精，已知其市场占有率变化按下列矩阵 P 发生：

$P=\begin{vmatrix} 0.4 & 0.6 \\ 0.3 & 0.7 \end{vmatrix}$，试预测两种品牌味精的最终市场占有率。

第9章 年度时序数据预测

立志不坚，终不济事。—朱熹

能力目标

- ⊙ 能依据水平型年度数据进行预测
- ⊙ 能依据直线型年度数据进行预测
- ⊙ 能依据曲线型年度数据进行预测

知识目标

- ⊙ 时间序列的组成成分
- ⊙ 算数平均法
- ⊙ 一次移动平均法
- ⊙ 二次移动平均法
- ⊙ 一次指数平滑法
- ⊙ 二次指数平滑法
- ⊙ 指数曲线、修正指数曲线、二次曲线、双曲线、生长曲线

任务目标

要对年度时间序列数据进行预测，首先要判断该序列数据的类型，数据的类型主要有水平型、直线型、曲线型3种。针对不同的数据类型应该选用相应的预测方法，这是正确预测的前提。对于水平型年度数据，其预测方法有算术平均法、一次移动平均法和一次指数平滑法，这些方法都是对原数据直接进行操作。对于直线型年度数据，其预测方法有对增量数据进行操作的算术平均法、一次移动平均法、一次指数平滑法，还有对原数据进行操作的二次移动平均法、二次指数平滑法和线性回归法。对于曲线型年度数据，依据数据的表现形式，可以用指数曲线、修正指数曲线、双曲线、生长曲线去拟合。本章任务目标是，利用统计年鉴提供的数据，选用一定的预测模型，进行相关预测。

9.1 年度时序数据预测原理

【任务情景】 时间序列按时间跨度的不同，一般可分为年度时间序列数据和季(月)度时间序列数据。时间序列的组成成分有长期趋势、循环分量、季节分量、不规则分量4个部分。由于时间跨度不同，其相应的预测模型有所不同，即年度时间序列数据和季(月)时间序列数据在预测模型上有所差异。

9.1.1　时间序列

变量随时间变化，按等时间间隔所取得的观测值序列，称时间序列。

$$Y：\{y_1，y_2，\cdots，y_n\}$$

时间间隔可以是一年、一月、一天、一小时等。当时间间隔为一年时，这时的时间序列数据即为年度时序数据。时间序列取值有两种方式。

(1) y_t取观测时间点处的瞬时值，如：某城市每日中午的气温值、仓库月末的存储量、每年7月1日的人口数、每年开学学生在册人数等。

(2) y_t取相邻时间点期间的累积值，如：每年工农业总产值、某商场月销售额、年钢产量、年粮食产量、年某类商品贸易额等。

上述时间序列取值有一个特点，即是离散型时间序列。当然也有连续型时间序列，如心电图、工业供电仪表记录结果，这里只讨论离散型时间序列，示例如图9.1所示。

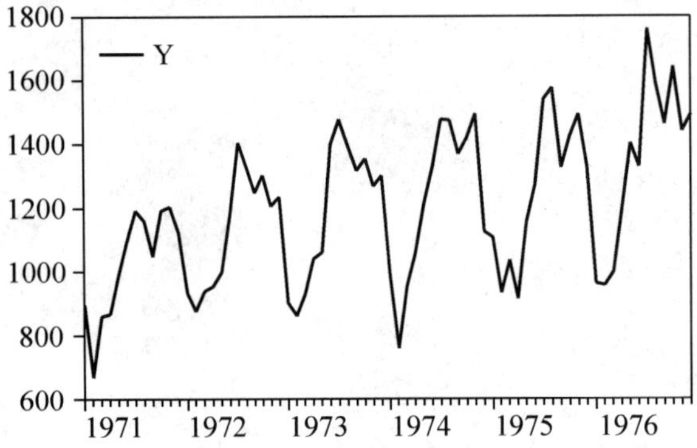

(a) 摩托车月注册数时间序列

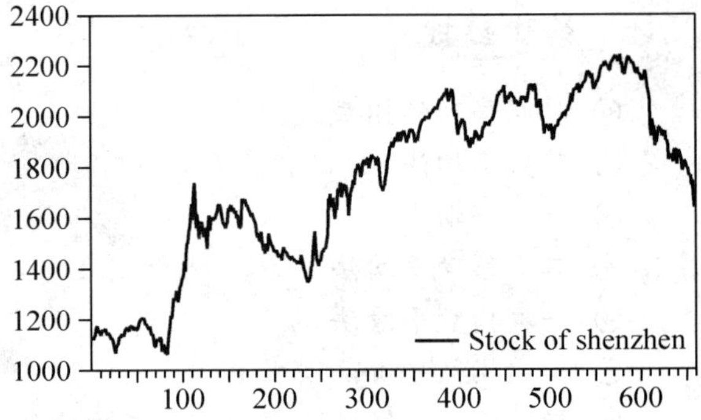

(b) 深圳股市收盘价序列

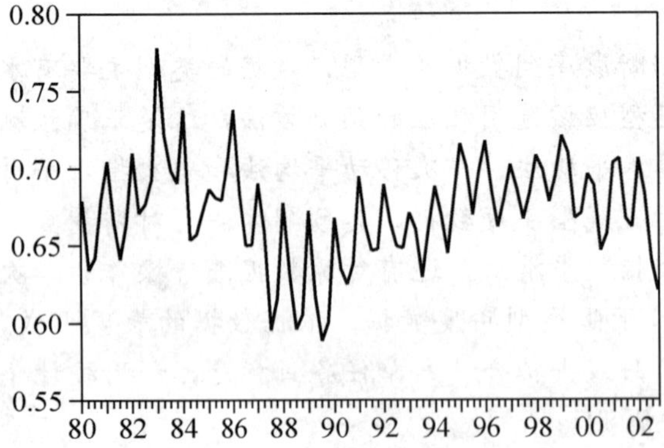

(c) 中国物价指数

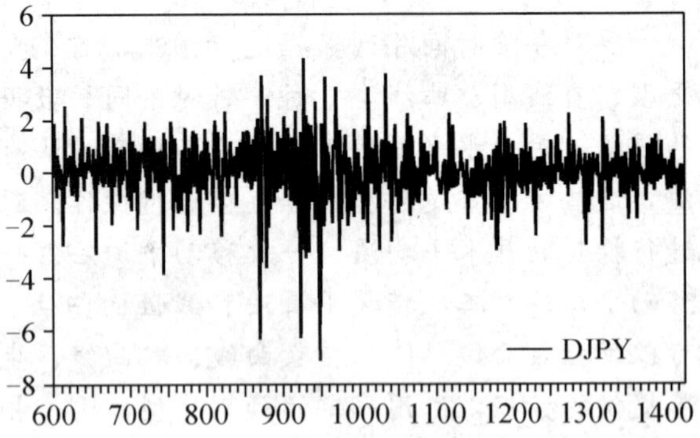

(d) 日元兑美元汇率收益率

图9.1　离散型时间序列示例

对于时间序列，下文将主要讨论两类问题：①序列由何种成分组成，怎样分离出这些成分。②怎样用观测到的数据去预测未来。

9.1.2　时间序列的组成成分

社会经济现象的发展变化是由许多错综复杂的因素共同作用的结果。有些属于基本因素，它对事物的发展起决定性作用，影响事物在一段较长时间内呈现出一定的趋向，沿着一个方向(上升或下降)发展；有些属于偶然的或非基本的因素，它对事物的发展只起局部的非决定性作用，影响时间序列各期发展水平出现短期不规则的波动；还有些属于季节性因素，影响时间序列以一年为周期的季节性波动。为了研究社会经济现象发展变化的趋势或规律，并以此为依据来预测未来，就需要将这些不同因素的不同作用结果从时间序列的实际数据中分离出来，这就是时间序列的结构分析问题。

时间序列通常认为含有 4 种成分。

1. 长期趋势

长期趋势(Long Term Trend，T)描述序列中长期运动趋势，如图 9.2 所示。

2. 循环变动

循环变动(Cyclical Component，C)是指客观现象以若干年为周期的涨落起伏相同或基本相同的一种波浪式的变动。如股票市场由牛市到熊市的周期再到下一个牛市与熊市的周期；资本主义经济由危机、萧条、复苏、繁荣的一个周期再到下一个危机、萧条、复苏、繁荣的周期。虽然每一个周期可能长短不同，但盛衰起伏周而复始。事物的循环变动，也是由事物发展的内在原因决定的。在经济问题中，循环变动常指一年以上的起伏变化，如图 9.3 所示。

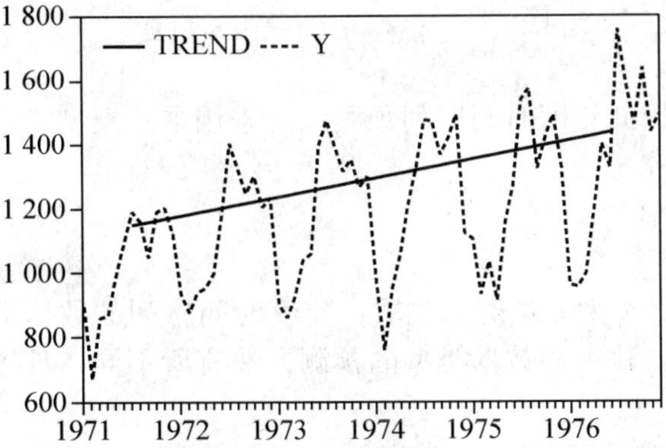

图 9.2　趋势分量

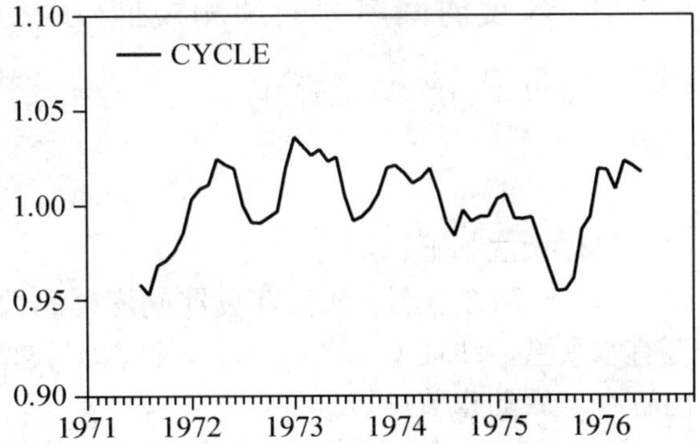

图 9.3　循环分量

3. 季节变动

季节变动(Seasonal Component，S)是指由于自然条件、社会条件的影响，社会经济现象在一年内或更短的时间内，随着季节的转变而引起的周期性变动。如农产品收购、农业生产资料和其他季节性商品的销售、几大节日的客运量等，就有明显的季节性，而且年复一年地呈规律性变动，如图 9.4 所示。

季节变动一般以一年为周期。此外有的社会季节现象以一日、一周、一月为周期而产生变动，亦称为准季节变动。如市内公共汽车的乘客，早晨逐渐增多，上、下班时间达到高峰，入夜以后逐渐减少，是以一日为周期的变动；市内商店的顾客、影剧院的售票，星期六和星期日最多，是以一周为周期的变动；由于机关、团体、企业习惯上在月初发工资，因此，银行活期储蓄存款月初增加，月末减少，这是以一月为周期的变动。

4. 不规则变动

不规则变动(Irregular Component, I)指客观现象由于天灾、人祸、战乱等突发事件或偶然因素引起，是无周期性波动，变动幅度常较小，如图 9.5 所示。

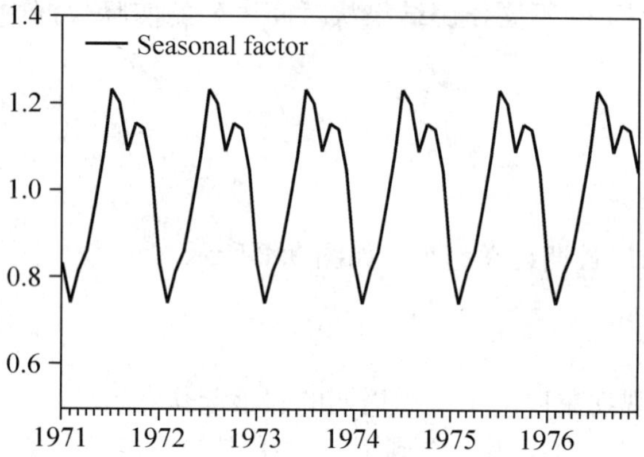

图 9.4 季节分量

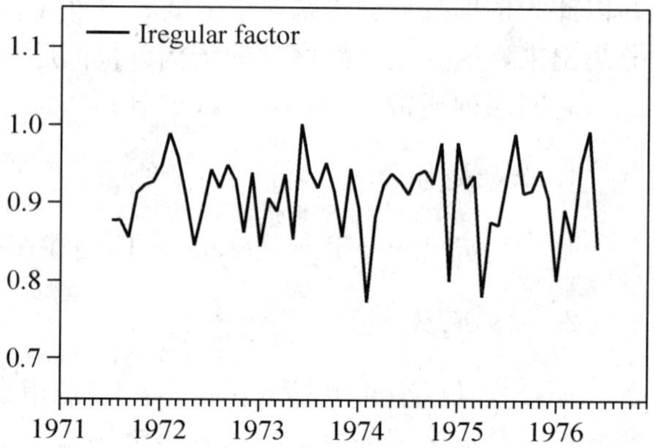

图 9.5 不规则分量

客观现象的发展变化，都是上述 4 种因素的全部或部分变动影响的结果。在现实生活中有些客观现象无循环变动，以年为单位的时间序列无季节变动。因此，时间序列预测分析应从实际出发，实际包含几个因素就分解和测定几个因素。

9.1.3 年度时间序列的预测模型

由于以年为单位的时间序列无季节变动，因此年度时间序列预测法是采用乘法模型进行预测

$$Y=T\times C\times I \tag{9-1}$$

具体做法如下：

(1) 绘制散点图，观察年度时间序列的数据类型。从时间轴看，年度时间序列的数据类型有水平型、线性型、非线性型 3 种数据类型，每一种数据类型的预测方法有所不同，具体内容在以后的章节进行分析。

(2) 选择预测方法，建立预测模型。依据时间序列的数据类型(水平型、线性型、非线性型)选择相应的预测方法进行预测。基本原理是根据预测对象的年度时间序列数据，依据事物发展的连续性规律，通过统计分析或建立数学模型，并进行趋势延伸，对预测对象的未来可能值作出定量预测，即用平滑法(算数平均、移动平均、指数平滑)或回归函数法(线性回归、非线性回归)预测 T，然后作出 $t+1$ 期 Y 值的预测

$$\hat{Y}_{t+1}=T_{t+1} \tag{9-2}$$

对于年度时间序列的预测，需要对长期趋势 T 进行预测，不考虑循环被变动 C 和不规则变动 I。

9.2 水平型年度时序数据预测

【任务情景】 水平型时间数列的走势无倾向性，既不倾向于逐步增加，也不倾向于逐步

减少，总是在某一水平上下波动，且波动无规律性，即时间数列的后序值，既可高于水平值、也可低于水平值，如图 9.6 所示。因这一水平是相对稳定的，故水平型数列又称为稳定型时间数列或平稳型时间数列。

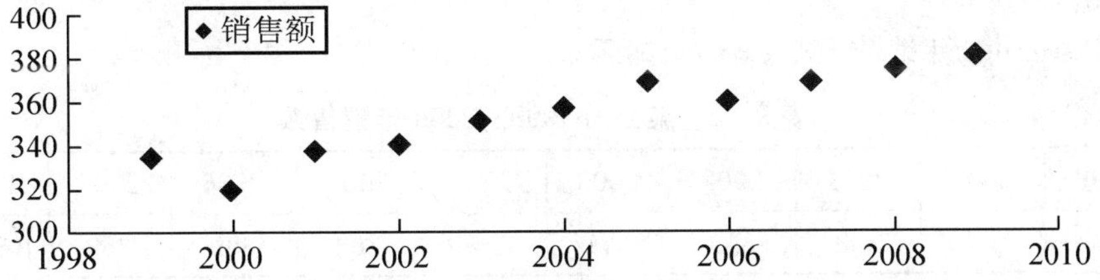

图 9.6 水平型年度时序数据

通常呈水平型时间数列的有日用生活必需品的销售量、某种耐用消费品的开箱合格率、返修率等。对于水平型年度数据，在预测时，可用算数平均法(加权、不加权)、一次移动平均法(加权、不加权)、一次指数平滑法对原数据进行平滑，并用趋势值 T_{t+1} 作为 $t+1$ 期 Y 的预测值，即

$$\hat{Y}_{t+1}=T_{t+1} \tag{9-3}$$

水平型年度数据的具体预测方法如图 9.7 所示。

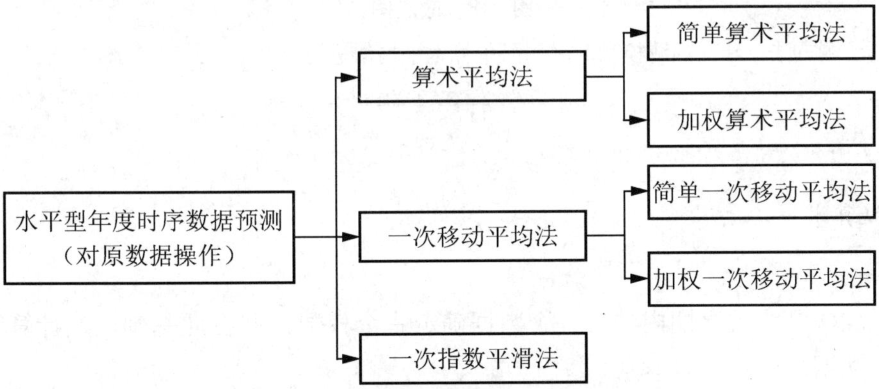

图 9.7 水平型年度时序数据的预测方法

9.2.1 算术平均法

1. 简单算术平均法

1) 原理

简单算术平均法就是将观察期内预测目标时间序列值求和，取其平均值，并将其作为下期预测值，见表 9-1。

表 9-1 水平型年度数据预测的简单算术平均法

时间	1	2	3	…	$t-1$	t	$t+1$ 期预测值 $\hat{y}_{t+1}$
数值 y_i	y_1	y_2	y_3	…	y_{t-1}	y_t	$\hat{y}_{t+1}=\frac{\sum_{i=1}^{t}y_i}{t}$

表中：$\hat{y}_{t+1}$——观察期内预测目标的算术平均值，即下期的预测值；

y_i——预测目标在观察期内的实际值；

t——数据个数。

2）实际应用

【例 9-1】某公司历年销售额见表 9-2，试预测 2010 年的销售额。

表 9-2　某公司 1999—2009 年销售额　　单位：万元

年份	1999	2000	2001	2002	2003	2004	2005	2006	2007	2008	2009
销售额	335	320	338	340	351	357	368	359	369	375	380

解：(1) 绘制散点图(如图 9.8 所示)，判断数据性质。数据类型为水平型年度时序数据。

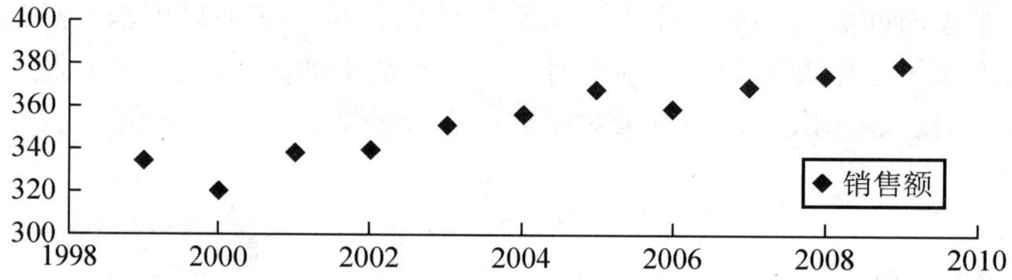

图 9.8　散点图(1)

(2) 选择预测方法，建立预测模型。采用简单算术平均法进行预测。

$$\hat{y}_{2010}=\frac{(y_{1999}+y_{2000}+\cdots+y_{2009})}{11}=353.8(\text{万元})$$

即预计 2010 年公司销售额为 353.8 万元。

2. 加权算术平均法

1）原理

加权平均法是为观察期内的每一个数据确定一个权数，并在此基础上，计算其加权平均数作为下一期的预测值，见表 9-3。

表 9-3　水平型年度数据预测的加权算术平均法

时间	1	2	3	…	$t-1$	t	$t+1$ 期预测值 $\hat{y}_{t+1}$
数值 y_i	y_1	y_2	y_3	…	y_{t-1}	y_t	$\hat{y}_{t+1}=\frac{\sum_{i=1}^{t} w_i y_i}{\sum_{i=1}^{t} w_i}$
权重	w_1	w_2	w_3	…	w_{t-1}	w_t	
常用权重	1	2	3	…	$t-1$	t	

表中：$\hat{y}_{t+1}$——观察期内预测目标的加权算术平均值，即下期的预测值；

y_i——预测目标在观察期内的实际值；

t——数据个数；

w_i——与 y_i 相对应的权数，一般选用 1，2，3，…作为权重。

使用加权算术平均法预测的关键就是确定权数。一般离预测值越近的数据对预测值影响越大，应确定较大的权数，离预测值较远的数据应确定较小的权数。

2）实际应用

【例 9-2】 承例 9-1 中资料以及步骤(1)。

解：(2) 选择预测方法，建立预测模型。采用加权算术平均法进行预测。

$$\hat{y}_{2010}=\frac{w_{1999}y_{1999}+w_{2000}y_{2000}+\cdots+w_{2009}y_{2009}}{w_{1999}+w_{2000}+\cdots+w_{2009}}$$

$$=\frac{1\times335+2\times320+\cdots+11\times380}{1+2+\cdots+11}=362.8(\text{万元})$$

即预计 2010 年公司销售额为 362.8 万元。

9.2.2 一次移动平均法

1. 简单一次移动平均法

1）原理

设有水平型年度时间序列 y_1，y_2，…，y_t，…，则按数据点的顺序逐点推移求出 n 个数的平均数，即可得到简单一次移动平均数

$$M_t^{(1)}=\frac{y_t+y_{t-1}+\cdots+y_{t-n+1}}{n} \tag{9-4}$$

式中：$M_t^{(1)}$ 为第 t 周期的简单一次移动平均数；y_t 为第 t 周期的观测值；n 为跨越期，即移动平均的项数。

这个公式表明当 t 向前移动一个时期，就增加一个新近数据，去掉一个远期数据，得到一个新的平均数。由于它不断地“吐故纳新”，逐期向前移动，所以称为移动平均法。

由于移动平均可以平滑数据，消除周期变动和不规则变动的影响，使得长期趋势显示出来，因而可以用于预测。其预测公式为

$$\hat{y}_{t+1}=M_t^{(1)}=\frac{y_t+y_{t-1}+\cdots+y_{t-n+1}}{n} \tag{9-5}$$

即以第 t 周期的简单一次移动平均数作为第 $t+1$ 周期的预测值。具体的计算方法见表 9-4。

表 9-4　水平型年度数据预测的简单一次移动平均法

时间	数值 y_i	简单一次移动平均
1	y_1	—
2	y_2	—
…	…	—
n	y_n	$M_n^{(1)}=\frac{y_1+y_2+\cdots+y_n}{n}$
$n+1$	y_{n+1}	$M_{n+1}^{(1)}=\frac{y_1+y_2+\cdots+y_{n+1}}{n}$
…	…	…
$t-1$	y_{t-1}	$M_{t-1}^{(1)}=\frac{y_{t-1}+y_{t-2}+\cdots+y_{t-n}}{n}$
t	y_t	$M_t^{(1)}=\frac{y_t+y_{t-1}+\cdots+y_{t-n+1}}{n}$
$t+1$ 期预测值	$\hat{y}_{t+1}$	$\hat{y}_{t+1}=M_t^{(1)}=\frac{y_t+y_{t-1}+\cdots+y_{t-n+1}}{n}$

表中：$\hat{y}_{t+1}$——观察期内预测目标的下期预测值；

y_i——预测目标在观察期内的实际值；

$M_t^{(1)}$——预测目标在观察期内的一次移动平均值；

t——数据个数；

n——跨越期。

2）实际应用

【例 9-3】 某钢材公司近年钢材产量见表 9-5，试预测 2008 年钢材产量。

表 9-5　某钢材公司 1997—2007 年钢材产量　　单位：万吨

年份	1996	1997	1998	1999	2000	2001	2002	2003	2004	2005	2006	2007
销量	53	57	63	56	65	75	69	67	77	76	79	83

解：（1）绘制散点图(如图 9.9 所示)，判断数据性质。数据类型为水平型年度时序数据。

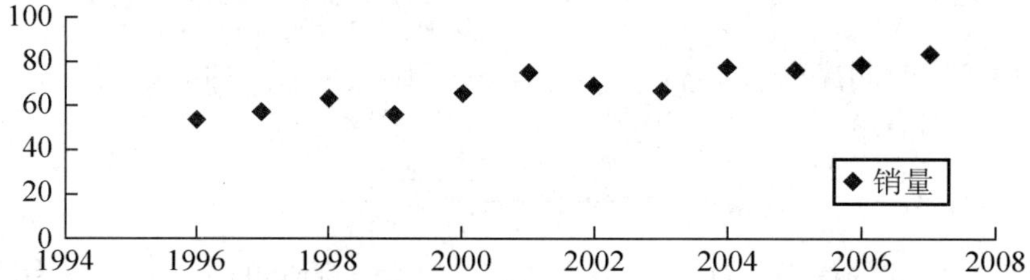

图 9.9　散点图(2)

（2）选择预测方法，建立预测模型。采用简单一次移动平均法进行预测。

在 Excel 工作表中 A2：A13 区域输入年份，B2：B13 区域中输入“产量”资料。在 Excel 中选择“工具→数据分析”命令(菜单中若无此选项只需在工具菜单中选择加载宏分析工具库即可，要求在安装 Office 办公软件时选择完全安装)，并单击【移动平均】按钮。在移动平均菜单的“输入区域”中输入 B1：B13。在“间隔”文本框中输入“5”表示进行 5 项移动平均，选择“输出区域”，并勾选“图表输出”和“标准误差”复选框(如图 9.10 所示)，单击【确定】按钮，移动平均宏的计算结果如图 9.11 所示。

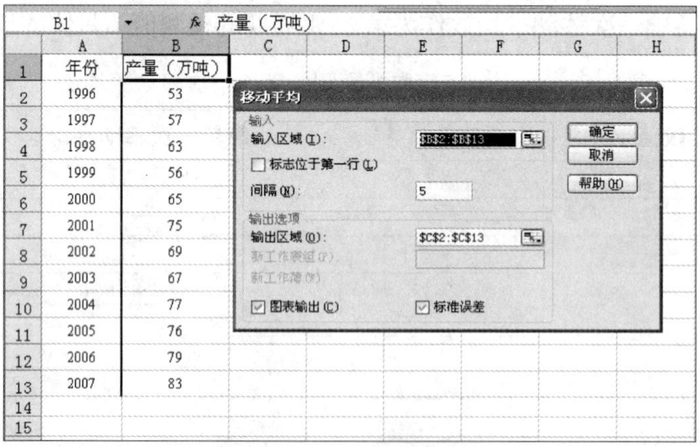

图 9.10　移动平均宏

$\hat{y}_{2008}=M_{2007}^{(1)}=76.4$，即预计 2008 年产量为 76.4 万吨。

注意，在图 9.11 中，分别产生了 5 项移动平均的估计值 C6：C13 和估计的标准差 D10：D13。图中 C6 单元格的表达式为 AVERAGE(B2：B6)是对 B2：B6 单元计算算术平均数，而 D10 单元格中的表达式“=*SQRT*(*SUMXMY*2(B6：B10，C6：C10)/5)”相当于下面的标准差公式

$$S=\sqrt{\frac{\sum(x_i-\bar{x})^2}{n}} \tag{9-6}$$

关于 Excel 中的“移动平均”的计算，需要说明两点：一是图 9.11 中的“趋势值”即为移动平均值，由于移动平均法是以移动平均值作为趋势估计值，所以也将其称为“趋势值”；二是移动平均值的位置不是在被平均的 n 项数值的中间位置，而是直接排放在这 n 个时期的最后一期，这一点与通常意义上移动平均值应排放在 n 时期的中间时期有所不同。

图 9.11 还绘制出实际观察值与 5 项移动平均估计值之间的拟合曲线，可以看出，移动平均值削弱了上下波动，如果这种波动不是季节波动而是不规则变动的话，显然，移动平均可以削弱不规则变动。

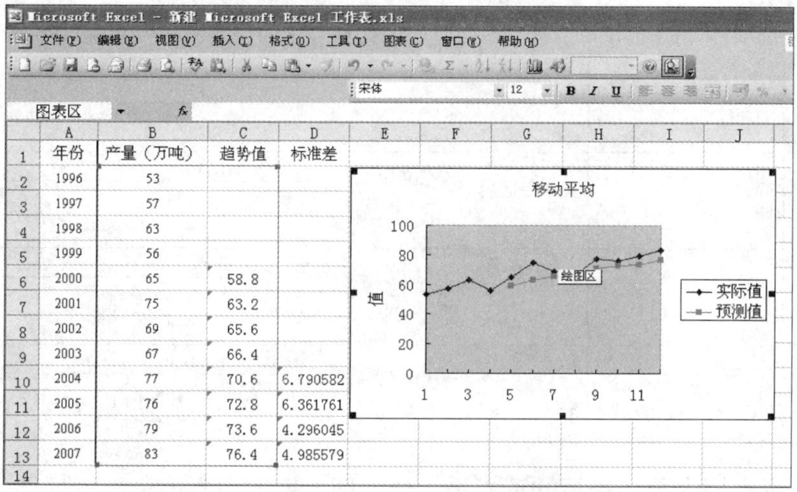

年份	产量（万吨）	趋势值	标准差
1996	53		
1997	57		
1998	63		
1999	56		
2000	65	58.8	
2001	75	63.2	
2002	69	65.6	
2003	67	66.4	
2004	77	70.6	6.790582
2005	76	72.8	6.361761
2006	79	73.6	4.296045
2007	83	76.4	4.985579

图 9.11　利用移动平均计算的结果

2. 加权一次移动平均法

1）原理

加权一次移动平均法是对跨越期内不同重要程度的数据乘以不同的权数，将这些乘积之和除以各权数之和，求得加权平均数。设有一时间序列 y_1，y_2，…，y_t，…，则按数据点的顺序逐点推移求出 n 个数的平均数，即可得到加权一次移动平均数

$$M_t^{(1)}=\frac{w_n y_t+w_{n-1}y_{t-1}+\cdots+w_1 y_{t-n+1}}{\sum_{i=1}^{n}w_i} \tag{9-7}$$

式中：$M_t^{(1)}$——第 t 周期的加权一次移动平均数；

y_t——第 t 周期的观测值；

n——跨越期，即移动平均的项数；

w_i——权数，一般选用 $w_1=1$，$w_2=2$，…，$w_n=n$ 作为权重。

由于加权一次移动平均可以平滑数据，消除周期变动和不规则变动的影响，使得长期趋势显示出来，因而可以用于预测。其预测公式为

$$\hat{y}_{t+1}=M_t^{(1)}=\frac{w_n y_t+w_{n-1}y_{t-1}+\cdots+w_1 y_{t-n+1}}{\sum_{i=1}^{n}w_i} \tag{9-8}$$

即以第 t 周期的加权一次移动平均数作为第 $t+1$ 周期的预测值。

具体的计算方法见表 9-6。

表 9-6　水平型年度数据预测的加权一次移动平均法

时间	数值 y_i	加权一次移动平均
1	y_1	—
2	y_2	—
…	…	—
n	y_n	$M_n^{(1)}=\dfrac{w_n y_n+w_{n-1}y_{n-1}+\cdots+w_1 y_1}{\sum_{i=1}^{n} w_i}$
$n+1$	y_{n+1}	$M_{n+1}^{(1)}=\dfrac{w_n y_{n+1}+w_{n-1}y_n+\cdots+w_1 y_2}{\sum_{i=1}^{n} w_i}$
…	…	…
$t-1$	y_{t-1}	$M_{t-1}^{(1)}=\dfrac{w_n y_{t-1}+w_{n-1}y_{t-2}+\cdots+w_1 y_{t-n}}{\sum_{i=1}^{n} w_i}$
t	y_t	$M_t^{(1)}=\dfrac{w_n y_t+w_{n-1}y_{t-1}+\cdots+w_1 y_{t-n+1}}{\sum_{i=1}^{n} w_i}$
$t+1$ 期预测值	$\hat{y}_{t+1}$	$\hat{y}_{t+1}=M_t^{(1)}=\dfrac{w_n y_t+w_{n-1}y_{t-1}+\cdots+w_1 y_{t-n+1}}{\sum_{i=1}^{n} w_i}$

表中：$\hat{y}_{t+1}$——观察期内预测目标的算术平均值，即下期的预测值；

y_i——预测目标在观察期内的实际值；

t——数据个数；

n——跨越期；

w_i——权数，一般选用 1，2，3，…，n 等作为权重。

2）实际应用

【例 9-4】承例 9-3 中资料以及步骤(1)。

解：(2) 选择预测方法，建立预测模型。采用一次加权移动平均法进行预测。

利用公式 $M_t^{(1)}=\dfrac{w_n y_t+w_{n-1}y_{t-1}+\cdots+w_1 y_{t-n+1}}{\sum_{i=1}^{n} w_i}$ 计算加权一次移动平均值。

取跨越期 $n=3$，则计算公式为 $M_t^{(1)}=\dfrac{3y_t+2y_{t-1}+y_{t-n+1}}{3+2+1}$，具体计算结果见表 9-7。

表 9-7　计算数据

年份	销量	加权一次移动平均 $M_t(n=3)$	预测值
1996	53		
1997	57		
1998	63	(3×63+2×57+1×53)/(3+2+1)=59.3	
1999	56	(3×56+2×63+1×57)/(3+2+1)=58.5	59.3
2000	65	(3×65+2×56+1×63)/(3+2+1)=61.7	58.5
2001	75	(3×75+2×65+1×56)/(3+2+1)=68.5	61.7

续表

年份	销量	加权一次移动平均 $M_t(n=3)$	预测值
2002	69	(3×69+2×75+1×65)/(3+2+1)=70.3	68.5
2003	67	(3×67+2×69+1×75)/(3+2+1)=69.0	70.3
2004	77	(3×77+2×67+1×69)/(3+2+1)=72.3	69.0
2005	76	(3×76+2×77+1×67)/(3+2+1)=74.8	72.3
2006	79	(3×79+2×76+1×77)/(3+2+1)=77.7	74.8
2007	83	(3×83+2×79+1×76)/(3+2+1)=80.5	77.7

2008 年的预测值为：$\hat{y}_{2008}=M_{2007}^{(1)}=80.5$(万吨)。

9.2.3 一次指数平滑法

1. 原理

指数平滑法是布朗(Robert G. Brown)提出的，布朗认为时间序列的态势具有稳定性或规则性，所以时间序列可被合理地顺势推延；他认为最近的过去态势，在某种程度上会持续到最近的未来，所以将较大的权数放在最近的资料。

设时间序列为 y_1，y_2，…，y_t，…，则一次指数平滑公式为

$$S_t^{(1)}=\alpha y_t+(1-\alpha)S_{t-1}^{(1)} \tag{9-9}$$

式中：$S_t^{(1)}$ 为第 t 周期的一次指数平滑值；α 为加权系数，$0<\alpha<1$。

为了弄清指数平滑的实质，将上述公式依次展开，可得

$$S_t^{(1)}=\alpha\sum_{j=0}^{t-1}(1-\alpha)^j y_{t-j}+(1-\alpha)^t S_0^{(1)} \tag{9-10}$$

由于 $0<\alpha<1$，当 $t\to\infty$ 时，$(1-\alpha)^t\to 0$，于是上述公式变为

$$S_t^{(1)}=\alpha\sum_{j=0}^{\infty}(1-\alpha)^j y_{t-j} \tag{9-11}$$

由此可见 $S_t^{(1)}$ 实际上是 y_t，y_{t-1}，…，y_{t-j}，…的加权平均。加权系数分别为 α，$\alpha(1-\alpha)$，$\alpha(1-\alpha)^2$，…，是按几何级数衰减的，愈近的数据，权数愈大，愈远的数据，权数愈小，且权数之和等于1，即 $\alpha\sum_{j=0}^{\infty}(1-\alpha)^j=1$。因为加权系数符合指数规律，且又具有平滑数据的功能，所以称为指数平滑。

用上述平滑值进行预测，就是一次指数平滑法。其预测模型为

$$\hat{y}_{t+1}=S_t^{(1)}=\alpha y_t+(1-\alpha)S_{t-1}^{(1)} \tag{9-12}$$

即以第 t 周期的一次指数平滑值作为第 $t+1$ 期的预测值。

(1) $S_1^{(1)}$ 的确定。根据公式 $S_1^{(1)}=\alpha y_1+(1-\alpha)S_0^{(1)}$，当欲用指数平滑法时才开始收集数据，则不存在 y_0。无从产生 $S_0^{(1)}$，自然无法根据指数平滑公式求出 $S_1^{(1)}$，因此初始值 $S_1^{(1)}$ 的确定也是指数平滑过程的一个重要条件。

如果仅有从 y_1 开始的数据，那么确定初始值 $S_1^{(1)}$ 的方法有以下两种。

方法一：数据个数 $n\geqslant 50$ 时，一般取 $S_1^{(1)}=y_1$。

方法二：数据个数 $n<50$ 时，取 $S_1^{(1)}$ 为最初几期数据的简单算术平均数，如：$S_1^{(1)}=(y_1+y_2)/2$、$S_1^{(1)}=(y_1+y_2+y_3)/3$ 等。

（2）平滑系数的选择。在指数平滑法中，预测成功的关键是 α 的选择。α 的大小规定了在新预测值中新数据和原预测值所占的比例。α 值愈大，新数据所占的比重就愈大，原预测值所占比重就愈小，反之亦然。

由于 $\hat{y}_t=S_{t-1}^{(1)}$，可以把一次指数平滑法的预测公式改写为

$$\hat{y}_{t+1}=S_t^{(1)}=\alpha y_t+(1-\alpha)\hat{y}_t \tag{9-13}$$

变形可得

$$\hat{y}_{t+1}=\hat{y}_t+\alpha(y_t-\hat{y}_t) \tag{9-14}$$

从上式可以看出，新预测值是根据预测误差对原预测值进行修正得到的。α 的大小表明了修正的幅度。α 值愈大，修正的幅度愈大，α 值愈小，修正的幅度愈小。因此，α 值既代表了预测模型对时间序列数据变化的反应速度，又体现了预测模型修匀误差的能力。

在实际应用中，α 值是根据时间序列的变化特性来选取的。若时间序列的波动不大，比较平稳，则 α 应取小一些，如 0.1～0.3；若时间序列具有迅速且明显的变动倾向，则 α 应取大一些，如 0.6～0.9。实质上，α 是一个经验数据，通过多个 α 值进行试算比较而定，哪个 α 值引起的预测误差小，就采用哪个。

一次指数平滑预测法的实际计算过程见表 9－8。

表 9－8　水平型年度数据预测的一次指数平滑法

时间	数值 y_i	一次指数平滑($n<50$)	一次指数平滑($n\geqslant 50$)
1	y_1	$S_1^{(1)}=(y_1+y_2)/2$ 或 $S_1^{(1)}=(y_1+y_2+y_3)/3$	$S_1^{(1)}=y_1$
2	y_2	$S_2^{(1)}=\alpha y_2+(1-\alpha)S_1^{(1)}$	$S_2^{(1)}=\alpha y_2+(1-\alpha)S_1^{(1)}$
3	y_3	$S_2^{(1)}=\alpha y_2+(1-\alpha)S_1^{(1)}$	$S_2^{(1)}=\alpha y_2+(1-\alpha)S_1^{(1)}$
…	…	…	…
t	y_t	$S_t^{(1)}=\alpha y_t+(1-\alpha)S_{t-1}^{(1)}$	$S_t^{(1)}=\alpha y_t+(1-\alpha)S_{t-1}^{(1)}$
$t+1$ 期预测值	$\hat{y}_{t+1}$	$\hat{y}_{t+1}=S_t^{(1)}=\alpha y_t+(1-\alpha)S_{t-1}^{(1)}$	$\hat{y}_{t+1}=S_t^{(1)}=\alpha y_t+(1-\alpha)S_{t-1}^{(1)}$

表中：$\hat{y}_{t+1}$——观察期内预测目标的下期预测值；

y_i——预测目标在观察期内的实际值；

$S_t^{(1)}$——预测目标在观察期内的一次指数平滑值；

α——平滑系数；

t——数据个数。

2. 实际应用

【例 9－5】某自行车厂 1993—2001 年销售额见表 9－9，预测 2002 年的销售额。

表 9－9　某自行车厂 1993—2001 年销售额　　单位：万元

年份	销售额	平滑系数 $\alpha=0.1$	平滑系数 $\alpha=0.6$	平滑系数 $\alpha=0.9$
1993	4 000	4 566.67	4 566.67	4 566.67
1994	4 700	4 510.00	4 226.67	4 056.67

续表

年份	销售额	平滑系数 $\alpha=0.1$	平滑系数 $\alpha=0.6$	平滑系数 $\alpha=0.9$
1995	5 000	4 529.0	4 510.67	4 635.67
1996	4 900	4 576.10	4 804.27	4 963.57
1997	5 200	4 608.49	4 861.71	4 906.36
1998	6 600	4 667.64	5 064.68	5 170.64
1999	6 200	4 860.88	5 985.87	6 457.06
2000	5 800	4 994.79	6 114.35	6 225.71
2001	6 000	5 075.31	5 925.74	5 842.57
2002	—	5 167.78	5 970.30	5 984.26

解：(1) 绘制散点图(如图 9.12 所示)，判断数据性质。数据类型为水平型年度时序数据。

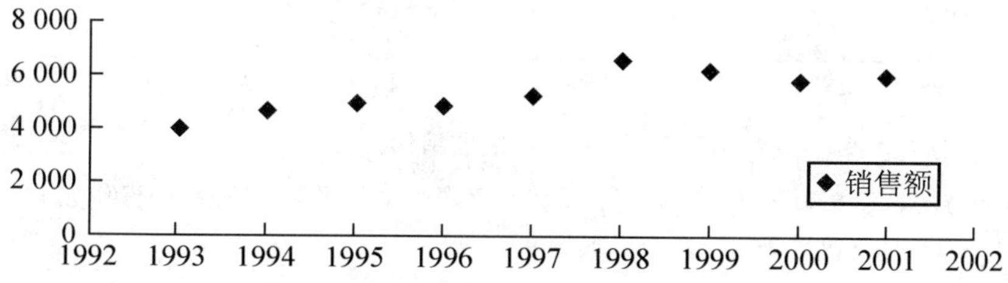

图 9.12 散点图(3)

(2) 选择预测方法，建立预测模型。采用一次指数平滑法进行预测。

利用公式 $S_t^{(1)}=\alpha y_t+(1-\alpha)S_{t-1}^{(1)}$，计算一次平滑值。

第一步，确定 $S_1^{(1)}$，本例由于数据个数 $n=9<50$ 时，故取 $S_1^{(1)}$ 为最初几期数据的简单算术平均数。

$$S_1^{(1)}=\frac{y_1+y_2+y_3}{3}=\frac{4\ 000+4\ 700+5\ 000}{3}=4\ 566.67(\text{万元})$$

第二步，确定平滑系数 α，本题中，分别取 $\alpha=0.1$，$\alpha=0.6$，$\alpha=0.9$，通过计算，可以比较它们对时间数列的修匀程度。

当 $\alpha=0.1$ 时，$S_1=\frac{4\ 000+4\ 700+5\ 000}{3}=4\ 566.67(\text{万元})$

$$S_2=0.1\times 4\ 000+(1-0.1)\times S_1=4\ 510.00(\text{万元})$$

……

2002 年销售额预测值=5 167.78(万元)。

当 $\alpha=0.6$ 时，$S_1=\frac{4\ 000+4\ 700+5\ 000}{3}=4\ 566.67(\text{万元})$

$$S_2=0.6\times 4\ 000+(1-0.6)\times S_1=4\ 226.67(\text{万元})$$

……

2002 年销售额预测值 5 970.30(万元)。

当 $\alpha=0.9$ 时，$S_1=\frac{4\ 000+4\ 700+5\ 000}{3}=4\ 566.67(\text{万元})$

$$S_2=0.9\times 4\ 000+(1-0.9)\times S_1=4\ 056.67(\text{万元})$$

2002 年销售额预测值=5 984.26(万元)。

……

第三步，确定预测值。根据本例中 α 对时间序列的修匀程度，当 $\alpha=0.9$ 时，指数平滑值基本反映了时间序列各数据的情况，修匀程度小，应确定 $\alpha=0.9$ 时的平滑值作为预测值。另外，在使用指数平滑法进行预测时，若对预测精度的要求比较高，还需要对不同平滑系数下取得的平滑值进行误差分析。

3. Excel 在一次指数平滑法中的应用

【例 9-6】某纺织品公司近年棉布销售量见表 9-10，用一次移动平均法预测 1999 年棉布销售量。

表 9-10　某纺织品公司 1992—1998 年棉布销售量　　单位：万米

年份	1992	1993	1994	1995	1996	1997	1998
销售量	984	1 022	1 040	1 020	1 032	1 015	1 010

解：(1) 绘制散点图(如图 9.13 所示)，判断数据性质。数据类型为水平型年度时序数据。

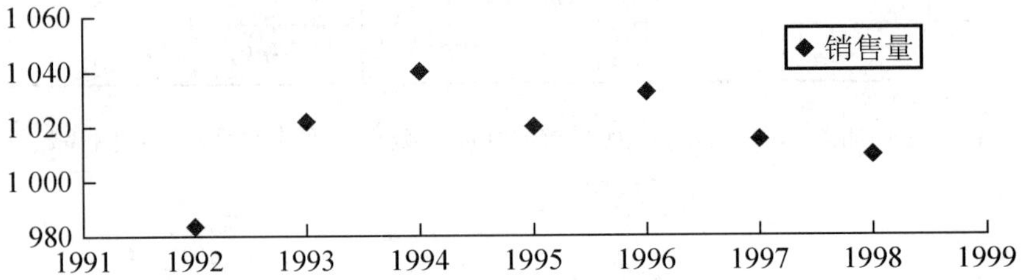

图 9.13　散点图(4)

(2) 选择预测方法，建立预测模型。采用一次指数平滑法进行预测。Excel 中操作如下。

第一步，选择“工具→数据分析”命令，如图 9.14 所示。

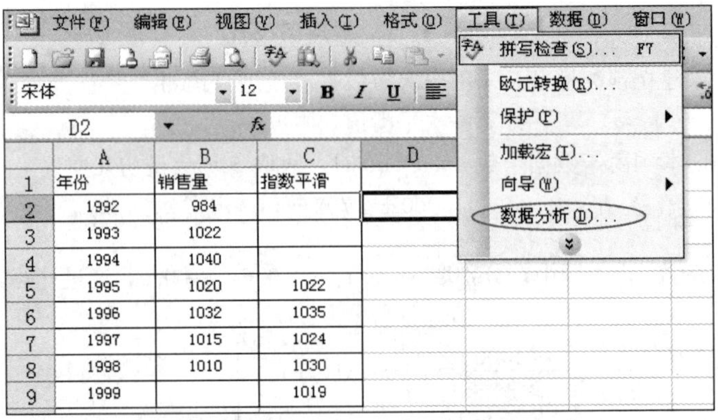

图 9.14　数据分析的菜单操作

第二步，在“数据分析”对话框的“分析工具”中选择“指数平滑”，如图 9.15 所示。

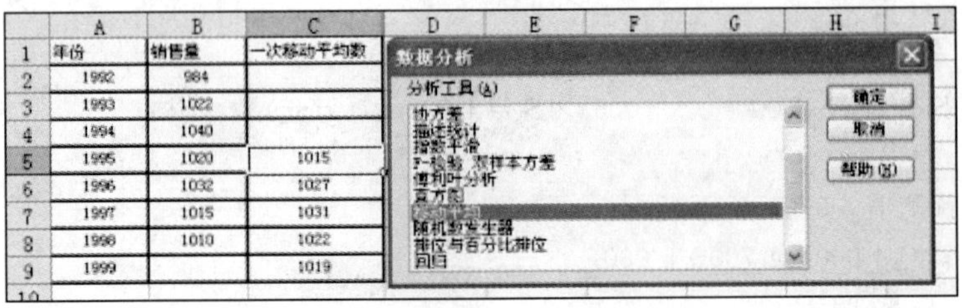

图 9.15　分析工具的选取

第三步，在输入区域、输出区域和阻尼系数中分别输入数据区域。其中，在“阻尼系数”文本框中输入 $1-\alpha$ 的值，并选择相应“输出区域”选择，单击【确定】按钮，如图 9.16 所示。

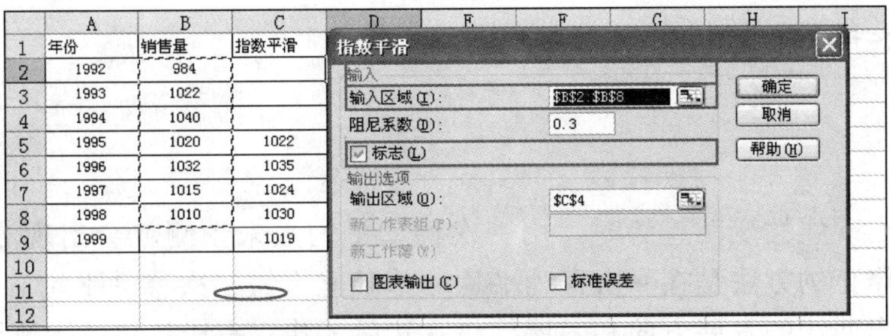

注意：阻尼系数一般在 0～1 之间，较合理范围为 0.2～0.3。

图 9.16 "指数平滑"对话框的设置

通过以上步骤即完成一次指数平滑值的计算，进而可以进行预测：

$$\hat{y}_{1999}=S_{1998}^{(1)}=1\ 019$$

该纺织品公司 1999 年棉布销售量预测值为 1 019 万米。

9.3 直线型年度时序数据预测

【任务情景】直线型时间数列的走势具有倾向性，即在一段较长的时期之内(“长”是相对于所研究数列的时间尺度而言)，时间数列的后序值逐步增加或逐步减少，显示出一种向上或向下的趋势，相当于给水平型时间数列一个斜率，如图 9.17 所示。通常呈直线型时间数列的有：某段时期的人均收入、商品的销售量等。

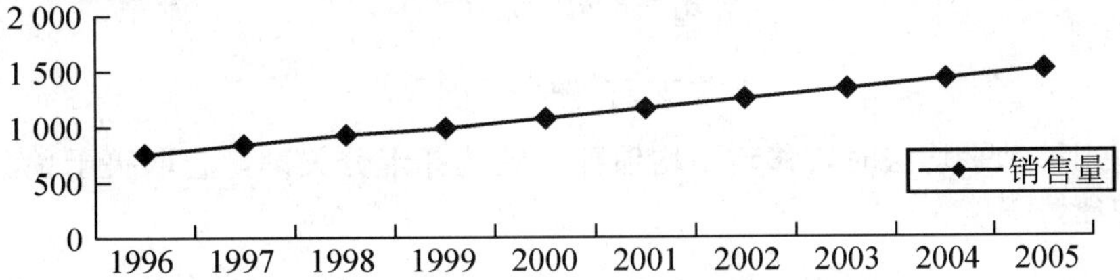

图 9.17 直线型年度时序数据

对于直线型的年度时间序列数据，其逐期增长量序列为水平型序列。常见的对直线型年度数据进行预测的方法有：二次移动平均法、二次指数平滑法、线性回归法。

直线型年度数据的具体预测方法如图 9.18 所示。

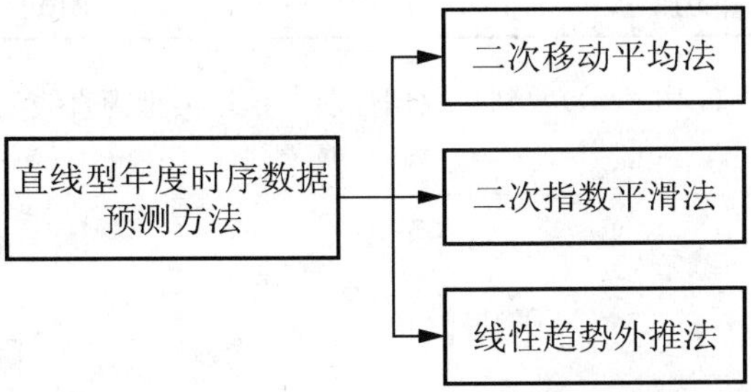

图 9.18 直线型年度时序数据的预测方法

9.3.1 二次移动平均法

1. 原理

当时间序列出现线性变动趋势时，用一次移动平均数来预测就会出现滞后偏差。因此，需要进行修正，修正的方法是在一次移动平均的基础上再做二次移动平均，利用移动平均滞后偏差的规律找出曲线的发展方向和发展趋势，然后才建立直线趋势的预测模型。

设有直线型年度时间序列 y_1，y_2，…，y_t，…，计算其一次移动平均数

$$M_t^{(1)}=\frac{y_t+y_{t-1}+\cdots+y_{t-n+1}}{n} \tag{9-15}$$

式中：$M_t^{(1)}$ 为第 t 周期的简单一次移动平均数；y_t 为第 t 周期的观测值；n 为跨越期，即移动平均的项数。

在此基础上，计算其二次移动平均数，计算公式为

$$M_t^{(2)}=\frac{M_t^{(1)}+M_{t-1}^{(1)}+\cdots+M_{t-n+1}^{(1)}}{n} \tag{9-16}$$

则可得到直线型年度时序数据的预测模型为

$$\hat{y}_{t+T}=a_t+b_tT \tag{9-17}$$

式中：t 为当前时期数；T 为由当前时期数 t 到预测期的时期数，即 t 以后模型外推的时间；$\hat{y}_{t+T}$为第 $t+T$ 期的预测值；a_t 为截距；b_t 为斜率。a_t，b_t 又称为平滑系数。

根据移动平均值，可得截距 a_t 和斜率 b_t 的计算公式为

$$a_t=2M_t^{(1)}-M_t^{(2)} \tag{9-18}$$

$$b_t=\frac{2}{n-1}(M_t^{(1)}-M_t^{(2)}) \tag{9-19}$$

在实际应用移动平均法时，移动平均项数 n 的选择十分关键，它取决于预测目标和实际数据的变化规律。

2. 实际应用

【例 9-7】 某公司历年销售量见表 9-11，试预测 2006 年的销售量。

表 9-11　某公司 1996—2005 年销售量　　单位：台

年份	1996	1997	1998	1999	2000	2001	2002	2003	2004	2005
销售量	750	835	916	996	1 079	1 158	1 240	1 330	1 417	1 509

解：(1) 绘制散点图(如图 9.19 所示)，判断数据性质。数据类型为直线型年度时序数据。

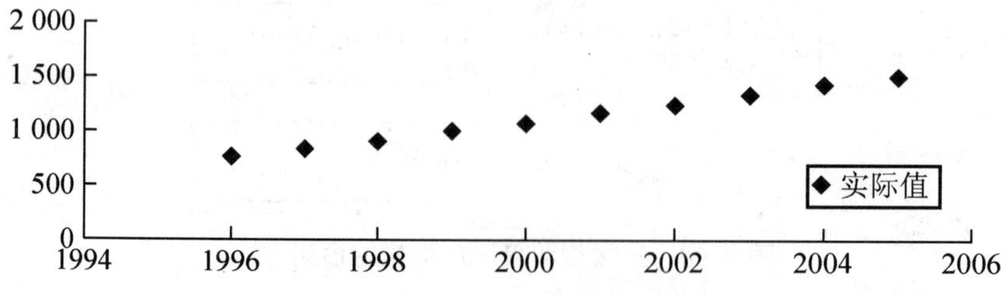

图 9.19　散点图(5)

(2) 选择预测方法，建立预测模型。采用二次移动平均法进行预测。

取跨越期 $n=3$，计算过程见表 9-12。

表 9-12　计算过程(1)

年份	销售量	一次移动平均 $M_t^{(1)}$	二次移动平均 $M_t^{(2)}$
1996	750	—	—
1997	835	—	—
1998	916	833.7	—
1999	996	915.7	—
2000	1 079	997.0	915.4
2001	1 158	1 077.7	996.8
2002	1 240	1 159.0	1 077.9
2003	1 330	1 242.7	1 159.8
2004	1 417	1 329.0	1 243.6
2005	1 509	1 418.7	1 330.1

计算截距 a_{2005} 和斜率 b_{2005}：

$$a_{2005}=2M_t^{(1)}-M_t^{(2)}=2\times 1\ 418.7-1\ 330.1=1\ 507.3$$

$$b_{2005}=\frac{2}{n-1}(M_t^{(1)}-M_t^{(2)})=\frac{2}{3-1}(1\ 418.7-1\ 330.1)=88.6$$

预测 2006 年的销售量为：

$$\hat{y}_{2006}=a_{2005}+b_{2005}\times 1=1\ 507.3+88.6\times 1=1\ 596(\text{台})。$$

9.3.2　二次指数平滑法

1. 原理

当时间序列没有明显的趋势变动时，使用第 t 周期一次指数平滑就能直接预测第 $t+1$ 期之值。但当时间序列的变动出现直线趋势时，用一次指数平滑法来预测仍存在着明显的滞后偏差。因此，也需要进行修正。修正的方法也是在一次指数平滑的基础上再作二次指数平滑，利用滞后偏差的规律找出曲线的发展方向和发展趋势，然后建立直线趋势预测模型，故称为二次指数平滑法。

设直线型年度时序数据为 y_1，y_2，…，y_t，…，则一次指数平滑公式为

$$S_t^{(1)}=\alpha y_t+(1-\alpha)S_{t-1}^{(1)} \tag{9-20}$$

式中，$S_t^{(1)}$ 为第 t 周期的一次指数平滑值；α 为加权系数，$0<\alpha<1$。

在此基础上，计算二次平滑 $S_t^{(2)}$，计算公式为

$$S_t^{(2)}=\alpha S_t^{(1)}+(1-\alpha)S_{t-1}^{(2)} \tag{9-21}$$

则可得到直线型年度时序数据的预测模型为

$$\hat{y}_{t+T}=a_t+b_tT \tag{9-22}$$

式中，t 为当前时期数；T 为由当前时期数 t 到预测期的时期数，即 t 以后模型外推的时间；$\hat{y}_{t+T}$ 为第 $t+T$ 期的预测值；a_t 为截距、b_t 为斜率，a_t、b_t 又称为平滑系数。

根据指数平滑值，可得截距 a_t 和斜率 b_t 的计算公式为

$$a_t = 2S_t^{(1)} - S_t^{(2)} \tag{9-23}$$

$$b_t = \frac{\alpha}{1-\alpha}(S_t^{(1)} - S_t^{(2)}) \tag{9-24}$$

2. 实际应用

【例 9-8】 承例 9-7 中资料以及步骤(1)。

解：(2) 选择预测方法，建立预测模型。采用二次指数平滑法进行预测。

第一步，确定 $S_1^{(1)}$，本例由于数据个数 $n=10<50$，故取 $S_1^{(1)}$ 为最初几期数据的简单算术平均数。

$$S_1^{(1)} = \frac{y_1+y_2+y_3}{3} = \frac{750+835+916}{3} = 833.7$$

$$S_1^{(2)} = \frac{S_1^{(1)}+S_2^{(1)}+S_3^{(1)}}{3}$$

第二步，确定平滑系数 α，本题中取 $\alpha=0.1$，$\alpha=0.6$，$\alpha=0.9$。计算过程见表 9-13。

表 9-13　计算过程(2)

年份	销售量	α=0.1		α=0.6		α=0.9	
		一次指数平滑 $S_t^{(1)}$	二次指数平滑 $S_t^{(2)}$	一次指数平滑 $S_t^{(1)}$	二次指数平滑 $S_t^{(2)}$	一次指数平滑 $S_t^{(1)}$	二次指数平滑 $S_t^{(2)}$
1996	750	833.7	836.5	833.7	850.5	833.7	858.8
1997	835	833.8	836.3	834.5	840.9	834.9	837.3
1998	916	842.0	836.8	883.4	866.4	907.9	900.8
1999	996	857.4	838.9	951.0	917.1	987.2	978.6
2000	1 079	879.6	843.0	1 027.8	983.5	1 069.8	1 060.7
2001	1 158	907.4	849.4	1 105.9	1 057.0	1 149.2	1 140.3
2002	1 240	940.7	858.5	1 186.4	1 134.6	1 230.9	1 221.9
2003	1 330	979.6	870.6	1 272.5	1 217.4	1 320.1	1 310.3
2004	1 417	1 023.4	885.9	1 359.2	1 302.5	1 407.3	1 397.6
2005	1 509	1 071.9	904.5	1 449.1	1 390.4	1 498.8	1 488.7

其中 $\alpha=0.1$ 时，在 Excel 中的计算方法如图 9.20 所示。

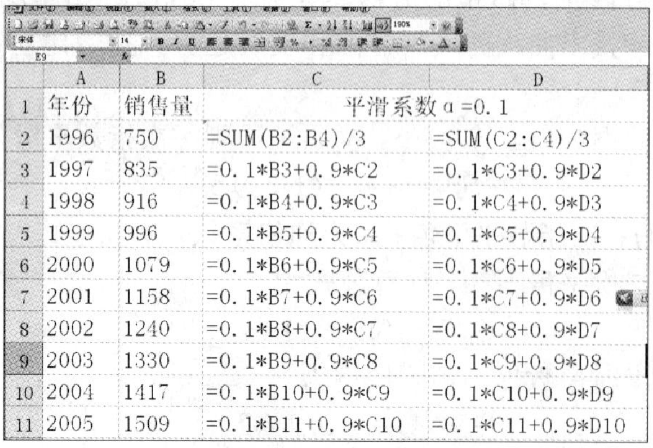

	A	B	C	D
1	年份	销售量	平滑系数 α=0.1	
2	1996	750	=SUM(B2:B4)/3	=SUM(C2:C4)/3
3	1997	835	=0.1*B3+0.9*C2	=0.1*C3+0.9*D2
4	1998	916	=0.1*B4+0.9*C3	=0.1*C4+0.9*D3
5	1999	996	=0.1*B5+0.9*C4	=0.1*C5+0.9*D4
6	2000	1079	=0.1*B6+0.9*C5	=0.1*C6+0.9*D5
7	2001	1158	=0.1*B7+0.9*C6	=0.1*C7+0.9*D6
8	2002	1240	=0.1*B8+0.9*C7	=0.1*C8+0.9*D7
9	2003	1330	=0.1*B9+0.9*C8	=0.1*C9+0.9*D8
10	2004	1417	=0.1*B10+0.9*C9	=0.1*C10+0.9*D9
11	2005	1509	=0.1*B11+0.9*C10	=0.1*C11+0.9*D10

图 9.20　计算方法

计算截距 a_t 和斜率 b_t：

$$a_t=2S_t^{(1)}-S_t^{(2)} \qquad b_t=\frac{\alpha}{1-\alpha}(S_t^{(1)}-S_t^{(2)})$$

计算 $\alpha=0.1$ 时，各期的预测值见表 9-14。

表 9-14　预测值(1)

年份	销售量	$\alpha=0.1$				预测
		一次指数平滑 $S_t^{(1)}$	二次指数平滑 $S_t^{(2)}$	a_t	b_t	
1996	750	833.7	850.5	833.7	850.5	—
1997	835	834.5	840.9	834.5	840.9	831
1998	916	883.4	866.4	883.4	866.4	831
1999	996	951.0	917.1	951.0	917.1	848
2000	1 079	1 027.8	983.5	1 027.8	983.5	878
2001	1 158	1 105.9	1 057.0	1 105.9	1 057.0	920
2002	1 240	1 186.4	1 134.6	1 186.4	1 134.6	972
2003	1 330	1 272.5	1 217.4	1 272.5	1 217.4	1 032
2004	1 417	1 359.2	1 302.5	1 359.2	1 302.5	1 101
2005	1 509	1 449.1	1 390.4	1 449.1	1 390.4	1 176

其中各年的预测方法是 $\hat{y}_{t+1}=a_t+b_t\times1$。

同理，$\alpha=0.6$ 时，各期的预测值见表 9-15。

表 9-15　预测值(2)

年份	销售量	$\alpha=0.6$				预测
		一次指数平滑 $S_t^{(1)}$	二次指数平滑 $S_t^{(2)}$	a_t	b_t	
1996	750	833.7	850.5	816.9	−25.2	—
1997	835	834.5	840.9	828.1	−9.6	792
1998	916	883.4	866.4	900.4	25.5	819
1999	996	951	917.1	984.9	50.85	926
2000	1 079	1 027.8	983.5	1 072.1	66.45	1 036
2001	1 158	1 105.9	1 057	1 154.8	73.35	1 139
2002	1 240	1 186.4	1 134.6	1 238.2	77.7	1 228
2003	1 330	1 272.5	1 217.4	1 327.6	82.65	1 316
2004	1 417	1 359.2	1 302.5	1 415.9	85.05	1 410
2005	1 509	1 449.1	1 390.4	1 507.8	88.05	1 501

同理，$\alpha=0.9$ 时，各期的预测值见表 9-16。

表 9-16　预测值(3)

年份	销售量	$\alpha=0.9$				预测
		一次指数平滑 $S_t^{(1)}$	二次指数平滑 $S_t^{(2)}$	a_t	b_t	
1996	750	833.7	858.8	808.6	−225.9	—
1997	835	834.9	837.3	832.5	−21.6	583
1998	916	907.9	900.8	915.0	63.9	811
1999	996	987.2	978.6	995.8	77.4	979
2000	1 079	1 069.8	1 060.7	1 078.9	81.9	1 073

续表

年份	销售量	$\alpha=0.9$				预测
		一次指数平滑 $S_t^{(1)}$	二次指数平滑 $S_t^{(2)}$	a_t	b_t	
2001	1 158	1 149.2	1 140.3	1 158.1	80.1	1 161
2002	1 240	1 230.9	1 221.9	1 239.9	81	1 238
2003	1 330	1 320.1	1 310.3	1 329.9	88.2	1 321
2004	1 417	1 407.3	1 397.6	1 417.0	87.3	1 418
2005	1 509	1 498.8	1 488.7	1 508.9	90.9	1 504

比较 $\alpha=0.1$，$\alpha=0.6$，$\alpha=0.9$ 时各期的预测值，可以发现，当 $\alpha=0.9$ 时各期预测误差较小，因此选 $\alpha=0.9$ 进行 2006 年的销售量预测。当 $\alpha=0.9$ 时：

$$a_{2005}=2S_{2005}^{(1)}-S_{2005}^{(2)}=2\times1\ 498.8-1\ 488.7=1\ 508.9$$

$$b_{2005}=\frac{\alpha}{1-\alpha}(S_t^{(1)}-S_t^{(2)})=\frac{0.9}{1-0.9}(1\ 498.8-1\ 488.7)=90.9$$

预测 2006 年的销售量为：

$$\hat{y}_{2006}=a_{2005}+b_{2005}\times1=1\ 508.9+90.9\times1=1\ 600(\text{台})$$

9.3.3 线性趋势外推法

1. 原理

线性趋势外推法就是利用直线回归的方法对原时间数列拟合直线方程，适用于时间序列观察值数据呈直线上升或下降的情形，回归方程通常表示为

$$\hat{y}_t=a+bt \tag{9-25}$$

式中，$\hat{y}_t$——时间数列 y_t 的趋势值；

t——时间变量；

a——截距；

b——线性回归方程的斜率，表示时间 t 变动一个单位，趋势值 $\hat{y}_t$ 的平均变动数量。

公式中 a、b 为未知参数，一般可通过最小二乘法(OLS)进行估计。根据最小二乘法原理，对时间数列配合一条趋势线，使其满足条件：实际观察值 y_t 与趋势值 $\hat{y}_t$ 的离差平方和为最小，即最小化 $S=\sum(y_t-\hat{y}_t)^2=\sum(y_t-a-bt)^2$，求解 a、b 的标准方程组如下

$$\begin{cases}\dfrac{\partial S}{\partial a}=0\\[2ex]\dfrac{\partial S}{\partial b}=0\end{cases} \tag{9-26}$$

得到

$$\begin{cases}\dfrac{\partial S}{\partial a}=2\sum\left[y_t-(a+bt)\right](-1)=0\\[2ex]\dfrac{\partial S}{\partial b}=2\sum\left[y_t-(a+bt)\right](-t)=0\end{cases} \tag{9-27}$$

整理后解得

$$b=\frac{n\sum ty-\sum t\sum y}{n\sum t^2-\left(\sum t\right)^2} \tag{9-28}$$

$$a = \bar{y} - b\bar{t} = \frac{\sum y}{n} - b\frac{\sum t}{n} \tag{9-29}$$

其中，n 代表时间的项数。

在实际应用中，为使计算更简便些，通过对称取法，使得 $\sum t = 0$，为此：

当 n 为奇数时，中间项为 0，时间 t 编序为：…，−3，−2，−1，0，+1，+2，+3，…

当 n 为偶数时，中间的两项分别设−1，1，时间 t 编序为：…，−5，−3，−1，+1，+3，+5，…

则公式 9－28、9－29 便可简化为

$$b = \frac{\sum ty}{\sum t^2} \tag{9-30}$$

$$a = \bar{y} = \frac{\sum y}{n} \tag{9-31}$$

2. 实际应用

【例 9－9】某对外贸易公司根据 1995—2007 年的出口额资料见表 9－17。

表 9－17　某外贸公司 1995—2007 年商品出口额　　单位：亿元

年份	1995	1996	1997	1998	1999	2000	2001	2002	2003	2004	2005	2006	2007
出口额	2.13	2.73	2.58	2.63	2.93	2.94	3.24	3.99	4.24	4.77	6.07	6.76	8.48

(1) 绘制时间序列图描述其趋势。

(2) 选择一条适合的趋势线拟合数据，并根据趋势线预测 2008 年的产量。

解：(1) 绘制散点图(如图 9.21 所示)，判断数据性质。数据类型为直线型年度时序数据。

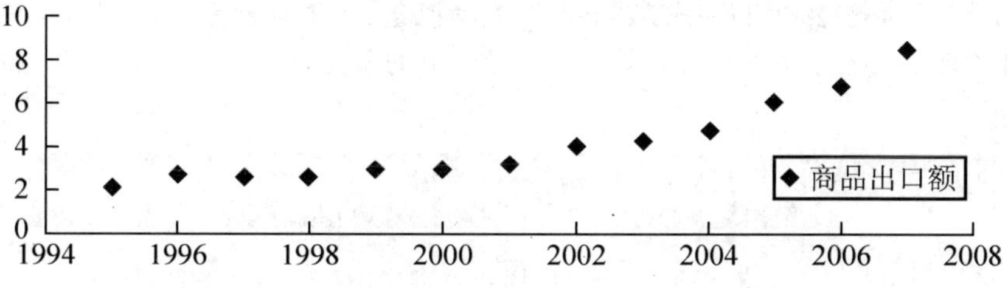

图 9.21　散点图(6)

(2) 选择预测方法，建立预测模型。采用线性回归法进行预测。计算过程见表 9－18。

表 9－18　计算过程(3)

年份	商品出口额 y_t	时间序号 t	ty	t^2	预测值 $\hat{y}_t = a + bt$
1995	2.13	1	2.13	1	1.401
1996	2.73	2	5.46	4	1.854
1997	2.58	3	7.74	9	2.306
1998	2.63	4	10.52	16	2.758
1999	2.93	5	14.65	25	3.210
2000	2.94	6	17.64	36	3.662

续表

年份	商品出口额 y_t	时间序号 t	ty	t^2	预测值 $\hat{y}_t=a+bt$
2001	3.24	7	22.68	49	4.115
2002	3.99	8	31.92	64	4.567
2003	4.24	9	38.16	81	5.019
2004	4.77	10	47.70	100	5.471
2005	6.07	11	66.77	121	5.923
2006	6.76	12	81.12	144	6.376
2007	8.48	13	110.24	169	6.828
合计	53.49	91	456.73	819	—

据表中资料利用公式得到：

$$b=\frac{n\sum ty-\sum t\sum y}{n\sum t^2-(\sum t)^2}=0.4522 \quad a=\hat{y}-b\bar{t}=\frac{\sum y}{n}-b\frac{\sum t}{n}=0.9492$$

所以线性回归方程为：$\hat{y}_t=a+bt=0.9492+0.4522t$

2008年对应的时间序号为 $t=14$，根据线性回归方程预测2008年该公司的商品出口额为：

$$\hat{y}_t=a+bt=0.9492+0.4522\times14=7.28\text{(亿元)}$$

特别要注意的是，这里的线性回归方程 $\hat{y}_t=a+bt$，不涉及变量 t 与变量 y_t 之间的任何因果关系，也没有考虑误差的任何性质，因此它仅仅是一个直线拟合公式，并不是有因果关系的回归模型。还需要指出的是，作为较长期的一种趋势，利用所拟合的数学方程式进行预测时，必须假定趋势变化的因素到预测年份仍然起作用。

3. Excel在线性趋势外推法中的应用

【例9-10】 承例9-9中资料。

解：（1）绘制散点图，判断数据性质。数据类型为直线型年度时序数据。

利用图形向导和添加趋势线可以完成直线趋势的数学拟合。其具体过程如下：首先，利用图形向导生成折线图或利用移动平均宏生成折线图；其次，在对生成的草图进行必要的修饰后，得到时序图，如图9.22所示。

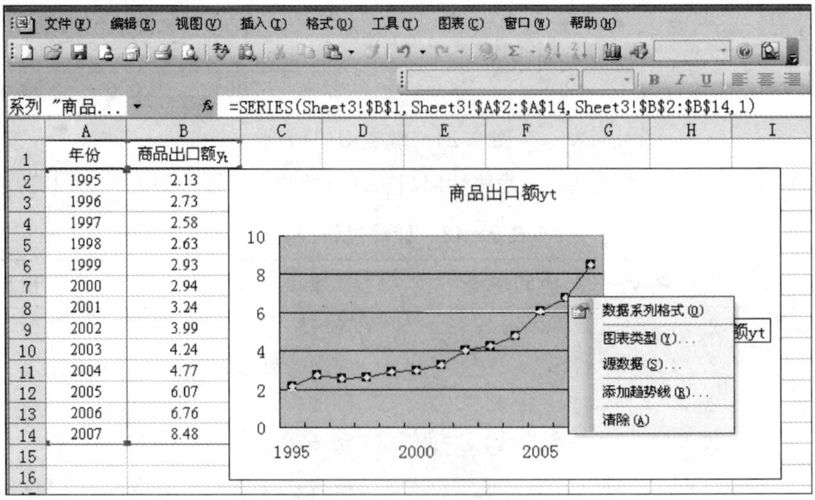

图9.22 添加趋势线

(2) 选择预测方法，建立预测模型。采用线性回归法进行预测，用鼠标左键选择折线，然后单击鼠标右键，选择“添加趋势线”命令，操作如图 9.22 所示；最后，在“添加趋势线”“类型”选项卡中，选择“线性”趋势线(如图 9.23 所示)，然后单击【选项】标签，在“选项”选项卡中选择“显式公式”和“显示 R 平方值”两项，如图 9.24 所示。然后单击【确定】按钮，得到如图 9.25 所示趋势线和直线趋势方程及 R 平方值。

所以线性回归方程为：$\hat{y}_t=a+bt=0.949\ 2+0.452\ 2t$。

2008 年对应的时间序号为 $t=14$，根据线性回归方程预测 2008 年该公司的商品出口额为

$$\hat{y}_t=a+bt=0.949\ 2+0.452\ 2\times14=7.28(\text{亿元})$$

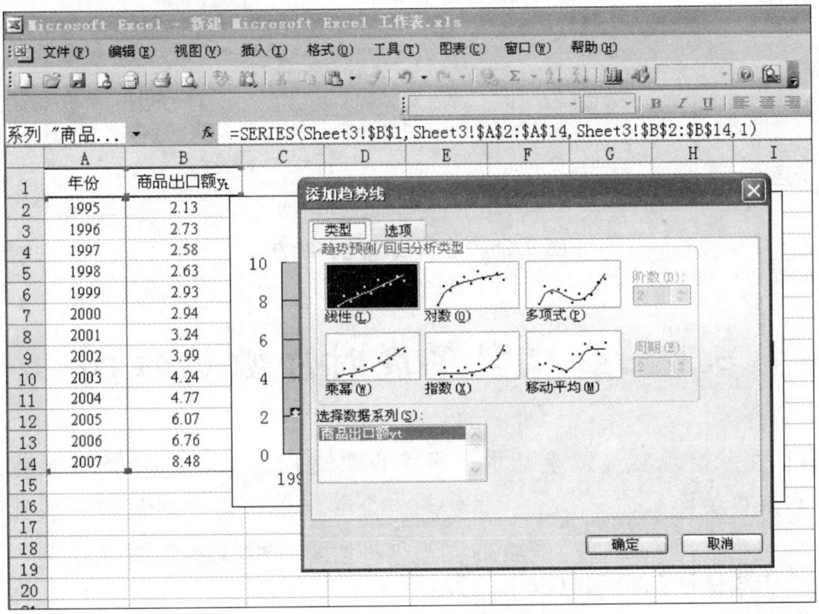

图 9.23　趋势线类型

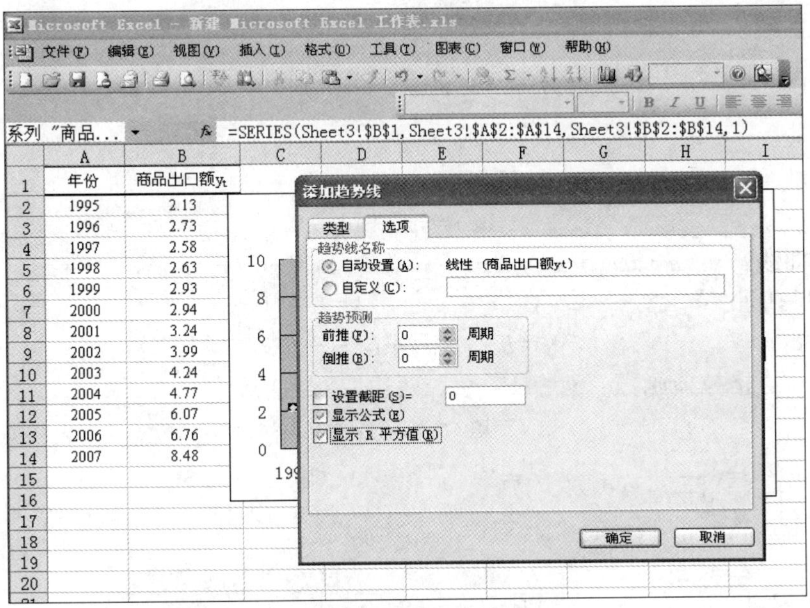

图 9.24　趋势线选项

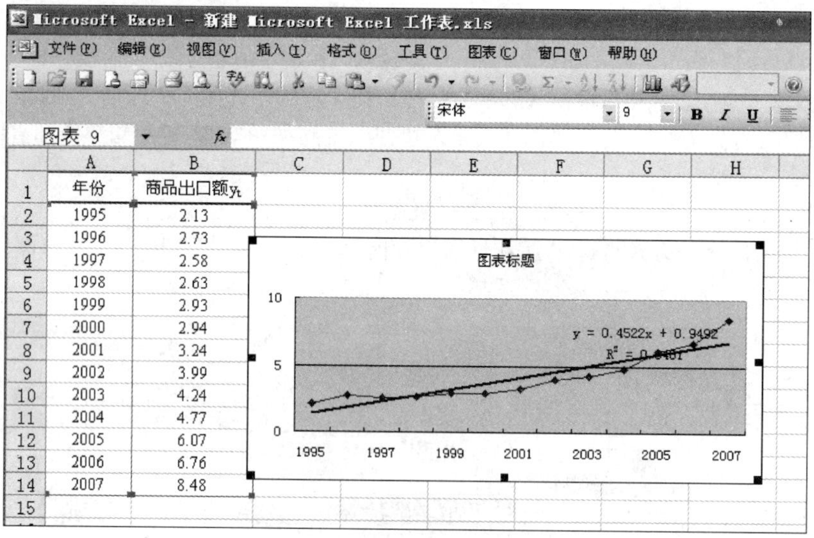

年份	商品出口额y_t
1995	2.13
1996	2.73
1997	2.58
1998	2.63
1999	2.93
2000	2.94
2001	3.24
2002	3.99
2003	4.24
2004	4.77
2005	6.07
2006	6.76
2007	8.48

图 9.25　趋势线和趋势线方程

9.4　曲线型年度时序数据预测

【任务情景】在社会现实经济生活中，很多现象之间的关系并不是线性关系，如某种商品从进入市场到被市场淘汰的销售量变化就是一个非线性趋势。对这种类型现象的分析预测一般要应用非线性回归预测，通过变量代换，可以将很多的非线性回归转化为线性回归。

常见的主要非线性回归模型有以下几种：

(1) 指数曲线：$y=ab^t$。两边取对数得

$$\lg y=\lg a+t\lg b \tag{9-32}$$

(2) 对数曲线：$y=a+b\lg x$。

(3) 双曲线：$\frac{1}{y}=a+b\frac{1}{x}$。令 $y'=\frac{1}{y}$，$x'=\frac{1}{x}$，则

$$y'=a+bx' \tag{9-33}$$

(4) 幂函数：$y=ax^b$。两边取对数得

$$\lg y=\lg a+b\lg x \tag{9-34}$$

(5) 高次曲线：$y=a+bx+cx^2+dx^3+\cdots$，令 $x_1=x$，$x_2=x^2$，$x_3=x^3$，…，则可转化为多元线性回归形式

$$y=b_0+b_1x_1+b_2x_2+b_3x_3 \tag{9-35}$$

(6) 柯柏—道格拉斯函数：$y=ax_1^{\beta_1}x_2^{\beta_2}$。两边取对数得

$$\lg y=\lg a+\beta_1\lg x_1+\beta_2\lg x_2 \tag{9-36}$$

(7) S 曲线：$y=\frac{1}{a+be^{-x}}$。令 $y'=\frac{1}{y}$，$x'=e^{-x}$，则

$$y'=a+bx' \tag{9-37}$$

9.4.1　指数曲线

当时间数列的环比发展速度大体相同时，可以考虑拟合指数曲线模型。指数方程的一般

形式为

$$\hat{y}_t = ab^t \tag{9-38}$$

式中：a、b 为未知参数。

指数曲线如图 9.26 所示。

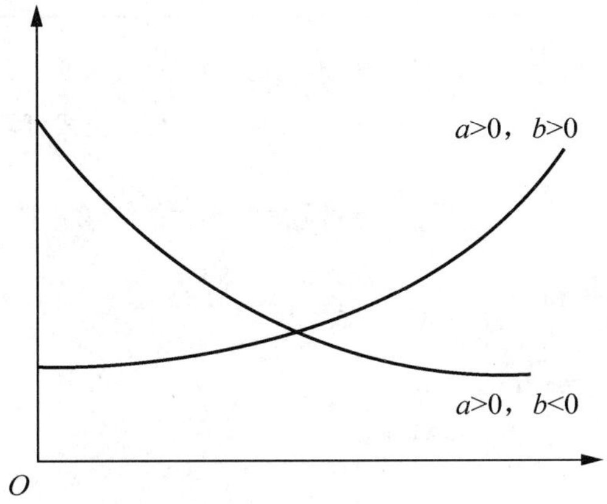

图 9.26　指数曲线

为了求解 a、b，需要将指数曲线转化为对数直线形式。对式(9－38)两边取对数

$$\lg\hat{y}_t = \lg a + t\lg b \tag{9-39}$$

令 $\lg\hat{y}_t = y'_t$，$\lg a = A_t$，$\lg b = B_t$，则指数曲线方程就转化成了直线趋势方程：$y'_t = A + Bt$，用最小二乘法，求出 A、B 值，然后再求其反对数得到 a、b。

(1) 若 $\sum t \neq 0$，则采用下式计算 A、B 值

$$B = \frac{n\sum ty' - \sum t \sum y'}{n\sum t^2 - (\sum t)^2} \tag{9-40}$$

$$A = \bar{y}' - b\,\bar{t} = \frac{\sum y'}{n} - b\,\frac{\sum t}{n} \tag{9-41}$$

其中，n 代表时间的项数。

(2) 若 $\sum t = 0$，则公式可简化为

$$B = \frac{\sum ty'}{\sum t^2} \tag{9-42}$$

$$A = \bar{y}' = \frac{\sum y'}{n} \tag{9-43}$$

【例 9－11】 现有某企业 2002—2007 年的销售量见表 9－19，试求该企业销售量的长期趋势。

表 9－19　某企业 2002—2007 年的销售量情况

年份	销售量(万件)y	环比增长速度(%)	时间序号 t	t^2	$y'(\lg y)$	$ty'(t\lg y)$
2002	53	—	－5	25	1.72	－8.60
2003	72	26.39	－3	9	1.86	－5.58
2004	96	25.00	－1	1	1.98	－1.98
2005	129	34.38	1	1	2.11	2.11

续表

年份	销售量(万件)y	环比增长速度(%)	时间序号 t	t^2	y'(lg$y$)	ty'($t$lg$y$)
2006	171	32.56	3	9	2.23	6.69
2007	232	35.67	5	25	2.37	11.85
合计	753	—	0	70	12.27	4.49

解：由表 9-19 的计算结果可以看出，数列各期的环比增长速度大致相等，因而可以拟合指数曲线。将时间序号 t 的原点设定为中点，即 $\sum t = 0$，根据最小二乘法，代入公式可得以下计算结果

$$A = \bar{y}' = \frac{\sum y'}{n} = \frac{\sum \lg y_t}{n} = \frac{12.27}{6} = 2.045$$

$$B = \frac{\sum ty'}{\sum t^2} = \frac{\sum t\lg y_t}{\sum t^2} = \frac{4.49}{70} = 0.064$$

取反对数得：$a=110.92$，$b=1.16$。

因此，所拟合的指数方程为：$\hat{y}_t=110.92\times 1.16^t$。

9.4.2 修正指数曲线

一种新产品投放市场后，其销售量的变化往往呈现这样的规律：投放初期需求量很大，因而销售量也大，随着竞争对手的介入，市场被分割，加之产品普及后销售量逐渐减少，最后销售量的发展水平趋向某一个正常的极限(如图 9.27 所示)，该产品的销售量发展情况就可以采用修正指数曲线拟合。推广到一般，若时间数列的数据发展变化先快后慢，即时间序列中相邻两个时期的数值的一阶差之比(Δ_t/Δ_{t-1})接近于一常数，则可对其拟合修正的指数曲线。

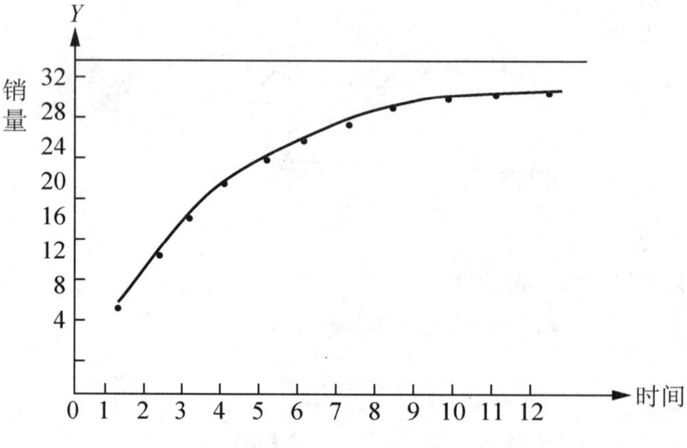

图 9.27 随时间变化的销售量图

在指数方程右边增加一个常数 k，即可得到修正指数方程：$y_t=k+ab^t$。式中的未知参数分别为 a、b 和 t。由于修正指数曲线不易转变为线性形式，所以不能用最小二乘法估计参数。一般是将时间数列按期次分成相等的 3 段，建立 3 个方程求解其 3 个未知参数，具体计算步骤如下：

第一步，将时间数列分成 3 个相等的部分，每部分包括 3 组数据。

第二步，求出每部分的和，得到 S_1，S_2，S_3

$$S_1 = \sum_{t=1}^{m} y_t , S_2 = \sum_{t=m+1}^{2m} y_t , S_3 = \sum_{t=2m+1}^{3m} y_t \tag{9-44}$$

第三步，根据 S_1，S_2，S_3 的 3 个等式，就可以联立求出 3 个未知数 k，a 和 b。

$$\begin{cases} b=\left(\dfrac{S_3-S_2}{S_2-S_1}\right)^{\frac{1}{m}} \\ a=(S_2-S_1)\dfrac{b-1}{(b^m-1)^2} \\ k=\dfrac{1}{m}\left(S_1-a\dfrac{b^m-1}{b-1}\right) \end{cases} \tag{9-45}$$

需要指出，该方法是基于趋势值的 3 个局部总数分别等于原资料的 3 个局部总数得到的。

【例 9-12】某公司 2007 年的每月手机销售资料见表 9-20，试根据此资料拟合销售量的修正指数曲线。

表 9-20　某公司手机销售情况表

月份	手机销售量(万只)	增长量的一阶差分值	一阶差分值之比(%)
1	0.50	—	—
2	0.60	0.10	—
3	0.80	0.20	2.00
4	1.02	0.22	1.10
S_1	2.92	—	—
5	1.50	0.48	2.18
6	2.05	0.45	0.94
7	2.38	0.33	0.73
8	2.65	0.27	0.82
S_2	8.58	—	—
9	2.75	0.10	0.37
10	2.84	0.09	0.90
11	4.90	2.06	2.29
12	2.95	-1.95	0.95
S_3	13.44	—	—

解：根据表中资料得 $m=4$，$S_1=2.29$(万只)，$S_2=8.58$(万只)，$S_3=13.44$(万只)，代入公式得

$$b=\left(\frac{S_3-S_2}{S_2-S_1}\right)^{\frac{1}{4}}=\left(\frac{13.44-8.58}{8.58-2.92}\right)^{\frac{1}{4}}=0.963$$

$$\begin{aligned} a&=(S_2-S_1)\frac{b-1}{(b^4-1)^2}=(8.58-2.92)\frac{0.963-1}{(0.963^4-1)^2} \\ &=-10.69 \end{aligned}$$

$$\begin{aligned} k&=\frac{1}{4}(S_1-a\frac{b^4-1}{b-1}) \\ &=\frac{1}{4}\left[2.92-(-10.69)\times\frac{0.963^4-1}{0.963-1}\right] \\ &=43.36 \end{aligned}$$

所得到的修正曲线模型为 $y_t=43.36-10.69\times0.963^t$。

9.4.3　二次曲线

二次曲线外推法是研究时间序列观察值数据随时间变动呈现一种由高到低再到高(或由低到高再到低)的趋势变化的曲线外推预测方法。由于时间序列观察值的散点图呈现抛物线形状，故也称之为二次抛物线预测模型。二次曲线方程的二阶差分是一个常数。

与一元线性回归法相同，二次曲线外推法也是根据使其误差最小的标准，确定其待定系数。下面分别介绍两种这样的方法。

1. 用最小二乘法确定待定参数

1）参数的确定

设 y_t 表示第 t 期的时间序列的观察值；$\hat{y}_t$ 表示第 t 期的预测值；e_t 表示第 t 期的离差；Q 表示离差平方和。由二次曲线外推预测法的模型 $\hat{y}_t=a+bt+ct^2$，有

$$e_t=y_t-\hat{y}_t=y_t-a-bt-ct^2 \tag{9-46}$$

$$Q=\sum_{t=1}^{n}e_t^2=\sum_{t=1}^{n}(y_t-a-bt-ct^2)^2 \tag{9-47}$$

与线性回归法相同的原理，对式(9-47)求 $\frac{\partial Q}{\partial a}$、$\frac{\partial Q}{\partial b}$、$\frac{\partial Q}{\partial c}$，并分别令其等于 0，则可得关于 a，b，c 的方程组

$$\begin{cases}\sum_{t=1}^{n}y_t=na+b\sum_{t=1}^{n}t+c\sum_{t=1}^{n}t^2\\ \sum_{t=1}^{n}ty_t=a\sum_{t=1}^{n}t+b\sum_{t=1}^{n}t^2+c\sum_{t=1}^{n}t^3\\ \sum_{t=1}^{n}t^2y_t=a\sum_{t=1}^{n}t^2+b\sum_{t=1}^{n}t^3+c\sum_{t=1}^{n}t^4\end{cases} \tag{9-48}$$

由于 t 表示时间序列的编号，如同拟合线性回归法一样，当时间序列观察期的项数为奇数时，令其中间项($\frac{n+1}{2}$)的编号为 0，则 $\sum_{t=1}^{n}t=0$，$\sum_{t=1}^{n}t^3=0$，式(9-48)可简化为

$$\begin{cases}\sum_{t=1}^{n}y_t=na+c\sum_{t=1}^{n}t^2\\ \sum_{t=1}^{n}ty_t=b\sum_{t=1}^{n}t^2\\ \sum_{t=1}^{n}t^2y_t=a\sum_{t=1}^{n}t^2+c\sum_{t=1}^{n}t^4\end{cases} \tag{9-49}$$

解式(9-49)的方程组可得

$$\begin{cases}a=\dfrac{\sum_{t=1}^{n}t^4\sum_{t=1}^{n}y_t-\sum_{t=1}^{n}t^2\sum_{t=1}^{n}t^2y_t}{n\sum_{t=1}^{n}t^4-(\sum_{t=1}^{n}t^2)^2}\\ b=\dfrac{\sum_{t=1}^{n}ty_t}{\sum_{t=1}^{n}t^2}\\ c=\dfrac{n\sum_{t=1}^{n}t^2y_t-\sum_{t=1}^{n}t^2\sum_{t=1}^{n}y_t}{n\sum_{t=1}^{n}t^4-(\sum_{t=1}^{n}t^2)^2}\end{cases} \tag{9-50}$$

2）最小二乘法的应用

【例 9-13】 某公司 1995—2003 年的商品销售收入见表 9-21，试预测该公司 2004 年的销售收入。

表 9-21　某公司 1995-2003 年商品销售收入数据表　　单位：万元

年份	1995	1996	1997	1998	1999	2000	2001	2002	2003
销售收入	545	641	764	923	1 107	1 322	1 568	1 836	2 140

解：（1）绘制散点图如图 9.28 所示。

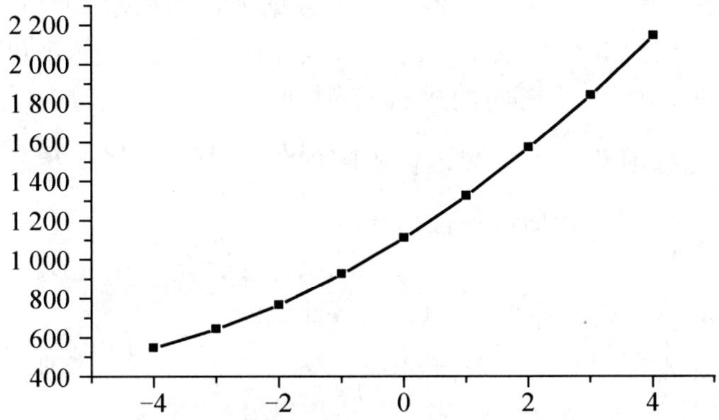

图 9.28　散点图(7)

（2）根据观察值的散点图的变化趋势确定其属于二次曲线变化趋势后，列表计算二次曲线待定参数所需的数据。计算结果见表 9-22。

（3）计算待定参数，建立预测模型，并计算预测值。

利用表 9-22 中的有关数据，代入式(9-50)中，计算得

$$a=1\ 107.29,\ b=199.53,\ c=14.67$$

该例的二次曲线的趋势外推预测模型为

$$\hat{y}_t=1\ 107.29+199.53t+14.67t^2$$

当 $t=5$ 时，代入上式得

$$\hat{y}_{2004}=1\ 107.29+199.53\times5+14.67\times25=2\ 471.69(\text{万元})$$

表 9-22　某公司商品销售收入及有关数据计算表　　单位：万元

年份	t	销售额 y_t	t^2	t^4	ty_t	t^2y_t	$\hat{y}_t$	$(y_t-\hat{y}_t)^2$
1995	−4	545	16	256	−2 180	8 720	543.89	1.23
1996	−3	641	9	81	−1 923	5 769	640.73	0.07
1997	−2	764	4	16	−1 528	3 056	766.91	8.47
1998	−1	923	1	1	−923	923	922.43	0.32
1999	0	1 107	0	0	0	0	1 107.29	0.08
2000	1	1 322	1	1	1 322	1 322	1 321.49	0.26
2001	2	1 568	4	16	3 136	6 272	1 565.03	8.82
2002	3	1 836	9	81	5 508	16 524	1 837.91	3.65
2003	4	2 140	16	256	8 560	34 240	2 140.13	0.02
$\sum$	0	10 846	60	708	11 972	76 826		22.92

2. 用三点法确定待定参数

1）三点法确定待定参数的思路

用三点法确定待定参数的思路是，在二次曲线模型上选取远、中、近期三点坐标作为预测模型待定参数 a、b、c 的估计值。其具体做法为，使时间序列的总项数 n 为奇数(若为偶数，可删去最初的一个观察期数据)；如果 $n \geqslant 15$，则在时间序列的远、中、近三期各取 5 个数据项，用权数 $w=1$，2，3，4，5 由远及近分别赋权并进行加权平均；同理，如果 $9 \leqslant n \leqslant 15$ 时，则在时间序列的远、中、近三期各取 3 个数据项，用权数 $w=1$，2，3 由远及近分别赋权并进行加权平均。以此 3 个加权平均值作为该二次曲线预测模型上远、中、近三点的纵坐标的数值，即假设远、中、近三期的坐标分别为 $M_1(t_1, R)$、$M_2(t_2, S)$、$M_3(t_3, T)$。在此处，假设时间序列总项数 n 为奇数，且中间项为 $d=\frac{n+1}{2}$，则当 $n \geqslant 15$ 时，取远期 5 个观察值 y_1，y_2，y_3，y_4，y_5，其加权平均值为

$$R=\frac{y_1+2y_2+3y_3+4y_4+5y_5}{1+2+3+4+5} \tag{9-51}$$

同理，取中期 5 个观察值 y_{d-2}，y_{d-1}，y_d，y_{d+1}，y_{d+2}，其加权平均值为

$$S=\frac{y_{d-2}+2y_{d-1}+3y_d+4y_{d+1}+5y_{d+2}}{1+2+3+4+5} \tag{9-52}$$

取近期 5 个观察值 y_{n-4}，y_{n-3}，y_{n-2}，y_{n-1}，y_n，其加权平均值为

$$T=\frac{y_{n-4}+2y_{n-3}+3y_{n-2}+4y_{n-1}+5y_n}{1+2+3+4+5} \tag{9-53}$$

另外，也要对远、中、近三点的横坐标 t_1，t_2，t_3 作权数(1，2，3，4，5)相同的加权平均值。(注意时间 t 的编号为 1，2，3，…)

$$t_1=\frac{1\times1+2\times2+3\times3+4\times4+5\times5}{1+2+3+4+5}=\frac{11}{3} \tag{9-54}$$

$$t_2=\frac{1\times(d-2)+2\times(d-1)+3\times d+4\times(d+1)+5\times(d+2)}{1+2+3+4+5}=d+\frac{2}{3} \tag{9-55}$$

注意 $d=\frac{n+1}{2}$，将其代入式(9-55)中，有

$$t_2=\frac{3n+7}{6} \tag{9-56}$$

$$t_3=\frac{1\times(n-4)+2\times(n-3)+3\times(n-2)+4\times(n-1)+5\times n}{1+2+3+4+5}=n-\frac{4}{3} \tag{9-57}$$

于是，以 5 项观察值作加权平均后三点坐标分别为

$$M_1\left(\frac{11}{3}, R\right) \quad M_2\left(\frac{3n+7}{6}, S\right) \quad M_3\left(\frac{3n-4}{3}, T\right)$$

将以上三点代入二次曲线预测模型 $\hat{y}_t=a+bt+ct^2$ 中，有联立方程组

$$\begin{cases} R=a+\frac{11}{3}b+(\frac{11}{3})^2c \\ S=a+\frac{3n+7}{6}b+(\frac{3n+7}{6})^2c \\ T=a+\frac{3n-4}{3}b+(\frac{3n-4}{3})^2c \end{cases} \tag{9-58}$$

对式(9－58)联立求解，则有

$$\begin{cases}a=R-\frac{11}{3}b-\frac{121}{9}c\\ b=\frac{T-R}{n-5}-\frac{3n+7}{3}c\\ c=\frac{2(R+T-2S)}{(n-5)^2}\end{cases} \tag{9-59}$$

依此类推，如果是用三项数进行加权平均，且权数由远及近取1，2，3，那么，远、中、近期三点的纵坐标分别为

$$\begin{cases}R=\frac{1}{6}(y_1+2y_2+3y_3)\\ S=\frac{1}{6}(y_{d-1}+2y_d+3y_{d+1})\\ T=\frac{1}{6}(y_{n-2}+2y_{n-1}+3y_n)\end{cases} \tag{9-60}$$

三点的横坐标分别为

$$\begin{cases}t_1=\frac{1}{6}(1+2\times2+3\times3)=\frac{7}{3}\\ t_2=\frac{1}{6}\left[(d-1)+2d+3(d+1)\right]=\frac{3n+5}{6}\\ t_3=\frac{1}{6}\left[(n-2)+2(n-1)+3n\right]=\frac{3n-2}{3}\end{cases} \tag{9-61}$$

于是，以三项观察值作加权平均后的坐标分别为

$$M_1\left(\frac{7}{3},\ R\right);\ M_2\left(\frac{3n+5}{6},\ S\right);\ M_3\left(\frac{3n-2}{3},\ T\right)$$

同理，将三点坐标值代入二次曲线预测模型，则有联立方程式

$$\begin{cases}R=a+\frac{7}{3}b+(\frac{7}{3})^2c\\ S=a+\frac{3n+5}{6}b+(\frac{3n+5}{6})^2c\\ T=a+\frac{3n-2}{3}b+(\frac{3n-2}{3})^2c\end{cases} \tag{9-62}$$

对式(9－62)联立求解，则有

$$\begin{cases}a=R-\frac{7}{3}b-\frac{49}{9}c\\ b=\frac{T-R}{n-3}-\frac{3n+5}{3}c\\ c=\frac{2(R+T-2S)}{(n-3)^2}\end{cases} \tag{9-63}$$

2）关于三点法的几点说明

（1）三点法的特点是不需要数列的全部数据，计算相对而言比较简单。

（2）对选取的数据比较敏感，即便是取加权平均值，也会受到一定的影响。

（3）一般而言，每一组里的数据相对较多时，则模型可能越接近于实际。

（4）每一组里的数据要求是奇数个，是从方便计算的角度而言的。

(5) 此种运算方法在生命曲线趋势预测法里将发挥更大的作用。

3) 三点法的应用

【例 9-14】 承例 9-13 中资料。试按三点法预测该公司 2004 年销售收入。

解： (1) 描绘散点图。观察其变化趋势，选择二次抛物线预测模型。

(2) 列表计算待定参数 x_t 所需数据，建立数学模型并进行预测，见表 9-23。

表 9-23　某公司商品销售收入及三点法有关数据计算表　　单位：万元

年份	x_t	销售收入 y_t	权重 w	wy_t	$\hat{y}_t$	$(y_t-\hat{y}_t)^2$
1995	1	545	1	545	549.68	21.90
1996	2	641	2	1 282	647.44	41.47
1997	3	764	3	2 292	774.34	106.92
1998	4	923	1	923	930.38	54.46
1999	5	1 107	2	2 214	1 115.56	73.27
2000	6	1 322	3	3 966	1 329.88	62.09
2001	7	1 568	1	1 568	1 573.34	28.52
2002	8	1 836	2	3 672	1 845.94	98.80
2003	9	2 140	3	6 420	2 147.68	58.98
合计						546.41

由式(9-62)得

$$\begin{cases} R=\dfrac{1}{6}(545+1\ 282+2\ 292)=686.5 \\ S=\dfrac{1}{6}(923+2\ 214+3\ 966)=1\ 183.8 \\ T=\dfrac{1}{6}(1\ 568+3\ 672+6\ 420)=1\ 943.3 \end{cases}$$

由式(9-63)得

$$c=\frac{2\times(686.5+1\ 943.3-2\times1\ 183.8)}{(9-3)^2}=14.57$$

$$b=\frac{1\ 943.3-686.5}{9-3}-\frac{3\times9+5}{3}\times14.57=54.05$$

$$a=686.5-\frac{7}{3}\times54.05-\frac{49}{9}\times14.57=481.06$$

所以，用三点法建立的二次曲线预测模型为

$$\hat{y}_t=481.06+54.05t+14.57t^2$$

将各年的 t 值代入式中，可得各年的内插值 $\hat{y}_t$，并填入表中。

9.4.4　双曲线

双曲线回归方程为

$$\frac{1}{\hat{y}}=a+b\,\frac{1}{x} \tag{9-64}$$

其对应的图形如图 9.29 所示。

如果令 $\hat{y}'=\dfrac{1}{\hat{y}}$，$x'=\dfrac{1}{x}$，则有

$$\hat{y}'=a+bx' \tag{9-65}$$

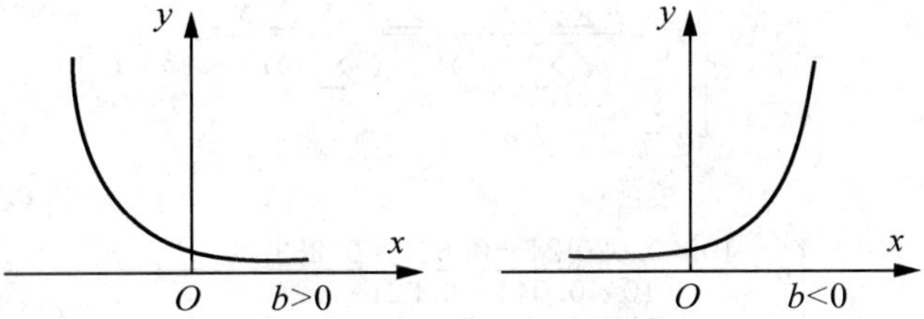

图 9.29 双曲线图形

【例 9-15】两个变量的数据见表 9-24，建立这两个变量的回归方程。

表 9-24 变量数据

x	9.3	10.4	12.6	15.4	17.5	19.6	21.7	23.4	25.3	27.5
y	17.1	24.2	31.3	37.9	43.3	46.2	47.5	50.1	51.1	51.3

解：做出散点图如图 9.30 所示。

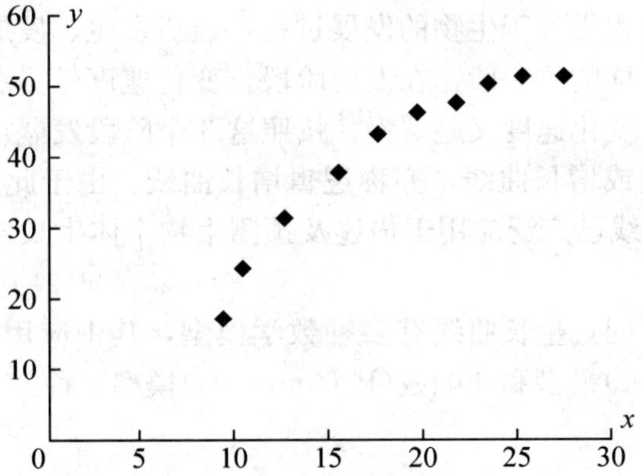

图 9.30 散点图(8)

从图中可以看出这两个变量之间的变动关系基本上是一个递增的双曲线，则用双曲线模型去分析两个变量的关系，计算结果见表 9-25。

表 9-25 x 和 y 双曲线回归方程计算表

序号	x	y	$x'=1/x$	$y'=1/y$	$(x')^2$	$x'y'$
1	9.3	17.1	0.108	0.058	0.012	0.006 288
2	10.4	24.2	0.096	0.041	0.009	0.003 973
3	12.6	31.3	0.079	0.032	0.006	0.002 536
4	15.4	37.9	0.065	0.026	0.004	0.001 713
5	17.5	43.3	0.057	0.023	0.003	0.001 32
6	19.6	46.2	0.051	0.022	0.003	0.001 104
7	21.7	47.5	0.046	0.021	0.002	0.000 97
8	23.4	50.1	0.043	0.02	0.002	0.000 853
9	25.3	51.1	0.04	0.02	0.002	0.000 773
10	27.5	51.3	0.036	0.019	0.001	0.000 709
合计	182.7	400	0.621	0.283	0.044	0.020 24

将表中数据代入以下公式

$$\begin{cases} b=\dfrac{n\sum x'y'-\sum x'\cdot\sum y'}{n\sum (x')^2-\left(\sum x'\right)^2} \\ a=\overline{y}'-b\overline{x}' \end{cases} \tag{9-66}$$

得

$$\begin{cases} b=\dfrac{10\times0.020\,24-0.621\times0.283}{10\times0.044-0.621^2}=0.026\,7 \\ a=0.028\,3-0.026\,7\times0.062\,1=0.026\,6 \end{cases}$$

于是有

$$\hat{y}'=0.026\,6+0.026\,7x'$$

$\hat{y}'=\dfrac{1}{\hat{y}}$，$x'=\dfrac{1}{x}$，代入后，得

$$\frac{1}{\hat{y}}=0.026\,6+0.026\,7\,\frac{1}{x}$$

9.4.5 生长曲线(S 曲线)

技术和经济的发展过程类似于生物的发展过程，经历发生、发展、成熟 3 个阶段，而每一阶段的发展速度是不一样的。一般，在发生阶段，变化速度较为缓慢；在发展阶段，变化速度加快；到成熟阶段，变化速度又趋缓慢。按照这 3 个阶段发展规律得到的事物变化发展曲线，通常称为生长曲线或增长曲线，亦称逻辑增长曲线。由于此类曲线常似“S”型，故又称 S 曲线。现在，S 曲线已广泛应用于描述及预测生物个体生长发育及某些技术、经济特性的发展领域中。

随预测对象的性质不同，生长曲线有多种数学模型，其中应用较广的有皮尔(R. Pearl)模型、林德诺(L. Ridenour)模型和龚帕兹(B. Gompertz)模型 3 种。

1. 皮尔模型

皮尔生长曲线的一般模型为

$$y=\frac{K}{1+e^{f(x)}} \tag{9-67}$$

式中：K 为常数(如某种耐用消费品饱和状态时的普及率)；$f(x)=a_0+a_1x+a_2x^2+\cdots+a_nx^n$。

常用的皮尔生长曲线模型为

$$y=\frac{K}{1+be^{-ax}} \qquad a>0,\ b>0 \tag{9-68}$$

这时 $f(x)$ 是 x 的线型函数，且具有负斜率。图 9.31 是皮尔曲线模型的图。

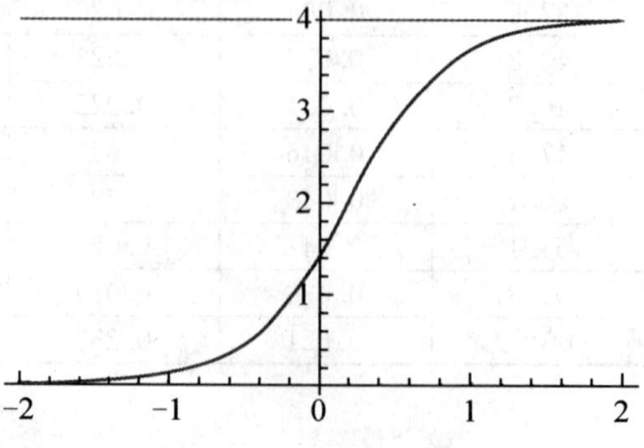

图 9.31 皮尔生长曲线

给定一个样本(x_1, y_1)，(x_2, y_2)，…，(x_n, y_n)，由这组数据求出皮尔模型(9-68)的参数a，b，K，从而得到拟合方程，并可用于预测。估算这3个参数的方法有两类，一类是先估算出a和K，然后推算b值；另一类则是同时估算出参数a，b，K。

1) Fisher 法

这种方法属于第一类方法，它适用于x_i之间等距离的情况，不妨设$x_i=1$。

$$y=\frac{K}{1+be^{-ax}} \tag{9-69}$$

$$\begin{aligned}\frac{dy}{dx}&=\frac{Kbae^{-ax}}{(1+be^{-ax})^2}=ya\frac{be^{-ax}}{1+be^{-ax}}\\&=ya\left(1-\frac{K}{K(1+be^{-ax})}\right)=y\left(a-\frac{a}{K}y\right)\end{aligned} \tag{9-70}$$

$$\frac{1}{y}\cdot\frac{dy}{dx}=a-\frac{a}{K}y=\frac{d\ln y}{dx} \tag{9-71}$$

即有

$$Z=\alpha+\beta y \tag{9-72}$$

其中$Z=\frac{d\ln y}{dx}$，$\alpha=a$，$\beta=-\frac{a}{K}$。

对样本点(x_i, y_i)，

$$Z_i=\left(\frac{d\ln y}{dx}\right)_{x=x_i}\approx\frac{\ln y_{i+1}-\ln y_{i-1}}{2}=\frac{1}{2}\ln\frac{y_{i+1}}{y_{i-1}} \tag{9-73}$$

这样，由数据(x_i, y_i)，$i=1, 2, \cdots, N$，就得到了数据(y_i, Z_i)，$i=2, 3, \cdots, N-1$。

由最小二乘法可估计出α，β，这样

$$a=\alpha，K=-\frac{\alpha}{\beta} \tag{9-74}$$

再推算b值，由$y=\frac{K}{1+be^{-ax}}$得$y+bye^{-ax}=K$，即$bye^{-ax}=K-y$。取对数

$$\ln b+\ln y-ax=\ln(K-y) \tag{9-75}$$

对第i个样本点

$$\ln b+\ln y_i-ax_i=\ln(K-y_i) \tag{9-76}$$

$$\ln b=\ln\left(\frac{K}{y_i}-1\right)+ax_i，i=1, 2, \cdots, N \tag{9-77}$$

取$\ln b=\frac{1}{N}\sum_{i=1}^{N}\left(\ln\left(\frac{K}{y_i}-1\right)+ax_i\right)$，则

$$b=e^{\frac{1}{N}}\sum_{i=1}^{N}\left(\ln\left(\frac{K}{y_i}-1\right)+ax_i\right) \tag{9-78}$$

至此，可以全部求出a，b，K 3个参数。

2) 倒数总和法

这种方法属于第二类方法，其思想为，把给定的N个数据(x_i, y_i)，$i=1, 2, \cdots, N$分成3组，计算各组因变量倒数之和，并用以估计a，b，K的值，以求得生长曲线的拟合方程。

设$x_i=i$，$i=1, 2, \cdots, N$，且N可被3整除。设$r=\frac{N}{3}$，则$y_i=\frac{K}{1+be^{-ai}}$，

即$\frac{1}{y_i}=\frac{1+be^{-ai}}{K}$。求

$$S_1=\sum_{i=1}^{r}\frac{1}{y_i}=\frac{r+b\sum_{i=1}^{r}e^{-ai}}{K}=\frac{r+b\frac{e^{-a}-e^{-a(r+1)}}{1-e^{-a}}}{K}=\frac{r+b\frac{e^{-a}(1-e^{-ar})}{1-e^{-a}}}{K}$$

$$S_2=\sum_{i=r+1}^{2r}\frac{1}{y_i}=\frac{r+b\sum_{i=r+1}^{2r}e^{-ai}}{K}=\frac{r+b\frac{e^{-a(r+1)}-e^{-a(2r+1)}}{1-e^{-a}}}{K}=\frac{r+b\frac{e^{-a(r+1)}\cdot(1-e^{-ar})}{1-e^{-a}}}{K}$$

$$S_3=\sum_{i=2r+1}^{3r}\frac{1}{y_i}=\frac{r+b\sum_{i=2r+1}^{3r}e^{-ai}}{K}=\frac{r+b\frac{e^{-a(2r+1)}-e^{-a(3r+1)}}{1-e^{-a}}}{K}=\frac{r+b\frac{e^{-a(2r+1)}\cdot(1-e^{-ar})}{1-e^{-a}}}{K}$$

构造

$$D_1=S_1-S_2=\frac{b(1-e^{-ar})(e^{-a}-e^{-a(r+1)})}{K(1-e^{-a})}$$

$$D_2=S_2-S_3=\frac{b(1-e^{-ar})(e^{-a(r+1)}-e^{-a(2r+1)})}{K(1-e^{-a})}$$

则

$$\frac{D_2}{D_1}=\frac{b(1-e^{-ar})(e^{-a(r+1)}-e^{-a(2r+1)})}{K(1-e^{-a})}\times\frac{K(1-e^{-a})}{b(1-e^{-ar})(e^{-a}-e^{-a(r+1)})}$$
$$=\frac{e^{-ar}e^{-a}-e^{-2ar}e^{-a}}{e^{-a}-e^{-ar}e^{-a}}=e^{-ar}$$

两边取对数得 $\ln D_2-\ln D_1=-ar$，从而

$$a=\frac{\ln D_1-\ln D_2}{r} \tag{9-79}$$

构造

$$\frac{D_1^2}{D_1-D_2}=\frac{b(1-e^{-ar})(e^{-a}-e^{-a(r+1)})^2}{K(1-e^{-a})(e^{-a}-2e^{-a(r+1)}+e^{-a(2r+1)})}=\frac{b(1-e^{-ar})\cdot e^{-a}}{K(1-e^{-a})}=S_1-\frac{r}{K}$$

故 b，K 的计算公式为

$$K=r\left(S_1-\frac{D_1^2}{D_1-D_2}\right)^{-1} \tag{9-80}$$

$$b=K\cdot\frac{1-e^{-a}}{e^{-a}(1-e^{-ar})}\cdot\frac{D_1^2}{D_1-D_2} \tag{9-81}$$

2. 林德诺模型

林德诺生长曲线模型常用于新技术发展和新产品销售预测，其数学模型的一般形式为

$$N(t)=\frac{L}{1+(\frac{L}{N_0}-1)e^{-bt}},\quad t\geqslant t_0 \tag{9-82}$$

其中：$N(t)$表示 t 时熟悉新产品的人数；N_0 表示 $t=t_0$ 时熟悉新产品的人数；b 表示校正系数；L 表示 $N(t)$的极限值。

林德诺模型是基于下述假设条件建立的：新产品的推广或熟悉新产品的人数的增长率与已熟悉新产品的人数和未熟悉新产品的人数的乘积成正比，即满足微分方程

$$\frac{dN}{dt}=bN\frac{L-N}{L}$$

上式在区间$[t_0, t]$上积分即得(9－82)。由于式中$N(t)$与(9－68)中y的表达式实际上相同，故参数的确定方法与皮尔模型类似。

3. 龚帕兹模型

龚帕兹曲线是一种常用曲线，其形式为

$$y=K\cdot a^{b^t},\ K>0,\ a<1,\ 0<b<1 \tag{9-83}$$

对参数a，b，K的不同取值，龚帕兹模型有不同的形状和变化趋势，如图9.32所示。

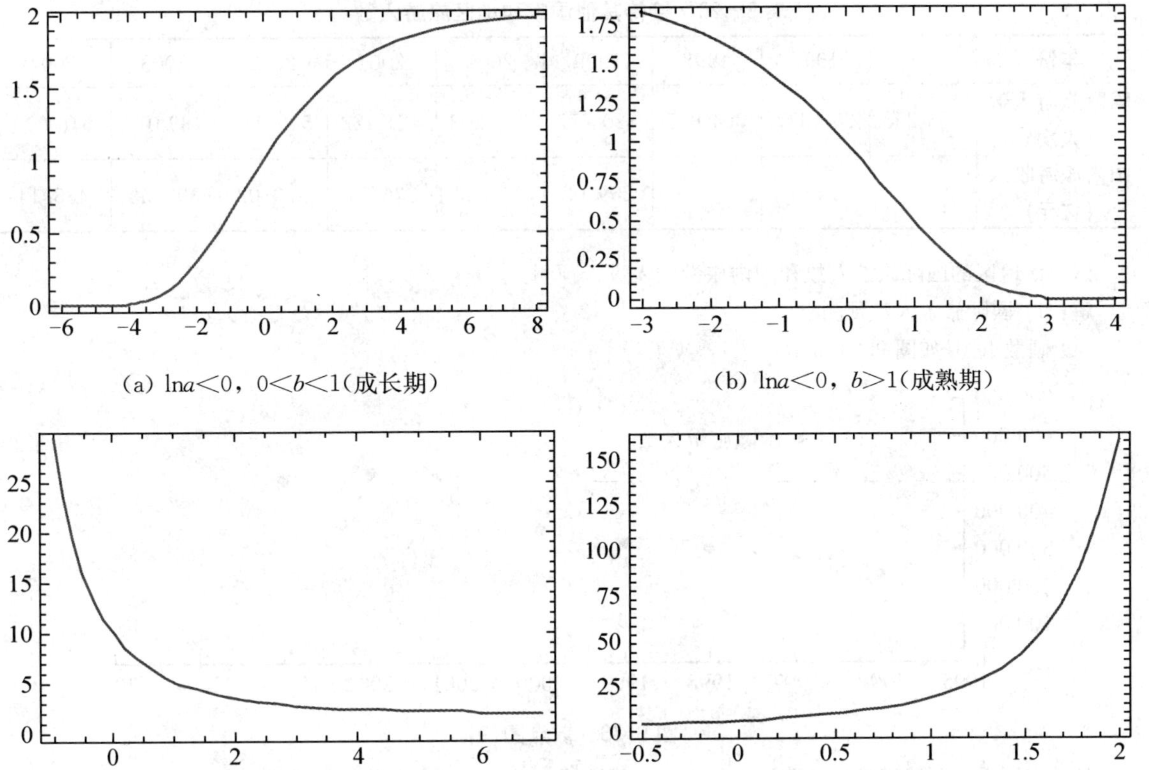

(a) $\ln a<0$，$0<b<1$(成长期)

(b) $\ln a<0$，$b>1$(成熟期)

(c) $\ln a>0$，$0<b<1$(衰退期)

(d) $\ln a>0$，$b>1$(萌芽期)

图9.32　龚帕兹模型

给定时间序列$\{y_i, i=1, 2, \cdots, N\}$，只要求得中的3个参数值$a$，$b$，$K$，就可以用来求未来周期的预测值。

求a，b，K的方法有多种，如非线性回归分析、特殊函数的最小二乘法等。这里介绍一种比较简单的方法，其步骤如下：

将N个数据分成3组(这里假设$N=3r$)。

求各组的y_i值的对数和，即求

$$S_1=\sum_{i=1}^{r}\ln y_i,\qquad S_2=\sum_{i=r+1}^{2r}\ln y_i,\qquad S_3=\sum_{i=2r+1}^{3r}\ln y_i$$

利用下列公式计算参数a，b，K的值

$$b^r=\frac{S_3-S_2}{S_2-S_1} \tag{9-84}$$

$$\ln a=\frac{(b-1)}{(b^r-1)^2}(S_2-S_1) \tag{9-85}$$

$$\ln K=\frac{1}{r}\left[S_1-\left(\frac{b^r-1}{b-1}\right)\ln a\right] \tag{9-86}$$

直接计算 K 值的公式为

$$\ln K=\frac{1}{r}\frac{S_1S_3-S_2^2}{S_1+S_3-2S_2} \tag{9-87}$$

【例 9-16】 某地区历年旅游人数见表 9-26。

表 9-26 接待其他国家和地区旅游人数

年份	1996	1997	1998	1999	2000	2001	2002	2003	2004
国际旅游人数(人次)	233 258	280 377	304 887	320 777	356 203	421 422	506 038	489 017	616 000
国内旅游收入(亿元)	—	—	—	269.08	297.33	336.51	390.02	395.02	485.14

试对该地区的国际旅游人数和国内旅游收入进行预测。

解: 1) 国际旅游人数预测

(1) 画散点图(如图 9.33 所示)。

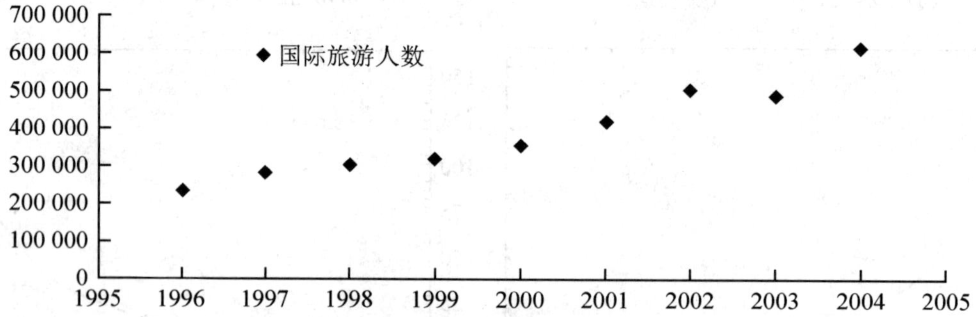

图 9.33 散点图(9)

从散点图看，可以用龚柏兹曲线进行拟合，经计算，得表 9-27 中参数估计值：

表 9-27 参数估计值(1)

参数	a	$\ln a$	$\ln k$	k	b^3	b
估计值	2.394 272	0.873 079	11.553 37	104 127.1	1.307 05	1.093 362

(2) 经检验后，得龚柏兹预测模型为

$$Y_t=104\ 127.1\times 2.394\ 272^{1.093\ 362^t}$$

(3) 结论及预测。$\ln a=0.873\ 079>0$，$b>0$，国际旅游人数处于快速上升阶段。$K=104\ 127.1$，$b>1$，说明上升速度将很快，处于萌芽期，见表 9-28。

表 9-28 2005—2009 年接待其他国家和地区旅游人数预测值 单位：人次

年份	2005	2006	2007	2008	2009
人数预测值	731 531.3	877 565.755	1 070 795.05	1 331 073.4	1 688 573.501

2）国内旅游收入预测

（1）根据龚柏兹曲线，经计算，得表 9-29 中参数估计值。

表 9-29　参数估计值(2)

参数	b^2	b	$\ln a$	a	$\ln K$	K
估计值	0.764 782 84	0.874 518 63	−1.122 598	0.325 433 374	6.697 091	810.045 705 5

（2）经检验后，得龚柏兹预测模型

$$Y_t = 810.045\ 705\ 5 \times 0.325\ 433\ 374^{0.874\ 518\ 63^t}$$

（3）结论及预测。$\ln a = -1.122\ 598 < 0$，$0 < b = 0.874\ 518\ 63 < 1$，$K = 810.045\ 705\ 5$，说明国内旅游收入仍保持增长，但增长速度要低于国际旅游收入，且将逐渐达到饱和，估计国内旅游收入饱和值为 810.045 705 5亿元，处于成长期，见表 9-30。

表 9-30　2005—2009 年国内旅游收入预测值　　单位：亿元

年份	2005	2006	2007	2008	2009
国内旅游收入预测	522.145 4	551.725 4	578.964 1	603.884 8	626.556

技 能 测 试

一、选择题

1. 与算术平均法相比，加权平均法的优越性表现在(　　)。

A. 计算方法更简便

B. 计算方法更容易

C. 对不同时期的数据等同对待，一视同仁

D. 对不同时期的数据区别对待，给予不同程度的重视

2. 移动平均市场预测法的准确程度，主要取决于(　　)选择得是否合理。

A. 权重　　　　B. 平均数的计算方法

C. 跨越期　　　　D. α 值

3. 在影响市场现象变动的各因素中，(　　)是指时间序列观察值即市场现象，在较长时期内持续存在的总趋势，反映市场预测对象在长时期内的变动趋势。

A. 不规则变动　　B. 季节变动　　C. 循环变动　　D. 长期趋势变动

4. 用最小二乘法配合直线趋势要求(　　)。

A. 观察值与趋势值之间的离差平方和等于零

B. 观察值与趋势值之间的离差绝对值之和为最小

C. 观察值与趋势值之间的离差平方和为最小

D. 观察值与趋势值之间的离差平方和等于 1

5. 如果时间序列逐期增长量大体相同，则应配合(　　)。

A. 直线模型　　B. 抛物线模型　　C. 三次曲线模型　　D. 指数曲线模型

6. 对于趋势直线 $Y_c = a + bx$，若已知 $b=2$，$x=23$，$Y_c=18$，则 a 等于(　　)。

A. −28　　B. −13　　C. 5　　D. 13

7. 时间序列数据会呈现一种长期趋势，它的表现(　　)。

A. 只能是上升趋势　　B. 只能是下降趋势

C. 只能是水平趋势　　D. 可以是上升、下降或水平趋势

8. 在影响市场现象变动的各因素中，(　　)一般是指市场现象以年度、季度、月份以至更短时间为周期，随着自然季节的变化，每年都呈现的有规律的循环变动。

A. 季节变动　　B. 循环变动　　C. 不规则变动　　D. 长期趋势变动

9. 在影响市场现象变动的各因素中，(　　)是指现象由偶然因素引起的无规律的变动。

A. 循环变动　　B. 长期趋势变动

C. 不规则变动　　D. 季节变动

10. 在影响市场现象变动的各因素中，(　　)泛指间隔数年就出现一次的市场现象变动规律。

A. 长期趋势变动　　B. 季节变动　　C. 循环变动　　D. 不规则变动

二、判断题

1. 指数平滑法实际上是一种特殊的加权平均法。(　　)

2. 指数平滑法中的 α 值越小时，市场现象观察值对预测值的影响自近向远越迅速减弱。(　　)

3. 移动平均预测法的主要作用，是消除随机因素引起的不规则变动对市场现象时间序列的影响。(　　)

4. 市场预测是市场调查的基础和前提。(　　)

5. 预测对象的发展变化表现为围绕某一水平上下波动，可以采用一次移动平均法、加权移动平均法和一次指数平滑法进行预测。(　　)

三、实训题

1. 某地区 2000—2004 年某商品销售资料见下表：

单位：亿元

年份	2000	2001	2002	2003	2004
销售额	3	4	6	7	9

试预测该地 2005 年商品销售额。

2. 设某地区 1993—2002 年高级音响设备的销售量和新结婚户的资料见下表：

年份	1993	1994	1995	1996	1997	1998	1999	2000	2001	2002
新结婚户(万户)	200	215	235	250	275	285	300	330	350	360
音响销售量(千套)	70	74	80	84	88	92	100	110	112	116

要求：(1) 运用一元线性回归法计算预测模型的各参数，确定预测方程。

(2) 设 2004 年新结婚户数为 400 万户，预测 2004 年音响的销售量。

3. 某商品 1997—2005 年的销售额如下所示，取 $a=0.5$，请用指数平滑法预测 2006 年的销售额。

单位：万元

年份	1997	1998	1999	2000	2001	2002	2003	2004	2005
销售额	1 030	1 100	1 170	1 280	1 340	1 380	1 350	1 420	1 480

4. 某企业近年产品销售额见下表，请用一次移动平均法确定2002年销售额预测值。(要求 $n=3$ 和 $n=5$，并计算它们的平均绝对误差，以确定最后的预测值。)

单位：万元

年份	1994	1995	1996	1997	1998	1999	2000	2001
销售额	210	224	220	232	236	234	240	238

5. 某洗衣机厂近年洗衣机销售量见下表，当 $n=4$ 时，用二次移动平均法预测2003年销售量。

单位：万台

年份	1995	1996	1997	1998	1999	2000	2001	2002
销售量	18.6	19.2	24.5	22.2	26.8	30.4	31.2	36.8

6. 某商场近年服装销售额见下表，用一次指数平滑法预测2003年服装销售额。(分别计算 $\alpha=0.3$，$\alpha=0.5$ 的一次指数平滑值，初始值取248，用平均绝对误差小的一次指数平均值作为最后预测值。)

单位：万元

年份	1995	1996	1997	1998	1999	2000	2001	2002
销售额	245	250	249	260	263	255	265	268

7. 某自行车厂近年销售量见下表，用二次曲线趋势延伸法预测2002年自行车销售量，并计算平均绝对误差。

单位：万台

年份	1994	1995	1996	1997	1998	1999	2000	2001
销售量	76	70	72	80	85	92	98	106

8. 某地有11年的货运量资料见下表：

单位：万吨

年份	1	2	3	4	5	6	7	8	9	10	11
货运量	17.7	18.5	17.9	20.2	20.1	22.3	24.9	24.8	24.0	23.1	24.7

要求：(1) 取 a 分别为0.3和0.6，初始值为17.7。试用一次指数平滑法预测第12年的货运量。

(2) 试用二次移动平均法($n=3$)建立预测模型，预测第12年和第13年的货运量。

第 10 章 季(月)度时序数据预测

子欲养而亲不待。——皋鱼

能力目标

⊙ 能对季度或月度数据进行预测

知识目标

⊙ 季(月)度时间序列的预测模型
⊙ 按季(月)平均法
⊙ 长期趋势剔除法

任务目标

在给定季度数据或月度数据的情况下，由于存在淡季或旺季的情况，因此需要按季节指数进行调整，其预测方法有按季(月)平均法和长期趋势剔除法，这两种预测方法的本质都是先求出季节指数，然后从原序列中剔除季节变动的影响，依据剔除季节变动后的数据的类型(水平型、直线型、曲线型)再进行长期趋势预测，最后通过季节指数得到各季(月)的实际预测值。本项目任务目标是，选择自己感兴趣的课题，收集季度或月度数据，并采用相关方法进行预测。

10.1 按季（月）平均法

【任务情景】季度或月度数据是经常碰到的一种数据类型，由于有些商品的销售有旺季和淡季之分，因此，要对给定季度或月度数据的情况下进行预测，首先要知道其预测方法。从另一个层面上来说，如果遇到的是季度数据或月度数据，首先要想到这种数据中包含着季节因素，而不能盲目地套用预测模型。

由于以季(月)度为单位的时间序列含有季节变动(S)。因此季(月)度时间序列预测法是采用乘法模型进行预测，公式为

$$Y=T\times C\times S\times I \tag{10-1}$$

对于季(月)度时间序列的预测，需要对长期趋势 T 进行预测，并需要计算季节指数 S，不考虑循环变动 C 和不规则变动 I。季节指数 S 的计算方法有两种，即按月(季)平均法和长期趋势剔除法。

10.1.1 按季(月)平均法的预测步骤

1. 计算季节指数

按季(月)平均法求季节指数计算方法如下：

(1) 求出各年同月或同季观察值的平均数(用A表示)。

(2) 求出历年间所有月份或季度的平均值(用B表示)。

(3) 将若干年内同月的平均数与总的平均数相比，即得季节指数，也叫季节比率，即S=A/B。

2. 预测长期趋势

利用已计算出的季节指数 S，以原数据 Y 除以季节指数 S 得到季(月)度的 TC 时间序列。

对得到的 TC 序列数据，依据数据类型(水平型、直线型、曲线型)，选用平滑法(算数平均、移动平均、指数平滑)或回归函数法(线性回归、非线性回归)建立长期趋势模型 T。

3. 季(月)数据预测

利用已建立的长期趋势模型 T 及季节指数 S，即可用来预测 Y。例如，预测 $t+1$ 期 Y 的值为

$$\hat{Y}_{t+1}=T_{t+1}S_{t+1} \tag{10-2}$$

按季(月)平均法的预测示意图如图10.1所示。

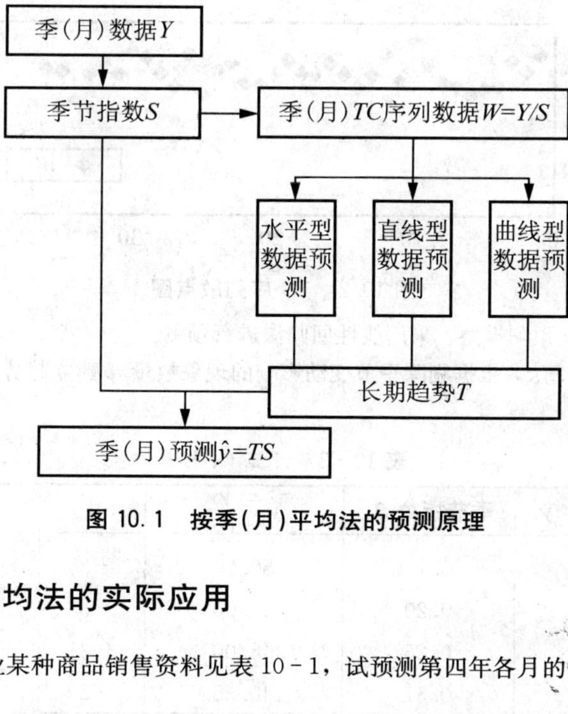

图10.1 按季(月)平均法的预测原理

10.1.2 按季(月)平均法的实际应用

【例10-1】某商业企业某种商品销售资料见表10-1，试预测第四年各月的销售量(单位：千件)。

表 10-1 某商业企业三年商品销售量

年份＼月份	1	2	3	4	5	6	7	8	9	10	11	12
第 1 年	8	9	12	23	40	85	100	90	70	40	15	10
第 2 年	7	8	11	27	45	100	120	95	60	30	17	9
第 3 年	6	10	10	25	50	115	110	100	65	26	16	8

解：(1) 计算季节指数(S)。用按月平均法计算季节指数，见表 10-2。

表 10-2 计算季节指数

年份＼月份	1	2	3	4	5	6	7	8	9	10	11	12
1993	10	50	80	90	50	20	8	9	10	60	50	20
1994	15	54	85	93	51	22	9	9	11	75	54	22
1995	22	60	88	95	56	23	9	10	14	81	51	23
1996	23	64	90	99	60	30	11	12	15	85	59	25
1997	25	70	93	98	62	32	13	14	19	90	61	28
同月平均	19	60	87	95	56	25	10	11	14	78	56	24
全月平均	44.58											
季节指数 S(%)	43	134	196	213	125	57	22	24	31	176	126	53

(2) 预测长期趋势 T。

① 剔除季节变动影响，求得 TC 序列，即求 $w=\frac{y_t}{S_t}$(见表 10-3 第 4 列)。

② 绘制 TC 序列散点图(图 10.2)。该 TC 序列是直线型(比较平坦)。

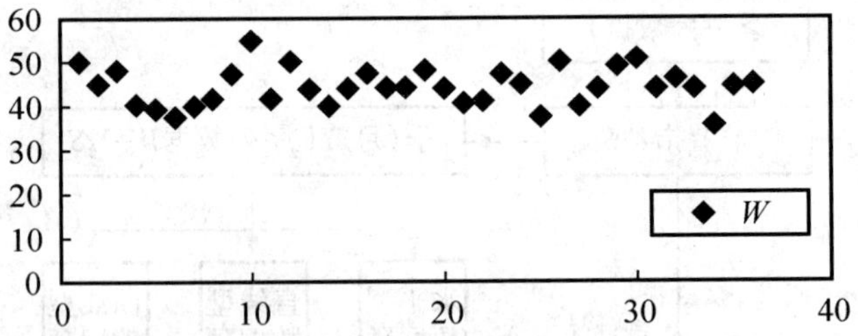

图 10.2 TC 序列散点图

③ 选择预测方法，建立预测模型。采用线性回归法进行预测。

给时间数列资料赋时序值 t，根据剔除季节变动影响的现象数量 w 建立趋势方程，并计算求解参数所需数据 wt 和 t^2，见表 10-3。

表 10-3 计算 wt 和 t^2

时间	销售量/件 y_t	季节指数 S_t	$w=\frac{y_t}{S_t}$	t	wt	t^2
第 1 年 1 月	8	0.16	50.00	−35	−1 750	1 225
2 月	9	0.20	45.00	−33	−1 485	1 089
3 月	12	0.25	48.00	−31	−1 488	961
4 月	23	0.57	40.35	−29	−1 170.15	841

续表

时间	销售量/件 y_t	季节指数 S_t	$w=\frac{y_t}{S_t}$	t	wt	t^2
5月	40	1.02	39.22	−27	−1 058.94	729
6月	85	2.27	37.44	−25	−936	625
7月	100	2.50	40.00	−23	−920	529
8月	90	2.16	41.67	−21	−875.07	441
9月	70	1.48	47.30	−19	−898.7	361
10月	40	0.73	54.79	−17	−931.43	289
11月	15	0.36	41.67	−15	−625.05	225
12月	10	0.20	50.00	−13	−650	169
第2年1月	7	0.16	43.75	−11	−481.25	121
2月	8	0.20	40.00	−9	−360	81
3月	11	0.25	44.00	−7	−308	49
4月	27	0.57	47.37	−5	−236.85	25
5月	45	1.02	44.12	−3	−132.36	9
6月	100	2.27	44.05	−1	−44.05	1
7月	120	2.50	48.00	1	48	1
8月	95	2.16	43.98	3	131.94	9
9月	60	1.48	40.54	5	202.7	25
10月	30	0.73	41.10	7	287.7	49
11月	17	0.36	47.22	9	424.98	81
12月	9	0.20	45.00	11	495	121
第3年1月	6	0.16	37.50	13	487.5	169
2月	10	0.20	50.00	15	750	225
3月	10	0.25	40.00	17	680	289
4月	25	0.57	43.86	19	833.34	361
5月	50	1.02	49.02	21	1 029.42	441
6月	115	2.27	50.66	23	1 165.18	529
7月	110	2.50	44.00	25	1 100	625
8月	100	2.16	46.30	27	1 250.1	729
9月	65	1.48	43.92	29	1 273.68	841
10月	26	0.73	35.62	31	1 104.22	961
11月	16	0.36	44.44	33	1 466.52	1 089
12月	9	0.20	45.00	35	1 575	1 225
$\sum$			1 550.78	0	−45.57	15 540

求解参数 b_1，b_0，建立趋势方程：

$$b_1=\frac{\sum tw}{\sum t^2}=\frac{-45.57}{15\,540}=-0.002\,9$$

$$b_0=\frac{\sum w}{n}=\frac{1\,550.78}{36}=43.077\,2$$

趋势方程为：

$$\hat{T}=43.077\,2-0.002\,9t$$

(3) 预测第4年各月销售量。

第4年1月($t=37$)销售量预测值为：

$$y_t=(b_0+b_1t)S_t=(43.0772-0.0029\times37)\times0.16=6.88(\text{千件})$$

其他各月预测值计算方法相同，结果见表 10-4。

表 10-4　某商业企业第 4 年各月销售量预测表

月份	1	2	3	4	5	6	7	8	9	10	11	12
时序 t	37	39	41	43	45	47	49	51	53	55	57	59
季节指数 S_t	0.16	0.20	0.25	0.57	1.02	2.27	2.50	2.16	1.48	0.73	0.36	0.20
预测值 $\hat{y}_t$	6.88	8.59	10.74	24.48	43.81	97.48	107.3	92.73	63.53	31.33	15.45	8.58

10.2　长期趋势剔除法

【任务情景】按季(月)平均法的优点是计算方便，容易了解；其缺点是没有考虑时间数列中长期趋势的影响，因而不能确切地反映季节变动的幅度。例如，数据有明显的上升趋势，后期各季水平较前期同季水平有较大的增长，这就造成在各季的平均数中，后期各季数字比前期同季数字具有较大的作用，等于起到了不合理的加权作用，所以得出的季节指数不够精确。为了弥补这一缺点，可以采用长期趋势剔除法来测定季节变动。

10.2.1　长期趋势剔除法的预测步骤

长期趋势剔除法就是先测定并剔除现象的季节变动，用其结果数据建立趋势方程预测出现象各期趋势值后，再考虑季节变动因素，推算各期预测值。这种方法的数学模型是

$$\hat{T}=b_0+b_1t \qquad y_t=(b_0+b_1t)S_t \tag{10-3}$$

式中：$\hat{T}$，y_t 依次为 t 期的趋势值和预测值；b_0，b_1 为趋势方程参数；S_t 为预测期的季节指数。

长期趋势剔除法的预测示意图如图 10.3 所示。

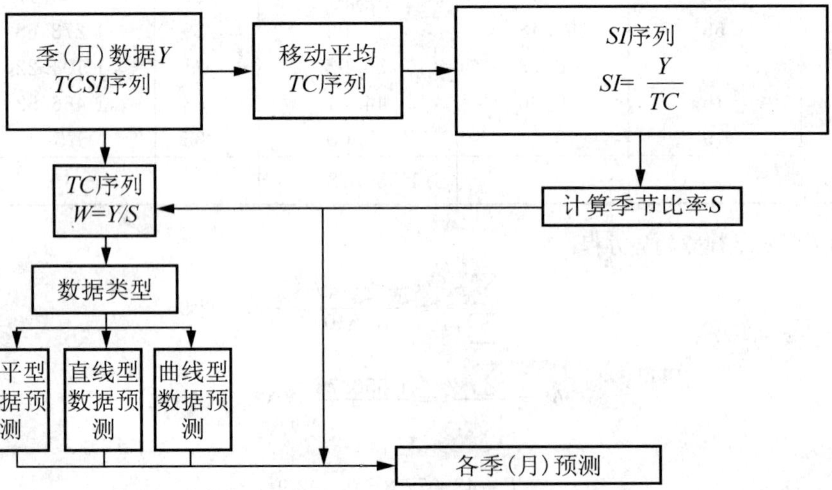

图 10.3　长期趋势剔除的预测原理

具体步骤如下：

1. 对季度时间序列 Y 进行移动平均，分解出 TC 序列

通过数据平滑(如 k 期移动平均)把原序列 Y 分离为 TC 和 SI。(数据减少 $k-1$ 个)

$$TC=\frac{y_t+y_{t+1}+\cdots+y_{t+k-1}}{k}，t=1，2，\cdots，T-k+1 \tag{10-4}$$

(1) 对于季度数据，为消除季节变动 S，一般选择 $k=4$ 进行移动平均。

$$TC_t=\frac{0.5\times Y_{t-2}+Y_{t-1}+Y_t+Y_{t+1}+0.5\times Y_{t+2}}{4} \quad \text{(用于季节数据)}$$

(2) 对于月度数据，为消除季节变动 S，一般选择 $k=12$ 进行移动平均。

$$TC_t=\frac{0.5\times Y_{t-6}+Y_{t-5}+Y_{t-4}+Y_{t-3}+Y_{t-2}+Y_{t-1}+Y_t+Y_{t+1}+Y_{t+2}+Y_{t+3}+Y_{t+4}+Y_{t+5}+0.5\times Y_{t+6}}{12}$$

(用于月度数据)

2. 用 Y 除以 TC，得到季节不规则分量 SI

用季节不规则分量 SI 计算季节指数。把季节不规则分量 SI 各周期中相同期的值的平均数并进行调整之后作为 S 分量值。如对于月度数据有 12 个 S 分量值，把它拼接成一个与季节不规则分量 SI 一样长的序列 S。

3. 季节指数的测定

将季节不规则分量 SI 重新排列，分别求出各季的平均数。1 至 4 季度的平均数之和应该是 400%，否则就应设法校正。如果是按月度资料计算，则 12 个月的平均数之和应等于 1 200%，否则就要加以校正。

4. 预测长期趋势

利用已计算出的季节指数 S，以原数据 Y 除以季节指数 S 得到季(月)度的 TC 时间序列 $w=\frac{y}{s}$。

对得到的 TC 序列数据，依据数据类型(水平型、直线型、曲线型)，选用用平滑法(算数平均、移动平均、指数平滑)或回归函数法(线性回归、非线性回归)建立长期趋势模型 T。

5. 季(月)数据预测

利用已建立的长期趋势模型 T 及季节指数 S，即可用来预测 Y。例如预测 $t+1$ 期 Y 的值为

$$\hat{Y}_{t+1}=T_{t+1}S_{t+1} \tag{10-5}$$

10.2.2　长期趋势剔除法的实际应用

【例 10-2】某企业 1990—1994 年各季度的销售量见表 10-5，试预测 1995 年各季度的销售量(单位：万件)。

表 10-5　某企业 1990—1994 年各季度的销售量

年份	季别	销售量 Y	年份	季别	销售量 Y
1990	3	15	1993	1	10
	4	18		2	13
				3	21
				4	24
1991	1	6	1994	1	12
	2	9		2	15
	3	17			
	4	20			
1992	1	8			
	2	11			
	3	19			
	4	22			

解：(1) 对季度时间序列 Y 进行移动平均，分解出 TC 序列。对于季度数据采用 4 项移动平均法，求出移动平均趋势值 TC，见表 10-6。由于采用 4 项移动，其平均值都对正两季中间，一般无法直接比较，所以再进行一次两项移动平均，就得出对准各季的移正平均值，即表 10-6 中最后一栏的趋势值 TC。

表 10-6　分解出 TC 序列　　单位：万件

年份	季别	销售量 Y	4 项移动平均	两项移正平均趋势值 TC
1990	3	15		—
	4	18	—	—
1991	1	6	12.0	12.25
	2	9	12.5	12.75
	3	17	13.0	13.25
	4	20	13.5	13.75
			14.0	
1992	1	8	14.5	14.25
	2	11	15.0	14.75
	3	19	15.5	15.25
	4	22	16.0	15.75
1993	1	10	16.5	16.25
	2	13	17.0	16.75
	3	21	17.5	17.25
	4	24	18.0	17.75
1994	1	12	—	—
	2	15		—

(2) 用 Y 除以 TC，得到季节不规则分量 SI。现列表计算见表 10-7。

表 10-7　计算不规则分量 SI　单位：万件

年份	季别	时间 t	销售量 Y	趋势值 TC	季节不规则分量 $SI(Y/TC)(\%)$
1991	1	1	6	12.25	48.98
	2	2	9	12.75	70.59
	3	3	17	13.25	128.30
	4	4	20	13.75	145.45
1992	1	5	8	14.25	56.14
	2	6	11	14.75	74.58
	3	7	19	15.25	124.59
	4	8	22	15.75	139.68
1993	1	9	10	16.25	61.54
	2	10	13	16.75	77.61
	3	11	21	17.25	121.74
	4	12	24	17.75	135.21

原数列是由 16 个季度资料构成的，因采用 4 项移动平均法，所以由趋势值形成的新数列只有全时期中间的 12 个季度的数字。

(3) 季节指数的测定(S)。计算季节指数的主要依据就是各年各季的 Y/TC 的百分比数字。将表 10-7 中各年同季的百分比数字重新排列，分别求出各季的平均数，列表计算见表 10-8。

表 10-8　季节比例测定　单位：%

年	1 季	2 季	3 季	4 季	合计
1991	48.98	70.59	128.30	145.45	393.32
1992	56.14	74.58	124.59	139.68	394.99
1993	61.54	77.61	121.74	135.21	396.10
合计	166.66	222.78	374.63	420.34	1 184.41
平均数	55.55	74.26	124.88	140.11	394.80
季节指数 SI	56.28	75.24	126.52	141.96	400.00

1 至 4 季度的平均数之和应该是 400%，否则就应设法校正。如果是按月度资料计算，则 12 个月的平均数之和应等于 1 200%，否则就要加以校正。

在本例中各季百分比数值的平均数之和为 394.80%，因此需要校正。校正系数为 $400\div394.80=1.013\ 17$，以这一系数分别乘各季的平均数，即得表 10-8 中的季节指数。

(4) 预测长期趋势(T)。

① 剔除季节变动影响，求得 TC 序列，即求 $w=\dfrac{y_t}{S_t}$(见表 10-9 第 4 列)。

表 10-9　计算 $w=\dfrac{y_t}{S_t}$

时间	销售量/件 y_t	季节指数 $S_t(\%)$	$w=\dfrac{y_t}{S_t}$	t	wt	t^2
1990 年 3 季	15	126.52	11.86	1	11.86	1
4 季	18	141.96	12.28	2	25.36	4

续表

时间	销售量/件 y_t	季节指数 S_t(%)	$w=\frac{y_t}{S_t}$	t	wt	t^2
1991 年 1 季	6	56.28	10.66	3	31.98	9
2 季	9	75.24	11.96	4	47.85	16
3 季	17	126.52	13.44	5	67.18	25
4 季	20	141.96	14.09	6	84.53	36
1992 年 1 季	8	56.28	14.21	7	99.50	49
2 季	11	75.24	14.62	8	116.96	64
3 季	19	126.52	15.02	9	135.16	81
4 季	22	141.96	15.50	10	154.97	100
1993 年 1 季	10	56.28	17.77	11	195.45	121
2 季	13	75.24	17.28	12	207.34	144
3 季	21	126.52	16.60	13	215.78	169
4 季	24	141.96	16.91	14	236.69	196
1994 年 1 季	12	56.28	21.32	15	319.83	225
2 季	15	75.24	19.94	16	318.98	256
$\sum$	240	1 600	243.84	136	2 269.41	1 496

② 绘制 TC 序列散点图。该 TC 序列直线型(比较平坦)，如图 10.4 所示。

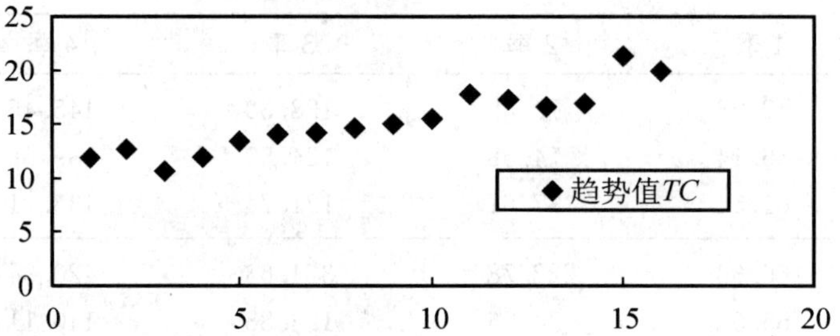

图 10.4　TC 序列散点图

从散点图看，TC 序列与时间 t 呈线性趋势，采用一元线性回归，得到长期趋势 T 的预测模型如下

$$T_t=10.32+0.58t$$

(5) 季(月)数据预测。由长期趋势 T 的预测模型 $T_t=10.32+0.58t$，结合已计算所得的各季度的季节指数，预测出 1995 年各季度的销售量见表 10-10。

表 10-10　1995 年各季销售量预测

1995 年	1 季(t=19)	2 季(t=20)	3 季(t=21)	4 季(t=22)
$T_t=10.32+0.58t$	21.34	21.92	22.50	23.08
季节指数 S(%)	56.28	75.24	126.52	141.96
1995 年预测值 $\hat{Y}_{T+1}=T_{T+1}S_{T+1}$	12.01	16.49	28.47	32.76

技能测试

一、选择题

1. 季节指数法使用季度为时间计量单位的资料时，计算移动平均值时的跨越期应是(　　)。

A. 4　　B. 6　　C. 12　　D. 8

2. 若无季节变动，则季节指数应(　　)。

A. 等于0　　B. 等于1　　C. 大于1　　D. 小于1

3. 按月平均法计算的各季度的季节指数之和为(　　)。

A. 100%　　B. 400%　　C. 1 200%　　D. 360%

4. 以年度为周期的规律性变动是(　　)。

A. 长期趋势　　B. 季节变动　　C. 循环变动　　D. 随机波动

5. 美国劳工部于2003年11月13日公布，经季节因素调整后的第三季度非农业生产率折合成年率增长8.1%，为2002年第一季度以来的最大增幅。计算这种“无季节性变动的年率”指标主要是为了(　　)。

A. 消除序列中长期趋势的影响　　B. 消除序列中循环变动的影响

C. 消除序列中季节变动的影响　　D. 消除序列中不规则变动的影响

6. 按季平均法测定季节比例时，各季的季节指数之和应等于(　　)。

A. 100%　　B. 120%　　C. 400%　　D. 1 200%

7. 要通过移动平均法消除季节变动得到趋势值，则移动平均项数(　　)。

A. 应选择奇数　　B. 应和季节周期长度一致

C. 应选择偶数　　D. 可取4或12

8. 长期趋势测定的移动平均法，移动的项数越多，则(　　)。

A. 显现出波动越大，修匀得越不平滑　　B. 显现出波动越小，修匀得越平滑

C. 显现出波动越大，修匀得越平滑　　D. 显现出波动越小，修匀得越不平滑

9. 现象在其发展变化过程中所呈现出来的那种持续上升或持续下降的趋势是(　　)。

A. 长期趋势　　B. 季节变动　　C. 循环变动　　D. 随机波动

10. 用5项移动平均测定长期趋势，修匀后的数列比原数列减少(　　)。

A. 5项　　B. 3项　　C. 4项　　D. 10项

二、判断题

1. 季节变动的主要特点是每年都会出现。(　　)

2. 不规则变动是指现象由偶然因素引起的有规律的变动。(　　)

3. 按季节资料计算的季节指数之和应等于12或1 200%。(　　)

4. 按月度资料计算的季节指数之和应等于12或1 200%。(　　)

5. 市场现象时间序列的季节变动多数情况下表现为单纯的季节变动。(　　)

三、实训题

1. 某公司1998—2002年各季的销售额(万元)见下表:

年份	1998	1999	2000	2001	2002
一季度	55	57.2	58.7	60.3	63.0
二季度	73.0	76	73.3	80.0	81.0
三季度	93	96	100	99	102
四季度	86	83	87	89	91

试用按季平均法预测2003年第三、四季度的销售额。

2. 现有某地区2002—2005年各季度某种商品的销售量资料见下表:

季度 年份	1	2	3	4
2002	34	52	46	28
2003	42	76	54	36
2004	42	76	70	34
2005	58	92	70	52

试预测2007年各季度的销售量。

3. 某商店2002—2004年各季度销售量见下表，若2005年计划销售量3 000箱，试预测2005年各季度的销售量(单位：箱)。

季度 年份	1	2	3	4
2002	190	617	1 570	580
2003	363	1 070	1 750	96
2004	38	1 300	1 580	74

4. 某商店2003—2006年各季度商品销售额见下表，预测2007年各季的销售额(单位：万元)。

年度	第一季度	第二季度	第三季度	第四季度
2003	180	150	120	150
2004	210	160	130	160
2005	230	170	130	170
2006	250	180	140	180

参考文献

[1] 庄贵军．企业营销策划[M]．北京：清华大学出版社，2005.

[2] 李国强，苗杰．市场调查与市场分析[M]．北京：中国人民大学出版社，2005.

[3] [美] 海格，等．市场调查宝典：行动纲要[M]．林岱，译．上海：上海交通大学出版社，2005.

[4] 简明．市场调查方法与技术[M]．北京：中国人民大学出版社，2004.

[5] [美] 丁伯恩．市场调查宝典：技巧运用[M]．黄伟力，译．上海：上海交通大学出版社，2005.

[6] 姚小远，杭爱明．市场调查原理与方法[M]．上海：立信会计出版社，2006.

[7] 张华．市场调查与预测 110 方法和实例[M]．北京：中国国际广播出版社，2000.

[8] 刘德寰．市场调查教程[M]．北京：经济管理出版社，2005.

[9] 范伟达．市场调查教程[M]．上海：复旦大学出版社，2002.

[10] 徐阳，张毅．市场调查与市场预测[M]．北京：高等教育出版社，2005.

[11] 陈启杰．市场调研与预测[M]．2 版．上海：上海财经大学出版社，2004.

[12] 马连福．现代市场调查与预测[M]．2 版．北京：首都经济贸易大学出版社，2005.

[13] 苏卫国．市场调查与预测[M]．武汉：华中科技大学出版社，2004.

[14] 王华清．市场调查研究[M]．徐州：中国矿业大学出版社，2003.

[15] 刘玉玲．市场调查与预测[M]．北京：科学出版社，2004.

[16] 龚曙明．市场调查与预测[M]．北京：清华大学出版社，2005.

[17] 于萍．市场营销调研[M]．大连：东北财经大学出版社，2004.

[18] 陈殿阁．市场调查与预测[M]．北京：清华大学出版社，2004.

[19] 朱胜．市场调查方法与应用[M]．北京：中国统计出版社，2004.

[20] 赵伯庄．市场调研[M]．北京：北京邮电大学出版社，2006.

[21] 王峰．市场调研[M]．上海：上海财经大学出版社，2006.

[22] 赵相忠．市场调查与预测[M]．重庆：重庆大学出版社，2004.

[23] 于翠华．市场调查与预测[M]．北京：电子工业出版社，2005.

[24] 社会调查原理与方法编委会．社会调查原理与方法[M]．北京：中国社会科学出版社，2001.

[25] 徐金发．市场调查与预测[M]．杭州：杭州大学出版社，1993.

[26] 徐国详，胡清友．统计预测和决策[M]．上海：上海财经大学出版社，1998.

[27] 董建谷．市场预测方法与案例[M]．上海：立信会计出版社，1997.

[28] 胡祖光．市场调研预测学[M]．杭州：浙江大学出版社，1997.

[29] 何国栋，吴同光．市场调查与预测[M]．北京：中国商业出版社，1991.

北京大学出版社高职高专财经类规划教材书目

财务会计系列

序号	书　名	标准书号	主　编	定价	出版年月
1	统计学基础	978-7-81117-756-5	阮红伟	30	201101 第 2 次印刷
2	统计学原理	978-7-81117-825-8	廖江平	25	201111 第 3 次印刷
3	统计学原理		吴思莹	33（估）	201301
4	统计学原理与实务	978-7-5038-4836-0	姜长文	26	201007 第 5 次印刷
5	实用统计基础与案例	978-7-301-20409-2	黄彬红	35	201204
6	经济学基础	978-7-301-21034-5	陈守强	34	201301
7	经济法实用教程	978-7-81117-675-9	胡卫东	39	201111 第 3 次印刷
8	经济法原理与实务	978-7-5038-4846-9	孙晓平	38	200905 第 3 次印刷
9	财经法规	978-7-81117-885-2	李　萍	35	201202 第 2 次印刷
10	会计基本技能	978-7-5655-0067-1	高东升	26	201109 第 2 次印刷
11	会计基础实训	978-7-301-19964-0	刘春才	29	201201
12	会计基础实务	978-7-301-21145-8	刘素菊等	27	201208
13	企业会计基础	978-7-301-20460-3	徐炳炎	33	201204
14	基础会计	978-7-5655-0062-6	常　美	28	201008
15	基础会计教程	978-7-81117-753-4	侯　颖	30	200907
16	基础会计教程与实训	978-7-5038-4845-2	李　洁	28	201008 第 5 次印刷
17	基础会计教程与实训（第 2 版）	978-7-301-16075-6	李　洁	30	201109
18	基础会计实训教程	978-7-5038-5017-2	王桂梅	20	201106 第 3 次印刷
19	基础会计原理与实务	978-7-5038-4849-0	侯旭华	28	200908 第 3 次印刷
20	财务管理	978-7-5655-0328-3	翟其红	29	201107
21	财务活动管理	978-7-5655-0162-3	石兰东	26	201101
22	财务管理教程与实训	978-7-5038-4837-7	张　红	37	200911 第 3 次印刷
23	财务会计	978-7-5655-0117-3	张双兰	40	201101
24	财务会计（第 2 版）	978-7-81117-975-6	李　哲	32	201003
25	财务会计	978-7-301-20951-6	张严心等	32	201208
26	财务会计实用教程	978-7-5038-5027-1	丁增稳	36	200805
27	财务会计实务		管玲芳	33（估）	201302
28	财务管理	978-7-301-17843-0	林　琳	35	201108
29	Excel 财务管理应用	978-7-5655-0358-0	陈立稳	33	201108
30	中小企业财务管理教程	978-7-301-19936-7	周　兵	28	201201
31	财务管理实务教程		包忠明	32（估）	201303
32	成本会计	978-7-5655-0130-2	陈东领	25	201101
33	成本会计	978-7-81117-592-9	李桂梅	28	201207 第 3 次印刷
34	成本会计实训教程	978-7-81117-542-4	贺英莲	23	201101 第 3 次印刷
35	成本费用核算	978-7-5655-0165-4	王　磊	27	201101
36	成本会计	978-7-301-19409-6	徐亚明	24	201108
37	成本会计实务	978-7-301-19308-2	王书果	36	201108
38	成本会计		潘素琼	33（估）	
39	审计业务操作	978-7-5655-0171-5	涂申清	30	201101
40	审计业务操作全程实训教程	978-7-5655-0259-0	涂申清	26	201204 第 2 次印刷
41	审计学原理与实务	978-7-5038-4843-8	马西牛	32	201007 第 2 次印刷
42	税务会计实用教程	978-7-5038-4848-3	李克桥	37	200808 第 2 次印刷
43	涉税业务核算	978-7-301-18287-1	周常青	29	201101
44	企业纳税实务	978-7-5655-0188-3	司宇佳	25	201101
45	企业纳税与筹划实务	978-7-301-20193-0	郭武燕	38	201203

序号	书　名	标准书号	主　编	定价	出版年月
46	纳税申报与筹划	978-7-301-20921-9	李英艳等	38	201207
47	企业纳税计算与申报	978-7-301-21327-8	傅凤阳	30	201210
48	会计电算化实用教程	978-7-5038-4853-7	张耀武	28	200802
49	会计电算化实用教程（第 2 版）	978-7-301-09400-6	刘东辉	20	200806
50	电算会计综合实习	978-7-301-21096-3	陈立稳等	38	201208
51	会计电算化项目教程		亓文会	33（估）	201301
52	会计英语	978-7-5038-5012-7	杨　洪	28	200908 第 2 次印刷
53	财经英语阅读	978-7-81117-952-1	朱　琳	29	201101 第 2 次印刷
54	行业特殊业务核算	978-7-301-18204-8	余　浩	30	201101
55	预算会计	978-7-301-20440-5	冯　萍	39	201205

经济贸易系列

序号	书　名	标准书号	主　编	定价	出版年月
1	资产评估	978-7-81117-645-2	董亚红	40	201107 第 2 次印刷
2	国际结算	978-7-81117-842-5	黎国英	25	201207 第 2 次印刷
3	国际结算	978-7-5038-4844-5	徐新伟	32	200907 第 2 次印刷
4	国际贸易结算	978-7-301-20980-6	罗俊勤	31	201207
5	货币银行学	978-7-5038-4838-4	曹　艺	28	201206 第 4 次印刷
6	货币银行学	978-7-301-21181-6	王　菲等	37	201209
7	国际金融基础与实务	978-7-5038-4839-1	冷丽莲	33	200708
8	国际金融	978-7-301-21097-0	张艳清	26	201208
9	国际金融实务		付玉丹	33（估）	
10	国际贸易概论	978-7-81117-841-8	黎国英	28	201204 第 4 次印刷
11	国际贸易理论与实务	978-7-5038-4852-0	程敏然	40	200708
12	国际贸易实务	978-7-301-19393-8	李湘滇	34	201108
13	国际贸易实务操作	978-7-301-19962-6	王言炉	37	201201
14	国际贸易实务	978-7-301-20929-5	夏新燕	30	201208
15	国际贸易实务	978-7-301-20192-3	刘　慧等	25	201203
16	国际贸易实务	978-7-301-16838-7	尚　洁等	26	201208
17	国际商务谈判	978-7-81117-532-5	卞桂英	33	201001 第 2 次印刷
18	国际商务谈判（第 2 版）	978-7-301-19705-9	刘金波	35	201112
19	国际商法实用教程	978-7-5655-0060-2	聂红梅	35	201204 第 2 次印刷
20	进出口贸易实务	978-7-5038-4842-1	周学明	30	200805 第 2 次印刷
21	金融英语	978-7-81117-537-0	刘　娣	24	201009 第 3 次印刷
22	财政基础与实务	978-7-5038-4840-7	才凤玲	34	201001 第 2 次印刷
23	财政与金融	978-7-5038-4856-8	谢利人	37	200808 第 2 次印刷
24	外贸单证	978-7-301-17417-3	程文吉	28	201109
25	新编外贸单证实务	978-7-301-21048-2	柳国华	30	201208
26	国际商务单证	978-7-301-20974-5	刘　慧等	29	201207
27	商务英语学习情境教程	978-7-301-18626-8	孙晓娟	27	201109
28	国际投资	978-7-301-21041-3	高田歌	33	201208
29	商业银行会计实务	78-7-301-21132-8	王启姣	35	201208
30	商业银行经营管理	978-7-301-21294-3	胡良琼等	27	201209
31	保险实务	978-7-301-20952-3	朱丽莎	30	201208
32	国际市场营销项目教程		李湘滇	38（估）	201301
33	报关实务		董章清等	33（估）	201301
34	报关与报检实务		农晓丹	33（估）	201301
35	报检报关业务：认知与操作		姜　维	33（估）	201301
36	外贸英语函电		倪　华	33（估）	201302

营销管理系列

序号	书 名	标准书号	主 编	定价	出版年月
1	电子商务实用教程	978-7-301-18513-1	卢忠敏	33	201102
2	网络营销理论与实务	978-7-5655-0039-8	宋沛军	32	201112 第 2 次印刷
3	电子商务项目式教程	978-7-301-20976-9	胡 雷	25	201208
4	电子商务英语	978-7-301-17603-0	陈晓鸣	22	201111 第 2 次印刷
5	市场营销学	978-7-5038-4859-9	李世宗	28	200807 第 2 次印刷
6	市场营销	978-7-81117-957-6	钟立群	33	201207 第 2 次印刷
7	市场调查与预测	978-7-5655-0252-1	徐 林	27	201105
8	市场调查与预测	978-7-301-19904-6	熊衍红	31	201112
9	市场营销理论与实训	978-7-5655-0316-0	路 娟	27	201107
10	市场营销项目驱动教程	978-7-301-20750-5	肖 飞	34	201206
11	市场调查与预测情景教程	978-7-301-21510-4	王生云	36	201301
12	市场调研案例教程	978-7-81117-570-7	周宏敏	25	201101 第 2 次印刷
13	营销策划技术	978-7-81117-541-7	方志坚	26	201012 第 2 次印刷
14	营销策划	978-7-301-20608-9	许建民	37	201205
15	现代推销技术	978-7-301-20088-9	尤凤翔等	32	201202
16	推销与洽谈	978-7-301-21278-3	岳贤平	25	201009
17	商务沟通实务	978-7-301-18312-0	郑兰先	31	201112 第 2 次印刷
18	商务礼仪	978-7-5655-0176-0	金丽娟	29	201207 第 2 次印刷
19	商务礼仪	978-7-81117-831-9	李 巍	33	201205 第 3 次印刷
20	现代商务礼仪	978-7-81117-855-5	覃常员	24	201206 第 3 次印刷
21	商务谈判	978-7-5038-4850-6	范银萍	32	200908 第 2 次印刷
22	商务谈判	978-7-301-20543-3	尤凤翔等	26	201205
23	职场沟通实务	978-7-301-16175-3	吕宏程	30	201208
24	管理学基础	978-7-81117-974-3	李蔚田	34	201204 第 3 次印刷
25	管理学原理	978-7-5038-4841-4	季 辉	26	201007 第 3 次印刷
26	管理学原理与应用	978-7-5655-0065-7	秦 虹	27	201207 第 2 次印刷
27	管理学项目化教程	978-7-301-21324-7	杨清华	33	201301
28	企业管理	978-7-5038-4858-2	张 亚	34	201007 第 3 次印刷
29	现代企业管理	978-7-81117-806-7	于翠华	38	200908
30	现代企业管理	978-7-301-19687-8	刘 磊	32	201204 第 2 次印刷
31	通用管理实务	978-7-81117-829-6	叶 萍	39	201101 第 2 次印刷
32	中小企业管理	978-7-81117-529-5	吕宏程	35	201108 第 4 次印刷
33	中小企业管理（第 2 版）	978-7-301-21124-3	吕宏程	39	201208
34	企业管理实务	978-7-301-20657-7	关善勇	28	201205
35	连锁经营与管理	978-7-5655-0019-0	宋之苓	37	201208 第 3 次印刷
36	企业经营管理模拟训练（含记录手册）	978-7-301-21033-8	叶 萍等	29	201208
37	企业经营 ERP 沙盘实训教程		葛颖波	33（估）	201301
38	管理信息系统	978-7-81117-802-9	刘 宇	30	200907
39	现代公共关系原理与实务	978-7-5038-4835-3	张美清	25	201003 第 2 次印刷
40	公共关系实务	978-7-301-20096-4	李 东等	32	201202
41	人力资源管理	978-7-5038-4851-3	李蔚田	40	200802
42	人力资源管理实务	978-7-301-19096-8	赵国忻	30	201107
43	消费心理学	978-7-81117-661-2	臧良运	31	201205 第 5 次印刷
44	消费心理与行为分析	978-7-301-19887-2	王水清	30	201112
45	广告原理与实务	978-7-5038-4847-6	郑小兰	32	201007 第 2 次印刷
46	零售学	978-7-81117-759-6	陈文汉	33	201111 第 2 次印刷

序号	书　名	标准书号	主　编	定价	出版年月
47	商品学概论	978-7-5038-4855-1	方凤玲	20	201008 第 3 次印刷
48	秘书理论与实务	978-7-81117-590-5	赵志强	26	200812
49	广告实务	978-7-301-21207-3	夏美英	29	201209
50	营销渠道开发与管理	978-7-301-21214-1	王水清	34	201209
51	商务统计实务	978-7-301-21293-6	陈晔武	29	201209
52	秘书与人力资源管理	978-7-301-21298-1	肖云林等	25	201209

物流管理系列

序号	书　名	标准书号	编著者	定价	出版时间
1	现代物流概论	978-7-81117-803-6	傅莉萍	40	201010 第 2 次印刷
2	现代物流管理	978-7-301-17374-9	申纲领	30	201205 第 2 次印刷
3	现代物流管理	978-7-5038-4854-4	沈　默	37	200908 第 3 第印刷
4	现代物流概论	978-7-301-20922-6	钮立新	38	201207
5	企业物流管理	978-7-81117-804-3	傅莉萍	32	201208 第 3 次印刷
6	物流专业英语	978-7-5655-0210-1	仲　颖	24	201205 第 2 次印刷
7	现代生产运作管理实务	978-7-301-17980-2	李陶然	39	201011
8	物流案例与实训	978-7-301-17521-7	申纲领	28	201201 第 2 次印刷
9	物流市场调研	978-7-81117-805-0	覃　逢	22	201102 第 2 次印刷
10	物流营销管理	978-7-81117-949-1	李小叶	36	201205 第 2 次印刷
11	采购管理实务	978-7-301-17917-8	李方峻	28	201205 第 2 次印刷
12	采购实务	978-7-301-19314-3	罗振华	33	201108
13	供应链管理	978-7-301-20639-3	杨　华	33	201205
14	采购与供应链管理实务	978-7-301-19968-8	熊　伟	36	201201
15	采购作业与管理实务		李陶然	33（估）	201212
16	仓储管理技术	978-7-301-17522-4	王　冬	26	201007
17	仓储管理实务	978-7-301-18612-1	李怀湘	30	201209 第 2 次印刷
18	仓储与配送管理	978-7-81117-995-8	吉　亮	38	201207 第 3 次印刷
19	仓储与配送管理实训教程	978-7-81117-886-9	杨叶勇	24	201209 第 2 次印刷
20	仓储与配送管理实务	978-7-5038-4857-5	郭曙光	44	201009 第 2 次印刷
21	仓储与配送管理实务	978-7-301-20182-4	李陶然	35	201203
22	仓储与配送管理项目式教程	978-7-301-20656-0	王　瑜	38	201205
23	仓储配送技术与实务		张建奇	33（估）	201301
24	物流运输管理	978-7-301-17506-4	申纲领	29	201109 第 2 次印刷
25	物流运输实务	978-7-301-20286-9	黄　河	40	201203
26	运输管理项目式教程	978-7-301-19323-5	钮立新	30	201108
27	物流信息系统	978-7-81117-827-2	傅莉萍	40	201205 第 2 次印刷
28	物流信息系统案例与实训	978-7-81117-830-2	傅莉萍	26	200908
29	物流信息技术与应用	978-7-301-17212-4	谢金龙	30	201107 第 2 次印刷
30	物流成本管理	978-7-301-20891-5	傅莉萍	28	201207
31	第三方物流综合运营	978-7-301-21213-4	施学良	32	201209
32	物流市场营销	978-7-301-21249-3	张　勤	36	201209
33	国际货运代理实务		张建奇	34（估）	201301
34	物流经济地理		葛颖波	33（估）	201301
35	运输组织与管理项目式教程		苏玲利	33（估）	201302